岩　波　現　代　文　庫

六代目圓生コレクション

寄席育ち

三遊亭圓生

Ensho Sanyutei

文芸 333

岩波書店

先代圓生　　　　母さだ

噺家転向の前後

(8, 9 歳　明治 40, 41 年)

豆仮名太夫の頃

(6, 7 歳　明治 38, 39 年)

高崎巡業（明治四十二年頃）

○
○
圓太
Ⅲ圓馬（当時左近）
席亭
○
橘之助
著者（当時圓童）
Ⅳ圓蔵
おかね（下座）
花圓蔵
金勝（金語楼の父）
Ⅴ圓生（当時二三蔵）
扇三（当時才蔵）
○
○
○

圓童の頃

師匠四代目橘家圓蔵

二代目〔空堀〕圓馬碑建立記念（大正八年頃）

○
大橋亀太郎
桂圓枝
Ⅲ圓馬
Ⅰ圓右
Ⅳ圓蔵
橘ノ圓（のちに橘之助の夫）

四代目圓蔵碑(横浜弘明寺境内)建立記念(大正11年秋)

Ⅱつばめ(浦出)
Ⅲ小さん
Ⅰ圓右
今村次郎
先代(当時圓蔵)
中山千代(施主)
Ⅵ貞山
Ⅲ小圓朝(当時圓橘)
著者(当時圓窓)
Ⅰ小仙
圓三(品川の弟子)
○
○
Ⅲ圓遊(当時圓鏡)

Ⅳ志ん生(当時馬生)
○
両国立花主人
住持
Ⅱ染丸
Ⅱ金馬(碓井)
神田立花主人
橘弥(お茶小僧)
圓晃(当時窓之助)
○

○
Ⅰ李彩
圓窓(当時圓都)
○
圓新(品川の弟子)
圓兵衛(品川の弟子)
窓朝(先代の弟子)
圓太郎(品川の弟子)
おかね(下座)
○

北海道巡業(大正十年)

おちょう(我朝夫人)
百生(当時我朝)
安西良太郎(琵琶)
窓朝(先代の弟子)
先代(当時圓窓)
橘家米蔵
著者(当時圓好)
圓晃(当時窓之助)
金語楼(当時金三)

愛宕山から放送(昭和四年頃)

(当時圓蔵)

著者夫妻(昭和3年春)

Ⅱ圓右（当時小圓右）　Ⅰ圓右

圓右父子

四代目橘家圓喬

睦会の人達

Ⅶ柳枝（えへへ）　柳好（松本）　Ⅵ柳枝（ごみ六）　Ⅷ文楽　Ⅵ柳橋　Ⅴ左楽　Ⅳ今輔（中島）　小文治（稲田）　Ⅵ正蔵（今西）

第二次落語研究会の人達
（昭和三年頃）

○
○
Ⅷ正蔵
神田立花主人
○
森暁紅
今村信雄
Ⅷ馬生（小西）
○

野村無名庵
○○
○
○
桃太郎
Ⅵ柳橋
Ⅶ可楽（玉井）
Ⅲ小圓朝
圓晃
Ⅲ金馬
今村夫人
○

Ⅷ小三治（高橋）
Ⅱ小せん（上原）
Ⅴ圓生
Ⅷ文治
Ⅲ小さん
今村次郎
Ⅵ正蔵（今西）
Ⅳ小さん
著者（当時圓蔵）

相鉄演芸場開場記念
（昭和三十四年頃）

○
Ⅸ文治
○Ⅰ正楽
Ⅳ圓遊
Ⅹ馬生

Ⅴ小さん
Ⅶ圓蔵
Ⅷ可楽
Ⅳつばめ
Ⅲ三木助
Ⅶ柳枝
○
Ⅳ圓馬
Ⅴ貞丈
Ⅵ小勝
Ⅱ枝太郎
馬風
Ⅴ今輔
Ⅷ正蔵
○
○
○
○

Ⅲ小圓朝
著者
Ⅱ圓歌
Ⅷ文楽
○
Ⅴ志ん生
人形町末広主人
上野鈴本支配人
新宿末広支配人
○

著者近影

若手育成「落語勉強会」発足(昭和34年)

Ⅲ志ん朝（当時朝太）
Ⅶ柳橋（当時愛橋）
朝之助
小のぶ
Ⅴ柳朝（当時照蔵）
Ⅷ小柳枝（当時とん橋）
談　志（当時小ゑん）
著　者
さん助（当時小三太）
Ⅵ燕路（当時小団治）
川柳川柳（当時さん生）
Ⅲ遊三（当時とん馬）
Ⅴ圓楽（当時全生）
一　柳（当時好生）
Ⅲ圓之助（当時朝三）

口上

三遊亭圓生

先ごろ、やはり青蛙房さんから出して頂きました『圓生全集』十巻は、あたくしとしては畢生の大仕事でございましたが、幸い望外の御好評を頂きました。それに気をよくした訳ではありませんが、この度は、あたくしの一代記を申し上げることになりました。

考えてみますと、あたくしと寄席とのつながりは、それァずいぶん古いもんですね。少ゥし大きくなって気のついた時は、もう寄席へ出ていたんですから、なんだか妙なもんです。寄席にいるのと自分の家にいるのは、まず半々です。だから文字どおり寄席で育ったようなものなんで……病気で休んだあとなんぞでも、まず芝居を見たいとか、映画を見たいとか言うものの、とどのつまりはやっぱり寄席へ行きたくなるんです。あたくしには寄席が一番いい。なんとも言えぬ愛着を持っています。小さい頃叱られて「芸人をよさせる」と言われることがとても悲しかったものです。

また、あたくしは芸と名のつくものは、唄も踊りも三味線も、嫌いなものはありませんが、心底好きなものと言えば、やはり落語です。こんなに面白くって、しかもむずかしいものはないでしょう。

それに昔の寄席の楽屋では、毎晩、この噺はどうだとか、あの人の芸はこうだとか、必ず芸の話をしている。それを聞くのが実に楽しみでした。いや楽しいだけでなく、あとで自分の芸の血となり肉となり、どれほど役に立ったか知れません。

それやこれやを申し上げてみたいと思います。お目までだるいところもございましょうが、おしまいまでごゆっくりご覧下さいますようお願い申し上げます。

目　次

編集協力＝縣 和彦

明治篇

圓遊の鼻ばかりなり梅屋敷　漱石

出生

あたくしは、たいていのかたが江戸ッ子だと思っておいでのようですし、自分でも江戸ッ子のつもりでおりますが、本当は大阪でとれましたんで。……大阪西区花園町《はなぞのちょう》という所で生まれたというんです。

あたくしの実父というのは松田万助といいまして、大阪の、その当時は郊外だった市岡《いちおか》というところの百姓……百姓といいましても名主《なぬし》かなにかつとめていた相当の財産家で……大変やま気のある人で、百姓をいやがって、いろんな事業に手を出したらしい。競馬の馬なんぞを持っていたそうです。うちには馬丁《べっとう》を置いたぐらいですから、馬車なんぞへも乗って歩いていた。

母はさだといいます。手紙なんぞに書くときには「貞」という字を書いていたが、戸籍で見るとやはり平仮名で「さだ」。母の方は四国高松の生まれで、ご承知のとおり四国というところは芸の盛んなところですから、母も小さいうちから踊りや三味線を稽古した……これもやはり家庭の事情が悪かったらしく、あたくしの母が生まれて間もなく両親は離婚してしまい、後家で母を育てたという……まァ、いろいろ苦労いたしまして、母が大阪へ出て来て南《みなみ》で芸者をしておりました。その当時に実父《ちち》が請け出したものか、どういうのか、そこンとこはあたくしァはっきり判らない。とにかく夫婦になり、万助の実家の方は定吉《さだきち》という養子がはいっていました。もちろん、もう、実父は百姓なんぞいやだから自分でうちをとび出したので、事業かなんか相当大きくやっていたらしい。その家へ女中をやといました。柴田セイというんですが、セイという名前が呼びにくかったのか、はるという名前で呼んでいました。おはるおはるといって……。この、あたくしの実父というのが、非常にすけべえだったと見えて、この女中に手をつけて、それで生まれた子があたくしだった……。

　いずれまァその当時は家庭でやっさもっさあったんでしょう。が、とにかく正式の戸籍は、松田万助・さだの長男ということで、名前は松雄。ところが、のちに戸籍謄本をとってみると、正しくは雄であるべきのが、しっぽという字(尾)になっちまった。この尾は女の名前にはよくつける、しかし男にはあまりつけない字です。むこうへ苦情を言ったけども、戸籍でいったん間違ったものは、もうしようがないというので、とうとう松尾という名になっちゃった。松尾という苗字がありますから、なんか、苗字がふたッつくっついているような名前に思われますが……。あたくしは明治三十三年の九月三日に生まれている。ところが、翌年の五月十三日の生まれになって届けている……もっとも昔はものがずぼらで、届けが遅れるなんてことはいくらもあった……ですから、あたくしは戸籍の上では一つ若くなってるわけなんです。

　その時分ですから、体裁を非常におもんばかったものらしい。女中に子供をこしらえたなんてえのは具合が悪いという。そこで、馬丁がおります、寺田富吉《とみきち》という……ところが、どういうもんだか、当人は留吉《とめきち》だと思っていた。これァあたくしがもう三十ぐらいになってからですが、なんかのことで、その寺田留吉の謄本をとってみると、留ではなく富になってる。「とめじゃアねえ、とみじゃアねえか」って言ったら、「はァそうですか」ってね、実際落語のような、まことにどうもぽうッとした男で……この、留公《とめこう》といってました寺田富吉と、おはるの柴田セイとを夫婦にしました。

はるは終生あたくしと一緒におりまして、あたくしが葬いを出しました。しかしあたくしは、さだを実母と思っております。あたくしは母を深く愛し、母もあたくしを非常にかわいがってくれた、だから義理の仲なんというような隔ては一つもなく、本当の母親とあたくしは思いこんでおりました。この後、あたくしが母と申しますのは、もちろんこの、さだでございます。

幼　時

当時大阪では、義太夫というものが盛んで、何連《なにれん》、何連という、アマチュアがうんとあったわけですね。みずから天狗になるというんで、「木《こ》の葉連《はれん》」とか「烏連《からすれん》」とか、そんな名前があったそうで……そういう人の中には、素人で、一段きりしきゃ出来ない人がある。そのほかのものは絶対稽古もしない。そのかわりその一段を十五年、二十年と磨きに磨いているわけですね。ですから、その人のを、もちろん参考のためにでしょうけども、文楽座の太夫が聞かしてもらいに来たというぐらいなんですってね。やはり素人でも、一つものに打ちこんでやっていると、なにか不思議なものが出るらしいんですね。

そのころ、あたくしの家が広かったというわけでしょうか、そこへ豊竹仮名《かな》太夫という師匠を呼んで、弟子のグループが集まって稽古をしたもんで……。

仮名太夫という人は、名人弥太夫の弟子で芸質もよく、本来ならば文楽座で立派な太夫になる人だったんだそうですが、胃癌をわずらって医大で切開をいたしました。それでお腹へ力がはいらなくなり、それがためにとうとう文楽座を引退して、素人のお稽古をするようになった。素人の稽古といいましても、今では、てんで想像もつかないぐらい、師匠というものは非常に権力があって威張っている。たとえ旦那でもなんでも、頭ごなしにひどいことを言ったもんで、素人に教《おせ》えるんでも、今の商売人以上にきびしかったものです。太夫の場合ですと三味線を弾いてお稽古はしない……弾ける人は、弾くんでしょうけれども、たいてい太夫は弾けない人が多かった……そこで、張扇《はりおうぎ》というもので見台《けんだい》を叩いて拍子をとってお稽古をする。母は義太夫の三味線を弾きました。これァもちろん三味線弾きに習ったものに相違ないが、語る方は仮名太夫に稽古をしてもらうわけです。

実父の万助が、『玉藻前《たまものまえ》』という浄瑠璃をやっていたことを覚えております。〽焼け野の雉子《きぎす》、夜の鶴……」という所を語ってるのが、おぼろげながらあたくしの記憶に残っています。おさらいだとか、文楽座なんぞへも、あたくしをよく連れて行ったそうです。当時あたくしはまだ四つぐらい、赤んぼからやっと子供になりかけてる時分だから、摂津大掾《せっつのだいじょう》や大隅《おおすみ》太夫なども聞いたらしいんですが、それは記憶にはありません。

　おさらいやなんかへよく行ったんで、柝《き》を打つことを覚えた。段切れで〽……おォン」と節ののびた所に、「ちょォん」と入れる、あれですね。うちに拍子木があったんで、みんなが稽古をしていて段切れの所へ来ると、あたくしが「ちょォん」と柝を入れる。この柝の打ち方が、ちっとも間《ま》が狂わない。ちょんちょんちょんちょんちょんと、しまいの所になってきざむんだそうですよ。するとみんなが面白がって、打ってくれ打ってくれという。あたくしは自分のことを松《ま》ッちゃん松ッちゃんといってたそうですが、「松ッちゃんが打つ」といって打ちたがる。時々おもてで遊んでたりなんかして、段切れに間に合わないことがあると、あたくしが泣き出すんで、仕方がないからもう一ぺん段切れの少し前の所からはじめて、柝を渡すと、おしまいへ来て、「ちょォん」と打つ。するてえと大変ごきげんだったそうです。

　それから柝を打つだけでなく、片言《かたこと》で義太夫をやる。みんなが面白がって語らしたり、母が教えてくれたりなにかしたんでしょう。廻らない舌で浄瑠璃を覚えて、やっていたわけで……。

　そのうちに万助が、なにか、ひとの請判《うけはん》をして、当時の金として三十万円、これであたくしのうちが、つまり差押えを食ったかなんかで、すっかり身代をひッぷるってしまった。あたくしは、実父《おやじ》というものをかすかにしか覚えていませんが、体《なり》が大きな太った人でした。もともと勝負ごとが好きで道楽者で、とうとう東京へとび出してそれッきり帰ってこない。それで生活も困るようなことになってきたんでしょう、いろいろ催促をして手紙も出したが帰ってこない。仕方がないので、あたくしと富吉・はるを連れて母が東京へ出てきました。

その前にも東京へ連れてこられたことがあるというんですが、それァどうも記憶にないんです。当時あたくしは、女の子のような姿をしていた。あの浅田飴の広告にありますね、頭の毛を長くして千松《せんまつ》みたいな形にして、えび茶の袴をはいて、袂の長いきれいな着物を着てる、だから見る人は女の子だと思う。すると日比谷公園の所で立ちどまって、サッと袴をあげてあたくしが立小便をしたもんで、通った人がびっくりしたってえました。女の子だと思ったら、だしぬけにおちんちんを出して立小便をしたってんで……これァどうも不思議な光景だったろうと思います。

上京

本当に東京へ出てきましたのは、あたくしが、数え年で四つの終りか、あるいは五つになっていた時かと思うんですが、あんまりはっきり記憶に残っておりません。

その前に、汽車に乗ったことはあったとみえて、東京へ出てくる時に、子供のことで車内《なか》の様子はよく判らないが、窓から首を出してみると、車体の中央へずウッと帯みたいに塗ってある、あれが赤いんですね。その時分は確か一等・二等・三等といわずに、上等・中等・下等といった。三等車のことを下等《かとう》という、あんまりいい言葉じゃないが。下等は赤、中等が青くて上等は白い。それまでは汽車へ乗るのにも中等へ乗っていたらしく、窓から首を出してみると赤いのに乗っているんで、「これじゃア行くのがおそくなるから、青いのに乗る」といって泣いたことを覚えています。おふくろがその時に困ったらしい。子供だからいい車へ乗れば速く走って、悪い車だとおそくなると思ったのかもしれません。「これじゃアおそいからいやだ」といって泣いたことを覚えております。

新宿へ来て落ちついたんですが、その当時、今の新宿は東京府下豊多摩郡内藤新宿、字角筈《あざつのはず》なん番地、といった。ずいぶん長いですね。うっかり、はがきへ大きく書くと、はみ出しちまいそうで……。

新宿へ来たのは、博労《ばくろう》の親方だった山本孝吉《こうきち》という人の所へ頼ってきたもので、なぜそんな人に頼ってきたのか、その事情もよく判りませんが、あとで聞くと、この人は当時、大阪・東京を往復していて、博労の親方としてはなかなか有名だったんだそうで。若い時分にはずいぶん乱暴な男で、刺青《ほりもの》をしてましたが、あたくしが知ってからは、お爺《じい》お爺といいましてね、もう相当な年配になっていました。あたくしが十六、七になるまで、このお爺というのは生きておりましたが……手拭で洟《はな》をかんで火鉢であぶるんですな。こいつがどうも見ていて汚ならしくッて、あたくしァいやでしようがなかった。

鼻紙を火にあぶるほど老いにけり

という、老鼠堂《ろうそどう》という人の句がありますが、なるほど自分の洟をかんだ手拭を火にあぶるようになっちゃア、〝老いにけり〟ですな。

そこで実父《ちち》に会ったものかどうか、こいつはあたくしは子供のことで、よく覚えておりませんが、今の三越の横丁をはいって、軒数でいえば六、七軒行った所の左側に、甲陽館《こうようかん》という宿屋がありました。万中《まんちゅう》ともいって当時博労なぞを専門に泊めた宿屋でした。牛や馬の泊まる所が裏にありました。その時分は、よく牛を引っぱって歩いてるのを見ました。親牛が先になって、あとへ子牛をぞろぞろ、ずウッと縄で長ァく何頭も何頭もつないで、こいつをのんきな顔をして引っぱって歩いていたもんです。万中の娘が義太夫の稽古をしていたんで、お使いに行ったりなんかすると牛乳飲ましてくれましたよ。バケツの中へしぼりたてのがはいってる、それを漉して飲ましてくれるんだけども、しぼりたてっていうのは、なま温かくて毛が浮いてて、子供でもあんまりいい心持じゃアない。うまいにァうまいけども、なんか気持の悪いもんですね。

その宿屋に実父が泊まっていたのか、そこで博打《ばくち》をやって莫大《ばくたい》な借金を残して行った。どういう話になったのか知れないが、その借金を結局全部あたくしの母がかぶることになっちまった。だから、おふくろは商売にするつもりで義太夫を習ったわけじゃアなかったんでしょうけども、それで生計をたてなくちゃならないことになって、出稽古をはじめたんです。当時、新宿に女郎屋《じょうろや》はずいぶんありました。今の日活館の所にあったのが〝新金《しんかね》〟といって新宿では第一等のみせで、そのほか、女郎屋を七、八軒ぐらいお稽古をしました。女郎屋では御主人のことを、御内証《ごないしょ》といいますね、その御主人が稽古をすることもありますし、当時の花魁《おいらん》、お女郎で義太夫の稽古をする人もあった。まずそんなことで生活を立てていたんですが、それでも、なかなか莫大な借金だとみえて払いきれない。その頃大阪の相撲で若島《わかしま》という横綱がいましたが、この関取に添書《てんしょ》を貰って、品川の橘家圓蔵という落語家の所へ頼みに行って、寄席へ出してもらうことになりました。

この若島は大変強い力士だったそうで、以前うちで贔屓にしていました。小さい時に若島の所へあたくしも行ったという……そういえば、ぶつかり稽古をしてるとこを見たことがあります。胸へぽんとぶつかってくる奴の、肩ンところをたたくと、ころッところがる。東京へ来てからは、相撲の部屋へ行ったような記憶は一向にない。してみると大阪にいる時に若島のうちで見たことが記憶に残っていたんでしょう、胸へぶつかってころがる所を、よく覚えておりいます。おふくろが「お前は若島にお給仕をさして御飯をたべたことがある」といってました。その時分、横綱といったら大したもんでしょう、そこへ行って、むこうでお給仕してたべさしてくれるんですから、かなりまァ贔屓にしてたんでしょうね。その人の添書を貰って、橘家圓蔵の〝内輪《うちわ》〟になりました。〝内輪〟というのは、つまり噺の弟子じゃアなく〝色物《いろもの》〟といって噺以外で出るんですが、やはり弟子分《ぶん》になったというわけです。これであたくしが橘家圓蔵という人の縁につながることになったんですね。

寄席出演

あたくしが豊竹豆仮名《まめかな》太夫という名で義太夫を語り、おふくろが豊竹小かなといって三味線を弾いて……何軒かけもちしたんですかね、三軒か四軒ぐらいは廻ったんでしょう。どこの席へどう勤めて、というようなことは、子供の時のことですから、よく覚えておりませんが……。初出演の年も、ちょっとはっきりしませんが、明治三十八年十月三十日の都新聞の、十一月一日からの寄席の顔付《かおづけ》に出てるのを見つけましたから、それより前のことは確かで、数えで六つになったか、ならないかの頃でしょう。

寄席へ出るようになったんだし、もちろんそれからもずっとおふくろに稽古をしてもらったんでしょうが、演目《やりもの》の数もかなりあるんです。一番得意にしたのは、

『花雲佐倉曙(はなのくもさくらのあけぼの)』の「宗五郎《そうごろう》の子別れ」

で、それから、

『本朝廿四孝(ほんちょうにじゅうしこう)』「十種香《じゅっしゅこう》」

『艶容女舞衣(はですがたおんなまいぎぬ)』「三勝半七酒屋」

『卅三間堂棟由来(さんじゅうさんげんどうむなぎのゆらい)』「平太郎住家」

『恋娘昔八丈(こいむすめむかしはちじょう)』「城木屋《しろきや》」「鈴が森」

『近頃河原の達引(ちかごろかわらのたてひき)』「堀川」

『御所桜堀河夜討(ごしょざくらほりかわようち)』「弁慶上使」

『伽羅先代萩(めいぼくせんだいはぎ)』「御殿」

『彦山権現誓助剣(ひこさんごんげんちかいのすけだち)』「毛谷村《けやむら》六助」

『生写朝顔日記(しょううつしあさがおにっき)』「宿屋」「大井川」

『新版歌祭文(しんぱんうたざいもん)』「野崎村」
『傾城阿波の鳴門(けいせいあわのなると)』「巡礼お鶴」
『壺坂霊験記(つぼさかれいげんき)』「沢市内《うち》」
『摂州合邦辻(せっしゅうがっぽうがつじ)』「玉手《たまて》御前《ごぜん》」
『碁太平記白石噺(ごたいへいきしらいしばなし)』「揚屋《あげや》」
『鎌倉三代記(かまくらさんだいき)』「三浦別れ」
『かさね』「土橋《どばし》」
『絵本太功記(えほんたいこうき)』十冊目「尼が崎」
『菅原伝授手習鑑(すがわらでんじゅてならいかがみ)』「寺子屋」
『仮名手本忠臣蔵(かなでほんちゅうしんぐら)』三段目「裏門」
『日吉丸稚桜(ひよしまるわかきのさくら)』三段目

もちろん子供ですから、十分か十五分、さわりから、あとちょっと段切れをつけるぐらいで、そう長く演《や》るもんじゃアないんです。

出番《でばん》は、一番しまいの席ですと師匠のひざがわり(真打のひとつ前の出番)ぐらいでしょう。つまりきり前《まえ》です。次にあがった師匠圓蔵が「今あがりました豆仮名太夫、小さいのに、あれでお客さまがほめないと、なかなかきげんが悪い。お客さまに手をうたれたり、ほめていただくと、当人大層いい心持になっております」という口上を言ってくれたそうで、この間、さる人からお手紙をいただきました。

その時分に高座で『野崎村』を演って、久作がお灸をすえられる所で、「熱《あ》つッ熱つ熱つ熱つ……」という時に、見台へつかまって、見台がこわれたことがある。そしたら「うわァッ」てんで泣いちゃって、あとは語れなかった。それから小便もしたことがある。いきんで一生けんめい演っているうちに、とうとう高座でおしっこをしちゃった、うふふ……。少し大きくなってから、よくそんなことを言われて、どうもいやなことを言やがるなと思ってね、非常に恥かしかった。

　そのころは我々の方は、まだ昼席というものはないわけで、夜の寄席だけですが、母はそうやって夜は寄席へ出て、昼間は素人のお稽古をするんですからね、大変な重労働ですよ。あたくしがまだ六つか七つで、かけもちの途中、日比谷公園の乗りかえなぞで、冬は風がぴゅうぴゅう吹きますから、「おッ母《か》ちゃん、寒いよ」と言って袖へすがりつく、それを抱《かか》えて母はどのくらい泣いたかしれないと、あとで話を聞きました。ほんとうに母はあたくしのことをかわいがってくれましたから、あたくしは相当な年になるまで、自分を生んでくれたはるは乳母で、本当の母はさだだと思っていました。ですからはるの名前も呼びつけにして……主従関係というものが、当時はまだまだ厳格でしたから、こっちは御主人だってんで威張っていたわけです。

　浄瑠璃は、ずっと母が稽古をしてくれましたが、そのほかにも、浅草馬道の駒太夫という人の所へ義太夫の稽古にかよったことがあります。竹本駒太夫という名だったと思います。

もう相当の年配で、もとは大阪の人ですが東京に落ちついていました。あたくしは、まだ六つか七つぐらいで、もちろん一人では行かれない。のちに母と夫婦になりました先代圓生、その先代《おやじ》と一緒に行って先代《おやじ》も稽古をしていましたが、『絵本太功記』十冊目の始めの部分の、端場《はば》といって芝居でも普通は演らない所ですが、旅僧に身をやつした久吉《ひさよし》が入りこむという場面があります。その久吉のあとをつけて来た光秀が、夕顔棚の下から姿をあらわし、竹槍を突っこむという順序になるわけですが、その端場の、〽茶わん片手に高話《たかばなし》し……という文句を先代《おやじ》が、〽茶わん片手に門《かど》に立つ……とやったので、「あんた、それやったら乞食やないか」と言われて、おかしかったことを覚えています。

あたくしは確か『廿四孝』の〃十種香〃を習ったように思いますが、やっぱり慣れない人から稽古をしてもらうのは、子供ながらなんとなくやりにくく、遠くてかようのが大変だということもあって、永くは続きませんでした。

子供の頃の義太夫の稽古は、もちろん無本《むほん》で、みな暗記ですから今でもよく覚えています。『卅三間堂』なんぞ、考えてみるとさわりだけでなく、始めからずッと通して知っていたように思います。外題《げだい》なぞもむずかしいものですが、口上で言うのを聞いて自然と覚えてしまいました。

母は芸の時には非常にやかましく、稽古をするときは実にこわい。寄席へ出て出来の悪かった時には、お客よりも何よりも、舞台からおりてきて母にこわい顔をされるのが一番つらかったもので、「今日はよく出来た」とほめられると、これァ非常に嬉しかった。しかし、ふだんはずいぶんあたくしを甘やかしてくれました。

　なにしろ子供のことで、義太夫で無理な声を出さなければならないし、三軒四軒ぐらいはかけもちをしたんでしょう。はるが三味線を持って、母とあたくしと歩いて、子供だからわずかばかりしか語らないんだが、咽喉《のど》をいためる、風邪もよく引く。そこであたくしに、綿のはいったどてらを着せたりなんかして、あんまり大事にくるみすぎたんです。だからあたくしァ子供の時から弱かった。無理をして声がつぶれると、煉薬《ねりやく》ってものをよくのまされました。黒いねとねとしたもんで、まげものへはいっていて……あっちの煉薬がいい、こっちの煉薬がいいと、方々の薬屋で買って……どれをのんだってあんまりうまいもんじゃアない。なんか変な味で、こいつをのまされるのがいやでした。それから湿布《しっぷ》をする、うがいをする、ひどくなるとお医者さまへ行って咽喉をルゴールでやかれる。それに、たべるものがやかましくてね。子供だからいろんなものがたべてみたいんですよ。ところがお正月でも、あんまり餅をたべると声をつぶす、みかんをたべてもいけない、茄子はいけない、天ぷらも油のものは咽喉をいためるからといってたべさせないし、刺激性のものはもちろんいけないというんですからね。たべていいものっていえば、卵、これは咽喉にさわらない。それから海苔とか鮃《ひらめ》の煮たのなんか……いやどうも、ずいぶんたべるものを制限されて、あたくしは子供ながら、義太夫語りはつくづくいやなもんだと思いました。

雛《ひな》　鍔《つば》

その当時住んでましたのが今の新宿の三越の裏なんです。近くに山がありました。山があったんです、新宿にね。山の名は……なんとかいいましたが、まァ、ほんとの地《じ》の瘤ぐらいなもんですが、山は山なんで……そこへあがると遠くが見えるわけですよ。

明治三十八年ですか、交番の焼き打ちってのがありまして、交番を往来の真中へ引っ張り出して、石油をぶッかけて火をつけて焼いちまうという暴動ですが、それが山の上から見えたんです。それァ、はっきり見えやしませんけども、夜、むこうに火の手があがってるのがね……。現場へはあぶなくッて、とても行かれやしない。みんなわァわァ騒いでその山へのぼったんで、あたくしも一緒にのぼって見た覚えがあります。

新宿に住むようになって、その家をちゃんと覚えていますが、一軒建てになっていましたから、三間《みま》か四間《よま》ぐらいあったんでしょう。あと裏の方は棟割長屋みたいになってる。表通りも二軒とか三軒とかの長屋建ちだったんですが、あたくしの家だけは一軒建ちだった。

母はよほど気位も高かったんでしょう、子供を育てるのに決して金なんぞを持たせない。あたくしァ小さい時にお金というものを知らなかった。なんかほしいと言うと必ず買ってたべさしてくれる。それから駄菓子というものを、あたくしには絶対たべさせなかった。寄席へ行くと、よくその時分に駄菓子を売っていました。豆ねじだとか、あるいは玉すだれってんですか、あの、うすい羊羹みたいなお菓子、そういうものをたべたくてしょうがないが、絶対に買ってくれない。飴がほしいと言うと、栄太楼の梅干《うめぼし》飴ですね、あれをよく買ってくれました。当時で二十銭ぐらい……二十銭てえと、まァ相当なお金でしょう、大きな袋へ半分ぐらいはいってましたね。それを買ってもらうと、あたくしが楽屋の者に「おあがり、おあがり」てんでたべさした。するとそれからは「坊や、今夜は飴はないのかい」なんてね、ひどい話があるもんで、子供をとりまく奴がいる。そんなふうでお金というものは絶対使わせないから知りませんでした。京橋の金沢《かなざわ》という寄席で、あたくしが義太夫を語ると、子供のことでもあり、かわいいというので、お客さまがあたくしを呼んで「これでおもちゃでも買ってもらい」と、御祝儀に当時の一円札、武内宿禰《たけのうちのすくね》がついてる、あのお札を出してくれた。そしたら「こんなもんで、おもちゃが買えるもんか」って、あたくしがぽォんとそこへ札をほうりだして、こっちへ来てしまった。あとからお客さまが追っかけて来て、母がお礼を言って受けとっていたことを覚えていますが、少し大きくなるまで本当にお金というものを知らなかった。だから今、あの『雛鍔』という噺を聞くと、実にどうもおかしい感じがいたします。「あァ、おれもやっぱりあの『雛鍔』の若殿さまみたいだったのか」と思って、一人で笑ってしまうことがあります。

小学教育

あたくしは正式の教育というものは受けてないんです。夜、寄席から帰って来て寝るのが、たいてい早くても一時頃、どうかすると二時頃になってしまう。ですから朝はもちろん早くは起きられない。そのうちに学校へあがらなくちゃならないことになったんですが、その当時の新宿なんてものは、学校の環境としたら大変よくない所で、それを心配したらしいんですね。どッか遠くへというんで、あたくしがかよったのは赤坂の豊川稲荷の前の小学校なんです。本当は八つからのはずですが、あたくしは、戸籍では三十四年五月の生まれということになっていましたので、九つであがったわけです。

そのころ中央線の汽車が飯田橋まで行っていました。そいつへ新宿から乗って四谷見附でおり、そこから赤坂まで歩くんです。ところが学校へ行くのはあんまり嬉しくない。というのは、あたくしがおかっぱ頭で、前へ毛をさげて千松《せんまつ》みたいな頭をしてる。そんなふうにしてる子なんて、その時分いないんですよ。だからみんなにからかわれるのがいやでしてね。

いつか学校で「おはなししてくれ」ってことがありまして、あたくしァ、松茸の噺をしたのを覚えています。それは、

柿と栗が喧嘩をして、柿が栗に「おめえは重ね着をしてるから一枚貸してくれ」と言うと、「貸せねえ、おめえは貧乏性だ」と栗が言うんで、柿がおこって向かって行くと、

栗のいがではり倒されて下へ落っこった。ちょうど松茸が日なたぼっこをしてる頭の上へ落ちたので、「痛《いて》え」「どうもすまねえ」「なんだ柿、おめえかい、どうしたんだ」「今、栗と喧嘩したんだ。あいつァ重ね着をして、おれァ薄着で寒いから、一枚《いちめえ》貸してくれったら、貸さねえってやがる。それがもとで喧嘩になったんだ」「それァおめえが悪い、薄いもんでも着ているから豪儀だ。おれを見な、まだふんどしもしめねえ」

これはうちの師匠が演るんですよ。子供だからどういう意味なんだかよくは判らないが、師匠が演るんで覚えちゃった。それを学校で演ったんで……今考えてみりゃ、ひでえものを演ったと思います。

一体どのくらいの間かよったもんですかね、あたくしもはっきり記憶がないんです。三月《みつき》行ったのか半年行ったのか……とにかく一年は行かない。それァとてもかよいきれません。遠いし、くたぶれるし、それに夜おそくなるということがあるんで……結局、家庭教師というようなものを頼むことになったんですね。

今、伊勢丹から渋谷方面へ向かってくると、新宿駅の南口へ行く大きな四つ角があります。右へ曲がれば駅の南口へ行く。真ッ直ぐに行けば、今は広い道が出来ていますが、昔はあすこは突きあたりになって、真ッ直ぐにはいって行く路地がありました。そのあたり、今の旭《あさひ》町《ちょう》(新宿四丁目辺)をその時分は新宿南町《みなみちょう》といって、これは貧民窟で、ひどい長屋でした。あたくしもはいって行ったことがあるが、なんだかこわいんですよ、すごい奴がいやァがってね。そこの子供たちを集めて一銭学校といって、寺子屋式の学校をやってるんです。毎日一銭ずつ持ってくる。月謝で取ろうとすると、とどこおっちゃうんでこうしているんですが、それでもとどこおることがあるらしいんですよ。

そこの先生を頼みました。うちへ来て教えてくれるわけなんですが、普通の学校の教え方じゃアない、昔の寺子屋流で、習字は学校の習字の本を使わせないで、先生が手紙文などを書いてくるのを手本にして書くんです。この先生は書き取りというものは絶対やらなかった。本はただ読むだけだったもんですから、あたくしァ読むには読めるけれども、書くとなるとどうもうまくいきません。書き取りはさせなければ駄目だと、つくづく思います。

新宿往時

その当時の新宿の様子というものを申し上げますが、まず、大変に田舎という感じでした。今の高野《たかの》という果物屋があります、あれァ新宿でも古い店ですが、戸板の上へ山積みのみかんなぞを積んで売っておりまして、あすこの所から築地行きの電車が出ていました。今、築地本願寺の手前で、水天宮の方へ行く都電が曲がりますね、あの交叉点が終点なんです。これに乗って寄席のかけもちに行くわけで……なんでもその頃は、街鉄《がいてつ》・東鉄・外濠線と三つの会社があったんですね。線によって切符もみんな違う。街鉄が一番高い、なんて言ってたことを覚えています。

高野がそんなふうで、表ッ側にはずっと家がありましたが、一側《ひとかわ》かせいぜい二側《ふたかわ》で、その裏側の方へ行くと田んぼで、よく蝗《いなご》を取りに行ったことを覚えています。現在あたくしが住まっている柏木あたりも、もちろん田んぼでした。母が蝗が好きで……足をとって炒《い》って、甘辛に煮てたべるのが好きでしたので、よく取りに行ったもんです。それから空気銃を買ってもらって、雀を射ちに行ったことも覚えています。新宿という所は、よく「四谷街道、馬のくそ」なんて悪口を言ったが、実際、宿場《しゅくば》であり、本当に田舎だったのが、今でもまだまざまざと目に残っております。

新宿御苑というものはもちろん陛下の御苑であって、一般の者なぞ、はいることは出来ない。多摩川の分水だという川が流れておりまして、その水が御苑へ流れこむので、ごみやなんかほうりこむことは非常にやかましかった。その川に川獺《かわうそ》がすんでいたんです。母に稽古をしてもらっていた人で、鮨屋をしていた政《まさ》さんという人が、屋台でもって鮨の店を出すので、車を引っぱって来ると、ちょうど夕方で雨がぽしょぽしょ降っていたんだそうで。見るとその川に橋が二ッつ並んでかかってる。「はて、たしかに一つのはずなんだけども、二ッつかかってるのはおかしい……たぶんこっちが本当の橋なんだろう」と、片ッぽの橋を渡ると、屋台店もろともに川ンなかへばちゃアん……てんで落っこっちゃった。そんな深い川じゃありません。近所の人がびっくりして川から引き上げてくれた。つまり屋台に積んであった魚をとるために、川獺が化かして落っことしたんだという……あの辺へ川獺なんぞが出て人を化かしたってんですから、今考えてみると実に不思議なわけで。

当時、新宿が今にいい所になる、東京の中心地になる、だから今のうちに地所でも買っておきゃア大したもんだ……今の伊勢丹のあたりの所が坪五厘で借りられるという話で、「だから師匠、それ借りておいたらどうだ」なんて、弟子がおふくろに話をしている。母は「とんでもないことだ、借りるどころの騒ぎじゃアない」なんて言ってました。坪五厘というのは、もちろん月々の貸し賃なんでしょうが、ずいぶん安かったもんです。あたくしァ聞いていて、子供心にも「新宿が東京の中心地になる……？　こんな田舎がなんでそんなことになるもんか」と思ってね、腹ンなかでおかしくてしょうがなかった。だが、なるほど今になってみれば新宿の昔と変わったことといったら……これァ大したもんでございます。もっとも六十年近くもたちゃア相貌も変わりましょうけども……。

圓朝忌

義太夫で出ている間に、落語界のことで記憶にありますのは、三遊亭圓朝師の七回忌のことで、今でもよく覚えております。

圓朝師が亡くなったのは明治三十三年八月十一日……あたくしはその年の九月三日に生まれたんですから、もちろん圓朝師匠は知りません。七回忌の三十九年にはあたくしは七つになっているわけです。その時に日傘が出来ましてね、日傘といっても布で張ってあるこうもり傘で、それに〝三《み》つ扇《おうぎ》〟がついてる。〝三つ扇〟は圓朝師匠の定紋です。揃いのゆかたもやっぱり〝三つ扇〟が散らしてある。それを着てずウッと歩いたんです。どの辺を歩いたかよく覚えておりませんが、途中、上野の鈴本の前へ行ったのは覚えています。その当時の鈴本は現在の場所でなく、電車通りのすじ向い、やや広小路寄りにありました。それから谷中の全生庵《ぜんしょうあん》へはいって、ここで一門の大真打《おおしんうち》だけが空也《くうや》念仏をやりました。〝鼻〟の圓遊、圓喬、圓右、圓左、小圓朝、大阪から出て来た二代目圓馬などがおもだったところで、あたくしの師匠の橘家圓蔵もはいっておりました。圓蔵は圓朝の弟子の四代目圓生の弟子で、本当は孫弟子ですが、この中へはいった。それから同じく、圓遊の弟子の遊三がこれに加わっている。孫弟子ではいったのはこの二人だけで、あとはみな圓朝直門《じきもん》です。みんな坊主頭で……本当に頭を剃って坊主になった人もあれば、坊主のかつらをかぶっていた者もありました。あたくしがその空也念仏を見て、あとでよく真似をしたそうですよ。そう言われてみると自分でも覚えがありますね。

その時に二代目の圓橘という人が、緋の法衣《ころも》を着て空也念仏の大僧正になりましたが、法要の最中に脳溢血で倒れ、自分の愛弟子《まなでし》の立花家橘之助師の膝まくらで、そのまんま全生庵で亡くなりました。大僧正で緋の法衣を着て往生をしたという、これはまことに珍しいことでございます。

花井お梅

その当時、珍らしいものとして寄席へ出たのは花井お梅で、お梅さんは初め唄をちょっとうたって、そのあとで清元の『保名《やすな》』かなんか踊ってました。そんな記憶があります。

花井お梅さんがあたくしを抱っこをして、横浜の真金町《まがねちょう》の廓《くるわ》へ行ったことがあるんです。横浜の新富《しんとみ》という寄席へ行ってる時で、その時あたくしは新富へ泊まっていたんですね。雨の降る日で、幌《ほろ》のかかった俥へ乗ってお梅さんに抱っこしてもらって、一緒に花魁《おいらん》の部屋へ行った。するとその部屋でお梅さんは、亀井鉄骨《かめいてっこつ》という……これは角藤定憲《すどうていけん》とか川上音二郎当時の、古い新派の俳優で座頭《ざがしら》ですが、その鉄骨さんと何か話してるんですね。どういう用でそこへ行ったのか、そんなことは子供だから判らないが、むこうで話をしている間、こっちでお菓子かなんか貰ってたべていました。そのうち話はおしまいになって、「坊や、もう帰ろう」ってんで、また抱っこして俥へ乗って新富亭へ帰ってきたことを覚えています。……今の人は、「明治は遠くなりにけり」で、『花井お梅』って狂言を見ると、はるか大昔のことのように思うでしょう？　あたくし自身も芝居を見ていると、やっぱりずッと昔のことのように思うが、自分があの花井お梅に抱っこしてもらったことがあるんだから……不思議なもんです。

あの頃お梅さんは、いくつぐらいでしたか、獄を出て間もなくなんでしょうね。新内で演り、芝居で演り、当時としては大変な話題ですから、その当人を寄席へ出したらどうかってんで……まァ芸はどっちでも構わない、悪く言えば一つの見世物ですね。踊りは地方《じかた》がついて踊っていました。衣裳はつけないで着流しだったと思います。なんか布を折って小袖みたいにして肩へひっかけて踊っていたが、踊りも大してうまくないという評判でしたよ。そうでしょう、ずいぶん永く獄にいたんですから、もとはうまかったとしても、そのころはもう、うまくはなかっただろうと思いますね。いい女かといわれても、あたくしも子供のことでよくは判りませんでした。うちの先代《おやじ》なんぞは「やっぱり人殺しをするような人は凄いね」と言ってました。「楽屋へはいって来て「おゥお、寒い」って肩をすぼめて眉をひそめた時、凄い顔だな、と思った」って……。

その後、寄席へも出なくなって、汁粉屋をしたとかいう話でしたがね。

そのほかにも、のせものって言いまして、大阪堀江の芸者で両腕を切られた妻吉だとか、いろんなものが出たことがあります。

鼻の圓遊

古い噺家の記憶といいますと、鼻の圓遊さんなんぞ、あたくしはよく知っています。噺家仲間であたくしより年上の人でも、圓遊さんの高座を聞いたことはあっても、おそらく楽屋のことは知らないでしょうね。あたくしは小さい時分から寄席へ出ましたんで、圓遊さんのこともよく知っているわけです。圓遊さんからおもちゃを貰ったことがありました。圓遊木の箱へ入れて「うちの孝坊《こうぼう》のだ」といって……孝坊っていうのは、圓遊さんの息子です。圓遊さんは本名が竹内金太郎で、息子は孝太郎、だからあの人の噺の中に孝坊って子供がよく出てくるんです。この孝太郎という人は、のちに若柳流二代目の家元の若柳吉蔵です。

この倅さんは、はじめ噺家になったんだそうですが、どうも舌ッ足らずみたいで、噺はうまくない。「この子はもう、どうにもしょうがねえから、踊りをやらしたら……」ってんで、蔵前の若柳寿童という人のお弟子になった。この寿童という人は花柳流から分かれて若柳流の初代になったんですが、蔵前のおッ師匠《しょ》さんといいまして、あたくしがのちに吉蔵さんの所へ踊りの稽古に行っていた時分に、よくその稽古場に見にきてました。つまり監督ですね。もう六十いくつのおじいさんで、そのお師匠さんが来る時はちゃんと座ぶとんをしいて煙草盆が出てくるんですよ。それで今日は蔵前のお師匠さんが来るって判る。なんだかこわいじいさんだな、と思ってました。その後、寿童さんが家元を譲って、吉蔵さんが二代目の家元になったんです。そういう縁故がありますから、噺家はみんな吉蔵さんの所へお稽古に行ったもんです。

圓遊師匠の噺は、あまり記憶はありませんが、一つだけ『擬宝珠《ぎぼし》』っていう噺を演りましたのを聞いたことがあります。この噺はほかに演った人もありますけど、あんまり面白くないんですよ。まア圓遊師匠が演ればそれァずっと面白かったに違いない、売りものなんですから。あたくしはまだ子供で、確かに聞いたという記憶はあるが、くわしいことは判りません。その頃はもう中気《ちゅうき》で手がふるえてる。右手に扇を持ってあおいでいると、とまらなくなって、左の手でもって押さえてとめるんです。楽屋にいてもしじゅう手がふるえるんで、あたくしはその前に坐ってじイッと見て、その真似をして手をふるわしたら、おふくろに大層おこられました。こっちは子供だから、病気で動くなんてことは判らない。あとでおふくろが赤面したって言ってました。三遊派では、まァその時分一番えらい看板ですからね。圓遊さんが亡くなって、そのあと圓喬さんが最高の看板になったわけです。

その時分の圓遊さんは、もう〝すててこ〟なんぞ踊らない、噺だけなんですが、それもあまりふるわなかったらしい。大看板《おおかんばん》は大看板としても、昔日のようではなかったわけでしょうね。あとに圓喬とか圓右とか、橘之助・遊三・圓蔵なんというところが、ぱアッと来てますからね。もう手がふるえてるぐらいだから、噺だってそう満足に出来なかったろうと思います。亡くなったのは、たしか明治四十年十一月で、あたくしが八つの時でした。

伊香保行き

圓朝師匠の七回忌のあった翌年だったと思いますから、明治四十年ごろのこと、あたくしは伊香保へ行ったんです。当時は夏になると、芸人がみな避暑に行ったもんで、二代目の談洲楼燕枝、圓右なども行きました。師匠ももちろん行ったでしょうし、先代《おやじ》も行ってました。そのほか、役者の二代目の左団次、それから小高屋《ちいたかや》といいました小団次なぞが来ている。小高屋があたくしをくれろと言って、母が困ったことがありました。「役者にしたいから、ぜひ下さい」と言われましたけども、これはことわった。母はあたくしを十二、三まで寄席へ出して、それからのちに文楽座へやって太夫にするつもりだったんだそうで、それまでは、借金埋めだとかいろんなことで、どうしてもあたくしを働かせなくちゃならない、というわけで寄席へ出していたんです。もし文楽座へはいっていたら、今はどのくらいになってるかなア……と考えることがありますね。

伊香保へ行くと、演芸会がよくありました。湯治場《とうじば》で、昔のことでラジオも何もありゃアしないし、退屈だから人を集めてそういうことをやったものです。それへ出る前に、あたくしが石段を一人でとんで歩いていて、ころんで心臓の所を打ったんですね。今でもお乳の上の所へ薄くしみが残っています。その時は痛くて本当に息が止まっちゃったかと思いました。そばの人が起こしてくれて、帰ってきてから先代《おやじ》が……といってもその時は、まだおふくろと一緒になっていなかったんですが、伊香保へ来ていたんで……水をつけてもんでくれたのを覚えています。それから演芸会へ行って『宗五郎の子別れ』を語っている途中で倒れたんです。ひどい熱で、冷たい豆腐を頭の上一面にのせられたりしましてね。しばらく動かせないってんで、伊香保に九月末頃までいたらしい。寒くなってから東京へ帰って来ました。

帰って来て、やはり席を勤めていたんですが、そのうちに東京で医者にみせたところが、「この子は、こういう声を無理に出さしておくと、だんだん体が悪くなって、長生きは出来ない」と言われた。文楽座に入れるつもりだったが、医者はよした方がいいと言う。それなら何にしたらいいかってことです。結局噺家に転向することになりました。

噺家転向

噺家になったのは九つだったか十歳《とお》だったか、自分でもはっきりしないんですが、たぶん九つの時だったと思うんですな。「何がいい？」って聞かれたから「噺家になりたい」と言ったんです。

その前から、噺は聞いて覚えていました。横浜の新富亭へ義太夫で出ていた時ですが、その頃の横浜の駅は今の桜木町です。毎晩行くんで道は判ってますから、あたくし一人、ちょこちょこ駆けだして、おふくろより先に席へはいっちゃったんです。ところが誰か休みの者があって、前の番の者がつないでいたが、つなぎきれずに舞台をおりちゃって、アナがあいていた。さァどうしようと言ってるところへあたくしがはいって行ったので、楽屋では喜んで「おッ母さんはどうしたい？」「おッ母さんは、まだ歩いてるよ」「しょうがねえな、困ったな」「じゃア、あたいがあがって噺をしようか」「え？　出来るかい？」「あゝ、出来る」「おゥ、じゃ演ってごらん、演ってごらん」てんで……みんなは面白半分に言ったんでしょうが、あたくしはちょこちょこッと出て行って、座ぶとんの上へ坐ると、一席演りました。その噺はちゃんと覚えています。『箱根山』という音曲噺《おんぎょくばなし》でね、どういう噺かというと……

昔は男が一人前《いちにんまえ》になりますのに、よこねという、あまりいいもんではありませんが、あれを出して、伊勢まいりをすると本当の男一人前になったという、妙な所で区別をつけたもので、その時代のお噺でございますが……「どうしたい、おい、ぼんやりしてるな」「(元気なく)うゥん、弱っちゃった」「どうしたんだ」「なにしろよこねが出て、どうにも痛くッてしょうがねえ」「うまくやりゃアがったな、伊勢まいりをすりゃ一人前じゃアねえか」「おれァ伊勢まいりはしない」「どうして？」「両方出たからね、おまいりをしなくッてもいい」「馬鹿なことを言うなよ。医者にみてもらったのかい？」「おれァ医者には、みてもらわねえ」「どうして？」「知ってのとおり、餅が好きなんだ。あれを一日に一ぺんは食わなきゃア、どうもがまんの出来ねえ性分《しょうぶん》で、よこねにァ一番毒だということを聞いたから、医者へ行ったら止められるだろうと思って、そいつが怖《こえ》えから、おれァ医者へは行かねえんだ」「馬鹿なことを言うなよ、むこうは商売だ、餅を食いながら病気のなおるような工夫《くふう》がねえとも限らねえ。まァとにかく医者へ早く行きねえ」「そうかい」……友達にすすめられて、痛い足を引《し》きずりながら、医者の玄関へ……「(元気のない声で)お頼《たの》申します、お頼申します」「(大きな声で)どォ…れェ」「(ひとりごと)痛《いて》えなァどうも、よこねへ響《しび》けらァ、冗談じゃアねえ」「はい、おいで。何か御用か」「エェあたくしはよこねが出ましたんで、先生にみていただきてえんでがすが、それより先へ聞きてえのは、あたくしァね、餅が好きでしょうがねえんで、よこねには一番毒なもんだと聞いているが、あれを食っていいか悪いか、そいつを先へお聞き申してえんでござんすが」「いや、わたしには判らんが、とにかく先生にうかがうから、しばらくそこでお待ち」……書生は障子をしめて奥の座敷へ引っこむ。奴《やっこ》さん、痛いのをがまんをして、式台へ腰をかけて待っていると、その時分に流行《はや》った唄で、〽お前を待ち待ち蚊帳《かや》の外、蚊にくわれ、七つのお鐘のなるまでも、こちゃかまやせぬ……というかの字のどっさりつく唄がある、この替唄で、〽くもらばくもれ箱根山、晴れたとて、お江戸が見ゆるじゃあるまいし……という、これも大変流行った文句で、お湯ゥの行き帰り、若い衆《し》が手拭を肩へ引っかけまして、「(節をつけてうたう)〽くもらばァくもれェ箱根山、晴れたとて、はァこらこらィ、お江戸がァ見ゆるじゃあるまいし、こちゃアかまやせぬゥ、こちゃえエこちゃえエッ……」「(顔をしかめて股の所をおさえながら)馬鹿ッ。やけな声をしやがんな、あいつァ……こちゃえエこちゃえエッてやがる。よこねへずんずんと響《しび》けらい。こっちだってそんな唄の一《しと》つぐれえ、うたえねえんじゃねえんだが、痛《いて》えからがまんしてうたわずにいるんだ。しゃくにさわるからうたってやろうかなァ、おれのァそんな古めかしいんじゃねえ、即席だ。(弱々しい声でうたう)〽痛まばァ……痛め、よこねがさァ、腫れたとて、(なさけない声で)はァこりゃこりゃ、おいらが一人で、なやむのだ……」医者の書生が玄関の障子をがらッとあけて「(唄の節で)〽餅ゃア、かまやせぬ」

このあとで、『さのさ』かなんかを二ッつばかりうたっておりた。そしたら大喝采。義太夫語りが、だしぬけに噺をしたんで、お客はびっくりしたんですね。楽屋でみんなが「こりゃア質《たち》がいい」とか言ってほめている。そこへおふくろがはいってきて、訳を聞いてびっくりしたというわけです。

そういうこともあるし、噺は毎晩楽屋でじイッと聞いてるから、覚えているんですよ。それで、前の月の晦日《みそか》まで義太夫語りでいて、その翌月の一日から噺家になっちゃった。

橘家圓蔵の弟子ですから、橘家圓童という名前になりました。この名前は、のちに一朝となりましたが、当時は圓楽という名でいた、本名は倉片省吾という人が「子供だから圓《まる》い童《わらべ》と書いて、圓童というのがよかろう」と言ってつけてくれました。そのとき九つだったか十《と》歳《お》だったか、それに新富亭で初めて噺をしたその年か、翌年あたりなのか、はっきり覚えておりません。しかし、新富で演ったということが、噺家になる一つの動機になったんでしょうね。義太夫のためにたべものを制限され、いろいろやかましく言われて子供ながらつくづくつらいなと思っていました。そして、噺家の方がいいなァといつも考えていましたんで、何になりたいかって聞かれて、しめたと思ってね、「噺家になる」って言ったんです。そしたら、とたんに何でもたべていいことになったんですよ。噺家になって、その夏、氷あずきを初めてたべた時のそのうれしさ。声にさわるからと、いくらせがんでもだめだった氷あずきを自由にたべられた時に「あァ、噺家は本当にいいもんだな」と思いましたね。

噺の稽古(その一)

初めて高座でしゃべったのが『箱根山』、そのほかに『子ほめ』『厄払《やくはら》い』など、先代《おやじ》のを聞いて覚えていました。しかしこれからは噺を正式に勉強しなくちゃいけないということになりまして、うちの師匠も一ぺん教えてくれたことがあります。たしか『親子三人の馬鹿』と『酒の粕《かす》』だったと思いますが……うちの師匠ってえ人は、弟子に稽古をするのが下手なんです。隣りの部屋で先代《おやじ》が聞いて笑ってるんですよ、あんまりまずいんで。師匠も自分ながらいけないと思ったらしく「それじゃ、左近《さこん》の所へ行け」ということになりました。左近てえのは、本名は橋本卯三郎、左近から七代目朝寝坊むらくとなり、その後三代目三遊亭圓馬になった人です。この人が立花家橘之助の弟子で立花家左近といっていました。

『初天神《はつてんじん》』という噺を、一番先に教えてもらいました。あたくしが稽古に行きはじめた頃、圓馬さんは確か下谷の黒門町《くろもんちょう》あたりにいたと記憶しています。それから間もなく三筋町《みすじまち》へ越しましたが、この三筋町の家は、〝鼻〟の圓遊さんのもので……つまり圓遊さんが地主さまなり、大家《おおや》さんで、その長屋に初代の圓左さんも住んでいたそうです。だから圓馬さんは圓左さんにもずいぶん噺を教わった。またその隣りに立川談志《たてかわだんし》……〝釜掘り〟の談志の次の談志で、本名を恒川《つねかわ》という人が古道具屋をしてました。その路地を抜けると通りがある、その角の家が圓馬さんの家だったんです。棟割《むねわり》じゃなく一軒一軒の長屋だと思います。あたくしが稽古に行きはじめて間もなく、左近からむらくになりました。それがこの三筋町へ来てからかどうか、それははっきり覚えていませんが、明治四十三年頃でしょう。

『初天神』のあとに稽古をしてもらった噺は、順序は忘れましたが、

『粥《かい》やろう』　『正月丁稚《でっち》』
『芝居風呂』　『錦名竹《きんめいちく》』
『按《あん》　七《しち》』　『字違い』
『近日息子』　『だくだく』
『饅頭嫌い』　『小倉船《こくらぶね》』

『寄合酒《よりあいざけ》』　『堀の内』
『磯の鮑』　『蛸芝居』
『蔵丁稚《くらでっち》』　『たぬき（狸賽《たぬさい》・狸の釜）』
『手紙無筆』　『京の茶漬』
『突き落し』　『凝り相撲』
『胴取り』　『酉《とり》の町』
『八九升《はっくしょう》』　『味噌豆』
『猫《ねこ》忠《ただ》』　『大仏の小噺』

まァ今覚えているのは、こんなものですね。この中には他の弟子が稽古をしてもらっているのを、そばで聞いてて覚えたものもかなりあります。こっちは子供ですから女郎買《じょうろか》いの噺なんぞ教えてくれるわけはない。『突き落し』なんかはもちろん他人の稽古を聞いてて覚えたものです。

圓馬の稽古

その時分、圓馬さんのところへ稽古に来ていたのが、

柳家　小菊（のち、小きん、小三治、馬楽、四代目小さん）
桂　　小莚（八代目文楽）

柳家小よし(のち、蝠丸)
朝寝坊蝶二《ちょうじ》
朝寝坊夢松(のち、橘松、魚楽、むらく)
柳亭　京枝《きょうし》
柳家小はん

あと一人は忘れましたが、なんでも一としきりはあたくしを入れて九人稽古に来ていました。

噺の稽古をする時は非常にやかましい師匠でして、あたくしは『芝居風呂』を教わった時には、立廻りの手つきが悪いってんで、ずいぶんひっぱたかれましたよ。扇でもってぴしりと叩かれる。煙管《きせる》でひっぱたかれたこともありました。だけども、噺の稽古で少しぐらい殴られたりなんかしても、あたくしは驚かなかった、義太夫の方でもう心得てるから……芸ってものの稽古はこわいもんだと思ってますからね、ですから一生懸命で、他人の噺もみんな覚えちゃった。

もっとも稽古がすんでしまうと大変やさしいおッ師匠《しょ》さんで、「坊や、お湯ゥへ行こう」なんてんで、銭湯《せんとう》へ行きましてね、背中洗ってくれたり、手でもってちゅッちゅッと水を飛ばして見せてくれたりなんかしてね、そういう時はもう大変やさしいんですが、いざ前へ坐って稽古となるてえと、ずいぶんこわい師匠でございました。

稽古のしかたですが、大勢ずウッと並んで待っているうちから一人ずつ師匠の前へ出て行って坐ります。と、師匠が一回ずっと通して演ってくれます。仮に十五分のものでも三十分のものでも通し稽古です。それをじっと聞いている。一人済むと「はい、次」ってんで、次の者が出て、また別の噺を稽古してもらう。一日に一ぺんだけ、それが三日間ですから三回ッきりやってくれない。三日間行って、四日目にはその噺がちゃんと出来なくっちゃいけないんです。

大体において一回聞いて噺を覚えてしまうわけですね。それから二日目に聞く時にはその呼吸、イキと申しますか、間《ま》とか、そういうものをよく覚えこむ。で、三日目は駄目押しですね。自分ひとりで演ってみていたが「あ、あすこンとこが抜けていた。あ、ここンとこはそうじゃない、こう演るんだ」というような、駄目押しというやつで、これで三日間の稽古が終るわけで……。

四日目に行って師匠の前へ坐ると「さ、演ってごらん」と言われて、覚えたとおり噺をするんですが、途中でつかえると、絶対に教えてくれない。「どうしたんだい?」「へえッ」……暫時《ざんじ》黙ってまして「まだ思い出さないのかい?」「へえ」……そのうちに新聞出して読む。読んじまうと今度厠所《はばかり》へはいっちまう。そのうちに着物を着替えて「今日はこれで稽古はおしまいだよ」ってんでね、すウッと出て行かれちゃう。そうするとあとへたまった者が苦情なんです。「しょうがねえじゃねえか。覚えねえから俺まで稽古できねえじゃねえか」なんてんで苦情を言われる。それであくる日行って「まことに相済みません」てあやまると、「しょうがねえな」ってんで、文句たらだらでもう一ぺん演ってくれる。それで覚えないようじゃ、もう今度ァ面目なくッて行かれないわけで、どうしても早く噺を覚えなくちゃならない。

あたくしはまだ子供で屈託はなし、噺が好きなんで、一生懸命聞いてますから、どんどん覚えちゃう。自分が一つ稽古してもらう間に、ほかの人の噺を四つも五つも覚えちゃうんで。そこへ行くと大人の方は、いろんな屈託もあるでしょうから、そうはなかなか頭へはいらない。で、つかえると、うしろからあたくしが教えてやる。「教《おせ》えちゃいけねえッ」てんでね、よく師匠に小言を言われたことがあります。

そのうちに四代目小さんの小きんが稽古に来なくなっちゃった。あの人は、小菊から小きんで二つ目になって、九人の中では年齢《とし》から言っても一番兄《あに》いだったんですよ。その頃は、ちょっと懐都合《ふところつごう》がよかったんでしょう。稽古の帰りに御飯を御馳走になった覚えがあります。その小きんが『初天神』の稽古をしてもらっていたんですが、これが師匠の気に入らないんですね。すると「おい、坊や、お前演ってごらん」「へえ」ってんで、こっちァ子供だから臆面なしに出て行って、いちばん初めに稽古してもらって覚えている噺ですからね、演りました。と、「おい、聞いてごらん、子供でもこのくらいやるんだ、この方がずっと親子の情《じょう》があるだろう。お前の噺にはね、親子の情ってものがまるッきり出ていない、それじゃア駄目だよ。圓童の方がずっとうまいや」って言われた。それっきり四代目は稽古に行かなくなったてえことを、その時はあたくしは知らなかったんですが、のちに四代目から聞きました。これァ当人としちゃアずいぶん面目ないことだったんでしょう。

踊りの稽古

その時分に、もうそろそろ踊りをやらなくちゃいけないってんで、踊りの稽古を始めました。その前に……まだ義太夫をやっている頃で、踊りってものを習う前のことですが、噺家《しか》芝居《しばい》の『靭猿《うつぼ》』のお猿に出たことがあります。その時の顔ぶれが、

猿廻し　桂　小南《こなん》（初代。本名・若田秀吉）
女大名　雷門　歌六《うたろく》（のち六代目助六となる。本名・青木鏡太郎）
色《いろ》　奴《やっこ》　三升家《みますや》紋弥《もんや》

紋弥は独楽廻しじゃなく噺家です。小南と紋弥が、柳・三遊の踊り手で、人気のあった双璧でした。

当時、高座で踊りを立って踊る人は少なかったんです。東京の噺家は、みんな坐り踊りで、その時分には、まだまだ坐り踊りを演る人が大勢いました。第一に、高座のたっぱが低いもんですから、やっぱり坐り踊りでなくッちゃアね。奥行きだって二間はありません、たいてい一間半でしょう。間口は二間か二間半、せいぜい三間で、今の本牧亭の高座ぐらいですから、大きな奴が立ちはだかって踊るてえことは、どうも見ていてぶざまなわけですね。坐って踊るというのが、ちょうど寸法にはまったことでしょう。

『靭猿』は、大阪から来た小南と紋弥、それに東京では歌六が、若手であり、踊りッ子と

してきやきやきやと来た所で、柳・三遊で人気のある顔ぶれをそろえたわけです。二長町《にちょうまち》の市村座で、切幕《きりまく》でした。その時振り付けしたのが、〝鼻〟の圓遊の伜の若柳吉蔵さんで、それで初めて吉蔵さんのお稽古所へ行って教わったわけなんです。それからのち若柳さんへお稽古に行くようになりました。

あたくしは踊りの方はひどく覚えの悪い方でもなかったでしょうが、まァ普通か普通以下だと思います。噺の方は大体が好きですから、ひとのものでもなんでも、みんな覚えちまうんだが、踊りはどうも、たいして好きじゃァありませんでした。

この時に、今の前の丸一《まるいち》の小仙(本名・鏡味《かがみ》六三《ろくぞう》)とあたくしと喧嘩をした。初めあたくしの方へ頼みに来たのは、『靭猿』のお猿と『安達原《あだち》』の三段目のお君、この二役を演ってくれってんで、請け合った。ところが何かの手違いで、小仙の方にもその二役を頼んでしまったんですね。結局あたくしはお猿を演って、お君は小仙が演るってことになったが、そんなことは、あたくしァ子供でよく知らない。ところがむこうじゃァあたくしに役を取られたと思ったんでしょう。市村座の楽屋で「こっちへ来い」って小仙が言うから、「なんだい」ってって行ったら、「この野郎ッ」てあたくしのほっぺたをぐいッとつねった。小仙はあたくしより三つぐらい年上なんです。子供の時に三つ違えば、とてもかなわない。あたくしが泣いて「あの子にいじめられたァ」……もともと子供同士の喧嘩なんだが、あたくしのまわりの者が怒っちゃって、師匠も「出さねえッ」とか言って、えらい騒動になった。大変だってんで、むこうからあやまりに来たりなんかしてね。結局、それはおさまりましたが、それから小仙とあたくしとは、かえって大変仲のよい友達になりました。

噺の稽古(その二)

そのほか噺の稽古に行ったところというと、まず一朝さんのところです。当時圓楽でした。三遊派の稽古台というと、ほとんど一朝さんか、圓条さんかどっちかなんです。圓条という人は、噺がごく優しい人で、『品川心中』『おせつ』(下)『文違い』そういうものがうまかったんですが、なんかこう、ねばねばしたような噺で、そこへ行くと一朝さんの方は、威勢がよくて、ぽきぽきした噺なんです。ま、対照的な芸というんですかね。その二人のどっちかへ稽古に行くんですが、あたくしは、一朝さんの方へ行きました。

教えてもらったものが

『紫檀楼古木《したんろうふるき》』　『初音の鼓』
『蒟蒻問答《こんにゃくもんどう》』　『長　短』
『蟇の油』　『九段目』
『あなごでからぬけ』　『道具屋』
『首　屋』　『看板の一《ぴん》』
『小ひな助七』

こんなものを稽古してもらいました。

それから五明楼国輔さんのところへ行ったことがあります。教わったのは

『くしゃみ講釈』　『紀　州』
『引越の夢』　『廿四孝』

その次に行ったのが盲の小せんさんのところです。行きはじめたのが、十三、四の頃でしたかね。三遊の者が柳の方へ稽古に行くことも別に構わなかったわけです。小せんという人はなかなか頭のいい人で、警句を吐きましてな、今でいうインテリの噺家で、まことに、われわれ若い噺家のあこがれの的《まと》で、将来ああいう噺ができるようになりたい、という希望をもってみんな稽古にかよったもんです。

あたくしが行きはじめたころは、もう眼が見えなくなってからで、蔵前橋の近所にいましたが、まもなく厩橋の方へ越して、そこへ毎日かよいました。噺を教えるのに月謝というものは決して取らない習慣なんですけれども、この師匠だけは、月謝を取りました。初めは確か一と月に一円でしたかね、それから二円になり、おしまいには三円くらいになったような気がします。何しろ寄席へ出られなくなったんで、ほかに収入の道がない。だから若い者が稽古に来るについて、月謝を貰おうというので、それァ取ってくれた方がこっちも行きいいですから、月謝を払って、ずいぶんたくさん稽古をしてもらいました。

『片　棒』　『稽古所』
『早桶屋』　『吝問答《しわいもんどう》』
『小言幸兵衛』　『酢豆腐』

『位牌屋』
『真田小僧』
『蛙茶番《かわずちゃばん》』
『鰻の幇間《たいこ》』
『代　脈』
『浮世床』
『いびき駕《かご》』
『四宿《ししゅく》の屁』
『居残り佐平次』
『法華《ほっけ》長屋』
『長屋の花見』
『蚊いくさ』
『湯屋番』
『寝　床』
『五人廻し』
『無精床《ぶしょうどこ》』
『錦の袈裟』
『茶の湯』
『お　七』

こうやって並べてみると、今あたくしが演っているものの中で、小せんさんものがずいぶん多いんです。

小せんの稽古

小せん師の教え方は圓馬さんとはまた違ったところがありまして、噺を切って教えました。長い噺だてえと三つ、あるいは四つぐらいに切って、一つところを一日に三回やってくれる。これで二日なり三日なりして「エェもう覚えました」ってえと、「そう。じゃ、先をやろうか」ってんで、その先へ行く。「わかりません」てえと、そのおんなしところを何回でもやってくれました。それで、すっかり覚えても自分の前で演らせるということがありませんでした。「覚えました」ってえと、「あゝそうかい。じゃ今度、何をやろう」って相談して「じゃア、これを……」と別の噺をやってくれる。

この師匠は「あたしのとおりには演るな」って言いました。「ぼくのとおり演るとね、〝師の半芸〟といって、半分しきゃ出来ないもんだ。噺は、なるッたけ筋は覚えても、師匠のとおりには演らない方がいいんだ」とこういう教え方で、そこへ行くと、圓馬師の方は自分が教えたとおり、ちゃアんとしゃべらなければいけない。こっちで勝手なことを入れたりなんかすると叱られました。この二つのうちどっちがいいかと言われれば、両方とも理窟はあると思います。だけども、初めッから自由にさせるってえことは、あたくしァちょっと賛成できません。初心のうちは圓馬師の教え方の方がいいんで、まだ軌道にのらないものは、自由にさしといたら、本当にどんなことをやり出すかわからない。きちんと規則どおりにやかましく言って教えなければなりません。それで芸が出来てからは、それァいつまでもしばっておいちゃアいけない。土台が出来たら、教えるだけは教えて、あとは当人の自由にやらせてもいいと思います。

字を習う時でも、初めにまず楷書を習う。お手本を紙の下へ置いて、その上からなぞって、おんなしような寸法に書けるようになればいい。どこへ力がはいろうとはいるまいと、形だけを覚えればいいんですから。その次には手本を脇へ置いて、それを見ながら書く。すると、どこへ力がはいってどうなっているかということが、やや判って来ます。それがすっかり腹へはいったら、今度は手本をはなして自分一人で字を書く。そうやってだんだん上達してきて、それから自分の思うようにやって行くのが正しい修業の道だと思います。初めッから手本もろくすッぽ見ないで、俺は俺だと勝手に書けば、それァ突飛《とっぴ》な字は書けるかもしれないが、本当の法にかなったものは書けっこない。だから、あたくしは噺でも、初めは師匠のとおりにやるのが一番いいんじゃァないか、自由にやれというのは、やや芸が出来てからのちのことだ、と思っております。

圓童日常

橘家圓童として噺家になった頃の日常生活は、まず、朝のうちに、浪花町《なにわちょう》の若柳吉蔵さんのお稽古所へ踊りの稽古に行きます。朝早くには割引電車ってのがありまして、冬は八時まで、四月の一日からは七時半まで、割引料金になっているんです。いくらかでも倹約しようというんで、その割引電車へ乗っけて、あたくしをお稽古に出すんですよ。朝、おふくろが起こしてくれて、お香物《こうこ》かなんか出してくれて、お茶づけをたべて、割引電車に間にあう時間……暖かい時分なら、七時半にならないうちに乗っからなくちゃいけない。それで新宿から浪花町へ行ってお稽古をして、それが済むと、浪花町から浅草三筋町まで歩くんです。その時分になるともう十一時頃で、お腹がすいてくるので、よく甘食《あましょく》パンを買いましたよ。一つ二銭ぐらいでしたか、それを袋へ入れて持って、かじりながら歩きました。

圓馬さんの所へ行って、噺の稽古をして、一時半かそこいらに出て、新宿へ帰ってくると二時半ごろになります。すると学校の先生が来ていて、まず坐って墨をするんですが、その時分には、もうくたぶれてくる……学問だってあんまり好きじゃない、噺の方は好きだけども……それで居眠りするんですよ。すると前で先生が「えへん、えへん」と咳ばらいをする、それで、また眼をあけて墨をする。習字をして読本《とくほん》を習い、先生が帰る。それからお湯ゥへ行って夕飯をたべると、もう席へ行かなくちゃならない。しまいには長唄のお稽古がはじまりましたしね……つまり踊りがあって長唄があって、噺の稽古をして、うちで学校の勉強をやって、そして夜は寄席へ行くんですから、当人としちゃアまるッきり遊べないんですよ。ほかの子供が遊んでるのを見ると、うらやましかったですね。「俺もああやって遊びたいなア」と思った。そんな生活ですから友達ってものがありませんしね。

今いる噺家の中で、あたくしより先輩は金語楼(本名・山下敬太郎)さんです。もっとも舞台へ出たのはあたくしの方が先なんです。あたくしが義太夫を語ってる時分に、彼が金登喜《きんとき》という名で出てきて、噺をやった。だから噺家としての経歴はむこうの方が古い。わずかの年数にしろ、とにかくむこうがあたくしより先輩にあたります。

柳橋さんは、ずっと後で、あたくしが圓童になって、一年か二年かたった時分に、〝牛込〟の柳枝さん(四代目。本名・飯森和平)の弟子になって、柳童《りゅうどう》という名で出たんです。横浜の新富へ柳枝さんが出て、あたくしの方は横浜の新寿《しんことぶき》という席へ、うちの師匠のトリで行ってた時です。新富へひょいッと遊びに行ったら、柳枝師匠が「坊や坊や、うちにも今度子供の噺家が出来たから仲よくするんだよ。金坊、金坊」と呼んで「この子だから」ってひきあわせてくれました。その時はじめて会って、その後、青山の富岳座《ふがくざ》で『出来心』かなんか聞いた覚えがあります。あの人が十三か十四の時でしたか……その頃は柳・三遊で全然分かれてますから、柳派《やなぎ》の人の噺は特別に行って聞かなきゃア聞くことがありません。ですからあたくしア、〝軍鶏《しゃも》〟の志ん生さんでも、〝おっとせい〟の左楽さんでも知りません、会ったことがない。それから、扇歌からつばめになった人とか、今思えば、こういう人達の噺も聞いておけばよかったんですが、全然聞いたことがないんです。

読　書

まァそんなふうで、遊ぶひまはないし、友達はなし、あたくしの道楽ってのは読書だけだったんです。一番初めに読んだ本を覚えてますが、『一豊の妻』というんで、それから本てえものは面白いもんだなァと思って、いろんなお伽ばなしの本をずいぶん買いました。巌谷小波《さざなみ》さんのお伽ばなしもよく読んだもんで、その中に仙人の話が出てくると、不思議でしょうがないんですね。それで寄席へ行って「おじさん、仙人てのは、どういうもん？」て聞くんです。岸沢仲太夫って人が「仙人てのはね、山の奥へはいって木《こ》の実《み》をたべて……」と教えてくれたが、それからどうして、どういうふうにって、子供だからしつこく聞くでしょう。

しまいにむこうで困ってるんですよ。「これはどうも……弱ったな」ってんで頭をかかえてる。こっちはまじめでね、この人は年齢《とし》をとってるから知ってるだろうと思って聞くんですが、むこうは弱っちゃってね、今考えるとおかしくてしょうがありませんが……。

しばらくお伽ばなしの本ばっかり読んでましたが、ある時、縁日でもって『冒険世界』って雑誌を買って、押川春浪の『怪人鉄塔』という……絵で見るとね、ガスタンクみたいなものがあって、その上にゴリラのような怪獣がいて、それに、きれいな令嬢がさらわれたんで取り返しに行く、というような筋でしたが、これを見た時に、実にどうも、世にも不思議な感にうたれまして、それからもう『冒険世界』ばっかり買って読んでました。貧乏だから新しい本は買えないんです。縁日へ行くと二銭ぐらいで売ってる。ごく悪い本になると二冊三銭なんてのがある。そういうのを方々さがして、値切って買うんですよ。その後に『武俠世界』というのが出まして、やはりおんなしようなものですが、それも読んだ覚えがあります。その次に読んだのは浪六でしたかな、ちぬの浦浪六、この人のものを非常に面白いと思って、一時、浪六ものに凝りました。

そういうものを読んでいるうちに、小せんさんの所へ稽古に行きはじめました。小せんさんは「噺家は式亭三馬を読まなくちゃいけない」と言いました。「そうですか」「三馬の『浮世風呂』とか、『浮世床』とか、ああいうものが判らなくちゃア……」「そうですか。それから、あとはどんなものを読んだらいいんでしょう」「それァお前、滝亭鯉丈《りゅうていりじょう》の『八笑人』とか『和合人』とかそういうものだ」……それからさっそく、帝国文庫の『三馬傑作集』を手に入れました。小せんさんが「帝国文庫が一番いいよ。あれァ活字がこまかくッて読みでがあって、内容が豊富で安いから」と言うんですよ。ですからあたくしが江戸文学で初めに読んだのは三馬です。それから、種彦、京伝……一時は滝沢馬琴に凝りましてね、まるで馬琴にとっ憑《つ》かれたようになって、あの人のいろんなものを読みました。江戸文学に凝った時は、そればっかりしか読まないんです。黄表紙なんぞも読みました。

それから今度、夏目漱石のものを読んだんでしたかね。「これァ君、面白いよ」とすすめられて、『吾輩は猫である』ってのを読みました。その時は、面白いには面白いが、まだ十代ですからね、本当のよさは判らなかった。後に読みなおしてみた時に……あれは三度か四度読みましたが、だんだん判ってきて、なるほどと思いました。読むたんびにますます面白くなりますね。それから、有島武郎っていう人の『宣言』でしたか、それを読んで、好きになって、有島さんのものはずいぶん読みましたよ。

それから、だいぶ後になりますが、外国のものを……イプセンとか、トルストイだとか、ニーチェだとか、そのころは日本のものがいやになって外国のものばかり。『レ・ミゼラブル』など、大いに感動しました。『巌窟王(モンテ・クリスト伯)』なんぞは理窟ぬきで非常に面白いと思った。モーパッサンなども読んだし、まァ、あたくしは本をしじゅう手からはなしたことがないって言われました。

楽屋では、その時分、やかましくッて読めないんです。本なんぞ読んでると「おいおい、陰気になるからよしな」っておこられる。なんでもあたくしが十六、七の時でしたか、楽屋でもって「お前さんは何が一番好きだ」って話になって「松ッちゃん、何が一番いい」って聞くから、「そうね、静かなお寺で、香でも焚いて、ゆっくり本が読みたい」って言った。そしたら「この子は長生きしねえ」って言われた。子供の時から、なんかそういう、静かな所へ行って、ゆっくりさまたげられないで、悠々と本を読んでみたいというようなことを願っていたんですねエ。

圓生結縁《けちえん》

そのうちに、あたくしの母と、そのころ品川の圓蔵師匠の弟子で橘家二三蔵《ふみぞう》といっていた先代《おやじ》圓生と……つまり恋愛関係になったんでしょう。母の方が年齢《とし》が十ぐらい上だったんですが、まァ、意気投合したんですか、一緒になったわけで、あたくしが八つぐらいかな、まだ義太夫を語ってるころから一緒にいました。初めあたくしは、兄さん兄さんと言っていたが、のちに「お父《と》ッつァんと言うんだよ」とおふくろから言われて、それからおやじになったわけで……。

先代《おやじ》はもと足袋屋の職人だったんです。毎晩寄席から帰って来ては、二時三時ごろまで夜《よ》なべをして足袋を縫っている。つまり、おふくろが借金を返すために、夜は寄席、昼間は義太夫のお稽古をしているところですから、先代《おやじ》も一生懸命にそれを手伝ってくれたんでしょうね。夜おそくまで足袋を縫っていたことをあたくしは覚えております。仲間の噺家、真打連中やなんかの足袋を、五足十足と誂らえがある。その時分は足袋というものは、今の靴のようにずいぶんやかましくッて、誂らえの足袋でなければ絶対にはかない人がある、そういう人が誂らえてくるのをこしらえていました。

天井から糸を二筋、ずウッとぶらさげて、これに鉛のついた重いものを下げて、びいィんとこいつを廻すと、ぐるぐると廻って撚《よ》りがかかるわけですね、これを合わして太くしたものがコハゼをかける所の糸になる。先代《おやじ》は蠣殻町の尾張屋という足袋屋で六年奉公して、本当はもっといなくちゃならないのを途中でとび出した。年季はそれだけしか勤めていないが、仕事は非常にうまかったらしい。前座時代から小圓蔵になってからも、少ゥし足袋のしごとをやっていたように思います。真打になった時には、もちろんよしましたけれども。

ああいった頑固な体つきで、針なんぞは持てないだろうと思うとそうじゃアない。北海道の厚司《あつし》というものがあるが、それへ布《きれ》をかけて、上から模様をずウッと縫いとりみたいに縫って行く、そんなものをこしらえたこともありました。非常に針の質《たち》がよかったらしい。先代《おやじ》の弟で、のちに圓窓《えんそう》になって死にました、本名・村田仙司《せんじ》という、この人は大変に器用で、洋服でもなんでも縫うんです。しかし先代《おやじ》がよく評してましたが「足袋はどうも、あいつは下手だ」って言ってました。年季は弟の方がちゃんと勤めたが、仕事の質は先代《おやじ》の方がすぐれていたらしい。

先代《おやじ》はまことにいい人なんですが、どうも癇癪もちでね、気が短かい所がある。だから時々大きな声でどなりつけられたりなんかして癪にさわることもありました。しかし、がアッと言うだけで、あとに少しもこだわりのない人で、口に出してはあまりなんのかんの言わないが、陰になってあたくしのことでどのくらい心配をしてくれたかしれない。まァ、本当にそういう愛情があったから、あたくしも曲がらなかったんだと思います。母もああいう事情で生みの母と違うし、それからのちに先代《おやじ》と一緒になったことなど、まわりにいろいろこみいった事情のある家庭ですから、ひょッとしたらあたくしはひどくひねくれた人間になっていたかもしれないなァ、と、今でも考えることがあります。

　あたくしももう十八、九の年齢になって、事情《こと》がよく判るようになってから、どこそこの子供が貰いッ子で、親は心からかわいがっていたのに、兵隊検査の時に戸籍を見て実の親でないということを知って、その子が道楽者になって非常に曲がってしまった。その親がなんとかして元のとおりにしようと思っていろいろ心をつくしているのに、子供の方では実の親でないということでますますいけなくなる、というような話を聞いた時に、どうもけしからんことだと思いましたね。実の親でなければ、よけいに、自分が育ててもらったんだから、その親に尽くさなければならない。それを、実の親でないと知ったからといって、今までは真ッ直ぐでいたものがなんで曲がってしまうのか。そんな奴は、たとえ実の親に育てられようとも、大した人間になれるわけはない。人間として、大変に心意気が間違っていると、あたくしは考えたことがあります。

　ですから、くり返すようですが、あたくしが母というのはさだであり、父というのは先代……五代目三遊亭圓生のことです。たとえ血がつながっていなくとも、これがあたくしのほんとうの父と母だと思っております。

　母と新宿にいる時分に、実父の万助に一度会ったことがありました。あたくしは子供でどういうことかよく判らないが、ある夜、うちに来て、母となにか話をして、あたくしは「もうお寝《ね》」といって寝かされてしまった。そしてあくる日起きた時は、もういなかったんです。これが実父に会った最後だろうと思います。あたくしが十七、八ぐらいな時に死んだということは聞きましたが、あたくしは不人情かしれないが、実父に対して親という感じは少しもしないんです。その後どうなっていましたか、消息もまるッきり知らなかった。ただ死んだということを聞いたんで、「はァそうか」ってなもんです。

　でも、若い時分には、むこうへ行ったら墓参りでもしようかと思ったこともありました。しかし現在の父である五代目圓生に内証で墓参りをするほど、あたくしは実父に対して恩義はないと思い、却ってそういうことをしては今の親にすまない……母のさだは万助をたいへんうらんでいたので、その影響があったのかもしれないが、たとえ実父であろうとも、子供をただこしらえッぱなしで、自分のしたいほうだいのことをした人で、あたくしは、さらに親としての愛情は感じられない……まァ、実父のことは、それッきりになってしまいました。

　それから、母と先代《おやじ》(本名・村田源治)と夫婦になって、籍を入れるために、おふくろは松田家から、いったん、もとの山崎という姓にかえったわけですが、今度先代《おやじ》の村田という籍に入れるについて、誰かあとにいないと、おふくろの実家は絶えてしまうので、それであたくしを山崎という姓にしたわけなんです。本当はあたくしは松田家の伜なんですから、当然むこうの財産をつげるはずなのに、こっちで知らないうちに〝隠居〟させられちゃったんです。ひどいもんですね。その時分は七つか八つぐらいでも隠居させることが出来るんですね、なんか書類の上でそうされちゃったんでしょう。だからもう権利がなくなって、松田の姓でいたところで、財産は百《ひゃく》文も取れないわけなんで。結局籍をぬいちゃって、おふくろの山崎という籍にはいって、戸主になったと、こういうわけです。

異父弟妹

それから、はると呼んでいた、あたくしの実母の柴田セイと、寺田富吉との間に、その後子供が出来ました。あたくしより四つ下の男の子で、名は啓三郎《けいざぶろう》。それから八つ下の清《きよし》という男の子と、すがという女の子で、つまり胤《たね》違いの弟妹が三人あります。

あたくしの師匠の圓蔵は、たいへんあたくしをかわいがって、養子にほしかったんでしょうが、くれなかったので、うちに男の子が出来たらほしいと言っていました。そこで弟の清が品川の圓蔵師匠の所へ貰われて行き、むこうでは実子として届けをいたしました。師匠の本名は松本栄吉、妻とみ、その間の子として松本清、これが圓蔵師匠のあととりになっておりました。

柴田啓三郎の方は、今でいう洋品雑貨の店、これを当時は唐物屋《とうぶつや》といいましたが、それへ奉公に出しました。すると十七、八の時に「奉公はいやだから、噺家にして下さい」と言う。「噺家にしてくれったって、お前、噺が出来なくちゃいけないよ」「噺はもう覚えました」「何で覚えた」「速記本で覚えました。どうしても噺家になりたいから、やらして下さい」……そこで、あたくしと先代《おやじ》とおふくろとみんなで相談をして、当人がどうしてもなりたいと言うんだから、とにかく一ぺん演らしてみようということになり、先代《おやじ》とあたくしの前でしゃべらしてみました。当時の蝶花楼馬楽《ちょうかろうばらく》の速記本を見て覚えたのを一席演りましたが、口調も、まァ悪かァない。先代《おやじ》とあたくしと笑って、当人がそんなになりたいってんなら噺家にしようってんで、先代《おやじ》の弟子にして、先代《おやじ》は当時圓窓といってましたんで、窓之助《そうのすけ》という名前をつけました。あたくしの弟だからというんで先代《おやじ》のことをやはりお父ッつァんと言ってました。方々へ熱心に稽古に行きましたし、噺の数もよく覚えている。噺の性《たち》もよかったんですが、ちょっと陰気なところがあって、先代《おやじ》が「穴ぐらで屁をたれてるような声で噺をしてえちゃア、しょうがねえ」なんて小言を言ってました。あれがもっとぱッと陽気になり、芸に迫力が出て、今おりましたらば、相当な看板になっているでしょうが、昭和八年二十九歳の時に、圓晃《えんこう》という名前になっておりましたが、四谷左門町の家で亡くなりました。ま、これは、ずっと後のことでございます。

またあたくしの話にかえりますが、小さい時分に、よくおふくろに「お前は留公の子だよ」なんてからかわれて、泣いたことがある。あとでおふくろが「うそだ、うそだよ。留公の子じゃアない」って言うんですが……この、留公の子だって言われるのが、あたくしァ実にいやだった。一時は本気で、あたくしは誰の子なんだろう、万助の子なのか、あるいは留公の子なのかと疑ったことがある。するとおふくろが言うには、前に話が出ました山本孝吉という博労がうちに来ると、あたくしに対しては非常に丁寧な言葉を使うし、頭もさげる。ところが啓三郎やなんかは構わず呼びつけにしておりました。昔は主従関係というものが非常に堅い時代ですから、あたくしが松田万助の子で旦那の胤《たね》であるからというんで御主人扱いにするんだ、とこう言う。なるほどそういうことを聞いてみれば、やはりあたくしは万助の子なんだな、と納得したことがありましたが……小さい子供をからかったりなんかするのは、まことによくないことだと思いますね。おふくろの、そういう変な冗談を言って、子供をからかって面白がるような気性は、子供心にも非常にいやでした。

前　座

噺家としては面目ないことなんですが、あたくしは本当の前座の修業ってものはやってないんです。はじめて圓童で出たときから、いきなり二つ目ですから。金語楼さんなんかもそうでしょう。子供ですからね。

大阪でも子役ってのがありますね。むこうはどういう組織になってるか詳しくは知りませんが、やっぱり子供で出るのは、普通のさら(一番初めに高座にあがる者。つまり前座)とは違うんです。むこうでは子役の演目《やりもの》がきまってて、必ず芝居噺を演るんです。それもむこうの芝居噺というと、落語でなく、『本能寺』とか、一幕しっかり芝居のとおり演るでしょう。あれはつまり子役がやるものなんですね。それから前座噺、大阪の方では入れ込みと言います、これは前座がやるものなんで、その区別がはっきりきまっている。こっちではそんなことはありません。

あたくしは、そういうわけで相撲でいうと付け出しってんですか、あの豊山みたいに、はじめ序ノ口からとらなくても、いきなり序二段とか三段目がとれるというわけで、つまり前座ってものはやらなかった。それは、ある面では非常な恩恵なんですけれども、本当はやはり正式に前座からやらなくちゃいけないもんだと思います。

昔は前座ってものは一軒の席に一人しきゃおりません。今は前座がずいぶんふえまして、多い所ですと七、八人おりましてね、それで昔の一人の前座ほどには役に立たない。そういうと大変悪いが、お互いにその、おっつけっこをしましてね、あいつがするだろう、むこうがするだろう、というようなことで……ま、人が多すぎるからかえってそういうことになるのかも知れません。昔は、見習いがいることもありましたが、その場合は、〝立前座《たてぜんざ》〟ってものがいて、それについてすべてを教えてもらうんです。

まず師匠がたが参りますと、その羽織をきせる、お茶を出す。帳面がありまして、これにその晩の演目《でもの》をちゃんと書きつけるのは前座の役目で……そのためには、ちょいと聞いただけで「あ、これはなんの噺だ」ってことがすぐ判らなくっちゃいけない……書いたやつを次の出番の師匠に見せる。それを見て次の演物《だしもの》を考えるわけなんで……これが間違ってると、師匠に「なんだい、これは」ってんで叱られる。それに、今の前座は口上というものがなくなったんで大変楽になった。口上というのは、新内、常磐津、清元、義太夫……それに昔は琵琶《びわ》なんてえものもありましたが、この外題《げだい》を全部覚えなくちゃいけないんですね。それも『卅三間堂棟由来《さんじゅうさんげんどうむなぎのゆらい》・平太郎住家の段』と、きちんと言って、太夫の名前、三味線の名前を言わなくちゃならない。仮に、『明烏』でも、新内と清元ではちょっと違う。新内では『明烏夢泡雪《あけがらすゆめのあわゆき》』ってますが、清元の方は『明烏花濡衣《あけがらすはなのぬれぎぬ》』……義太夫は義太夫でまた違う……ですから、「今夜は『明烏』だよ」って言われて、清元か新内かで口上をちゃんと変えて言わなけりゃアいけないんで、これを全部覚えるのが大変なんです。

それから、今はたいてい緞帳《どんちょう》になりましたが、昔は竹で編んで真ン中と両側に布《きれ》を張った御簾《みす》というやつ、これを上げおろしをして、柝《き》を打って、それに第一、太鼓をたたかなくちゃならない。これを全部一人でやるんですから忙しいったってどうも……ひどい時には、手がふさがってるから御簾のひもを足でもって押えといて、柝を打って、口上を言って、御簾の上げおろしが済むと、それをおっぽり出して太鼓をたたく……大変に前座ってものは用の繁多なものなんです。

前座は定給《じょうきゅう》と申しまして、明治末年ごろですと、一と晩で十五銭、ですから毎晩行っても月に四円五十銭ですね。これだけは客の入りにかかわらずくれる。二つ目となりますと、ワリといって、お客一人につきいくらという割でお給金をいただくわけです。ですから前座は固定給のようなもんですが、そのころでも月に四円五十銭では、ずいぶん苦しかったんですね。

中にはまた、万年前座てんで、生涯前座でいた人もある。〝お茶小僧〟ってあだ名の前座がいましてね、この人は、はじめ立花家橘之助さんの弟子で、橘弥《きつや》という名前なんですが、どういうわけかうちの師匠の圓蔵の所へ来て前座をしてました。〝お茶小僧〟というのは、のべつにお茶ばかり出すからなんです。一度お茶を持ってきて、しばらくたつとまた「へい、お茶を……」って、よく気をつけてお茶をくれるんです。「あいつァお茶ばかり出してやがるね、お茶小僧だ」ってんでそういうあだ名になっちゃった。

その時分、ほかにもずいぶん変なあだ名があって、考えてみると〝お茶……〟とついているのがいくつもありました。〝お茶台〟なんていうのは、頭の真中がはげてお茶台みたいになっているから、それで〝お茶台〟。それから〝お茶兼《ちゃかね》〟という人もいました。これはお茶を出すわけじゃないんでしょう、ちゃらんぽらんの兼さんという意味だと思います。まァ、あだ名ですから、よくは判らない。

ところでこの〝お茶小僧〟が、噺をまだ一つか二つしか知らない。「坊や、あいつに少し教えてやんな」と言われて、あたくしが『子ほめ』を教えたんです。それで「演ってごらん」って演らせて、あたくしが聞いていた。あとで、大人たちがあたくしに、「どうだい坊や、〝お茶小僧〟の噺は」「さァねェ……」「どうだね、あれァ」「さァ、あいつァものにはならねえなァ」ってあたくしが言ったんで、みんな、ふき出して笑っちゃった。むこうは二十《はたち》すぎてるんでしょう、こっちは十二か十三の時分です。ずいぶん人を食った言いぐさのようだが、あたくしはそんなつもりじゃなかった。まわりでみんながよくそんなことを言ってるし……それに子供でも、ものになるかどうかということがいくらか判ったんでしょうね。子供のことを、あたくしどもの符牒で〝じゃり〟といいますが、「〝じゃり〟に、ものにならねえって言われるようじゃァ、あいつァだめだね」なんてみんなが言ってましたが、案の如く、ものにならなかった。生涯前座でおわってしまいました。

そういえば昔の前座には、ずいぶん奇人もいましたね。やっぱりあたくしが子供の時分に、三遊亭白馬《はくば》という、見るからにじじむさい感じの前座がいました。もう六十以上だったんでしょう。これがある晩、休席をしまして、そのあくる晩に出てきた時に、前の晩の欠席の言い訳をしてましたが、実にふるってる。「ゆうべどうしたんだ、白馬さん」「いや、まことに申しわけがございません。実は久方ぶりに宮中へ参りまして、今上《きんじょう》陛下にお目にかかりました……」その頃ですから、明治陛下ですね。宮中へ伺候するったって、そんな者は門の所で追ッぱらわれて、はいれるわけがないのに、ぬけぬけとそういうことを言う。「ほう、じゃアなにかい、陛下にお目にかかったのかい？」「へえ。お目通りをいたしました」「それで、なんとおっしゃった？」「『おゥ爺よ、よく来たのう』とおっしゃいました」……こんな奇想天外なうそばかりついている。

今の芸人は、どんなまずい人でも、「お前を真打にしてやる」って言えば、「さよですか」と、喜んでなるでしょう。そこへ行くと昔は、おのれの芸をちゃんと知って、出世をしたがらないという人があったんですよ。「お前、どうだい、二ッつ目になったら……」「いえ、あたくしァもう、二ッつ目になる噺家ではございません」とこう言って、いくらすすめても絶対にならない。そのかわり、あれを置いとけば、寄席で困らないというような、つまり一流の前座として使える人間になればいいという考えがあったんでしょう。

三遊亭花遊《かゆう》といいまして、眼が片ッぽわるいんですが、いい声で音曲をやる人がいました。三味線も弾けるし、うまかったそうです。いつでも『都々逸』を二ッつか三つ、それからあと『大津絵』を一つ、それッきりしきゃうたわないんですが、その『大津絵』といい、『都々逸』といい、声がよくッて節廻しがよくッて、実にいいもんでした。ある時めずらしく『相撲甚句』を聞いたことがありましたが、これも聞いていて本当にいい心持なんです。この人が、やっぱり昔風の噺家で、羽織を風呂敷へ包んで首ッたまへ結わえつけて、尻をはしょって歩いてる。うちの先代《おやじ》がこの人に惚れこんで……もちろん先代《おやじ》よりずっと古い人ですけどね……「花遊さん、俺が銭《ぜに》を出すからね、縮緬《ちりめん》かなんかの色変わりで、服装《なり》をぞろっとして、眼がそれじゃいけないが入れ眼をすればわからないから、医者へ行って眼を入れて、俺のひざがわりになってくれ。そしたらもっと売り出せるよ」って言ったら、「そういうことをしたくねえんだ」って言いましたよ。そういう出世はしたくない、いやだと当人が言うんです。実に不思議でしょう？　こっちでしてやるというのに、そういう欲がない。そんな小細工なことをして無理やりに売り出そうとするよりは、ただ静かに、芸を楽しんでやっていたいという考えなんでしょう。そういう人があったもんですよ。

鳴物

あたくしは、前座はやりませんでしたが、鳴物の稽古は、旅に出た時とか、横浜の席へ出ている間に覚えてゆきました。

それは当時旅へ行きますと、じばると言いまして、開演前に客席へ大太鼓《おおど》と締太鼓《しめ》を持ち出して、一時間ぐらいやるんです。最初一番太鼓《いちばん》てものを入れます。それから二番太鼓《にばん》を、長い時は三十分ぐらい入れる。それがあがると、あとは三味線がはいって、いろんな地囃子《じばやし》の太鼓をたたく……これをじばるというわけです。これがまた三十分ぐらい、客席でもって表へ聞こえるようにやるんです。そのうちお客さんがぼつぼつはいって来ますよ。それでもかまわずやってる。そして切りあげる時は『四丁目《しちょうめ》』という三味線を弾きます。『四丁目』を三つなり四つなりやって打ち上げて、それから大太鼓と締太鼓でしゃぎる。つまり、いま中入りの時に打つのと同じものです。これを打って楽屋へ引っこむ。その間、前座が一人でたたくんじゃアくたぶれるから、二ッつ目の者やなんかも手伝って替りばんこにたたく。旅に出れば必ずこのじばるってことがありましたし、横浜へ半月……今は一と月を上《かみ》・中《なか》・下《しも》に分けて十日間で一《ひと》しばや(一興行)ですが、その頃は十五日が一しばやで、上席《かみせき》と下席《しもせき》としきゃありませんから、横浜へ一回行って来ると相当稽古になったものでした。

寄席の鳴物は、もともと芝居から取り入れたものが多いのですが、永い間に形が変わったりくずれたり、また呼び名が芝居と違ったりしています。芝居の方と全然違う名がついていればいいんですが、芝居と寄席と同じ名で内容の違うものもあり、ちょっとややこしくなっています。

芝居の『鈴が森』『五段目』などで暗夜をあらわす、チチチチチ……と早めに弾く三味線のことを寄席では昔から〝ねとり〟といっていました。するとこの三味線は芝居では〝忍《しの》び三重《さんじゅう》〟というんだそうですね。また芝居で〝ねとり(寝鳥)〟というのは、幽霊が出る時のさびしい笛の音のことだそうです。

そうなると寄席の呼び方で申し上げたものを、芝居の鳴物と同じにお思いになるといろいろ混乱してしまいますので、あたくしの気がついた範囲で、芝居と寄席の鳴物の違いをはっきりしておきたいと思います。

さいわい芝居の鳴物のレコードを聞きましたから、それで比較して申し上げます。

〝一番太鼓〟は寄席と芝居とほとんど同じです。はじめに太鼓のふちでカラカラと音をさせます。もっとも芝居では〝一番太鼓〟は昭和初期ぐらいまでで今は廃止されたそうです。

〝二番太鼓〟も、芝居では今は打たないそうですが、寄席では打ちます。ただし、芝居のとちょっと違って、始め〝二番太鼓〟、次に〝打ち込み〟というのをやり、カラカラと音をさせ、〝着到《ちゃくとう》〟を打ちます。この呼び方は芝居の呼び方で言ったので、寄席ではこの全部をふくめて〝二番〟と言っています。ただし現在はこのとおり本式の〝二番〟を打てる人は少なく、たいていは〝着到〟だけ打っているようです。

〝しゃぎり〟は寄席では中入りの時にやります。

〝打ち出し〟の太鼓は芝居と同じで、ただし柝ははいりません。芝居と同じく、しまいに太鼓のふちを打ち、撥《ばち》で太鼓のふちをこすってカラカラと音をさせます。

〝片しゃぎり〟は、昔、東京の寄席でまだ出囃子というものを使わなかったころ、噺家のあがりおりの間、これを打っていたものです。ただし芝居では間《ま》をもつために長くなっていますが、寄席の方はあれの始めと終りの部分だけを使います。また芝居と同じく、披露や口上の幕あきにも使います。

寄席ではよく〝四丁目〟というお囃子を使いますが、芝居の〝四丁目〟を聞いてみますと、どうも寄席とはちょっと違うようです。また芝居は三味線なしですが、寄席では必ず三味線が……チャチャチャンチャンチャンチャンチャンチャン、チリトチチリチリトチチチンツン……というのがはいります。

また、芝居噺はもちろん、芝居がかった部分のある噺には、よく芝居の鳴物を使います。『質屋庫』の天神さまの出る所や、大阪式の『景清』の観音さまの出る所には、〝楽《がく》の合方《あいかた》〟を使います。

鳴物の呼び方は東京と関西とでも違います。大阪で『猫忠』を演《や》るんで〝狐三重《きつねさんじゅう》〟を、と言ったら、チンチリトツツンツルトツツンという、にぎやかな狐釣りの三味線を弾かれて驚いたことがありました。

出番

当時の寄席の興行で、一と晩に出る芸人の数は十五、六人ぐらいだったでしょう。それで、時々長いものを演る人がある。圓喬師なんぞも演りましたし、先代の小圓朝さん(三代目小圓朝の父)も『お藤松五郎』など演っていましたが、これは現在あたくしが演るようになってから繰《く》ってみると、どう演っても二十五分以下じゃア出来ません。

そういう長い噺を、ふつうの寄席でぼかッと演るんですよ。そんなことがあって、どうして毎晩ちゃんと同じぐらいに切りあげることが出来たかというと、中に長い噺をする人があっても、あとにくいというのがあったんです。つまり、もう時間がはみ出してくるてえと「あ、もういいよ」てんで、帳面だけつけて舞台へはあがらない。帳面へ名前を書かれるとお給金は貰えるわけです。これをくいとかくっちまうというんで。また、時間がのびると「今夜、あたしは助《たす》かろう」と言ってあがらないで帰る人もある。助かろうというのは、やっぱり帳面だけで舞台へあがらないことですから、結局はくいと同じことです。場合によっては、自分がこれから行く所もあって、待っていられないからあがらずに帰る、ということもありますが、それればかりでなく、やはり全体の時間の割合を考え合わせて、うまく調節がつくようにという心づかいから申し出るんです。そういう時、前の方で時間がのびているにもかかわらず、ひとの迷惑を考えずにあがって行く奴もありましたがね。たいていの場合は、楽屋でおたがいに融通し合って、自然に調節が出来ていたもんです。でも、一人が長い時間演るということは、やはりほかの人には迷惑をおよぼしますから、若手やなんかで、大した看板でない人が長いものを演ると、楽屋でうるさかったですよ。「あァ、今夜は延びちまってしょうがねえ」なんて言われる。しかし、相当の腕の人が「今夜はゆっくりやろうかな」と気がのった時に、ぐッと長く演るというなら、お客は喜びますよ。あとのつまらねえ者があがるより、うまい人が長く演ってくれる方がいい。だから圓喬師あたりが、時々ふつうの寄席で『鰍沢《かじかざわ》』かなんかをぼかァんと出して、四十分ぐらいも演る、というようなことも出来たわけで、お客もそれで満足していました。

しかし今はプログラムってものが出来て、なんでもかんでも名前が書いてあるだけ、みんなあがらなきゃアお客の方で損をしたように思われるから、一人一人の時間がきっちりきまって、自分だけがやりたいだけやるなんてことは出来ません。昔は、あまり時間の制限もないし、だだぼだなような商売をしてましたが、今と違って、どこか自然の成り行きにまかした良さがあったもんです。

昔は、今晩その席に誰が出るかということは、表の看板にも書いてあるし、席の中にも大きな額《がく》でもって、看板の地位の順で書いてあります。しかしプログラムがないから、誰が何番めに出るのかは判らない。トリの人は、それァ判りますよ。連名が二段になろうと三段になろうと、一番下の左の端へ書くのがトリなんですから。でも、あとはその人のからだ……つまり地位の順に書いてある。そして今みたいに一人一人のめくりの名札も出しませんでした。まァ大看板はお客さまがよく知っているからいいが、若い二つ目なんぞは出てきても誰なんだか判らない、ってことになってきて、めいめいの名札を出すようになったのは、あたくしが十五、六になってからでしたかね。はじめのうちは、黒塗りの板へ胡粉《ごふん》で名前を書いて出す寄席もあり、紙へ書いて出すのもあり、また全然出さない所もあるというようにいろいろでした。

それからその時分には、かけぶれというものがありましてね、我々が歩く席順を書いたものを貰うわけです。一番最初《はな》……これを振り出しといいます。振り出しがどこの席、そこから次はどこ、次はどこと書いてくるんですが、これが、ごくおおよそのところでやったものらしい。だから、そのかけぶれを見て、その順序の通り一と晩歩いてみる、するてえと、意外に振り出しの席で人が少なかったり多すぎちゃったり……多い時は、七、八人ぐらい楽屋にたまっちゃって「俺が先だ」「俺が先だ」って、あがる順序でもって大変な騒ぎなんですよ。それからみんなで話し合って「あたくしは、これから、こことここへ行くが、お前さんはどこへ行くの」「あたしは、こことここへ行くんだ」「じゃアお前さんはあとへ残って、それからお前さんは急がなきゃア次の席におくれるから先にあがればいい」というように楽屋で合議の上できまるわけです。それにいろどりということもありますから、噺家ばっかり続くとか〝色物〟ばっかり続くなんてことにならないように考えなくちゃいけません。そして話し合いをしてその順序で一と晩やってみる。それでもまだ、あすこへアナがあいたとか、ここのとこが具合が悪いとかいうことが、よく出てくるもんで、だから二日目には必ず総寄り合いてえものがありまして、そこへ集まって「あすこはゆうべ、こんな具合だった」「そうかい、そいじゃお前さん、二軒めにあすこへ行ってたのを、今夜は三軒目にしてくれ」とか「三軒めだった所へ、振り出しに行って、逆に振ってくれ」とか話し合ってようやくきまる。だから顔づけ(どの席に誰が出るという割り当て)といっても、いいかげんなものだった。それで二日目からは話し合った順に歩いて、三日目にはぴたッときまっちゃったもんです。

　また、みんな時計なんてものを、そう当《あ》てにしなかった。いや、したくとも出来なかったってのが本当かもしれません。楽屋で時計を出して見てるのもいるが、それが一時間ぐらい違ってる。「君の時計は?」「七時です」「あたしの時計は八時だが」なんてんで……「いや、あたしのは確かです」「いや、あたしも確かだと思うんだが……それじゃ間をとって、七時半かな」……これがおたがいにまじめで言ってるんですから、実にまァ、だだぼだなもんです。「あたしの時計は、いい時計でね、進むからね」なんて言ってる。進むのは、なんでもいい時計で、悪いのはおくれる……そんな判らねえ話はない。その時分に持ってる時計といいますと、〝アンクル〟ってのと、〝シリン〟と二つある、たいていそのどっちかで、いずれにしても噺家は大していい時計は持っちゃいない。それァ大真打はどうでしたか知りませんがね。なかには時計がないのに、紐《ひぼ》だけ持ってる人がある。だからその時分の噺のくすぐりで、文楽さんなんかが今もやってる、時計の紐の先へ天保銭がくッついてる、というのがありますが、全くあったことなんです。「何時?」って聞くと、「うん? ……いやァ……」なんてごまかして、時計なんかありゃしないんですよ。そして「何時ごろだろう?」なんてやがる。たまに持ってりゃア一時間ぐらい違ったりするのは、毎度のことなんです。それでいながら、かけもちの途中で、毎晩会うところはきちッとおんなしに会うんですから不思議なもんで。

席あれこれ

席が始まるのは……やはり五時半頃でしたかね、気候によっても違いまして、夏なんぞはおそい。最も始まりの早かったのが本郷の若竹《わかたけ》、これが馬鹿に早かった。本郷の若竹で三つめか四つめにあがって、それからお茶の水へ出て電車に乗り、今の牛込肴町の停留所のところにあった牛込亭《うしごめてい》へ行くとまだ始まってないことがある。今、一番太鼓《いちばん》がはいったばかりです、なんてんで……お客が来ないから、まだ始まらないんです。席によって、また土地がらによってもひらきがありました。

終るのはたいてい十時すぎ、十時半てのがいいとこで、席の終演《はね》というものは今より大分おそい。最もおそいのが人形町の鈴本。水天宮と人形町の停留所のちょうど真ン中ごろに甘酒屋横丁というのがあります。今は小さくなりましたが、甘酒を売ってるうちがある。そこの電車通りをへだてて、ちょうど前に鈴本がありました。これはもと大路地《おおろじ》という席だったんです。人形町の末広のすじ向こうに路地があって、大きい路地だから大路地といったんでしょうね、その路地の中に寄席があった。ここは圓朝師がもう最後の出演で『牡丹燈籠』を演った時、中に客がはいりきれないで、隣りの家の屋根へ乗っかったんで「家がつぶれちまう」と苦情が出たという話が残ってますが、その席が道路改正かなんかでいけなくなって、甘酒屋の前へ移って鈴本となったんです。大震災で焼けちゃって、その後は席が建たなくッて、映画館かなんかになりましたが……この鈴本は東京じゅうで一番お客が来た席で、また終演《はね》のおそいことでも有名でした。十一時半ごろになる……なぜそんなにおそくなるかてえと、お客は沢山来るし、大切《おおぎり》にお題噺みたいなものを演ったからなんですよ。それが一つの癖みたいになって、まァ大真打の場合はそんなことはしないが、中堅から若手真打になると、友達がみんな集まって大切をやる。これが始まるのが十一時十分前ぐらいで、四十分、五十分もやっちゃうことがある。電車がなくなるってんでみんな心配するぐらい……とにかく非常に客が来たもんです。

その時分、なぜあすこへ客が来たかというのはね、あの近所に合百《ごうひゃく》というものがあった。米屋町で、取引所の動きによって、空《くう》でやる相場……いわば博打《ばくち》ですよ。これをやってるのが、五百人以上もあの近所にうろうろしていたらしい。それと、震災前には日本橋に魚河岸があったでしょ。そこには若い者も大勢置いていたし、兜町ってものがひかえているし、あの近辺にはいつも沢山人間が集まっていたんです。だから〝人形町日和《びより》〟といいましてね、雨でも降ってほかの席は客が来ない時、「今日は人形町はいいぜ」って末広へ行くと一ぱいはいってる。鈴本ももちろん一ぱい。お店《たな》の人やなんかが、みんな早くしまってあすこへ来る。人形町末広は、今のより小さくて三百人ぐらいしかはいらない。鈴本の方はいれものが大きくて六《ろく》、七百《しっちゃく》ぐらいはいったでしょう、ぎっしり来てましたね。今の人形町が昔と一変したのは、合百も魚河岸もみんななくなって、人が少なくなったためでしょうねェ。

楽屋芸談―初代圓左

今の噺家と違って、その時分はよく楽屋で芸のことを話してましたね。この噺はどうだとかこうだとか、誰がうまかったというようなことをよく聞いたもんです。

その時分ですからよく話題になるのが圓喬さん(四代目)と圓右さん(初代)ですね。なんと言っても圓喬がうまいという……もっとも『火事息子』と『唐茄子屋政談』は圓右の方がいいんじゃないかな、と、当時でもそう言ってました。これは得意にしてよくやってましたが、やはり噺が適《あ》うというんでしょうか。『火事息子』なんぞは圓喬さんももちろんやりましたし、いいんですけれども、圓右さんのはまたいい場所が違うんでしょうね。圓喬・圓右については、また別にくわしくお話ししますが、ま、概していうと、圓喬さんがうまいという話になる。ところが四代目圓生……あたくしの師匠のお師匠さんですが……この人は、もう一つとび抜けてうまかったと、みんなが噂をしておりました。

楽屋でそういう芸談をしじゅう聞いてますから、子供でもだんだん聞き巧者になるわけでしょう。初代圓左って人のうまさもあたくしには判りましたね。あまり噺は陽気じゃないし、一般には圓喬・圓右ほどの評判はなかったんですが、楽屋ではうまいうまいって言ってたし、あたくしも聞いて確かにうまい面白い噺だと思いました。『天災』などよく聞きました。ほかに『やかん』『柳の馬場』も聞きましたし、それから『すねかじり』『荒川』……これは今あんまり演りませんがね、荒川堤に桜を見に行く噺です。とにかく、あたくしは圓左師匠の噺はずいぶん聞いてます。

この人は本名を小泉熊山《ゆうざん》てんで、按摩みたいな名前だと思ったら、本当にもとは按摩をしてたんですってね。眼もなんだかちょっとあやしいような塩梅でしたが……。あたくしが子供の時分に楽屋で圓左さんに会うと必ず「坊や坊や」って呼ぶんです。「へえ」って行くと、妙に顔をしかめて、変な顔をしてみせるんですよ。それを見て笑うと、大変ごきげんなんです。ところが毎度のことですから、もうしまいにはおかしくもなんともない。それでも笑わないとごきげんが悪いんです。「この子は、これだけあやしてやっても笑わねえのかな」ってんでね。こっちもしょうがないから笑う、すると喜んでる、まるでむこうがあやされてるようなもんで……おかしな人でした。

この圓左っていう人は、噺もうまかったが実に熱心で、毎日方々歩いて、二軒三軒とひとの家を訪問して、行った先で必ず噺をする。「こんちは」とあがって挨拶して、「こういう噺がございまして、どうでしょうか」って、相手がなんとも言わないうちに、もうその噺を始めるんですって。むこうも聞かないわけにいかない。一席演っちゃうと、「エエ、こういう噺も……」って、また一席演る。鏑木清方先生のお宅へ来て、三席ぐらい演ってくんだそうで、終ると「どうでしょう」と御意見をうかがう、そしてどうだこうだと言ってもらって、そこを自分でまた練りなおすんです。その熱心なことといったら……大体、商売人になれば、お銭《あし》もとれない所で、むやみに貴方《あアた》噺なんぞ演るもんじゃない。圓左っていう人は、そんなことはもう超越しちゃってるんですね。どこでも、聞いてくれたら、のべつに噺をしちゃう。

ある時、向島の料理屋からお座敷がかかった。行っておじぎをして、頭をあげてみたら、自分の伜(後に二代目圓左になった人)が脇息へもたれて、芸者を二人ばかりわきへ置いてる。「馬鹿野郎オッ」ってどなった。「どこの国におやじを余興に呼ぶやつがある。その銭《ぜに》ア誰が出すんだ。みんな俺が払うんだ」っておこってから、「せっかく来たんだから一席聞かしてやる」って、そこで噺をしたというんですから、実に不思議な人です。腹がたって、そんなとこで噺は出来ませんよ。それを演ったってんだから、いかに噺が好きだったか……そのくらいですから、うまいのもあたりまえですけどね。そんなふうに噺をするのが好きだから「稽古をして下さい」って行けば、いやって言うわけはない。喜んでいくつでも教えてくれたんでしょう。圓左さんに稽古をしてもらった人はずいぶんありました。圓馬師(三代目・橋本卯三郎)も、この初代圓左さんから大分稽古をしてもらっています。

第一次研究会

初代の圓左さんは、一般の人気はあんまりなかったが、第一次落語研究会で認められたんです。大体この研究会は圓左さんがこしらえたんですってね。つまり当時、圓遊一派に風靡されて、噺家がみんな「よいしょ、よおッ」という圓遊のまねをした。圓遊さんという人は鼻が大きいから、鼻をちょっと手でかくして「よおッ」てえと、愛嬌があって、大変よかったんです。それを鼻の小さいやつが、ただまねをしたって面白くもなんともない。だけども時流で、お客にそういう調《ちょう》の噺がうけて、本式の噺を演るものはあまり歓迎されなくなりました。それを圓左さんが嘆いて、なんとかしてちゃんと本式の噺をしたいと、当時落語・講談の速記者の今村次郎(信雄氏の父)という人に相談をして、それから岡鬼太郎・森暁紅《ぎょうこう》・石谷華堤《いしがやかてい》……この人は国民新聞で相撲記者をしてた……この三人が顧問になって、明治三十八年三月、日本橋の常磐木《ときわぎ》倶楽部《くらぶ》というところで、第一回を開きました。お客は大方来ないだろうが、たとえどんなに少なくとも、ただ自分の思うとおりに、きちんと本式の噺をしてみたいというんで、みんなが五円ぐらいずつ出す……当時の五円てえとなかなか大変でしょうけども、相談をして、五円なら出せるというわけです。会員は六人で、圓喬・圓右・小圓朝・圓左・圓蔵、それに柳派からは柳家小さん一人。五円ずつ出せば三十円になりますから、倶楽部の会場費、その他のいろいろ散《ち》り銭《せん》やなんかをみても、これだけあればじゅうぶん足りるから、という見込みでやったんです。それが、ふたをあけたところが、案に相違してお客が一ぱい詰めかけたってんですね。まだまだ落語は地に落ちてはいないと、会員は感激して、お客が帰る時に下足の係りの者が間に合わないので、仙台平《せんだいひら》の袴のももだちをとって、足袋はだしで飛びおりて、みんなでお客さまの下足を出すのを手伝ったという話です。

研究会の初めのうちは、落語だけでなく、〝色物〟を一つぐらい……長唄の松永和楓とか、当時の有名なものを入れたりしたこともありました。あとは会員の六人が出演するということで、前座などというものは全然頭においてなかった。ところが、お客は時間より早くわアッと一ぱい来ちゃった。これァ困ったなということになりまして、ちょうど手伝いに来ていた、小圓朝さんの弟子の圓流《えんりゅう》(のちに二代目金馬となる。本名・碓井《うすい》米吉)、それから小さんさんの弟子の小三治(のちに二代目つばめとなり、三代目小さんの婿養子となった。本名・浦出《うらで》祭次郎《さいじろう》)、これらが前座であがったわけです。それからあとは、前座に盲の小せん、〝気ちがい〟の馬楽、小助六(のちの四代目志ん生。本名・鶴本勝太郎)とか、そういう人があがるようになりました。うちの先代《おやじ》は二三蔵《ふみぞう》で、明治四十一、二年ごろから、この研究会の前座にあがるようになったわけです。

あたくしは十歳《とお》か十一の時に研究会へ一度遊びに行ったことがあります。研究会で大晦日《おおみそか》に臨時会をやって、大切《おおぎり》に喜劇かなんかがあるんです。その時に、新宿のあたくしのうちの隣りにいた人が行って見たいってんで、その人に連れられて常磐木倶楽部へ行きました。その時分、先代《おやじ》が、裁著袴《たッつけばかま》という……今は相撲茶屋の若い衆がはいてますが、あれをはいて、なかを手伝っていました。しかし舞台へあがったのか、まだあがれなかったのか、それはあたくしには判りません。倶楽部へ行くと、まだ始まっていないんだけども、お客はもう一ぱいなんです。あすこは三百人か、それよりもう少しはいりましたかね、とにかくぎっちりで、高座の横へしか坐れない。そのうちに、いよいよ始まることになって、高座へ手をひかれて出てきた人がある。その手をひいて来たのが、あとで考えたことですからはっきりは判らないけども、小菊時代の四代目小さんじゃないかと思うんですよ。手をひかれて来たのは小せんさんなんです。当時、もう体が悪かったんですね……両手がぶるぶるふるえてるんですよ。それが、出てきた時にはぱアッと大変な迎拍手《むかえで》で、あたくしは「おやおや、前座でこんなに人気があるのかな」と思った。前座どころじゃアない、小せんさんはもう若手の真打で大変な人気……研究会だからこそ、これだけの人が前座に出たんで、あたくしはまだ子供だから、そんなことは知らなかった。それで『湯屋番』を演ったのを覚えています。圓左・圓右・小さん・圓蔵・小圓朝、みんな出ていたんです。ところがこの人たちは、何の噺をしたのか一向記憶がない。

その時、圓喬さんが圓朝作の『福禄寿』という噺をしたんですが、この一席が、あたくしの印象に残って、今でも忘れることが出来ません。これは約四十分ぐらいありましたかね。場内水をうったようにしィんとしちゃってね、なんだかこわくなってくる。あたりを見ると、お客はみんな、じイッと息をつめて咳一つしないで聞いているんです。あたくしはちいちゃいから、大勢の人のうしろで高座が見えないんですが、聞いているだけで、どんな人が出てきたかってことがはっきり判る……噺の中の人物が一人一人目の前に動いてるように判るんです。うまいっていうんだかなんだか……とにかく子供でも、聞いていてよく判って、実に面白かった。人情噺で笑う所はあまりない噺ですが、雪の降っている情景なんぞ、いまだに頭にこびりついてます。おそらく当日一番の出来だったんでしょうね。これが、研究会というものを聞いたあたくしの感想では、一番古いものだと思います。

研究会出勤

その後、常磐木倶楽部の前で、銀行の普請が始まりました。その鉄筋を打ちこむがァんがァんという音が聞こえて、どうにもじゃまになってしょうがない。そこで会場を茅場町の宮《みや》松亭《まつてい》へ移すことになりました。あたくしが研究会へ手伝いに行きましたのは、その宮松になってからのことです。

その時分の研究会の、うるさいことと言ったら……師匠が入れたいったって簡単に入れてはくれない。まず今村さんに、圓童はどうだろうと聞いてみて、あの子なら良かろうとなって、これから三人の顧問に一人一人また聞くわけです。すると顧問の方々は、あたくしの噺を聞いたこともあるし「あれなら良かろう」とすっかり全部のお許しが出てはじめて、「来月から研究会へ手伝いに来い」ということになりました。あたくしはもう嬉しくて、喜びさんで宮松へ……行ったたって、高座へあげてくれるんじゃないんです。楽屋や場内でお手伝いをするだけなんですが、研究会へ行けるというだけで非常に嬉しく、また名誉なことに思ったもんです。

前に申し上げたようにあたくしは、寄席では前座をしたことがありませんが、研究会では、あたくしもふつうの前座と同じ仕事をしたんです。お茶をくんだり羽織をたたんだり、師匠がたの送り迎えをして、それから高座へ湯飲みを出したりする。研究会の湯飲みだけは、一人一人にみんな名前がついて、箱へはいってるんです。それで、師匠方の名前のついたのにお湯ゥを入れてうしろから出す、それからめくりの名札を出す……これがもう、噺家としてなんたる光栄だろうと思いましたね。「研究会で手伝わしてもらえる、あァ俺も将来えらい者になれる見込みがあるんだな」と本当に嬉しかった。

その時分に研究会でお手伝いだけの前座だったのは、あたくしと小志ん・小伝治《こでんじ》の三人です。小志んは本名を内田留次郎、みんなは留ッ子《とめこ》といっていましたが、のちに小三治となりました。小伝治は本名が上原六三郎で、のちに小せんとなり、それから噺家をやめて事務員になった。二人とも三代目小さんの弟子です。

その頃、前座として高座にあがったのは、小三治(のちの四代目小さん)春輔《はるすけ》(のちの〝今西の正蔵〟)、この二人が替わりばんこにさらにあがったと思います。のちに春輔が小燕枝《こえんし》になって真打に昇進した時、あたくしたち三人楽屋で「あれをこれから師匠って言うのかい?」「師匠ともまさか言えねえだろう」なんて、みんな生意気な時分ですからね、いったん真打になったら、師匠と言うのがあたりまえなのに「いやだよ、あんなのを師匠なんて言えないよ」……自分たちはまだ高座にもあがれないのに、そんなことを言ってる。

その時分には、一日手伝いまして五十銭のお給金なんです。研究会の木戸(入場料)が三十五銭でした。そして三百越《ぞく》すと、五銭はいった大入袋がもらえるんですよ。お弁当もむこうでたべさしてくれる。師匠がたもたべることもあり、それァみんな研究会の会費から出るわけなんでしょう。研究会へ行くのに新しい足袋……紺足袋を買うと六十銭か七十銭、お給金は五十銭だから、結局二十銭足が出ちゃう。その頃足袋は割に高かったんですね。

研究会へ行って手伝ってる時分に高座を聞いた思い出としては……圓喬さんはもういませんでしたから、三遊では圓右師匠が一番で、その圓右師匠の『累ガ淵』を聞いて驚いたことがあります。豊志賀が死ぬとこで、新吉がおじさんと二人で豊志賀の家へ行く時に、提灯をつけて歩いてくる……研究会だから昼席です。が、じッと聞いてたら、突然くらやみから白犬がとび出して、「あアッ」と言った時、あたくしはぞオッとしました。こわくて……ふと見るとお尻ンとこに、まだ日があたってるんですよ。午後四時ちょっと過ぎなんです。だけども聞いてるうちに、まッくらンなかを歩いてるように思えてきた……びっくりしましたね、昼も夜も判らなくなっちゃった。「あァ、うまい人だなァ」と心から感心しました。それからつくづく悲観して「生涯やっても、こんなにうまくなれるかしら。俺はもう噺家よしちゃおうかな」って子供の時に深刻に考えたことがありましたが……そのくらいみんなうまかったんですねェ。

その時分の師匠がたの得意の演目《やりもの》は、おのずからきまってました。誰は何が得意だってことになると、ほかの人はもうそれを演らなくなります。ところがあるとき圓右師匠が『弥次郎』を出したんでびっくりしました。『弥次郎』は品川の圓蔵の大得意のもので、ほかの人は恐れをなしてあんまり演らないんです。もっとも弟子は演りましたよ、うちの先代《おやじ》も演りましたしね。だけどほかの人はまず出さない。それを圓右師匠が出したから、どんなものを演るんだろうてんで、みんな期待をしていました。そうしたら、その『弥次郎』なるものが、また面白い。しまいに浪花節がはいったりなんかして、圓右は圓右式の『弥次郎』を演ったわけです。うちの師匠がそれを楽屋で聞いて、思わずぷッとふき出したくらいですから、やはり非凡な腕のあった人ですね。なにしろ本家本元の圓蔵が聞いて笑ったというんですから。

それから、小さん師匠の『猫久』……これは柳派の噺ですから三遊じゃア演る人がないんですよ。それを初めて聞いた時、それァもうおかしくッておかしくッて、楽屋であんまり大きな声で笑ったんで、「そんな大きな声を出して笑うんじゃない」って今村さんの奥さんにおこられた。だっておかしくてしょうがない。小さん師匠の『寝床』を聞いた時も、ぷウッとふき出しました。あの師匠のは、義太夫を語る旦那が腹帯を締めるところがあるんですよ。「もっと締めろ」てんで権助に締めさせると、しまいに足をかけてぐッと締めるんで「俵じゃアねえ」って言うんですけど、その時のおかしかったこと……まァ、しじゅう聞いてるもんですとそんなことはありませんが、初めて聞いたもんだから、実にまァおかしかった。小さん師の『寝床』はまことに結構なものでしたが、どういうわけか、その後は聞きません。これ一ぺんこっきりでした。

柳・三遊大寄《おおよせ》

その頃は柳・三遊ではっきり分かれてましたから、柳の方の人の噺はなかなか聞く機会がありませんでした。

十二、三ぐらいの時でしたか、京橋の金沢亭って席で、大寄《おおよせ》というのがありました。柳・三遊の大看板だけが集まる、つまり今でいえば合同大演芸会というわけです。それがどういう会だったのかよく判らないが、うちの師匠がトリなんです。それであたくしが前座の次にあがって、あと、その席にずっといたんでしょう、その時に、はじめて、赤坂の燕路《えんじ》さん、それに後に可楽になった翁家さん馬なんてえ人を聞きました。そういう機会でもなけりゃアまず柳の人の噺は聞けなかったんです。

赤坂の燕路さんは、この時一ぺんきりしか聞いたことがありませんが、うまい人だなと思いましたね。『俵藤太《たわらとうだ》』って地噺を聞きました。もちろん初めて聞く噺なんで……。俵藤太秀郷《ひでさと》が、平将門《たいらのまさかど》の追討につかわされたが、なかなか手ごわくてかなわない。そこで成田の不動様へゴム輪《わ》の人力車《じんりき》に乗って頼みに行くというんです。まァ今ならば自動車で行くというところでしょうが、その時分だからゴム輪の人力が最新式の乗りものでね。それで不動様に会って「影武者がたくさんいて、どれが将門だか判らない」てえと、不動様が、その中の右から三人めだとか左から三人めだとか、とにかく、どれが本当の将門かということを教えてくれる。そして、ほかへ矢を射てもいけない、こめかみの所へ矢が当たるようにすれば、必ず将門が討てる、と教わって帰ってくる。そして戦いになって、影武者を引き連れて七人の将門が出て来た。この時に俵藤太が不動様から教わった本物の将門の、こめかみの所をねらって矢を射る、ツッと矢が突きささる、この矢がつウッと上がったかと思うと、急にまたさがった……こめがさがって兜町は大変な騒ぎだ、というこのくすぐりの時にはもう、満場ひつくり返って笑いました。そのほかにもいろんな警句をとばして、いや実に面白い。あたくしァ初めて聞いて、「へえ、こういううまい人がいるのか」と思った。これァのちに聞いたことですが、たとえばうわばみの出てくる噺で、「むこうで二つぎらぎらッと光った、これが自動車のヘッドライトだ」なんてえくすぐりを入れてたんですってね。その時分に自動車なんてえものは、東京に数《かず》するほどしきゃ通っていない。まだみんながヘッドライトなんてよく知らない時分に、こんな新しい警句を吐いた。もう年齢は七十ぐらいでしたけどね。

それから、翁家さん馬という人は、柳派で大変威張ってた人だそうで、前座を呼ぶのに、「これこれ前座」って呼ぶんですって。前座って名前はないんですからね、誰それと名前を呼ばなくちゃいけない。それを「これこれ前座」なんて、まるで殿様みたいなことを言ってるんで、なにか、大分憎まれていたらしい。

あたくしは、この人の噺は『一つ家《や》』ってのを聞きました。あまりはっきり覚えていませんが、なんでも、道に迷って泊めてもらうと、その家のおばあさんが、この屏風のうしろを見ないようにしてくれって頼んで使いに出て行く。すると屏風のうしろから、つウッと細い手が出て食いものを取っていく、化けもんだと思ってびっくりするとそうじゃない、そこへ子供が寝ていた……というような噺なんです。さん馬さんは、後にもう一ぺん聞きましたが、その時も『一つ家』だったんですがね、へんに訛りのある人でね、それに大体あんまり面白くない噺なんです。人情噺ならその時分、圓喬・圓右を聞いてますからね。当時柳派では、あんまり人情噺なんぞ演る人は多くいない、人情ものといえば二代目燕枝さんでしょうね。

でもあたくしはこの時分は燕枝さんを聞きませんでした。聞いたのは、ずっとのちになってからのことです。

赤坂の燕路

赤坂の燕路(三代目柳亭燕路)さんて人は、申し上げたように、あたくしは一ぺんしか高座を聞いたことがありませんでしたが、どうもうまい人だと思って、どうかしてああいう人の噺を覚えたいなと思いましたね。のちにあたくしが小圓蔵になってからですが、友達だった剣舞の源一馬《みなもとかずま》が、燕路さんを知ってるから頼んでやろうってんで、二人で赤坂田町の燕路さんの家へ行きました。「噺の稽古をして頂きたい」と頼んだところが、むこうは稽古をするとは言わないで、約二時間ばかり、立て続けにいろんな能書《のうがき》を言われました。驚いて、とうとう煙《けむ》に巻かれて帰って来ちまって、それっきりになってしまいました。

その時、燕路さんいわく「今の噺家は『大工調べ』を演ったって、家の建てかたァ知らない。まず家の建てかたを知らなきゃア『大工調べ』なんてえ噺を演るべきじゃアない。俺ン所へ来て稽古をすると言えば、まず大工が家を建てるところから教《おせ》えてやる。家を建てるまでに半月から、まァ二十日ぐらいはかかるだろう」ってんです。こっちはもうびっくりした。だけどもその時にこの燕路さんから聞いて、なるほどと思ったことは、「『一分《いちぶ》茶番』(権助芝居)という噺を、今みんなが演るが、泥棒が盗んだ品をおしいただき、花道の方へ行こうとすると、下手《しもて》から夜廻りの奴《やっこ》が出てくる、これと入れ違いになって、泥棒の刀の鐺《こじり》を奴がつかんで、とんとんとんと三つさがって「くせもの待った」と言う、あんな芝居はねえ」とこう言うんです。「それじゃ芝居として動《いご》きが少ない。あすこで泥棒がつかまれたのをぱらッと一つ払う、そして行こうとする所を、肩を持ってつけ廻しになってまた上下《かみしも》入れかわって下手の方へ奴が来て大手をひろげて、「くせもの待った」と言うのが本当なんだ。あとで泥棒が、「そこをおッぴれえて通してしまえ」というセリフを言うが、おッぴらけというのは、そこをあけろということで、二人が上下入れかわらなければ、このセリフがうそになる。つまり奴が泥棒の刀の鐺をつかんでいる時は、うしろにいるわけで、その奴に向かって泥棒が、「そこをおッぴれえて……」と言うはずがない。今の噺家は奴が鐺をつかんで三つさがったまんまで演ってるが、あれァおかしい」と言いました。なるほどと思いましてね、あたくしァ『一分茶番』は演らないが、弟子が演る時にこれァちゃんと教えてやりました。芝居としたら、やっぱりそれだけの動きがあるべきなんで、みんな略して演っちゃってる。噺の中には確かにむだなことがはいっているものもありますが、これは略せない所で、自分が芝居を知らないから、そういう所を略したまんま平気で演ってるわけですね。とうとう稽古はしてもらえませんでしたが、燕路さんの能書を聞いて、あたくしは一つ得《とく》をしたことになります。

燕路さんはやはり地噺が大変うまかった人で、永生きをした三升家小勝(五代目。本名・加藤金之助)、それから、のちにあたくしが稽古をしてもらった金原亭馬生(〝おもちゃ屋〟の馬生)……こういう人たちは、この燕路さんから教えをうけて地噺がうまかったのです。これは後に馬生さんからあたくしが聞いたことです。

先代出自

あたくしが十一の年、明治四十三年と思いますが、先代《おやじ》が二十七で橘家小圓蔵と改めて二ツつ目になり、これからめきめきと売り出して、真打をしのぐ勢いになりました。

それまでの先代《おやじ》の経歴ですが、先代《おやじ》が亡くなった時にあたくしが書いた年譜から、ちょっと抜き書きをしてみます。

☆明治十七年十月(戸籍は十八年十月と成ってゐる)芝区神明にて生る、父は大工の棟梁なり。

☆明治三十年十四歳の折、日本橋小網町の尾張屋といふ足袋屋の年期小僧として奉公す。

☆明治三十五年に後一年にて年期が明けるといふ一年前、十九歳の折り尾張屋を飛出し当時小石川に住した日比野《ひびの》雷風《らいふう》の門に入り剣道及剣舞を学ぶ。

☆明治三十六年諸国武者修行に出る。但し何所の道場でもぶたれるばかりにて道中剣道の道具も売り払ひ、通り掛りに石屋が有るので腹がへってたまらず、石屋の西行……渡り職人といつはり、昼飯を喰ひ彫りかけの狐の耳をたのまれ、コツコツやる内素人の事故狐の耳を落して仕舞ひ、そのまゝドン〳〵逃げ出した。流れ流れて石川県金沢市へたどりつき豆腐屋の売子に成り、同地にて種々苦労の末鹿野武左衛門といふ落語家の一座に入り、聞きおぼえの落語なぞ演じ楽屋をはたらく内、東京より三遊亭小圓朝の一座が金沢へ乗り込む、それへ加はり東京に帰る。

☆明治三十八年、品川の師匠、四代目橘家圓蔵の門に入り、初めて橘家二三蔵といふ名を貰ひ落語家の前座となる、二十二歳なり。

明治三十九年、先代《おやじ》は三遊亭桃生《とうしょう》の養子になりました。というのは、先代《おやじ》は明治十七年十月生まれですが、戸籍は十八年十月となっていたので、三十九年が満二十歳の兵隊検査の年にあたるわけです。桃生は老人夫婦で、その養子になれば、うちに年とった親がいるというわけで兵隊にとられずに済むことがある。そのおかげかどうか、日露戦争も終ったところで、先代は兵隊にはとられませんでした。戦争中だったら、それはもう、いやも応もなくとられたかもしれませんがね。

桃生というのは四代目圓生の弟子で品川の圓蔵師匠の番頭をやっていた人です。昔はみんな真打がワリをわるんですが、番頭をおけばそういうことは番頭がする。そうすれば万一金銭上のことやなんかで不満が出たりしても、その方の責任はいっさい番頭がもつことになり、真打に対する風あたりも強くないという効果があったわけなんですね。

それから、先代《おやじ》のかくれた逸話がありまして、あたくしが昭和二十六、七年ごろ大阪へ行った時、さる人から『文芸倶楽部』の古いのを見せてもらいました。すると〃私の心中話某落語家の談〃という題で出ているのを読んでびっくりしました。これは先代《おやじ》のことに相違ないんです。明治四十一年十月十五日発行の『文芸倶楽部』第十四巻第十四号に出ていたその記事を、そっくりここへ載せることにします。

私の心中話　某落語家の談　記者無名子

講談落語の心中譚発刊に縁《ちな》んで若《も》しや中に実際の心中経験者は有まいかと聞尋ねて見ると○○派の落語家の内に一人あるのを聞き出し、本人に逢って迷惑でなければ話して貰ひ度いと頼むと、流石はさばけた営業柄早速快諾して左の物語りを仕て呉れた。但し本人は目下売出しの青年で現に府下の寄席に出席して居るのであるから名前丈は預る事にした。

是は驚きましたね、私のあの一件を何うして御存知で、さう種が上って居ちゃア白を切っても無駄だから、白状に及びますがね、併し私の名前丈《だけ》は書かないやうに願ひます。お話の筋道ですから其前の話から聞いて下さい、私の生れは下総の八街《やつまた》と云ふ所で親父と云ふのが芝の愛宕下の大工でしたが、八街へ仕事に来て足を止めて居る内、土地の梅家と云ふ旅人宿の娘の聟に入って夫婦の中に男の子が生れた、其れが此の私なのです。処が親父が米相場に手を出して、失敗して、家を台なしに仕た揚句、私の六歳の時阿母《おふくろ》と私を置いて家を飛出して了ひました、阿母は家をたゝんで私を連れて親類の厄介に成って居ました、夫《そ》の時分私は並外れのいたづら者で、七八ツの腕白盛には阿母も持て余したので、八ツの暮に中山の法華経寺《ほけきようじ》へ入れて小坊主にさせました、所が坊主に成るのがいやで堪らず、十二の時に寺を飛出して親父が東海道の藤沢に居ると言ふのを、風の頼りに聞いて居ましたから、其所へ行くつもりで一文無しの事故歩いて横浜まで行きますと、何しろ見ず知らずの土地で銭はなし、藤沢迄行っても親父が居ればよし、もし居無い時は何うする事も出来無い、当分奉公でも仕ようかと、羽衣町の橋の所で立って居ると、空車を引て通り掛った車夫に、桂庵は無いかと聞くと、好い所が有るから連れて行てやらうと車へ乗せて裏通の或家へ連れ込んだ。此所は桂庵だと思って居ると、二三日居ると何うも桂庵らしく無い、毎日種々な身なりを仕た男が出入して、ヒソ〳〵話を仕て居る、行てから四日目に其の主人が私に乃公《おれ》の営業は骨が折れなくて美い衣服を着て旨い物が喰へる、お前も此の営業に成れと進める、一体何んですと聞くとスリだと云ふ、驚いて返事もしずに居ると不得心かと云って突然私を二つ三つなぐり、戸棚の中へ押込んで、食事の時は結飯を二つ食べさせるばかり、其れで時々引張出して責められる、其処で此れは一時承知仕て折を見て逃げようと思ひ、其れぢゃア其の営業に仕て呉れと言ふと主人は機嫌を直し、いろ〳〵スリの方法などを話して呉れた、すると幸、隣家から火事が出て荷物を片附る、すきを見て逃げ出し、藤沢へ行くと親父の居所が知れず、がっかり仕て東京へ引返へして来ました、下総の佐原で足袋屋を仕て居る私の伯父が日本橋小網町の三河屋と言ふ足袋問屋と古くから取引を仕て居たので、其の店へ行って話をして、小僧に使って呉れと頼むと主人が兎に角居ろと言ふので置て貰ひ、佐原の伯父の所へ手紙で照会すると宜ろしく願ひ度いと云ふ訳で、足袋の職を覚へて六ケ年其の家に奉公して居りました、其内追々生意気盛りの年頃で遊びの味を覚へてチョク／＼店を明けるのを初めは主人も大目に見て居たが、段々増長して大分不首尾に成った処へ、二三日続けて店を明けたので流石に帰り悪《にく》く、其のまゝ東京を飛出し、佐原の伯父の所へ行く途中、船橋の町をブラブラ歩るいて居ると、以前三河屋に居た亀次郎と云ふ男が自分で足袋屋の店を出して居て、私を見て呼込み、何所へ行くと聞かれたので、委細の話をすると、ぢゃア私の店で習志《ならし》野《の》に支店を出して聯隊の兵士の藁蒲団や服の直しを受合うので職人の手が要る処だから、遊んで居るなら当分手伝て呉れと云ふ、渡りに船で早速習志野の支店へ、二三人の職人と一所に行き仕事を仕て居ると、中に撃剣の好きな奴が居て、種々面白い話を仕て、少し技倆があれば、道場を開いて立派に飯が喰へるし、日本全国を見物ながら楽に廻って歩るけるなんて事を聞かされる、私は一体子供の時から武張た事が大好きで急に剣客師に成って見度く成り、又其家を飛出して、東京へ来て、其の頃小石川柳町に撃剣々舞の道場を開いて居た、日比野雷風の内弟子と成り、其所で二ケ年間、一心不乱に勉強して、師匠から剣舞の師範代を許されたが、師匠と少し面白く無い事が有って、相弟子六人と相談して、一番地方へ乗り出し撃剣々舞大会と云ふのを遣って歩こうと言ふ事に成って、最初静岡へ乗り込み、劇場を借りて三日間開場した。

処が見物人が可なり来たが何しろ素人の寄合、よろしくやられて僅か五六円残った、仕方が無く衣類を脱いで金をこしらへる、五人の者はこりこり仕て東京へ引返す、私丈は何んとか仕てやって見ようと遠州の掛川へ入った時は全くの一文なし、飯も喰へない始末、其処で考へ寄席へ剣舞で入り、やって見ようと思ひ、掛川の席に旅廻りの馬遊と云ふ落語家が掛って居る所へ訪ねて、一座へ入れて呉れと頼むと、私の座には不向きの芸だからと云って、小使を呉れて断はられた、私もつくぐ〵考へて元の足袋で働かうと、浜松の紺屋町の或足袋屋へ職人に入って、其処に当分真面目に稼いで居る内、大分懐ろもよく成ると、伝馬町遊廓へ浮れ込み、駿河屋と云ふ家の千代鶴と云ふ娼妓を買った、是が心中の相手なのです、惚気を聞かせる様で相すみませんが、初会から千代鶴が私にトーンと来て勤めを離れてと云ふ訳で、此方《こっち》も悪るい気はせず、通って居る内、段々深間に成る、此の女は浜松から三里ばかり先きの、掛塚と云ふ所の者で、其時廿二でした、両親は死に、借金の為身を売ったと云ふ訳で、とう〳〵夫婦約束迄仕たが、まだ五年も年期があり、時々病身で店を休む、楼主の気受も悪るく如何にも辛らいので連れて逃げて呉れと云ふ、其所で此方も其の気に成り、手筈をきめて、或晩駿河屋の裏手へ廻り塀の外の大きな溝の端に待って居ると、千代鶴が部屋を脱け出して来て、塀の中から外へ風呂敷包みを投出して置いて其れから塀へ梯子を掛けて、やうやく上迄登って是から塀を跨いで乗り越えやうとする、はずみに梯子を蹴たのでせう、パタリ庭へ倒れた音で、家の者が出て見ると千代鶴が今塀から乗越して逃げやうとする処だから、衣服の裾を押へ、大きな声を出したので、大勢出て来て、千代鶴を引摺り降して了ひました、私は早く逃げればよいのに、人情で心配して外から塀へ登って中の様子を見て居ると千代鶴を手荒く引摺るように連れて行く、と私の足を、突然下から引張り降して、此野郎大金を出して抱へた女を連れ出すとは太い奴だと二三人で殴り付けた上、手取り足取り、スマキに仕て大溝へ投り込まれた、主人が土地の地廻りに頼んで裏へ廻らせた物でせう、私は半殺しの目にあって溝の中でウン〳〵唸って居ると通り掛ったのが、足袋屋の前の床屋の主人で、親切に介抱して自分の家へ連れて行き手当をして呉れました、極りが悪るく足袋屋へ帰れず床屋に厄介になって居る内、四五日で身体も直りました、女も何うしたかと思って、駿河屋の前の川崎屋と云ふ揚屋のやうな家から外口《そとくち》を掛ました、外口と云って、他の家からでも呼ぶ事が出来る、千代鶴が来て、色々話合った上、千代鶴は世の中がつく〴〵いやに成った、いっそ死んで了ひ度い、お前さんも一所に心中して呉れと云ふ訳、此方も何所へ行っても思しくも無し惚れた女にしみじみ泣かれて、自分も此の先どんな苦労を仕ないとも限らない、いっそ一ト思ひに死んで了った方が面倒臭くなくって可いかも知れないと、心中の承知を仕ました、千代鶴は大層喜んで明日の晩決行と話をきめた、其処で翌晩床屋で腹掛半てん股引と云ふ服装で、平常と全然形を変へて帽子を目深に冠り駿河屋へ揚り、剃刀を二挺出して合せ、握る所を糸で捲いて時刻を図り、女の上へ馬乗りに跨りましたが、職業の癖で足袋の甲裁《こうたち》をするように、左の手を女の胸へ当て、右の手で逆に剃刀を握って、女の咽喉へ突き立てる、途端に障子をガラリと明けて飛び込んで来た者が、後方から羽交締めに抱き止めた、此れはその家の番頭で、いや家中の大騒ぎ、其内医者が来て千代鶴の傷所を検ると咽喉の左から右へ八分程浅く切ったばかり、直ぐ手当を仕て同家で療治をする事になりました、駿河屋の主人は私が千代鶴を連れ出しに掛り、今度は又心中を仕ようと仕たので、怒って無理心中にして警察へ突出すと云ったのを其晩遊びに来て居た土地の顔役が仲へ入って、そんな事を仕ては反って家の暖簾に関はるから乃公に任せて穏便にしろと云って、私に意見をして、最う二度と再び此う云ふ事の無いよう、早々此の土地を発足《たっ》て呉れと因果を含められて、当分余熱を冷すつもりで何処かへ行うと思って居ると、恰度其所へ剣舞士の小村竜雄と落語家の花圓喬の一座が乗込んで勝閧亭で興行を始めましたから、小村に頼んで一座へ入れて貰ひ剣舞を演って東海道を歩いて居る内に、一座の者が落語を聞けば聞程面白いので、自分もいっそ落語家に成らうと其れから一心に落語を稽古を始めて其後東京へ帰った時、今の師匠の弟子に成りましたが、私と心中を仕ようとした千代鶴は、其れ以来一層楼主の気受けが悪るく岐阜の遊廓へ鞍替させられて、間も無く病死したそうですが誠に可愛想な事をしました。

この記事のうち、「○○派」とあるのは三遊派、「三河屋」とありますが、実は尾張屋喜三郎足袋店、その他の名前はみな実際のまま出ているようです。これで見ると先代《おやじ》は、生まれは芝だと言ってましたけども、これァうそらしい、芝で生まれたのは先代《おやじ》の親父なんでしょう、先代《おやじ》は本当の江戸っ子じゃなかった。下総《しもうさ》の八街《やつまた》という所で生まれたから下総のべ、え、べ、えなんで。だけども言葉は実に流暢な江戸弁で、気性もまったくの江戸っ子でした。

この記事が出た当時、先代《おやじ》は二十三蔵で、それからまもなく小圓蔵になりました。そのころあたくしが圓童で、師匠のト、リ、で旅へ行ったことがあります。その当時は町廻りといいまして、一座の者が一人ずつ人力車《じんりき》へ乗って、前座が一番前、真打が最後の俥《くるま》へ乗って、大太《おお》鼓《ど》という太鼓をドコドコ、ドコドコ、ドロンドロンとたたきながら歩くんです。俥にはみんな、めいめいの名前の旗がぶらさがっている。すると、小圓蔵という旗を俥屋がうばい合いをしてる。どういうわけだてえと、一行の中にあたくしがいるんで、子供だからあれが小圓蔵だろう、子供を乗せた方が楽だ、というわけなんですね。「俺だ」「俺だ」って四、五人でもって大変な騒ぎ。やっと一人が、とうとう小圓蔵って旗をとって俥へつけて、意気揚々と「さァどうぞ」……すると先代《おやじ》が、もうその時分からかなり太ってましたが、これが俥へどすッと乗っかったから俥屋が驚いたのなんの……そして圓童ってえ方へあたくしが乗っかったら、初めしぶしぶ圓童と書いた旗を持ってった奴が喜んでね、先代《おやじ》を乗っけた俥屋がべそをかいてる。実にどうもおかしかったことがありました。

明治から大正へ

先代《おやじ》が小圓蔵と改名したその前後に、三越の裏の角筈の家から引越しました。新宿に大宗《たいそう》寺《じ》というお寺があります、あの大宗寺からちょっと新宿一丁目寄りに菓子屋と質屋をしている玉川《たまがわ》といううちの家作へ移りました。今の伊勢丹前の三菱銀行から代々木の方へ向かって五、六十メートル行った右側の路地をはいったところです。

その質屋にお千代さんという娘がありまして、体が弱いためにその時分としては婚期のおくれた娘さんで、もう二十六、七ぐらいになっていました。この人が二代目の左団次が好きで毎月切符を頼まれる。大家さんだからいやだって言うわけにいかないんで引き受けて、たいていあたくしが見に行きました。その当時左団次さんは、ちょうど洋行して帰ったばかりなんでしょう、大変に新しい芝居をする。子供心に見てあんまり面白くなかったですね。先代の又五郎さん、寿美蔵さん(今の寿海)、小高屋《ちいたかや》といった小団次さんとか、そういうしばいで、ほとんど毎月明治座へ見に行ったもので。この明治座もそのころは今の場所とちょっと違います。その時にお茶屋へ行くと、紋付の対服《ついふく》で袴をはいて、髪を真中から分けてる、松蔦《しょうちょう》さん(市川松蔦・若松屋)に会いました。そうですね、まだむこうも十代でしたかね、大変優しくッて、あの人は新宿の女郎屋《じょうろや》の若松屋といううちの息子さんで、同じ新宿だから、「あたしの家へも遊《あす》びにおいでなさい」なんと言ってくれたことを覚えています。きれいな人でね、初めて見た時、役者というものはずいぶんきれいなもんだなと思って、ほれぼれとして見たことがありましたよ。

それからその質屋さんのうちで、心やすい人を方々さそってお花見に行ったことがある。その時に会ったのが九代目団十郎さんのお嬢さんで、翠扇《すいせん》・旭梅《きょくばい》という姉妹《きょうだい》。妹さんの方が優しくッて姉さんの方がおそろしくぱきぱきした人でしたね。姉さんの方はもう結婚していましたが……器量はそれほどではありませんが姿のいい人で、子供心にも、うしろ姿なぞ実によかったと記憶しています。こっちは子供だからすぐなれなれしくして、「遊びにいらっしゃい」と言うんで、九代目の家へ遊びに行ったことがありました。今の築地三丁目から少し新富町へ向かって行った右側の電車通りでした。写真帳を出していろいろ見せてくれましたが、みんな市川福三郎と書いてある、これァのちの市川三升《さんしょう》さん(死後おくり名して十代目団十郎)ですね。そのいろんな役の絵はがきを見せてもらって、それからお菓子かなんかいただいて俥で帰ってきた覚えがあります。

この質屋の裏にいた時代に居候《いそうろう》がいました。とにかく貧乏で、おふくろなんぞァ昼夜兼行で働き、先代《おやじ》が夜なべをして、子供のあたくしもかせいでいるという家庭で、のんびんだらりんと飯を食って、厄介になってる奴があったんですからね。しかしまた、文句も言わずにその世話をしていたというのは、実に考えてみるとおかしなもので。

明治四十五年五月、両国立花家《たちばなや》で先代《おやじ》が三遊亭圓窓の看板を上げて真打になりました。先代《おやじ》はこの時二十九歳です。

間もなく明治陛下がおかくれになって、明治が大正と改まりました。

陛下が御病気だということは、新聞は見ないが毎日噂で聞いて、みんな心配をしていました。ある晩……夜明け近くに、泣いている声がするんでひょッと眼がさめた。すると号外が来たんでしょうか、先代《おやじ》とおふくろが二人で声を出して泣いてる。あたくしがびっくりして「どうしたの」って聞くと、「陛下がおなくなりになった」と言う……あの時分には陛下がおなくなりになったというんで、国民一同みな親を失った如くに悲しみ嘆いたもので……今の時代とはずいぶん違ってきたもんだと思います。終戦後、陛下のお顔を漫画にかいたりなんかしたのを見た時には、あたくしァもう本当に情けないと思いました。まァ今の人には、そういう心持は判らないでしょう。

大正篇

燭台や小さん鍋焼を仕る　我鬼

名人圓喬（その一）

大正元年の暮近く、圓喬さんが四十八歳の若さで亡くなりました。

圓喬さんも、芸の上では圓朝以来の名人と言われましたが、人間はあまりよく言う人が少ない。いやな奴だとか皮肉だとか、何でもこじつけて知ったふりをするので、落語の題からとって〝やかん〟だとか、悪い面ばかり宣伝されています。

晩年、住吉町《ちょう》の玄冶店《げんやだな》の通りにいたんで、住吉町の師匠といいましたが、その前に神田の左衛門町《ちょう》という所にいたことがあります。ある時楽屋へはいって行くと、遊輔《ゆうすけ》という口の悪い男が、半紙へ書いて貼っておいたのが

住む所《とこ》が左衛門だけに法螺を吹き

圓喬さんがこれを見て「なんでげす、これは」って、苦ァい顔をした。つまり、圓喬さんが知ったかぶりをするという悪口を言ったもんで。そんなことばかり伝わっている。

しかしあたくしは、この師匠の弁解をしておきたいと思います。そんな悪い人じゃない、もし本当に悪い人だったら、あんないい芸が出来るわけはありません。いい人間でなければいい芸は出来るもんじゃないんですから。

圓右の弟子で、音曲師になりました三遊亭萬橘《まんきつ》という人が前座時代、白梅《はくばい》という席で圓右

師がトリをとっていました。そして圓喬さんがスケなんですが、これがうんと早くあがって行っちまう。すると圓右さんが前座の萬橘に「なぜこんなに早く圓喬をあげるんだ」「でも忙しいと言って、なかなか待って下さいません」「そこを待たせるのが前座の腕なんだから、なんとかもう少し圓喬を深いところへあげなくちゃいけない」……萬橘が困って、いろいろ考えました。翌晩圓喬師が来て「じゃこのあとへ、あたしがあがるよ」「へい……あのゥお師匠《しょ》さんにちょっとうかがいたいことがございます。『たらちめ』の中で「せんぎょくせんだんにいってこれをまなばざれば、きんたらんとほっす」てえのがございますが、何のことだか判らずにしゃべっております。これはどういうわけでございましょう」「あれはね、つまり学校があって、そこへはいって学ばなければいけないんだという……」うそだか本当だか、圓喬師がそう教えてくれたそうで……話をしているうちに前が切れた、つまり舞台の者が終ったんですが、圓喬師は側の者に「じゃお前おあがり」「へい」ってんで、ほかの人があがる。そのうちに萬橘はなんかまた別のことを聞く、すると「それはね、こういうわけで……」てんで教えている間に、二人三人先へあがっちまって、それからやっと圓喬師があがった。その晩、圓右師が来て帳面を見て、「おゥ、圓喬がここまで残ったのかい」「やっとこういうふうにして残ってもらいました」と大笑いをしたという話ですが、わがままでいやな奴だというが、一面ではまた、芸にかかると馬鹿みたいな所もあるんですね。噺のことを聞かれると、相手が前座でも、まじめに夢中になって教えていて、自分のあがることを忘れてしまう、そういう所が本当の芸人らしいとこですね。

上野鈴本の先代の主人が圓喬師のことを、いやな皮肉な奴だと『東京新聞』へ書いたことがあります。松永和楓という当時有名な長唄の人を席へ出した時に、大きな立て看板を出した。それが圓喬師へがちッと来たらしいんです。ふだん出ている者の看板が小さくて、たまたま出る者の看板を、何もそんなに大きく出す必要はなかろうという腹があったんですね。それで和楓の前へ出て、『名人くらべ錦《にしき》の舞衣《まいぎぬ》(阪東おすが)』という圓朝作の人情噺、これを一時間演《や》った。その噺がまた実にうまいんで、お客はすっかり聞きほれてしまった。終って圓喬がぽんとおりるともう十一時すぎ、その次が和楓ですが、さァそうなるともう客がもたない、ばらばら立って帰ってしまったんで、肝心の和楓をめちゃめちゃにされたってんですね。そのことを鈴本の席主が書いて、実にいやな奴だと言ってますが、そんないやな所ばかりじゃアないんで、それに、いくら皮肉なことをやろうと思っても、芸がまずきゃアそこまでお客を引っぱっちゃおかれない。

圓喬といえば毎度話に出ることですが、気に入らない者があると、その前へ来て「ちょいとだよ、ほんのちょいと、あたしをあげとくれ」って先へあがって、『鰍沢《かじかざわ》』やなんかをうゥんと演っちゃっておりて、その人間があとへあがってへどもどして演れないのを、煙草をのみながらじイッと楽屋から見てるんですからね。そうして、にやッと笑う。なんていうか……ニヒルな顔で、ざまァみろってんですね。芸の力で、もろにぱアッと斬っちゃって、どんなもんだ、俺にさからったら、こういう目にあわしてやるぞと言わんばかり。それでその人間が、あたふたおりて帰っちゃっても、まだ煙草をのんで話をしてる、そんならなにも先へあがらなくたっていいんで、わざとじゃまをしたんだということは判りきってるんです。気に入らない者に対して、腕力をふるったりなんかするんじゃない、芸人だから芸でもっていやがらせをするわけです。だから、みんないやな奴だって言いますがね、そういうことをする程の腕の人がいるから、まわりの者も一生懸命芸の勉強をしたんですよ。

先代《おやじ》が小圓蔵時代、貧乏で苦しくッてしょうがないんですね。縁日で三銭で買ってきたという、へんな木彫りの達磨の根付を「これ、あした圓喬さん所へ持ってって買ってもらうんだ」って出かけて行きました。「どうですい師匠、これは」「うゥむ、これァ面白い、ようがすな」「師匠、すみませんが、それ買ってくれませんか」「あゝ、ようがす」って二円で買ってくれたそうです。あとで先代《おやじ》が「判るようなこと言ったって、住吉町は、なんにも判りゃアしねえんだよ」って言ってるんです。だけどもあたくしは、そうじゃないと思う。いくらなんでも三銭のものと二円のものと、少し骨董をいじってりゃア判らないわけがない。だけど「どうです」って持ってきたのは、こいつはふところが苦しいんだなと思ったから、だまって買ってくれたんですよ。なんとも言わずに、その二円は先代《おやじ》へくれたんだろうと思います。確かにそういう親切な所があったんです。

先代の金馬(本名・碓井《うすい》米吉)の弟子に圓流という人がありました。これは〝癲癇〟の圓流といって、噺はうまかったが、ときどき癲癇を起こすんです。圓喬師が川竹《かわたけ》という席で一席つとめておりてきて、楽屋で煙草をのみながら、聞くともなく高座を聞いていると、自分のあとへ圓流があがって『道灌』を演っている。圓流が終っておりてくると「おいおい、あの

『道灌』は誰に教わった」「誰それに教わりました」「あれァいけませんね、『道灌』はああいうふうに演っちゃいけない」「じゃお師匠さん、どういうふうに演ったらよろしゅうございましょう……」すると圓喬師は前座に「あの、鞄をこっちへ持ってきておくれ」と……もう俥へ乗るつもりだから、羽織のはいった鞄をむこうへ渡してある、そいつをまたとりよせて、鞄を開いて中から扇を出して、きちんとすわって『道灌』を一席演ってくれたという。単なる皮肉だけでそんなことが出来るわけのもんじゃアありません。あたくしは圓喬師という人は、一面そういう、大変に親切なところがあると思います。敵に廻してはいけないが、こっちから頭をさげて教えを乞えば、必ずものも教えてくれるし、親切にしてくれた人です。

右女助《うめすけ》(のちに四代目今輔。本名・中島市太郎)という人が大阪からこっちへ来たばかりで、まだ二ッつ目のぴょこぴょこで人形町の末広に出ました。この時はいつもと違って、トリが大阪から交代で東京へ来た二代目の圓馬なんです。この人は圓朝の弟子で圓雀から圓馬になった、非常に噺のうまい人で『五人廻し』が得意といわれました。その頃はもう大阪へ行ってしまっていたんですが、東京でもみんなうまいという評判をしてました。この時の末広が圓喬・圓馬という看板なんで。圓喬師の腹では、圓馬がうまいか俺がうまいか聞いてくれというわけで、毎晩三十分ぐらいみッちり演るんですね。お客は実に感嘆する。ところがそのあとへアナがあく……つまりそこんとこへは恐れをなしてみんなが寄りつかない。

これはあたくしも覚えがありますが、なにしろ圓喬さんが演ったあと、お客は次にあがった者の噺なんぞ聞いちゃアくれない。「いやァ、やっぱり圓喬はよござんすね」「まったく、うまいもんですねェ」なんて、お客同士煙草をのみながらそんな話をしていて、高座なんかそっちのけです。だから楽屋では、みんないやがってあがる者がない。そんなとこへあたくしなんぞがはいって行くと、大人たちがこそこそと「おい、〝じゃり〟なら何も感じねえだろうから、あれをあげちまおう」なんて、あたくしを無理やりあげてしまう。客席は、あっちでもこっちでも、「さっきの噺はよかった」って話しながら、煙草盆をたたいてる、高座なんかおかまいなし。子供だってそれくらいのことは判りますから、圓喬師のあとへあげられたりするのは実にいやなもんでした。

そういうふうに誰もあがらないんで、しょうがないから右女助があがるんですが、圓喬さんが、これでもかってんで演っちゃったあとで、相当な人があがっても食いつけないのを、まして大阪から来たばかりで、顔も知らない右女助ですから、どうにもこうにも、あげさげならない。ちょうど三日めに圓喬さんの所へ行ったんだそうです。「実はこういうわけで、あたくしが師匠のあとへ毎晩あがりますが、どうにも演ることが出来ません。なんとか師匠、もう少し長く、あとのくるまで演っていただくとかなんとか出来ないもんでござんしょうか」「あたしも、あれからほかの席へ行かなくちゃならないから、そう長くは演っちゃいられない。お前、演れないかい？」「どうしても演れません」……圓喬師がじイッと右女助の顔を見てね「あゝいいよ、今夜ッから演れるようにしてやるよ」って言ったんです。どうするのかと思ってたら、その晩、圓喬師が噺を演っちまって、サゲを言って、ぱアッとお客が喝采をしたところで「さて、あたくしもこれから、かけもちがあってほかの席へ行かなくちゃならないんでございますが、あたくしのあとへあがりますのは、右女助と申しまして大阪から参りました。まだおなじみも薄うございますが、若い者でもあり将来有望な者でございますから、どうか一つ、よろしくお引き立てを願います」と口上を言っておりて来て、右女助に「さ、あがんなさい」「へえ」ってあがってみると、圓喬が口上を言ってくれたから、その晩はうまく演れたんです。それから毎晩口上を言ってくれたそうで、「あの時は実にありがたかった」と後になってもその話をしていました。だから、正面から向かって行くと、がチッとやられるが、決して悪い人じゃなかったんだろうと思いますね。

名人圓喬（その二）

あたくしが圓童となって噺家になったばかりのころ、正月は必ず浅草の並木という席が振り出しでした。圓喬師もやはり並木が振り出しなんです。あたくしが高座へあがって噺をしてると、わきで誰か聞いているらしい、ひょいと見ると圓喬師が横へ立って瞬きもしないであたくしの噺をじイッと聞いている。まだあたくしが九つか十歳《とお》ぐらいで、子供心にもどうもこわい人が聞いているなと思った。噺を演っちゃって『富士の裾野』という踊りを踊りました。これにはツケがはいります。するとめずらしく圓喬師が、この踊りのツケを打ってくれた。おりてきてあたくしが「ありがとうございました」ってお礼を言う、これは当然のことですが、ほかの連中も大変な騒ぎ。大幹部の中でも一番えらい人がツケを打ってくれたんで「どうも師匠、ありがとうございました」って、三拝九拝でツケの礼を言ってる。圓喬師は「あのゥ、踊りのツケはね、ああいうふうに打たなくちゃアいけませんよ」なんて言ってましたが、今考えてみると、圓喬師にツケを打ってもらったというのは、まことにありがたいことでした。

　あたくしはそのころ、圓喬師に会うとよくお菓子を貰いました。お座敷の帰りなんぞで、お菓子をちゃんと半紙へ包んだのが鞄の中にはいってる、そいつをいただいたりなんかしたもんで。ですから、決してこわいともなんとも思わない、やさしい人だと思ってましたが、ほかの人は、やっぱりみんな、どうもいやな奴だと言ってたようです。もっとも『蔵前駕籠』なんてえ噺をすると、本当にこわかった。追いはぎの侍に、「これッ」てんで刀を突きつけられると、聞いてる人は自分がその駕籠の中へはいっているような恐怖感におそわれたものです。そこへ行くとあたくしの師匠の圓蔵の『蔵前駕籠』は、聞いている者がその光景を第三者として漫画的に見られるわけなんです。うちの師匠の『蔵前駕籠』は実にようござんした。

　そのほか、圓喬師のものでよく聞いたのは『柳の馬場』で、これは初代の圓左さんもよく演りましたし、うまかったけれども……圓左師匠のは、按摩が柳にぶらさがってる時に、その地びたが下に見えるんです。ところが圓喬師のは「手を放すな、下は何丈《じょう》とも知れぬ谷間だぞ」「へえッ」と言うと、その断崖の上から、ずウッと柳の木が突き出て、そこへ按摩がぶらさがって、深ァい谷の上へぶらぶらしてるようにあたくしには思えたんです。「へえッ」

と言った時の按摩の真剣な顔ってのァないんですよ。とにかく落っこちりゃア死んじゃう。「いさぎよく死ね」と言われて「南無阿弥陀仏……」ぱッと手を放した……って時にこっちもどきッとする。とたんに「足と地びたの間が三寸」……というサゲで、はアッと息をつくんです。子供でもそういうことがはっきり判りました。ですからこの『柳の馬場』は、おッそろしくむずかしい噺だなァと思って聞いてました。その後、誰のを聞いてもそういう感銘は絶対に受けないし、あたくしも、ああいうふうに崖からぶらさがったようには演れない……演ったってとてもそうは聞こえないだろうと思うと、こわいからそんな噺には手をつけないってことになったんです。

　圓喬師を最後に聞いたのは、神田の橘《たちばな》亭で圓朝作の『榛名《はるな》の梅《うめ》が香《か》(安中草三)』、あれを毎晩つづけて演ってました。圓喬師匠が来て、すウッとあがってくと、楽屋の連中がずウッと両方へ分かれてね、戸を、たんとあけるとおこられるから少ゥしあけて、じイッと聞いてる。どうもなんとも言えないんです、毎晩聞いてて面白くッてねェ。圓喬師が今夜ヌキ(休席)だってことを聞くと、「へえ、ヌキ? あァあ」てんで楽屋でがっかりしてやがる。この『榛名の梅が香』が大層印象に残ってます。

　とにかく楽屋でみんながうまいうまいと言ってるし、あたくしも子供の時から、圓喬師と会えば欠かさず聞いていましたが、そうそうは会いませんから、しじゅう聞いてるわけにはいかない。それに圓喬師がスケの時が多いから、わりあいに軽い噺を演るんですよ。『たらちめ』『牛ほめ』『にう』なんて噺をよく聞きました。前座噺を真打の人が演るってことは、そのころからありました。

それから、あたくしが圓喬師に稽古してもらえるチャンスがあったんです。芳町に「きくの家《や》」という芸者屋があって、芸人が大勢出入りをしていました。あたくしも知ってるから、そこへ遊びに行く、するとすぐそばだから、圓喬師が通りかかったんです。おますさんという姐さんが「まァお師匠さん、お寄ンなさいな」「おやおや、どうもしばらく」って二人で立ち話をしてる。あたくしもあいさつすると圓喬師が「お前、どこへ稽古に行ってるんだ」「へえ、今、むらく師匠の所へ」「うむ、むらくもいいが、あたしン所へ稽古においで、教えてあげるから。圓楽（のちの一朝老人）の所へ行って噺を覚えて、そしてあたしンとこへ来て演ってごらん、教えてやるから」……おますさんが聞いて「まァほんとにお師匠さんに稽古をしていただければ結構なことだから、坊や、お願いをして稽古をしておもらいなさいよ」「へ、ありがとうございます」と言ったんですが、その時分、圓喬さんの弟子にはいやな奴ばっかりが大勢で、毎日つめかけているという話を聞いてたもんですから、子供ながらどうも行く気がしなかったんですね。今から思うと一つでも教えてもらっておけばよかったなァと、これはいまだに残念に思っております。

名人圓喬（その三）

圓喬師のことを「いやな奴だ」と言う人は多かったが、その芸については、これッぱかりも悪く言う人はない。芸には誰も歯が立たないんです。ただかげで「いやな奴だ」と言う……まァそう言われるのももっともな理由があるんですけどね。

うちの師匠が高座にあがってると、楽屋でそばに圓蔵の弟子が大勢いるのに「なんでげす、圓蔵の噺はこりゃ落語じゃァありやせんな、おしゃべりでげすな」とそういう悪口を言う。師匠のことを悪く言われて、弟子たちはみな、あんまりいい心持はしませんよ。そういう所のある人でした。

楽屋でうちの師匠が先へはいってると、あとから圓喬師匠が来て「あの、おい、品川、お前どこへ行くんだい？」「これからどこそこへ行って、どこそこへ行って、それからトリへはいる」「あァじゃァあたしゃ、このあとへあがるよ」「兄《あに》さんはどこへ行くんで？」……うちの師匠は圓喬さんのことを兄《あに》さんといってました……「あたしはね、どこそこへ行って、トリへはいる」うちの師匠はこれから二軒スケてトリへ、むこうは一軒スケてトリへはいるわけで、うちの師匠が「じゃ、あたしゃこれから二軒行くんだから、先へあげておくれよ」「いいよいいよ。お前は天狗てえあだ名があるぐらい、かけもちは早いんだから、このあとあたしだよ」……もうそれでなんとも言えない。圓喬さんがきっぱりと「このあとあたしだよ」と言うと、「へえッ」と前座が言って、うちの師匠もだまっちゃう。すウッと圓喬さんがあがってくと、うちの師匠は一人で「ちえッ、しょうがねえな、ほんとに。馬鹿にしてやがら」って煙草をのみながら、ぼしょぼしょ文句を言ってる。だけどもしょうがない、全然歯が立たないんです。そういう横暴な所があったんですね。

その、こわいものなしの圓喬師匠が、うちの先代《おやじ》に手をついて礼を言ったたってことがあるんですよ。圓喬師が、何か侍の出る噺を演って、その中で「往来は左側を歩け」って言ったんですね。圓喬さんがおりてくると「どうも御苦労さまで」……先代《おやじ》はいけぞんざいですから「御苦労さまでございます」なんて言わない……そして「師匠、あすこンとこ、なんか、変ですね」「何がだい？」「あれァちょん髷のある時分の噺ですね。往来の左側を歩けというのは明治になってからじゃアねえんですか。別にくすぐりにもならないし、あれどういうわけなんです。おかしいじゃありませんか」って言ったら、圓喬さんしばらく考えてて、ちゃんと手をついて「ありがとうございます」ってそう言ったんですって。先代《おやじ》もびっくりした……なにしろ身分が全然違うんですからね。圓喬さんも自分で「あァなるほど」と思ったんで、本当におじぎをしたんでしょう。

榊原鍵吉《けんきつ》という名代《なだい》の剣道の達人が、圓朝の弟子を評して、圓喬は〝村正〟だと言ったそうです。大阪へ行った二代目の圓馬のことは〝研《と》がない正宗〟、圓朝はもちろん〝研ぎ上がった正宗〟というわけでしょう。実にこれは名言だと思いますね。あたくしが子供の時分に、「圓朝よりは圓喬の方がうまい」という評をちょいちょい聞きましたが、けだし、圓喬という人の芸には圓朝よりももっと鋭さがあったんじゃないかと思います。人を斬るということに於いては正宗よりも村正の方がすぐれていたのかもしれませんが、やはり刀の位づけから行けば、村正はいかによく斬れても、第一の刀とは言えないわけですね。正宗は、身を守る刀として、村正以上の品格というものがある。芸も、もちろんまずくちゃアいけないが、またうまくさえあればいいとも言えないんで、鋭い所は圓喬の方がすぐれていたかもしれないが、圓朝の方がもう一段、上であったということは……たとえば善人や何かを表現した場合には、圓朝師の方がずっとよかったんじゃないかと思います。なんか言い足りないかもしれませんが、あたくしは圓朝と圓喬の違いというのは、そういう点ではないかと考えております。

鏑木清方先生は、大師匠《おおししょう》(圓朝)も聞いておいでですから、「圓朝師匠はどういううまさでしたか」ってお尋ねしましたところが、「さァねエ、うまさって、口では言えない」……これはもちろんですが、「圓喬師匠と比較してどうでしょうか」「とにかく圓朝はうまかった。圓喬もうまかった。……けどもうまさが違う」とこういうお話なんです。つまり、圓喬師は品格だとか重味だとかに於いては圓朝師には及ばなかった。だから、品のいい所を見せようとして、圓朝を張っていたという感じがあったんじゃないんでしょうか。圓朝は自然の品位であり、それが地だったが、圓喬はそれをよそおっているような所があって、そこでなんとなくおさまっているような気障《きざ》なものに見えたんだろうと思います。だから鏑木先生は、むしろ圓右の方をほめておりますね。伊藤痴遊さんも圓喬より圓右の方を買っているようです。圓もっとも圓右とくらべれば、我々一般では、やはり圓喬の方が上だと思っていますがね。圓右師匠は、なんていうか、おっちょこちょいな所がありました。だから芸にも切れ味のいい所があるかわりに、つまらないやりそこないがあった。圓喬師の方にはそんなことは絶対になかったわけです。あまりに欠点のない、兎の毛《うけ》でついたほどのすきもないというのはかえって妙味が少ない……たとえて言えば、三十二相そろった美人よりは、いくらか欠点のある女の方がいいというようなわけでしょう。のべつにいい点ばかり取っていると、聞く方からみてなんとなくつまらない。平均して八十五点は確かに取るが、それ以上にはあまり上がらないし、絶対それ以下にもならないという手堅いのよりは、六十点、五十点以下のようにひどい時もあれば、九十五点、百点になることもあるという人の方が面白いですからね。圓喬師は九十点から九十五点ぐらいの平均点を取っている……するとかえって、圓喬はうまくッても好きじゃないという人があったでしょう。だから、客をあんまり呼ばない人でした。それだけの名人でありながら、圓喬の看板ではそれほど客は来ない。むしろ、うちの師匠の方が客を呼びました。芸に於いては圓蔵は圓喬に所詮及ばないけれども、愛嬌があって、警句を吐いて、当時の噺としては時宜《じぎ》にはまっているし、時代色を入れて古典に新しみを出して行くところが非常に面白かった。だから、圓喬・圓右よりうちの師匠が一番お客を呼んだと言ってもいいでしょう。圓喬さんは、そう大勢の客は来ないが、そのかわりある一定の客を落としはしない。圓喬があがるとばらばら立つ人がある、その間二、三分はもごもご口の中で何を言ってるのかちっとも判らない。そのうちに立つ人は立っちゃって、噺にかかってぴたッとおさえたら、もう一人も逃がさない。最後まで聞かせる腕があるんですね。あたくしの師匠はまた違って、噺へかかると客が立とうとして腰を上げかけても、立つ余裕を与えない。ぱアッと言葉が機関銃のたまみたいに、あとからあとから飛び出してくるんで、ちょっと切れめになったら立とうというちに、サゲまで引っぱられてしまう、腰を浮かしたまんまでおしまいになっちゃう、という芸だったんです。

圓喬師匠は、なくなる前一年ぐらいは、どういう綾があったのかよく判りませんが、三遊派から出ちゃって独立してました。しかしあれだけの名人でも、独立してはうまく行かなかった。それというのは、前が駄目なんです。ふつうの席なら何のなにがしという、いいものが前へ出るから、トリまでのつなぎがつく。トリだけがいくら名人でもその前にまずいものばっかり聞かされるといやになってしまいますからね。ましてや、圓喬師のとこにはあまりいい弟子がいなかった。まァ弟子に対してもうるさかったんでしょう。それにおかみさんが大変な気の強い人で、おげんさんてえましたが、とにかく気に入らないことがあると、亭主の頭から炭取りをぶッかける。隣りの家と喧嘩すると「何言ってやがんでえ、べらぼうめ」って言って塀越しにバケツの水をざぶッと隣りへぶちまけるという乱暴な人で、怖いおかみさんてんで有名なもんでした。まさかそれが原因じゃないでしょうけども、どういうもんだか、あれだけの名人でいて、あんまりいい弟子がありませんでしたね。

噺家の服装《なり》

圓喬師が皮肉だったということについて、三代目圓遊からあたくしが聞いた話があります。

この人は本名を伊藤金三《きんぞう》といいまして、色の白い、見るからにいかにも芸人らしい愛嬌があって、若いうちから大へんに人気がありました。この人が三福《さんぷく》で真打になったばかりの時分、なかなかいい服装《なり》をしてまして、その当時、一番高価な西陣のお召《めし》を着てる。西陣のお召なんぞ着ている人は少なかったんです、お召と言いましても八王子から出たお召ぐらいでね。その三福が楽屋にいると、圓喬さんがはいってきたので、「御苦労さまでございます」って最敬礼でつつしんで固くなってると、圓喬師が「あァ……いいお召ですなァ、これァ」「へえ」「ちょっと失礼を……」って……よくやりましたよ、圓喬師は。相手の袖をとって見て「西陣ですねェ。あァいいお召ですな、これァ。今の噺家は、みんないい服装《なり》をする、服装はいいけれども……」ってじろッと顔を見られた時は、実に冷汗が出たって、あとで三福が言ってましたよ。相手がうまい人だけにこれは応《こた》えたそうです。

昔は服装についてもずいぶんやかましかった。そのころ「新お召」なんて言いまして、人絹じゃアないんですが、お召と名がつくだけのごくお安いものがありました。安いといっても前座なんぞがそんなぞろッとしたものを着てくると、すぐ小言を言われる。「なんだい、それァ」「これァ新お召ってんで……」「新お召でもなんでも、そういうやわらかいものを着ちゃいけねえ。前座なんぞはべろべろした服装するもんじゃアねえ」ってみんなに言われるから、とても着ちゃいられない。二子《ふたこ》織という木綿のもの、それよりほかは絶対着られない。もちろん前座は羽織も着られない。二ッつ目になるとはじめて紋付の羽織を着ることを許されるんです。今の人は二ッつ目でも、もう黒羽二重かなんかの対服《ついふく》で、仙台平《せんだいひら》のりゅうとした袴をはいて、大真打とちっとも違わない服装をして誰もなんとも言わなくなりましたが、昔はそんな服装をしようもんなら、すぐなんか言われてうるさいから、とても着ちゃいられません。

袴も昔は概して噺家はつけませんでした。もっともお座敷へ行った時はつけますが、座敷からまわって来ても、袴をはいたまま高座へあがるってことはありませんでした。圓喬師、圓右師、うちの師匠でもお座敷を勤めてから楽屋へはいって来ると、すぐ袴をスッとぬいで前座にたたませる。今ならそういうときは袴をはいたまま高座をつとめますが、その時分は楽屋でわざわざぬぎました。

ところが研究会だけは特別で、どんな噺でも袴をはきました。まァ研究会の権威をつけるためにそうきめたんでしょう。ですから研究会には備え付けの袴がありました。セルの袴で……体の大きい人もあれば小さい人もありますから、しまいには大・中・小三つこしらえました。それから湯呑みもみんな別々にしたことがありました。みんな名前がはいりましてね、片方《かたかた》へ桃がついてる。研究会のしるしはみんな桃なんです。『桃太郎』の噺からきたんでしょう。第一次の宮松亭の頃は木の箱があって、名前がついて、鬱金《うこん》色の布で包んでありました。

普通の寄席の高座はみんな着流しです。噺によっては、本当は着流しでなけりゃ形の具合の悪いものがあるんです。お奉行さまが出てくる噺とか、侍が出てくる噺は袴をつけてもいいんですが、貧乏長屋の噺をしてるのに、仙台平の袴っていうと、非常に演りにくいものなんです。ところが着流しの方がずっと身のこなしがむずかしい。膝がくずれるとすぐ判りますからね。ですから噺家の着物ってものは普通よりいくらか身巾《みはば》が広くなってるんです。それで、ぴたッと坐るとわきへ褄先が出て来ますが、それがきちッとしていて、どう動いても膝がくずれないようにしなけりゃいけない。だから着流しで演るのは、着こなしから何から大変むずかしいものなんです。

大阪の方では今でも袴をはきませんね。あたくしが大阪へ行ったとき、死んだ松鶴《しょかく》さんに「大阪《こちら》ではみんな袴をつけませんね」ってったら「へえ、袴つけますとな、色気がないよって……」と言ってましたが、むこうではちょっと膝がくずれて長襦袢でも見えた方がいいというようなわけで、東京ではかないのとは、少し違う意味なんでしょうけれども、どっちにしても袴なしの方がくだけて見えますね。

今は紋付の着物に袴さえはいてりゃア噺家はいいもんだと思ってる人が多い。昔は、例えば長屋の噺をするんだったら縞の着物とか、無地とか、噺によって趣向をこらしたものです。講釈の方でも世話ものなんぞよむ時は服装に気をつけて、与三郎が島破りをするなんてえ時には髭をわざとすらないでのばして演ると、なんか見た目もそれらしいし、自分もその心持になるというわけなんですね。あたくしなんぞも、今日はこの噺を演るという時には、やっぱりそれに合う着物を着て行きますね。役者は衣裳をつけますが、我々はみんな自前の着物……何を着て行ったってかまわないが、その噺にあてはまるようなものを着た方が自分でも演りいいような気がします。いつか白薩摩《しろざつま》の着物に紗《しゃ》の羽織を着て『夏の医者』を演った時、新聞で安藤鶴夫先生が医者の噺に似つかわしい服装だとほめてくださいました。もちろんあたくしも、その心持で着て行ったのです。

　昔は色変わりの紋付を着た人もあり小紋も着ましたが、それは概して〝色物〟の人、つまり音曲師や踊りを踊る人で、大真打や相当の真打は、たまにはお召とかこまかい縞のものなんぞも着ましたが、ふつうは黒よかほかに着ませんでした。今と大して違いはしませんが、ただし今の方がずウッとぜいたくです。昔はそんないい服装は出来なかった。あたくしの師匠なんかでも、張りつけ紋の羽織を着てたことがある。染めるんじゃなく、白く紋だけ切りぬいたものを張るわけなんで、これならどんな紋でもはがして張りかえればいい。染めぬきなんてえと高くなりますからね。二ッつ目あたりはみんな貧乏ですから、たいてい張りつけ紋でした。あたくしァ子供の時分、その紋のはじがちょいとはがれているのを、うしろからだんだん……半分ぐらいはがしちゃった。そしたら、「この子、悪いいたずらするッ」ておこられた。これァおこりますよ。張りつけ紋は寄席だけでなく、一般にだってありました。自分の紋をちゃんと染めぬきで着られるようになれば、大したもんですからね。

　羽織はみんな着ました。ただし斜子《ななこ》織《おり》という、羽二重より下のもんです、それよか着なかった。羽二重を着はじめたのは、やはり大正にはいってからじゃありませんか。あたくしが一番はじめに見たのは三遊亭圓橋……柳橋《やなぎばし》にいたので〝柳橋〟の圓橋《えんき》ッつァんといいますが、この人が塩瀬《しおぜ》羽二重というのを着ました。あたくしァまだ十二、三でしたが、それをはじめて見て、なんかほかのと違うなと思って、「お師匠さん、これなんていうんです?」って聞いたら「塩瀬羽二重っていうんだよ」……それで初めて名前を覚えた。いいもんだなァと思いまして「高いものなんですか」って聞いたら、「あゝ」って言ってましたけどね。

柳橋の圓橋

話が出たついでに、この〝柳橋〟の圓橋《えんき》ッつァんのことを申し上げます。

この人は、はじめ遊七っていったんですから、圓遊さんの弟子だったのかも知れません。見たところ男っぷりもいいし、でっぷりとして、誰が見ても真打だという、品のいい人でした。今から思えば噺もしっかりしたもんでしたが、その時分には、まァ中真打《ちゅうしんうち》といったところで、柄は立派だけどあんまりうまくない真打だって評判なんです。やっぱりうまい人が大勢いたせいでしょうね。当時、圓橋ってのは大看板で、その名前を貰ったぐらいですから、そう悪くァないんです。今、文楽さんが演ってます『寝床』は、あらましこの圓橋ッつァんのじゃありませんかね。

今、演る人がありませんが、この人の『からくり』なんて噺はおかしかった。今はからく、りってものはなくなりましたけども、小さい箱で眼鏡がついてて、一銭かなんか入れてのぞくと、中に絵はがきがはいっていて、いろいろ変わる。いちいち説明がついて、つまり紙芝居の前身みたいなものです。しまいには、みんな自動的になりましたが、その時分には全部手でやるわけです。このからくりを子供が見てると、そばでいろいろ説明をする……という噺ですが、その説明で「画面が変わりますとフランスはロンドンの都、高架鉄道から地下鉄道……」と言うと、子供が「おじさん、違やァしねえか、フランスじゃない、あれァイギリスだよ」「何言ってんだい、おじさんはフランスのロンドンへ行って来たんだから、間違ってやしない」「だって下に、英語でイングランド、ロンドンと書いてあるじゃアねえか」って言われて「あァ、あれァ英語かい？　俺ァ唐草《からくさ》模様だと思った」というサゲなんです。これが実におかしいんですよ。「おじさんはフランスのロンドンへ行ってきたんだ」なんてはったりをかけてしゃべってる所なんか、ごく大まじめで、みんなひっくり返って笑う。そんなつまらない噺ですが、この人が演ると非常におかしかった。それからあたくしが演る『一人酒盛』という噺は、この人のを子供の時に一ぺん聞きまして「あァ面白い噺だなア、大きくなったら、ああいう噺を演ってみたい」と思った。それでのちに思い出して演りはじめたんです。あれはもとは本当の小噺みたいなもんで、〝狂〟馬楽師の速記に残ってるのを見ると二、三分ぐらいな短かいものですが、圓橘さんは十五分ぐらいで演ってたようでした。

品のいい人で、まじめな顔をしていながら、時々ひょうきんなことを言ってあたくしたちをまごつかせたりするという、実に噺家らしい気性の人でした。益田太郎冠者という、劇作家で落語の新作なんかもなすった方に大変に贔屓になって座敷もずいぶんあったらしいんですね。それでよく席を休む。翌晩「ゆうべはどうも」ってはいってくる。「どうなさいました」「ゆうべはどうも疝気が起こってね」ってんですけどね、それァうそなんで、座敷へ行ったんだけども、あきらかには言わないで「疝気だよ」って言うんです。それで、ひとしきり楽屋で、座敷へ行ったことを〝疝気〟という符牒が出来まして「ゆうべはどうしたい、〝疝気〟かい」なんてね、ふふふ。「いやそれが本当の疝気だったんだ」なんて、笑い話になったことがありました。

楽屋奇人伝（その一）　〝いかたち〟の圓盛

そのころはずいぶん変わった人がいました。小圓朝さんの弟子で三遊亭圓盛《えんせい》という人がいた。あだ名が〝いかたち〟……頭が大きくッて、烏賊《いか》が立ち泳ぎをしているがごとくだというんです。もう一つのあだ名が〝三遊の大頭《おおあたま》〟……大幹部のことを大頭って言いましたから、三遊の大頭って、本当なら大変いいんだけども、そうじゃない、この人は頭が大きいっていうわけで。大掃除の時に小圓朝さんの所へ手伝いに行って、昔のカンカン帽を「これ師匠どうするんです？」「それァもう去年のだから捨てちまうんだ」「もったいないじゃァありませんか」「もったいないったって、もういらないんだよ」「じゃあたくしにくださいませんか」「やったっていいよ」「ありがとうがす」って貰ってきた。ところが小圓朝さんの頭は、そう大きくァないが、圓盛の頭は特別大きいんでとてもはいらない。右の手で帽子を上へ差し上げて歩いてる……手数のかかる帽子ですよ。それから、木綿の大きなこうもり傘をさして、お天気でもなんでも、しじゅう朴歯《ほうば》の下駄をはいてる。背のひくい人だったんで、それを意識していたのかもしれませんが、どうも実に不思議なかっこうでしたね。冬になると木綿の綿入れの三枚がさねを着ました。ところが頭の大きい上に猪首《いくび》で、首がごく短かいから、衿ンなかへ首がめり込んじゃってるんです。

いつだったか少し酒を飲んで、ごきげんで高座へあがった。噺をして一つ踊りを踊ったら喝采があったんで、当人すっかり嬉しくなって、「さ、もう一つ『かっぽれ』をやりアす」てんで、よせばいいのにさッと肌ぬぎになった。そしたら長襦袢の胴が印半纏、その胴へ袖がついてる。それが調子にのって肌ぬぎになったんで、お客はひっくり返って笑っちゃった。そうかと思うと、なんだか首ぬきのゆかたみたいなものを着て、それへ白ちりめんの兵児帯《へこおび》……その時分、高座へ兵児帯なんかしめてあがっちゃいけないんですがね。白ちりめんの兵児帯が大変流行《はや》った時分で、それを、買ったのか貰ったのか知れないが、胸高に巾広にしめて、これへ金の鎖が巻いてある。それで紺足袋をはいて『槍さび』を踊る、その不思議なことったってありゃしません。

これァ少しのちのことになりますが、向島の百花園で合同のお花見がありました。仮装会というんでみんな仮装して行くわけですが、あたくしなんぞは考えて、先《せん》の李彩《りさい》の所へ行って支那服を借りて着て行きました。前《ぜん》の三升家小勝《こかつ》ァんなんぞは鞍馬天狗みたいな覆面をしてね、ま、思い思いのいろんな仮装で来ている中に、その圓盛が八百屋お七みたいな服装をしてるんですよ。島田のかつらをちゃんとかぶって、すっかりもうお化粧をして……これァ罪が深い。今の金語楼が金三《きんざ》時分、あたくしが圓好で真打になりたての頃でしたが、金語楼と二人で「なんか余興を一つみんなに見せようじゃねえか」「なんの余興？」「圓盛に踊りを踊らせようじゃねえか」「はァ、そりゃ面白いだろう」「だけどもね、面白いったって、ただやらしちゃかわいそうだから、今みんなに聞いてくるから」……大幹部は大幹部のとこへみんな集まってる。その席には、圓右・圓蔵・小さん、講談の方では典山だとか、前の貞山・伯鶴・伯山なんて人がずらッと並んでる。そこへ行って「今、余興をごらんに入れます、圓盛に踊らせますがどうです？」「それァ面白い」「面白いけども、ただはいけませんよ。やらせるんですから、みなさんでいくらかやってください」「あゝいいよ」「じゃやらせましょうか」「やらせろ、やらせろ」……それから圓盛のとこへ行って「圓盛さんねェ、一つ踊りを踊ってくれないか」「なんでがす？　お座敷なんで……？」「師匠がたが見たいってえからやっとくれよ。いくらか君に、もうけさせるから」「さよでげすか」って、これがおめずおくせず踊るんです。下座の人たちも三味線を持って来てるから、それを頼んで『槍さび』だとか『深川』『かっぽれ』『わがもの』なんという踊りを、そのお七みたいな服装で踊るんですよ、珍なるかたちでね。いやもう、師匠がたが大喜びで、終って金語楼とあたくしと二人、お盆を持ってずウッと廻ったら三十何円……その時分に大変なお金です。「これ、圓盛さんに……」「これァどうも、エェ貴方《あアた》がたにもいくらか……」「冗談言っちゃいけない。貴方に貰ってあげたんだから、あたくしは貰うつもりはない。そのかわり下座さんには貴方からおやンなさいよ」って言ったら当人すっかり喜んじゃって、したたかに飲んで、いよいよ記念撮影となったら真ン中の一番前に出て行った。口のとこへ袖かなんかあてがってポーズをつけてね、うつしたのはいいけども、その時に、小勝ッつァんの弟子だった太郎吉という年寄りの前座が、麻縄を持ってきてそっと腰ンとこへ結わえてその縄のはじを自分が持って……どう見てもお猿みたいだから、洒落にくッつけたんですが、あとでこれを聞いて圓盛がおこったのなんの、「どうもけしからん奴だ、あたくしを縄付きにした」……お前さんが猿に似てるからとは言えないから、「縄付きだなんて、圓盛さん、そうまじめにおこっちゃいけない」「いえ、あれァもう許しておかれませんッ」

これではまるッきり洒落が判らないようだが、そうかと思うと、おそろしく洒落たような所もあるし、とにかく不思議な人間でした。巾広の平打の指輪を三本ぐらいはめてるんです。それから金鎖をつけていたんで、「圓盛さん、それァ大したもんですね」と言ったら、「いえ、これァ本物じゃありません、アラスカ金《きん》というんで」「ほう……」……この人は鍍金屋《めッきや》の職人なんです。「一日おきに色揚げしなくちゃいけない、しないと色が悪くなるんで」「ずいぶん手数のかかるもんだね」「えゝ、まめにしなくッちゃいけません」

この人は二ッつ目だったんですがね、噺も聞きましたが、なんだか訳の判ったような判らないような……一人で心得てるような噺でした。噺のあとで音曲をやる。お題ばなしってのがありますね、あれみたいにお客から題を貰って、十題ぐらい前へ並べておいて『大津絵』にこしらえる。今やる人はありませんが、これを圓盛がやっていました。唄のあとで珍型な踊りをやるんです。

二ッつ目でやっていたが、使ってもらえなくなって、しょうがないんで、とうとうまた前座になりました。前座になったんだから、下座の人もみな、圓盛さんと呼んで用を言いつける。「圓盛さん、ちょいと、あのだるま引かなくちゃいけないよ」……だるまってのは羽織のことです……圓盛が「さいでげすか」って羽織を引いて、あくる日になると、はがきを持ってきて見せる。「あたくしンとこへ参りますはがきは、みな圓盛御《おん》師匠様と書いてございます」……つまりお師匠さんて言わないと気に入らないんですね。それから「ちょいとお師匠さん」「へえ」「あの羽織をこっちへたたんで……」「へえ」……いやなお師匠さんがあったもんで。「師匠、下駄をとってくれ」ってくすぐり……まるであれなんです。

この圓盛に特技がありまして、計算は非常に確かなんです。寄せ算なぞは「何、何、何……」と数を言ってやると「へえ、へえ……」と算盤も何も置かず、そのまま暗算で聞いてて、「へえ、いくらいくらでございます」と、それがちっとも違っていない。それだけは不思議でしたね。

だけども、文字なんぞはあまり書けなくて、その晩の演目を帳面につけるわけですが、時々不思議なことを書く。見ると『三五十五』と書いてある、何のことだか判らない。「圓盛さん」「へえ」「この『三五十五』と書いてあるのは？」「は、『山号寺《さんごうじ》号《ごう》』でございます」……これには実にどうも感服しました。当人もさぞ頭をしぼって考えたんでしょうねェ。

楽屋奇人伝(その二)　〝けむじゅう〟の圓盛

講釈師の方には、松林圓盛《しょうりんえんせい》という人がありまして、あだ名を〝けむじゅう〟という、これがまた講談界の奇人。江藤重吉というのが本名なんです。このあだ名のいわれは、今そこにいたかなと思うとすッといなくなっちゃう。「あれ、どうしたんだい、あいつ。煙《けむ》みてえな奴だな」……煙の重吉で〝けむじゅう〟という名前がついた。落語の圓盛の〝いかたち〟と講談の圓盛の〝けむじゅう〟と、これは人物を知らなくても名前だけはみんな知ってた、実にこれァ有名なもんでした。だから、当時よく講釈ンなかへ「……けむの重太という悪者が……」なんてんで山賊の名前やなんかに出てきたもんです。つまり洒落に使ったんですね。

この〝けむじゅう〟を、あたくしの先代《おやじ》がたいへんかわいがって、震災後、当人の言うには講談の方は出る所がなくなっちゃった……まァ、使い手がないんでしょう。うちの先代《おやじ》ンとこに「師匠、なんとかしていただけませんか」って泣きついてきた。来る時は必ず、池の端の酒悦《しゅえつ》の福神漬を、その時分二十銭か三十銭ぐらい、おみやげに買ってくるんです。あんまりいつもなんで、うちの子供なんぞ「あら、また〝けむじゅう〟でたべるの?」なんて言って……福神漬に〝けむじゅう〟と名前がついちゃった。先代《おやじ》は「まァ、ほかへ出すってことは出来ないが、俺のトリの所だけ来てな」「じゃ一つお願いします」ってんで来てる。で、アナがあいたりなんかするとあがるわけです。この人は相当よめるんでしょうが、どこが切れ場なんだか……しじゅう切れ場みたいな、変な講釈でね。

　楽屋で「貞山がね」とか「伯鶴が……」とか言うんです。あたくしが「おじさん、あれだけの先生なんだから、貞山がなんて呼びつけにしないで、先生って言ったら……」「いや、君がたは若いから知らんがね、あれは、昔あたくしが使ったことがある」「使ったことがあったって、今はもうむこうはえらい先生なんだから、そんなこと言うとおじさんが憎まれる。先生って言った方がいい」「いや君がたは若いから、何も知らんよ」とかなんとか強情はってる。いつか貞山さんにそう言ったら笑って「いや、本当に使われたことがあるんだ」って言ってました。貞山がまだ小僧で、貞花といってカラ板の時分、中座《なかざ》に誰それ、真打が〝けむじゅう〟という一行が興行に行ったんだそうです。するとはねちゃってから席亭が来て、「先生、すみませんがあしたッから一つ出番を取り替えてもらえませんか」「あゝ……いかようとも、そちらのいいようにしますよ」「あのゥ、カラ板をやったあの貞花というのをね」「うん」「あれは、なかなかいいから中座にしたらどうです」「ああ、ようがしょう」「中座に読んだ人を後座《ござ》(真打)に読んでもらって、どうです」「あァあ、ようがしょう」って自分がカラ板になっちゃった。初日は先生だったのが、あくる日から平気でカラ板になっちゃって、それで決しておこらない。たいていならおこりますよ。そういう不思議な人で、あれァまったく奇人でしたね。

楽屋奇人伝(その三)　二代目圓左

二代目の圓左って人も変わった人でした。本名を小泉巳之助といって、前にお話ししましたいたぬきから小圓左になって圓左になりました。この人はとばし屋ってましてね、嘘をつく。なにか大きなことを言うんです。ある人が「お稽古して下さい」って言ったら、「あゝいいよ」「じゃ明日《みょうにち》からうかがいまして……」「いや、待っとくれ。今、植木屋が来て、庭をいじってるからね、ごたごたしているから二日ばかりたってからおいで」「へい」……行ってみたら庭なんて一坪ぐらいしかない。植木屋がはいってどうしようと、ごたごたするほど大きかァないんですって。「あれッ、師匠、庭はこれで……?」「あゝ」……そんなうそをついたって行きゃアすぐ判るでしょ、そういうことを言うんです。この人が赤坂で食堂を始めました。天丼だとか親子丼、そういうものをやってる。「いそがしいんですか」「あゝどうも、きのうなんか大変だった、いそがしくて。天丼八百ほど註文が来てね」「はッぴゃくゥ! ……天丼を」「あゝ」「お飯《まんま》どうして炊いたんで……」「うゥん……なにしろ、いそがしかった」当人も困っちゃった。天丼八百って、そんな馬鹿々々しい、あつらえる奴もないでしょうにね。

この人が大正芸者を買ったっていう話があります。大正芸者というのは、大正の初めに人形町あたりに出来たんですが、ふつうの芸者以下で……おとまり専門みたいなやつで、安いんですね。女郎屋のまわし部屋みたいな安普請の待合で、隣りで言うことがよく聞こえる。隣りに今輔さん(本名・中島市太郎。大阪の人。右女助から今輔になった)がいて、圓左と芸者のやりとりが実におかしかったって。芸者がはいってくると圓左が、「俺たちは女に買われることはあるけれども、金を出して女を買うのは珍らしい、お前は実にしあわせな女だ」ってなことを言ってる。「そうですか、お師匠さんがたは、よっぽど収入《みいり》があるんでしょうね」「そりゃあるよ。とにかく座敷がお前、一ン日《ち》に三つや四つはある。一つが百円としたって(当時、本当は三十円ぐらい)四つ行きゃ四百円、それに席は十二、三軒歩いてる……だから一日に千なん円の収入はある」って、それがみんな大うそなんですよ。女は「はァそうですかね。あたくしもそういうお師匠さんに、こうやって出られたのはほんとにしあわせだ。今度お師匠さんどこの席です」「この次は人形町の鈴本がトリだ」「そうですか、じゃお師匠さん、あたし一ぺん総見《そうけん》物しますよ。鈴本を一週間ばかり買い切ってお師匠さんの後援をしましょう」って……大正芸者してるやつが貴方、鈴本を一週間買い切るって、あっぱれなこと言ったもんです。片ッぽで大法螺をふいたんで、女の方もがちんときたんでしょ。今輔さんが隣りで聞いてて、そのやりとりの面白かったのァなかったって言ってました。

　そんなふうにとばし屋で、ユーモラスな所があって、噺もうまいんですけどね、あまりその、お客をわアッとひっくり返して笑わせるという芸じゃアないんです。噺はお父《と》ッつァんの通り覚えていて、人情噺も出来るし、落し噺も演るんですけども、覚えた域よりは出ないんですね。大体お父ッつァんの方もそう陽気な噺じゃなかった、それをそっくり演ってるんだから、あまりはえないわけで、当人としては腹ン中じゃ不平満々で、もやもやしてたんでしょうね。

のちに第二次研究会が出来て、第二回目に名前だけ出てます。研究会が出来たから出てくれって言ったら大変喜んで、番組へ乗っけた。それが気の毒に脳充血で倒れちゃいまして、とうとう研究会の舞台は踏まずに亡くなりました。研究会へ出たらば、またお父ッつァんと同様に芽が出たかも判らなかったんですがね。

末広亭清風

先代《おやじ》が圓窓で真打になって間もなくの頃だったと思います、玉川質店の家作から今度は新宿三丁目の末広のそばへ引っ越しました。当時この席は浪花節の末広亭清風てえ人が持っていましたが、そのおかみさんとあたくしの母とが大変に仲よくなって、始終往き来をしていました。

この清風って人も随分と変わった人でした。大変な信心家で、家中神さまをどのくらい祀《まつ》ってあるか判らない、全国のお稲荷さまでここの家にお祀りしてないのはほとんどないてえくらい……朝行って会おうと思っても、拝みにかかってると、一時間半くらい待たなくちゃならない。夕景にもまた一時間半くらい拝むんですが、実に一生懸命……「商売繁昌、家内安全……」これァまァどこでも同じことだが、そのあとがおかしい。「……どうぞ隣席《りんせき》のつぶれまするように、御利益《ごりやく》をもちましてお願いをいたします」てんで、つまり隣り近所の席がつぶれちまって、その客が全部自分のうちへ来てくれるようにってんですが、世の中にこんな勝手な頼み方てえのはない。それをあたりはばからず大きな声で拝んでるんですから、聞いてる者ァたいてい呆れ返ったもんで……。

おそろしく癇症な人で、お湯ゥへはいるにも、まず大きな桶で湯を汲んで、ざァざァざァざァ七、八はいじゃアきかないくらい浴びる。中へはいるんだからそんなにしなくッたってよさそうなもんだが、あんまり湯を使うんで、お湯ゥ屋から苦情が出たってえます。御不浄へはいって出てくると手を三度ぐらい洗う。お金の勘定をするとすぐにまた消毒したりなんかする。手が着物にくッつくときたないといって始終手を持ち上げてました。いやどうも少し病的なんですね。そのくせ、よく外からとったものを食べてましたが、そういう所がおかしい。

妙な話ですが、この人は下帯《したおび》というものを締めない。小用を足してあとが下帯へくッつく、それが汚いというんで……桜紙という柔かい紙でもって包んで、かんじよりでしばっておく、で、おしっこをする度に新しいのと取り替える、とこういうわけなんです。そのおかみさんから聞いた話ですが、風のひどい日に二人で歩いていたら、結《い》わき方がゆるかったんで落っこった……またこの清風という人はなかなか名代《なだい》の大道具で、このふくらがったやつへ風がはいって、空中をふわふわ、ふわふわ飛んでったってんですね。よその人が見たってなんだか判らないでしょうが、おかみさんは「あたしァあんなきまりの悪い思いをしたことがない」って言ってましたが、どうも実に不思議な人で……。

この人は浪曲師ですが、この時代にあたくしは浪曲をずいぶん聞きました。辰燕《たつえん》という人がおりましたが、頭をオールバックみたいな撫下《なでさ》げにしたおじいさんで、節《ふし》はあまりやらないが詞《ことば》の非常にうまい人で……あたくしは噺家だけに、ふつうの人とは聞き方が少し違って、節がどうこうというより、やっぱり詞《ことば》のうまい人の方が好きでした。そのほか春日亭清吉《かすがていせいきち》という人などは、講談の錦城斎典山を崇拝してその席へ行って種《たね》をとってくるんでしょう。口調が典山によく似ていると言われて、地味な人でしたがうまかった。それから玉川勝太郎、二代目の勝太郎さんの師匠ですが、いい声でこの人もうまかったもんです。その当時、東武蔵《あずまむさし》・篠田実《しのだみのる》などは、むこうもまだ子供でしたが、聞いてうまいなと思ったことがありました。

その末広亭の前に住んでいる時分、確か十三、四ぐらいの時に狸囃子《たぬきばやし》を聞いたことがあります。すぐ隣りの家で夜の十一時ごろ、なんだか法華《ほっけ》の太鼓みたいなものを急にドンドコドンドンとたたき出したんです。「おやおや、なんだろう、今時分に太鼓をたたいて……」と思った。すると、しばらくたつとそれがひょいッと遠くなって、今度は四、五軒先の家でもってたたいてる。「あれ、隣りでたたいていたのに、どうして今度遠くへ行ったんだろう」と思ってると、また二、三丁はなれたむこうでたたいているように、かすかにドンドコドンドンと聞こえてくる。それで、そのまんま音はしなくなった。それ一ぺんきりでしたが「あア、これが狸囃子というものなんだろうな」と思いました。今の伊勢丹の所、あのへんで狸囃子が聞こえたなんてえと、今の人は不思議に思うでしょ、そういうことがありました。

角筈の家を出て玉川の貸家へ越した時には、先代《おやじ》とおふくろとあたくしと三人きりで、ほかの者は別に世帯を持たしていましたが、末広亭の前へ来た時にまた一緒になりました。それで人力車を買って、富吉が先代《おやじ》の俥をひくようになりました。その当時の噺家というものはみんな人力へ乗ってかけもちをしたもんです。しかし自分で俥を持っていた人というのは少ない、たいていは月ぎめで俥屋をやとうんで、つまり一と晩いくらというきめで……さァ、当時いくらぐらいだったかよく覚えていませんが、一と晩ひいて五、六十銭ぐらいだったと思います。毎晩帰る時にそれを渡すんで、俥は自分のものじゃアないが、毎晩乗るという条件で自分の紋を俥のうしろへつけさせる。提灯なぞもこしらえて持たせていました。うちの師匠なぞもやっぱり雇い俥でした。本当に自分の俥を持っていたのは、当時大阪から来た桂小南師で、この人は浅草須賀町《まち》あたりに住んでいましたが、自分の家へ車夫をおいて、俥も自分が持っていた。あたくしはそこの家へ一ぺん行ったことがあって、俥があるんで「あァ、えらいもんだな」と思ったことがあります。今でいえば、タクシーへ乗らないで自分の自動車を持っていたというようなもんでしょう。

小圓蔵襲名

そのうちに、いつまでも圓童じゃアおかしいからってんで、橘家小圓蔵と改名いたしました。これは、前申しましたように、先代《おやじ》の二つ目時代の名前で、先代《おやじ》は明治四十五年に三遊亭圓窓で真打になってますから、その前名を貰ったわけで……これが何年かはっきりしないんですが、多分あたくしが十五の時じゃなかったかと思うんです。先代《おやじ》が真打になってからそう間がなかったような気もしますが、ここにあたくしが落語研究会(第一次)で初めて番外にあがったときのプログラムがあります。

落語研究会月次演芸会(第百十四回)
(研究会初上り番外　ちんわ　橘家圓童)

番　組

	稲荷の車	五明楼　春輔
	代　脈	柳家　小三治
(二度)	紀　州(長吉)	三遊亭　圓窓
(二度)	締込み(勇の遊)	金原亭　馬生
	愛宕山(休席)	朝寝坊むらく
	火事息子	三遊亭　圓右
	稽古所	柳家　つばめ
	夢　金	橘家　圓蔵
	狸	柳家　小さん

以　上

大正三年十月第二日曜日(十一日)正午十二時開演

春輔は前申し上げたように、のちの今西の正蔵(六代目)、小三治はのちの四代目小さん、圓窓がうちの先代《おやじ》、馬生はのちの鶴本の志ん生(四代目)、むらくはのちの三代目圓馬、つばめは三代目小さんの婿養子になった浦出祭次郎《うらでさいじろう》のつばめです。あたくしがこのプログラムに赤インキで書き入れをしている。むらく師匠が休んで代りに先代《おやじ》と鶴本さんが二席ずつやったらしい。これを見ると、やっぱり大正三年十月にはまだあたくしは圓童でいたわけで、その後間もなく改名することになったんだろうと思います。

明けて大正四年三月十八日に先代《おやじ》がアメリカへ出発しました。坂本富岳という講釈師、これは前名を坂本燕林《えんりん》といって青山に富岳座という席を持っていました、この富岳と、その情人だったらしいんですが女の琵琶を演る人と三人で行ったんです。横浜から静岡丸という船で発つんで、もちろん見送りに行きましたが、その時につくづく船の別れというものはいやなもんだなァと思いましたね。汽車ならプラットホームをはなれれば見えなくなってしまうが、船の見送りはいつまでもいつまでも、むこうに姿が見える……それだけにどうも妙に後をひかれるような悲しいもんで……。

あくる年の九月十一日に横浜入港の天洋丸という船で帰ってきたんですが、その間、働く者といったら、あたくしが小圓蔵で一人で寄席へ出てるだけ。もちろんアメリカから送金はありましたけれども、そんなにどっさりは来ないし、なかなか生活が苦しくッて、おふくろが非常に困っていたもんです。その時におかしな話がありましてね。先代《おやじ》がもと奉公していた尾張屋という日本橋の足袋屋から、ちょっと来てくれと言われて行ってみると、一月何日《いくにち》に日本橋矢倉《やのくら》の福井楼で、日本橋の一流の紳士が集まって新年会があるが、先代《おやじ》がいないからあたくしに余興に来てくれという話なんで、ありがたいと思いましてね。「お前ともう一人、仙司(先代の弟)も来てくれ。変な服装をして来てはいけない、よく気をつけてなるべく立派なものを着て来てくれ」というわけで、帰って来ておふくろにこの話をした。ところがあたくしはちょうど子供から大人に移りかわった所で、まだ二ッつ目の噺家だし、いい着物なんて持っていない。先代《おやじ》の着物ならあるが、先代《おやじ》は太ってますからね。もっとも若い時分は大変やせた人でした。日比野雷風《ひびのらいふう》の道場にいて剣舞を習って師範代までつとめたぐらいで剣舞がうまかったんで、二三蔵時代には噺のあとで余興に剣舞を演りました。袖の短かい刺《さし》ッ子《こ》になってる稽古着に、小倉織《こくら》の白い有平平《あるへいひら》という、剣舞を演る時によくはく袴、あれをはいて自分で詩吟をして剣舞を演るんです。その時代はずいぶんほっそりとしてたんですが、小圓蔵時代からむくむく太り出して圓窓になった時にはもう相当に太ってしまって、着物の身巾が広いんです。あたくしが着ると前を合わしても合わせきれないんで、仕方がないから一《ひ》と巾だけ前で折って帯をしめて、やっと着物は着たんです。袴も先代《おやじ》のをはいて……太った人の着物をやせたやつが着たんだから、どうも変な形なんだけども、ないものはしょうがない。それとても家にあったんじゃアない、質屋から受けてきたんで。とにかくそれで矢倉の福井楼へ行きました。あたくしが一席、仙ちゃんが一席演って、「お前もう一席演ってくれ」と言われて、あたくしが二席演っておりてくると、「御苦労だった、これをおあがり」って下の座敷で鮨を出してくれました。一月のなかばごろ、今みたいに暖房なんてものァないし、小さい火鉢が一つ出てるきり。何時間もたった鮨で冷《つべ》たくなってるから、たべると寒くッてぶるぶるふるえる。それでも腹がへってるからその鮨をいただいてると、尾張屋の御主人が大きな奉書の紙に包んで金を持ってきましたよ。「これを持ってお帰り」「へ、ありがとうございます」てんでおもてへ出てね、仙ちゃんがこれをあけてみた。「あれッ」「どうしたの？」「一円だ」「えッ」てんであたくしも驚いてあけてみたら、武内宿禰《たけのうちのすくね》の一円のお札が一枚はいってる、これにァ驚きましたね。その時の質《しち》の利子が三円いくらかとられているんですから。これを持って帰ってきた時、おふくろは「はァ……」てんでため息をつきました。これァ今から考えるとおかしいが、その時ァおかしくもなんともない。二円いくらか利子の出し損で、さっそくその着物は、また質屋へ行っちまった。そんなふうで留守ちゅうはずいぶん苦しい生活でした。

いつでしたか、アメリカから金を送ってきたんで受け取りに行ったことがあります。あたくしァ銀行なんてえものは行ったことがない、その時がはじめてで、百何十円だか受け取った。すると隣りの窓口へ若い奴が来て、束《たば》になった広告みたいなものを受け取って袋へ入れてるんです。なんだって銀行の窓口であんな沢山広告を出してるんだろうと思って、よく見たら広告じゃアない、みんなお札なんですよ。たしか十円札で大きく束になって……そうでしょう、銀行の窓口で広告を受け取るわけがない。しかしあたくしは、まさかお札とは思わなかったから、びっくりしましたねェ。こんな沢山のお札を受け取って行く人があるなんて……それにひきかえ、家にはないもんだなァとつくづく思いましたよ。

十円のお札というものが当時は大変なものでした。芸人がいただく御祝儀もあたくしの子供の時代は一円というのがよくあって、符牒でエンスケと言いましてね、「エンスケ貰った」なんてよく言ってました。三円ぐらいになるともう上等で、五円貰ったなんてえとびっくりしていたもんです。あたくしは義太夫語ってる時分に、常陸山《ひたちやま》から五円の御祝儀を貰ったことを覚えてます。本所の広瀬という席で語ってると、正面に大きなお相撲さんがいる、誰だか判らなかったが、これが当時の常陸山で、御祝儀を頂いてお礼に行きましたが、そばへ行ってみて、どうも大きな人だなァと思ってびっくりしました。

十円となればなかなか大変で、百円札というものは、あるにはありましたがふつうの人は見られない、見られないというのもおかしいが、あたくしが十二、三ぐらいで横浜の新富亭へ行った時、品川の師匠が紙入れをあけてる。中に百円札があったから「一ぺん見せてください」って見せてもらいました。裏が紫で「ずいぶんきれいなもんだ、なるほど百円のお札は立派だなァ」と思いましたね。そこにまた別の弟子が来て「なんです、百円？　へェえ、珍らしいもんで。ちょいと見せてください」……珍らしいもんて言いましたよ。四十いくつになっても百円札を見たことがなかったらしい。その当時二、三十円の買物をして百円札を出すと、大きな店でも「あたくしどもでは、おつりがございません」と言ってことわったもんです。全く釣銭がなかったこともあるでしょうが、風体の悪い人が百円札なんぞ出したって、よく確かめなくッちゃ受け取れない。伊藤博文公が天賞堂で買物をして百円札を出したら「百円札を出した、あやしい奴だ」ってんで、そっと築地署へ知らせた。すぐに刑事が来て、よく見たら伊藤博文公だったんで恐縮をしたという話を、講談で演ってましたが、全くそんなふうだったんです。当時の金として百円といったら莫大なもんで。……とにかく先代《おやじ》の留守ちゅうは非常に困りました。

先代洋行

噺家として商売で外国へ行ったというのは、先代《おやじ》が初めてだろうと思います。もっともその前に三升家小勝(五代目)という人がフランスへ行ったことがあります。ところがこれは自分の商売で行ったんじゃアない、〝女道楽《おんなどうらく》(女ばかり三、四人で音曲、踊りその他の芸を演る)〟の付き人として行ったんで。当人は隠してましたけれども、みんなに聞いたんですからこれァ確かなんです。

先代《おやじ》と一緒に行った坂本富岳って人は、もうその前に二回ぐらいアメリカへ行っていて、これが三度め。ところがむこうであまりいいことをしてこなかったんですね、非常に評判が悪かったらしい。そんなことがあったり、金の件でも約束して行ったこととまるで違うというんで、先代《おやじ》は富岳と喧嘩して別れて一人になってしまったんですね。先代《おやじ》はもちろん英語なんぞァ知りゃしません。イエスとノウだけしッきゃ判らない。それでもとうとう一人で押し通して来たそうです。もちろん落語を演るんだから、日本人の町へ行かなければ噺なんぞは通じません。乗って行った静岡丸というのは何千トンかの船で、一カ月以上かかって太平洋を渡って、一番初めに上陸したのがシアトル、ここでもう富岳とは別れて、ずウッと独演会で歩いたんだそうです。さいわいにむこうでみんなにかわいがられて、それからそれと次々に添書《てんしょ》みたいなものをつけてもらいまして、日本人の町を次から次と廻ってきたわけです。あたくしの先代《おやじ》は義理が堅かったから、ほとんど死ぬ前まで、むこうで世話になった人の所へは、年賀状なぞちゃんと出していました。

その時にアメリカで先代の志ん生(本名・鶴本勝太郎)に会ったそうです。まだ金原亭馬生といっていました。たしか今の邑井《むらい》貞吉《ていき》ッつァんとそのおかみさんの竹本東燕《とうえん》という義太夫、この三人で、先代《おやじ》よりあとから行ったんです。鶴本さんは一カ月か一カ月半ぐらいで帰ってきて、むこうで先代《おやじ》に会ってきた話をしてくれました。こっちァもう早く帰ってもらいたいんだが、なかなか帰ってこないんで、ずいぶん心配していましたが、前に申し上げたように大正五年の九月十一日、横浜入港の天洋丸という船で帰って来ました。

行った時と帰ってきた時とはずいぶん様子が違ってましたよ。行く時には初めて洋服を着て、どうもぎこちなかったが、帰ってきた時は、洋服も一年以上着ているんですから、ぴたッといたについて、葉巻なんぞくわえて、そばへ行くとなんだかいやに毛唐《けとう》くさかった……煙草の匂いのせいなんでしょうけど。

帰国後初めての興行が、十月一日から京橋の金沢で上席《かみせき》のトリです。この時の看板が、

三遊亭　圓右	橘　家　圓蔵	三遊亭　圓窓

富士松加賀太夫	吾妻路宮古太夫

この看板の書き方ですが、一番左に書いてあるのがその興行のトリ。あとはスケに出る人ですが、一番右を「書き出し」、真中を「中軸《なかじく》」と言います。書き出しと中軸とトリが三人平《たい》らに並べて書いてあるときは、中軸が格が一番下の人なんです。この中軸がちょっと他の二人よりも上に突き出して書いてあるときは、書き出しも中軸も同格。中軸が極端に突き上げて書かれて、その下に「大入」なんて書いてあることがある。この時は、中軸の人が最高ということになっています。加賀太夫と宮古太夫は「さげ看板」てえまして、「つるし看板」の下へもう一つ看板を下げたんですね。今、新宿の末広で入口の上に看板が上がって、その下にやゝ小さい看板がぶら下がってます。つまり、あれです。ふだんはさげ看板てものはしなかったんですが、特別に富士松加賀太夫が出演するというので出したもんな

んですね。

その後、先代《おやじ》は追い追い人気も出てくるし、芸もうまくなってきました。先代の一竜斎貞山(六代目)なんぞも、先代《おやじ》が『山崎屋』かなんか演ったのを楽屋で聞いてて、あたくしに「この頃、圓窓はずいぶんうまくなったなァ」って言ったことがあります。ほかからも、うまくなった、うまくなったという評判を聞くようになりました。この時分、先代《おやじ》の芸が目立ってどんどん向上していた時代だったんでしょう。

大正六年か七年に、新宿二丁目七十二番地へ引っ越しました。これは借家ではなく、前にお能《のう》をやる人が住んでいた家を買い取ってはいりました。

女郎買いの会

七十二番地の新宿の家の在場所《ありばしょ》でございますが、今、四谷の方から来ると新宿三丁目で電車が右の方へ曲がります、あの曲がる所の右側に銀行がある、その横丁があたくしのいた家です。当時その裏の方は湿地みたいに水がびしょびしょしていました。〝うしやが原〟という原ッぱがあって、ここがのちに赤線区域になったんです。大正十年に新宿に大火がありまして、それまでは以前の四谷街道、電車通りに並んでいた遊女屋が全部〝うしやが原〟へ引《ひ》越《け》たもんでございます。

ここへ越した時代、若い者が集まって女郎買いの会なんぞがありました。浅草の雷門の前に並木亭という席がある、そこへ、なんでも十人ぐらい、十一時に勢ぞろいをして、それから吉原へくり込もうという話で、あたくしも「今夜遊びに行くからどうだい」てんで誘われまして、「じゃ一応先代《おやじ》に相談するから」と言ったらみんな笑いました。「おやじに相談して女郎買いに行くやつァない」「いや、あたしァ家へ行って相談してくる」……先代《おやじ》に話をしたところが「あゝいいよ、行ってきねえ、なんでも芸人は、つきあいをしなくちゃいけねえ」……今夜行くってえと先代《おやじ》がちゃんと金をくれまして、おふくろが「着物はこれがいい、帯はこの方がうつりがいいから」なんてんで、まるでお祭りへでも出すような騒ぎ。

　その時、先立ちの発起人が、今の桂伸治の父の柳家蝠丸《ふくまる》。これが年嵩《としがさ》で指揮者でありまして、あと一緒に行きましたのが、あたくしに、今の正蔵・今輔、そういったような連中でした。十人ぐらいかたまって吉原の山河内《やまかわち》といううちで遊んで、当時二円ぐらいの割り前でした。帰ってくると、「ゆうべはどうだったい？」なんて先代《おやじ》が聞いてね、「こういう花魁だった」「ふゥん」なんてね、ふふふ。どうも堅気の方《かた》から見るてえと実に不思議でしょうね。ところが、そうなるともう内証で行くということは出来なくなります。かくれて遊びに行くというようなことは、あたくしは決してしませんでした。言えば大びらにやってくれるんですから。もっともやってくれるからといって、遊びに行きたいとばかり言ってもいられませんしね。つきあいならこれァ行きますけれども、自分から好んで遊びに行ったということはあまりないわけで。

演芸会社

大正六年八月一日から、演芸株式会社というものが出来まして、噺家がみんな月給制になりました。

もっとも、これがはじめての月給制ではなく、その以前にも、明治四十一年か二年かはっきり判りませんが、先代の小圓朝さん(本名・芳村忠次郎)が頭になって、会社組織にして月給制になったことがありました。その時の月給をあたくしァ覚えてますが、圓童時代で、月に二十円でした。しかしこれァ非常に短命な会社で、ほんの一、二カ月でつぶれてしまいました。

大正六年の時は、それまでの三遊派・柳派の二派を合併して全部を月給制にしたわけです。柳派ではまず三代目の柳家小さん、これがなんといっても筆頭で、一門が非常に多かった。三遊派では圓右であるけれども、その下の看板の圓蔵の方が、弟子に非常に多くの逸材があったんです。圓右師匠の方にいたんでは、まァ右女助さん(本名・中島市太郎)くらいのもんでしょう。先代の圓歌さんは、確か大阪の方へ行っちゃって、いなかったように思います。そこへ行くと圓蔵一派の方は幕下の若手で人気のある者が、ざっと勘定してみても、ずいぶんおりました。

看板順で行きますと、筆頭が当時三遊亭金三といっていた、のちの三代目圓遊(本名・伊藤金三)。この人は小圓遊(本名・鳥羽長助《とばちょうすけ》。俗に〝鳥羽長〟という)の弟子で、小蔵から小伝遊、三福となった人ですが、師匠であった〝鳥羽長〟の小圓遊さんが早く亡くなってしまったんで、品川の師匠の内輪になっておりました。

その次が橘家文三《ぶんぞう》、これはうちの師匠の子飼いの弟子です。一時柳派へ行って二代目燕枝の弟子になったんですが、名前のことでいざこざがあって、柳派からまた三遊派へ帰ってきて文三という名前に改めた。体《なり》の小さい人ですが面白い噺ぶりで、なかなか人気もありました。

それから、あたくしの先代《おやじ》の圓窓。

二代目圓左。前に申し上げた〝とばし屋〟です。

のちに橘家圓太郎になった、神田の富山町《とみやまちょう》(神田駅のそば)という所に住んでいたんで〝富山町〟と呼ばれていた人がいました。この人はおッそろしく面白い顔の人で、公園という名前になったことがあるんですが、噺の前に「あたくしがあがると、よくお客さまがこうえんとおっしゃる。どういうわけかと聞いてみたら、はながひらいて遊びのある顔だというんだそうで……」ということを前にふって、お客を笑わせていました。鼻がおッそろしく低くて横にひろがった、本当に狆《ちん》がくしゃみをしたような顔で、見ただけでお客さまが笑ってしまう、大変人気のある人でした。

そのほかに今の小圓朝さんが橘家圓之助という名で、品川の預り弟子になっていました。先代小圓朝師が、自分の手もとへ置くよりも、当時非常に人気があり勢力のある品川の師匠の所へ預けた方がよかろうと考えて、伜を預けたわけです。この圓之助という名は、以前に三遊派の〝五厘《ごりん》〟というものをしていた人の名前だったんですが、ちょうど空いていましたんで、うちの師匠がつけさしたんです。

〝五厘〟というのは今でいう事務員ですね。席歩《せきぶ》から五厘というお金をとるんで通称を〝五厘〟と言ったんです。そのころ三遊では圓之助、柳では大与志《だいよし》という者が〝五厘〟でした。この〝五厘〟に気に入られないと席への出番が少なかったもんです。こっちから金や物を持ってったりすると、いい席に出られる。それが遠のくとどうもあんまりいい席へ出られない。ですから芸人からずいぶん賄賂を取ったもんで……もちろん下廻りの者だけですけどね。立派な噺家になってしまえば、席の方で、〝げしょ〟を入れる……つまり「今度はこの人を出してもらいたい」という希望書を入れる。これが余計はいってくる人は売れるというわけで、そうなれば〝五厘〟がどうにも出来やァしない。しかし、いかに看板が上でも〝げしょ〟のはいらない人というのがあるもんで、そういう人はやはりあんまりいい席は廻れないことになります。売れる人は勢力があるから〝顔づけ〟の寄り合いへ行っても、いい席は廻るが悪い席だと「いや、ここは御免こうむろう」かなんか言って廻らないことがあります。

話がちょっと脇へそれましたが、もとへ戻って、品川の一門には、まだほかに橘家圓幸《えんこう》という人、これは前名を花圓蔵と言いました。

それから圓玉《えんぎょく》といって、猫の物真似がうまいので、あだ名を〝猫〟と言った人もいました。

また、源一馬《みなもとかずま》という剣舞を演るのがおりました。この人は柳派の七昇亭花山《しちしょうていかざ》文《ぶん》という噺家の倅で〝おっとせい〟の左楽の門下で源左馬之助《さまのすけ》といって出ていましたが、のちに三遊派へ来てあたくしの師匠の〝内輪〟になりました。大変人気があったので〝色物〟ではあるがトリなぞをつとめたこともありました。

　まず真打というものがこれだけいて、そのほか〝色物〟でも、いい人がそろっていました。曲芸の春本《はるもと》助次郎なぞもやはり品川の〝内輪〟でした。

　ですから会社の出来た当時は、うちの師匠がもっとも燃えているさかんな時で、これをおさえておくために、会社は圓右の一門よりむしろ圓蔵の一門の方に高給を払っていたんですね。あたくしのその時の月給が四十円。その当時それだけ貰えればまァまァでしょう。大学を出たってそのくらいしッきゃ取れない。先代《おやじ》はいくら取っていたかよく知りませんが、もちろん百七、八十円だったでしょう。

　この時に五代目の左楽さんの月給が五十円。横浜の〝ごみ六〟の倅の小柳枝（のち柳枝。本名・松田幸太郎）この人が四十円の月給をつけられた。五代目左楽さんは、もうその頃一方の旗頭《はたがしら》で、小柳枝さんだってその時分に真打で人気も相当にありました。そこへ行くとあたくしなんぞ、まだひょろひょろの二ッつ目で、てんでからだが違う。それが同じくらいの月給をつけられたんだから、これァ苦情を言うのがあたりまえ、おさまるわけがありません。柳では小さん一門、三遊では圓蔵一派、これさえおさえとけばあとはどうでもいい、いやならよせと言わんばかりのやり方なんです。そこで同じ月の十五日下席《しもせき》から、演芸会社と落語睦会《むつみかい》と二つに割れることになってしまいました。

睦　会

演芸会社の中心になっていたのは、やはり席亭ですね。どういうとこが中心でどうなってたかってことは、あたくしどもにはよく判らなかったが、席の数もどっさりありましたし、月給制に反対の人もあったわけでしょう。席亭も二派に分かれちゃったわけです。

神田の橘亭、両国の立花、本郷の若竹、浅草の並木なんてえところが演芸会社の方の中心だったんでしょうね。睦の方は、神田の白梅、上野の鈴本なぞが主だったところで、そのほか席の数はあったが、真打が足りない。なにしろ頭株は、華柳になった牛込の柳枝さん(四代目)、五代目の左楽さん、そのあとは横浜の〝ごみ六〟の柳枝さんくらいのものですから、席は取ったけれども真打が足りない。そこで当時二ッつ目だった今の柳橋さんを春風亭柏枝、今の文楽さんを金原《かねはら》馬の助で真打にした。つまり急造で若手の真打をこしらえたわけです。

当時「なんだい、どうも睦の方はじじいばかりいやがって、まるで養老院だ」なんて悪口を言ってましたが、そりゃア会社と睦会では、失礼だが、看板面でもまた芸の内容から見ても、雲泥の相違がありましたね。会社側には雲霞《うんか》の如くに噺家がいたし、またうまい人がずウッと揃ってる。神田の橘亭なんぞは、会社の中心部だったんでしょう、自分のところはきちィんとして、いいものをびっしり並べましてね。あたくしが小圓蔵時分、うちの師匠がトリをとると、弟子といってあがれるのは一人くらい、それもあたくしなら、前座の次、つまり番組の二つ目よりあとへは出られない。三つ目になると、当時もう馬楽になってました四代目の小さん、四つ目が音曲の三好って人かなんかで、それからあとは、当時金原亭馬生だった鶴本の志ん生、のちに八代目文治になった翁家さん馬、先代《おやじ》圓窓、先代の碓井《うすい》の金馬、そこいらでなくちゃあがれないいんです。奥へくると、講談なら貞山とか典山、色物てえと加賀太夫とか橘之助、それから小さん、圓蔵、圓右……ずウッと並んで実に結構なもので……。のちにあたくしが圓好で真打になりましても、まず三つ目がせいぜい、さもなければトリ、変なんですな。その中間へはあがる余地がないいんです。

そんな具合だから、当時の形勢から見て、本来ならばこの演芸会社の方へどんどん客が来て、睦会の方はつぶれてしまわなけりゃアならないわけですが、やはり商売というものは妙なもんで、いいものばかりで必ず勝つってわけじゃない、だんだん会社の方が入りが悪くなっちゃった。「なんだ、むこうは掃き溜めみてえだ」なんて悪口を言ってた、その睦会の方が客が来る。こっちの方は結構すぎちゃって、ちっとも疵のないものがずらッと並んでる……と、かえって面白くないいんですね。そこへ行くとむこうは手不足で、芝居でいえば役者が足りない。そこで五代目の左楽さんが「どうか一つ、強きをくじき弱きを助けるという東京のお客さまだから、よろしく我々に御同情を……」というわけで舞台で口上を述べる。もうここで倒れるかどうかという背水の陣ですね。それで初めはただ同情で客が来るというような具合でしたが、伊藤痴遊さんだとか、神田伯山なんてえ人が応援をして、まァみんな必死になってつとめたんで、活気があって面白かったんです。

一方演芸会社の方はてえと、月給を貰ってつとめるんだってことになると、芸人でもやっぱりお勤め人根性になるんですねェ、なんかこう、張りというものがない。大体我々は月給なんてことはあんまり好まないんですね。ですからいまだに歩《ぶ》制度なんです。歩制度というのは、つまりお客さまの多寡によって、余計来れば余計、少なければ少ない、それによってお給金を貰うわけです。それで昔っから慣らされて来てるから、安定した月給というものを貰えばその方がよさそうなもんだが、それがどうも面白くない。毎月いくらいくらときまっちまうてえと、その月給貰ったのがちびちび減って行くのが、なんか心細いという……変な気分がある。ワリを貰って不安定な暮しをしてる方がどこか面白いんですね、ひとつ客が来たらうんと取れるってんで……うんと取れるったって、大勢出てることだし、寄席の入れものですから、野球場と違って、そう貴方《あアた》何万人もはいるわけじゃない。そんなに莫大な金が転がり込んで来るわけはないんだが、そこがその、変な博打了見があって歩制度の方を喜ぶんですね。

そこでまァ芸人がだんだん睦会の方へ引き抜かれて行きました。五代目左楽という人はなかなかやり手ですからね、芸人自体は月給というものをあまり喜んでないってところを見抜いて、くずれそうなところから切りくずしにかかった。本願は演芸会社をぶッつぶそうというわけです。とうとうしまいには圓右さんを睦の方へ引っぱった。ところが圓右てえ人は演芸株式会社の無限責任者になってたんです。「師匠、貴方無限責任者でいながら脱退するってえのはけしからん」と、こっちの席亭が言ったら「なんだい、無限責任者てえのァ？」

「無限責任者ってのは、この会社がつぶれちまってもなんでもあくまで責任を持たなくっちゃいけない」「おれァそんなことは判らないよ。何しろどうもおれも苦しいから、ま、とにかくむこうへ行かしてくれ」ってんで、理窟もなにもない、無限責任者が敵方へ行っちゃった。それで圓右を訴えるという騒ぎ……。でも、会社の方もあきれて訴えませんでした。

うちの先代《おやじ》ンとこへも四谷の喜よしの席主が来たことがあります。喜よしはその時分睦会の方で、客も来るし、なかなか羽ぶりがきいたもんでしたが、そこの大頭《おおがしら》が生きてた時で、わざわざ刺ッ子《さしこ》を着て「どうもしばらく」なんて言ってやって来ました。なんで来たのかと思ったら、うちの先代《おやじ》に「師匠、睦へおいでよ、睦へ来りゃアお前さんなんぞは本当に金が取れるんだからさ、ね、あたしから五代目(左楽)へ、そ言って、なんとでもお前さんのいいようにする。お前さんが先へはいって、うまくいったら品川もこっちへ引っぱっちゃえよ」……つまり演芸会社をぶッつぶす計画ですよ。だけども、まず高弟である先代《おやじ》を先へ引っぱっといて、それからその上の師匠を引きずりこんで、という魂胆なんです。「看板のところは俺がまたなんとでもする。条件でもなんでもそっちの言うとおりにするから」と言う。先代《おやじ》だってその時分には苦しいし、睦へ行きゃア銭は取れるってことは判ってるんですからね。月給を貰ってるよりいいんだから、そうしようと思って品川の師匠に話をしたら、師匠も会社の無限責任者になってますから、これァ動けない。それにうちの師匠はそれァ堅い性分ですから、先代《おやじ》が睦へ行きたいなんて話をしたんで、どうも少しまずいことになっちゃった。そのとき師匠があたくしに「圓窓はむこうへ行くんなら行くがいいや、睦へでもなんでも行っちまえ。お前は俺の所へ残るんだから」なんて言っておこってる。だけど、残るんだと師匠は頭からきめてかかってるが、当時あたくしァ先代と一緒に暮らしているんですからねェ……しかし師匠は、いざ戦さになったら先代はむこうへ行っちまっても、あたくしは師匠の方へくッつくもんだと思ってる。それだけあたくしを信用してくれてるんだなと思って、非常に嬉しかったですね。そんなに信じられてるんだから、師匠のそばは絶対に離れられないと思ったものでした。

真打昇進

　そうこうしているうちに、大正九年、あたくしが橘家圓好と改名して真打の看板を上げました。それと同時に百二十円という月給を貰いました。その時分としたら高給です。これァあたくしの力じゃアない、師匠があり先代があり、そこでいきなりこういう高給をくれたんでしょう、確かに品物以上にむこうで払ってくれたんで……。

　真打になるについては、どういう名前がよかろうというので、いろいろ相談したんですが、名人圓喬の若い頃の名前で圓好というのがいい名前だから、それにしてはどうかというので……名人圓喬のあとは、橘家三好となった音曲師が圓好をつぎまして、その次は、三好の伜で音さんという人、この人はあたくしは知りませんでしたが、それが圓好になったが早死にをして、そのあと名前があいていたんです。それで大正九年三月一日両国の立花家で看板を上げました。立花家は東京に数ある寄席の中でも指折りの立派な席で、ここで看板を上げるのは芸人にとって非常に名誉なことなんです。あたくしも師匠や先代《おやじ》のおかげでこういう立派な席で看板を上げさしてもらったわけで、実にありがたいことだと思いました。

　この時の看板は書き出しが橘家圓蔵、突きあげが一竜斎貞山(六代目)、トリが橘家圓好。順序は、貞山があがって師匠があがって、中入り。休憩後口上がありまして、貞山・圓蔵・先代《おやじ》の圓窓、この三人が改名披露の口上を言ってくれました。中入りの後、最初に出るものをくいつき、またはかぶりつきと申しますが、その頃ここへはあまり看板の人はあがらなかった。あたくしの時なぞは異例で先代《おやじ》がほかにトリ席を取らずに、このくいつきにあがってくれました。そのあとひざがわり(真打の前)が先代の丸一の小仙。これは前申し上げた通り、あたくしの子供時代からの友達です。おしまいにあたくしが噺を演ったあと、わりだしと言いまして、小仙とあたくしと二人で踊りを踊ってお別れ、とこういうわけです。

　その当時くいつきには大してえらい人はあがらなかったということを申し上げました。中入り前には真打の錚々たるところ、本来ならばスケ看板で書き出しの人があがる、それだけ中入り前は重んじられておりましたが、休憩後のかぶりつきというものは、実際は大変むずかしいものであるのに、あんまりいい噺家はあげなかった。仮に圓蔵のトリなら、くいつきは弟子の小圓蔵……つまりあたくしぐらいのところがあがる。ですからあたくしは二ッつ目時代、師匠や先代《おやじ》のトリの時に、よくくいつきへあがったもんで、それをずいぶん永い間やっていました。つまりこれは真打を引き立たせるためなんでしょうね。仲入りで一段落して、くいつきは軽いところ、その次にはひざがわりと言いまして、音曲師や奇術のような〃色物〃をあげます。

　このひざがわりというものは非常にむずかしいもんで、あんまり受けさしてもいけない。俗に〃引ッかきまわす〃と言って、お客をわァわァ受けさせるひざがわりは、あまり上《じょう》のものではないわけで。と言って全く受けないのもまたいけないし、それから、十五分なら十五分しか出来ませんというんじゃァ駄目です。もし真打がおくれたり、事故のあった場合には、たとえ三十分でも一時間でも平気で時間が保てるようでなくちゃいけません。そうしてつないでいて、しかも、真打の顔が見えて支度が出来たとなったら、ぱッと切っておりなくちゃいけないんです。「俺がここで」というような調子で芸を演られては真打の邪魔ンなります。自分を捨てて真打が引き立つように、ほどほどに受けさしておりなければいけないという……ひざがわりというのは非常にむずかしいものなんです。

　そのあとが真打ですが……はじめて真打になった時の気分というものは、実に不思議なもんですよ。あたくしなぞ、子供の時から噺家でいながら、はじめて真打で高座にあがった時のこわさというものは、初めて噺家になってあがるような心持がして、非常な恐れを覚えました。どうやら一席演って、小仙と踊りを踊ってはねた時には、やれやれと思いましたね。あのこわさというものは真打になった人ならみんな経験があるだろうと思います。その時にこわくないなんてえ者はこれァもうどうにもしようがない。こわいのがあたりまえなんです。

　口上の時にみんなが「若い者でございますから、どうか一つ、しまいまで聞いていただきたい」と言ってくれて、かぶりつきへ先代《おやじ》があがって、また「もし帰るんだったら、あたくしの演っているうちに帰ってください。若い者だし、お客さまが途中で一人でも二人でも立たれた日にァ、当人が動揺して噺が出来なくなるから、どうかおしまいまで聞いてやってください。さもなければ今のうちに帰ってくださいますように」とこう言う。だからお客はもう義理にせまって立つことが出来ない。噺の間は一人も立たずにきちんと聞いてくれます。そして踊りを一つ踊って、二つめにかかった時に、お急ぎの人はそろそろお帰りになる。踊りにかかってしまえば、これァもう余興なんですから、お客に立たれても大して動揺もしないわけです。

こうして次から次と改名興行で各席を廻りますが、その間ずウッとこういう口上がついているから一人もお客さまが立たない。その時分にはまだ十五日興行で、席の数も相当ありました。八軒か十軒ぐらいでしたか、全部やるんですから日数もかかります。それをどうやらすまして、まァ俺も一人前の真打になったと思って安心をしました。すると芝の宇田川町の川桝亭《かわますてい》、これはのちに先代《おやじ》が買いとって三光亭と改めて商売をするようになった席ですが、ここだけあたくしがトリをとっていなかったんです。その川桝亭のトリをとることになった時、あいにく師匠がかけもちの都合でおそい所へあがれないので、真中どころにあがって行ってしまう。先代《おやじ》は大阪の興行へ行ったんで、口上はもちろん抜きということになりました。ところがあたくしがトリへあがって、いつもの通りだと思って噺を始めたら、ばらばらッとお客が立ったんで、そこで初めてびっくりしました。それまで立たれたことがなかったんで、「おやッ」と思いましたね。「はァ……口上がなくなるとひどいもんだなァ」と思ったが、もうそれまでには何べんもトリをやっていましたんで、大して動揺しないですみましたが、とにかく真打になり、最後にあがるということは大変なものでございます。

　あたくしが神田の橘亭のトリをとった時、それはもう真打になって橘亭のトリも二度めか三度めに廻った時のことですが、ひざがわりに橘之助さんが出てくれたことがあります。かぶりつきが大阪から交代で来た林家染丸さん(今の染丸の師匠)で、その時分に大阪で大看板でしたが、一としばいだけ東京へ来たところで、これァ立て看板で出てるわけです。中入り前が圓右さん、その前が典山というふうに、ずウッとそろってるんですね。あたくしが真打で楽屋にひかえてると、ひざがわりの橘之助師匠がおりてくる……こっちはもう最敬礼で「御苦労さまでございます」と言うと、「あいよ」ってんですからね。たいていは真打よりひざがわりが下のもんですが、この時はひざがわりが大看板だから……「御苦労さまです」「あいよ」……なんてえ有様ですが、あたくしはつくづく噺家冥利だなと思いましたねェ。仮にも真打になったればこそ、こういう人が前へ出てくれて、そのあとへ自分があがれるんだ、もったいない、と思いました。なにしろ桁が違うんですからね。

柳亭市馬

トリというものは、どんな名人があがったってお客は立つんだってことを言われています。たとえ名人の圓喬があがろうと、うちの師匠であろうと圓右であろうと、帰るお客さまってものはこれァ必ずあるんですから、そんなことで驚いてちゃいけない。ただしうまい人は、お客さまが立つと、立つだけは立たしてしまうが、噺にかかったら、ぴたッと押さえてしまう。もう、一ぺん押さえたお客は絶対に立たせないという、これァ本当に腕がなくっちゃア出来ません。

　トリでお客に立たれても驚いちゃアいけない、と口ではそう言いますけども、なかなか実地にそう行くもんじゃアないんです。自分でも真打になりたてのころにトリで立たれてびっくりしたことがありますが、柳亭市馬という人の話を聞いて「なるほど、トリってものは大変なもんだ」と思ったことがあります。

　この人は、本名を味波《あじなみ》庄太郎《しょうたろう》という、変わった苗字の人で、三遊亭市馬という音曲師の甥に当たる人です。その三遊亭市馬は、あたくしが義太夫語ってる頃に知ってますが、あばたのあるきたない顔をしてる。ところが声は細い、すきとおるような、実にいい声で、都々逸をうたって、一つ唄い終ると「どうですお客さま、顔と声とは意外な相違でげしょう」と言ってお客をどっと笑わした。その頃〝すいりょう節〟というものを得意にして大変に人気がありました。この人の甥で大阪へ永く行ってまして、なんでも二十年くらいむこうにいたらしい、それが演芸会社が出来てから、大正七、八年ごろだったと思いますが、こっちへ帰ってきて、三代目小さん師の弟子で柳家歌太郎といっておりました。

あたくしは聞いて、非常にうまい人だなと思いました。『船徳』『石返し』『へっつい幽霊』『尻餅』そういったような噺をやりましたが、フラといいますか、呼吸がよくって何を演っても旨かった。一番いいと思いましたのは『野ざらし』……この噺は、もとは陰気な噺だったのを〝鼻〟の圓遊さんが今のような陽気なものにして、その後はみなこの圓遊流にやっておりました。もちろん味波の市馬のも圓遊流ですが、また一風違った独自の味を出していました。

ところがこの人は変な癖がありまして、あがってすぐ噺にかかってしまえばいいんですが、前にぐずぐず、ぐずぐず愚痴みたいなことを言ってる、それがどうかすると五、六分……長くて大変面白くないんですよ。それがために肝心の噺にかかった時分にはお客を変にしちまうってことがよくありました。これァ当人、芸は出来るんだが、永い間下積みにされていたんで、その鬱憤がそういうとこへ出たんでしょうね。「まァ今の噺家で本当の噺をするというのは、あたくしの師匠の小さんか圓右でございましょう。あとはみんなもうどうにも……」ってなことを言う。あたくし達ァ癪にさわって「あン畜生、生意気なこと言やがる。それじゃアなにかい、うちの師匠なんかまずいてえのかい。ふざけたことォ言やァがって、張り倒しちまえ」なんて楽屋で怒ったことがありますが、そういう憎まれ口をきいたんで。

しかし噺はうまかった。歌太郎から燕柳になりまして、端の方の席へ行けば、看板の足りない時につるし看板へものせるという程の、まァ真打格になってきたんで、おじさんであった市馬の名跡を襲いで真打になるということにきまったんです。市馬は市馬でも柳家小さんの弟子ですから亭号だけは変えまして柳亭市馬。それで京橋の金沢亭という席で真打の看板を上げました。その時分の金沢亭というのはお客さまがよくはいります。初日でまず三百人ぐらいはいってる。そこへ市馬があがって、最も得意の『野ざらし』を演って、噺のあとでおじさんの売りものだった〝すいりょう節〟……当人声もいいし、これをつけてハネようというわけで。ところが、市馬があがると、ばらばらばらッと五、六十人の客が立って帰った。それでふだん高慢なことを言って芸の虫みたいな人が、ぽオッとしてあがっちゃったんですね。噺が走って、もう間《ま》もなにも持てなくなって、いつもは二十分たっぷりある『野ざらし』が、十二分ぐらいにちぢまって、やっとのことで〝すいりょう節〟を唄って、汗びっしょりになっておりてきました。

あたくしはこれを聞いて「なるほど芸というものはこわいもんだな」と思いました。ただうまいだけでは、もって行けるもんじゃアない。やはり場数《ばかず》を踏んで、修行を積んでこなければいけない。うまいうまいと言われた人でさえも、初めてのトリで慣れないとへどもどしてしまう。そこへ行くと、まずいのなんのと言われても真打になってそれだけの年功を経てきた人は驚かないし、何かにつけて貫禄というものが違うんですね。そういうところがむずかしいもんだなと、つくづく思ったことがありました。

結　婚

あたくしが真打になった年に、今の家内と結婚いたしました。

これは恋愛結婚でありまして、ファンとして寄席へ来てた家内に、つまりあたくしが見そめられたというわけで……なにか惚気《のろけ》を言うようだけども、まァようがしょう、古い事《こ》ッたから。そしてまァ「御飯でも一緒にたべに行きましょう」というようなことで逢ったのがはじまりで、あとは型の如くでありまして……それから親に話をして、女房に貰いたいというわけで、夫婦になりました。

もっとも家内の親たちは不賛成だったらしい。実家は四谷でふとん屋をしておりました。むこうは堅気でこちらは芸人ですから、親たちもはじめは噺家の女房なんてとんでもないことだという心持だったらしい。家内の伯母に当たります、やはり四谷で亀屋という呉服屋の後家さんが仲へはいってくれまして、やっと話がまとまりました。実家の方では戦争前に商売がまずくなって、店も売り渡すようなことになり、晩年は両親ともお葬いの面倒やなんかは、あたくしどもの方でみました。ですから世の中ってのは全く妙なもんで。

家内の名前は、高橋はな。あたくしの籍にはいって山崎はなとなりました。あたくしが二十歳、家内が一つ上の二十一の時に一緒になりました。一つ年上の女房は鉦と太鼓でさがしても……とか言いますけども、それ程でもないと思いますがね、やっぱり貧乏の苦労を辛抱してくれたのはえらいことですね。実家の方ではそんな苦労はしたことはなかったのが、あたくしの所に来てからはしょっちゅうやりくり算段で……質屋なんぞも、あたくしは質屋ののれんというものはくぐったことはないが、家内はもう再々くぐって大変にいい顔になりました。

大正九年に長女が生まれまして、あたくしが松尾という名前だから、静尾と名をつけました。

翌々年の十一年三月に、四谷須賀町で長男の耀一郎が生まれました。

その次には十二年六月に女の子が生まれ、育子という名前をつけましたが、十四年の八月に亡くなってしまいました。

十三年十二月に次男の佳男《よしお》、十五年に三女のたか子が芝の宇田川町で生まれました。

昭和三年にゆき子、これは青山の三光亭にいた時分に生まれましたが、他家へやってしまいました。宇田川町におりました時代に、近所に久保田という、帽子製造をする家がありました。この人は芝の三光亭の〝定連《じょうれん》〟でしたが、子供がなくて「お宅は大勢だから、今度生まれたら、男の子は貰うわけにいかないだろうが、女の子だったらあたしの家へ下さい」という約束で、女の子だったので、そのお宅へやりましたが、今も達者でおります。

昭和八年、一番最後の子供が四谷大番町で生まれました。泰代といいます。

そんなふうであたくしは早い時から子持ちになってしまいまして、そのために生活面でもずいぶん苦労しました。もっとも上の二人は、少し大きくなってからは、ほとんど先代《おやじ》の方で育てて貰いましたが、それでもなかなか苦しい生活でした。その時分は、また子供が出来たと思ってがっかりしましたが、大きくなってしまいますと、これだけいても足りないような気がすることがあります。全部で七人のうち、欠けたのは一人だけで、あとはみな息災でおります。

男の子は二人だけですが、これは芸人にはしたくないと思って、噺家にはしませんでした。その当時は今と事情が全然違いますし、こんな苦労をする商売はかわいそうだ、当人が強《た》ってなりたいという程好きならばともかく、親の方からすすめてやれという商売じゃないと思った。今日になってみれば一人ぐらい、噺家にしてもよかったかとは思いますが、それは本当にごく最近のことです。娘たちも噺家なんぞへはかたづけたくない、とんでもない苦労をすると思いましてね。まァ子供を一人も噺家にしなかったということは、別に悔いもないわけで、子供の方からもすすんでやろうという気はありませんでしたから、やはり堅気の方がよかったろうと思います。あたくしは好きでなったんだし、まァ今更やめたってどうにもならない……あたくしは本当に芸をやるのが好きなんで、好きでなければやるべきもんじゃない。また、馬鹿々々しくてやれるもんじゃありませんよ。

定《じょう》連《れん》

〝定連〟という言葉がちょっと出ましたので、ここで定連のことをお話ししておきましょう。

あたくしの子供の時分には、どの席にもたいてい定連というものがありました。月ぎめでいくらというものを払って、毎晩来てもいいが、その代り来なくともそれだけは払わなくちゃいけない。特別待遇で、蒲団なんかも寄席の薄っぺらな小さいのでなく、みんな自分のを持って来ておくんでしょうね。定連が最もうるさかったのは神田の白梅《はくばい》という席。ここへは多町《たちょう》の青物問屋の旦那方が来るんです。畳六畳か八畳ぐらいの広さのところが帳場格子みたいなやつで仕切ってあって、鉄《かね》の大きな火鉢が出ていて、これへ薬罐がかかってお茶の道具がそばに置いてあって、おまけに木の枕がある。それで我々があがる時分にはほとんど寝てるんです。舞台の方へ足を向けてね。

その頃はまだあがりの三味線てものは東京にはなかった。あれは大正の中頃あたりに大阪から輸入されて、それ以後だんだん使いはじめたものでしょう。それまでは前座が一人で〝片シャギリ〟の太鼓をたたく。もっとも音曲師とか、西洋手妻《てづま》、日本手妻……など噺以外のものを演る人の時は、三味線がはいりましたが、噺家、素噺《すばなし》の人の時は三味線は弾かない、必ず〝片シャギリ〟を打って前の人がおりて次の人があがるんです。その時に〝定連〟のながながと寝てたのが起き上がって、あがった噺家の顔をじろッと見て、こっちが坐ってお辞儀をして「エェ……」と言う時分にまたごろッと横になって寝ちゃうんです。それが終っておりて次の者になると、また起きて顔を見てはごろッと寝る。これが実にしゃくにさわるんです、七、八人そろってみんな寝ちゃうんですからね。これは、という人があがってくるとちゃんと起きるんです。圓喬さんの時なんか、きちんと坐って聞いてます。うちの先代《おやじ》なんぞァよくそう言ってました。「畜生め、なんとかして、今に坐らして聞かしてやりてえ」ってね。いくらか売り出して噺もよくなると、寝ていないで、まァあぐらをかいてでも起き上がって聞いてくれる。だから寝るか寝ないかってのが、うまくなったかならないかの標準にもなるわけです。下手な者がながながと演ってると、白梅亭のおばあさんてのが正面にいまして「困るね、こういう者を長くあげておいちゃァ」なんて大きな声で言う。そして楽屋の方へ「あしたの晩から、あれはあげちゃいけないよ」って言ってくる。

寄席の三婆《さんばあ》さんと言いまして、人形町の末広・神田の白梅亭・本所の広瀬、この三軒のおばあさんは、やかましいんで当時有名でした。前座を呼びつけて小言を言う。白梅のは、おくろさんとみんな言ってるんで、これが本当の名前かと思ったら、色がまッ黒けなので、おくろさんというあだ名なんですね。それを知らないで面と向かっておくろさんと言っておこられたやつがありましたよ。

もう一つそれと似たような話でおかしかったのは、芝に恵《え》知十《ちじゅう》という席がありました。この席亭は客の数をごまかしてワリを少なくよこしたりなんかする。あたくし達の符牒で、ごまかすこと、泥棒することを〝げんしろう〟というんですが、「恵知十はひどい〝げんしろう〟だ」と、みんながかげでそう言ってたんです。すると何かの〝色物〟ではいった人が、どうしても休まなくちゃならなくなって「まことに申しわけないが、何日は欠席をいたします。こういう事情だからごかんべんを願いたい」というはがきを出した。受け取った方が、見ると宛名に「恵知十源四郎様」と書いてある。源四郎って名前だと思ったんで……貰った方もびっくりしたでしょう。あとで聞いてみんなで大笑いしました。

話がちょっと横へそれましたが、白梅ばかりじゃなく、そのころはどこへ行っても〝定連〟がありまして、「あんなものはなくなりゃいいが」なんて、われわれみんな愚痴をこぼしたもんです。でも、寝っころがっていても聞いていないことはない。ただ横になって目をつぶって、こんな噺は聞きたくないと思ってるだけのことでしょう。噺がいくらかよくなったなと思うと、おくろさんていうおばあさんのとこへ行って、「あれァ大分よくなったねエ、もう看板上げさしてやってもいいじゃねえか」こう言うんですね。そうするとおばあさんがその芸人を呼んで「お前は〝定連〟の誰々さんが看板上げてやってもいいだろうって言ってたよ」「あ、さいですか」……それから師匠の方へも席亭から「〝定連〟からもこういう話が出てるから……」「じゃア一つよろしくお願い申します」……と、これが真打になり、看板を上げるきっかけになるわけですから、〝定連〟には大変な発言権があったんです。

いよいよ真打になる、改名をする、ということがきまると、席亭が一緒について菓子折かなんかを持って、いつの幾日《いっか》から看板を上げますという挨拶に廻るんです。どこの土地にも〝定連〟があって、そこへ顔出しをしなくちゃいけない。その代り「それじゃ切符三百枚持ってこい」「五百枚持ってこい」ってんで、総見《そうけん》と言いまして団体見物をしてくれて、後幕《うしろまく》をくれました。神田なぞは〝あばれ熨斗〟に「青物市場」と書いて……うるさい代りにはそういうことはちゃんとしてくれるわけなんです。

上野の鈴本なんぞでも、二階席のある時分に、足袋の裏へ顔を書いておいて、気に入らない芸人が出ると寝っころがって、手すりの所へずウッと足ばかり出しとく……そういうひどいのもずいぶんありましたね。にくまれるとそういうことをする……相当な人でもやられたもんです。また、若くても下手でも一生懸命演ってると手をたたいてくれることがありました。

〝定連〟の評というのはずいぶん辛《から》いんで、「あいつァ噺はうまいけれどもサゲ、サゲがまずいね」……噺の真中でいかに受けてても、サゲの言い方がまずいと「だめだ」とこう言う。そういう苦言を呈してくれるわけで、本当に芸がわかって、遠慮会釈なくどんどんやられるから、うまくならざるを得ないんですよ。一生懸命に、あの寝てるやつを起こして聞かしてやろう、何か言われないようにしよう、と勉強するわけです。

〝定連〟がさかんだったのも震災前ですね。震災後もありましたけども、だんだん少なくなって行きました。震災を境にして、江戸時代からのものがずいぶんこわれてしまいましたね。白梅も焼けて再建しましたが、その時は帳場格子みたいなものは、もうありませんでした。のちに、白梅の主人がほかのことへ手を出して失敗して、この席もやがてなくなってしまいました。

品川《ししょう》の死

大正九年に圓好で真打になり、結婚し、子供ができ、また後に申し上げますが大正十年三月の新宿の大火で新宿二丁目七十二番地の家が類焼して四谷須賀町に転居したりしておりますうちに、大正十一年二月八日に、あたくしの師匠、品川の圓蔵がなくなりました。これはあたくしにとっては実に大きなショックでした。

師匠の最後の舞台となったのは横浜の新富亭でした。ここはあたくしにとりましては非常に印象の深い席で……あたくしが初めて落語というものを演ったのがこの新富亭、師匠が亡くなったのがやはりここのトリの時でした。二月の上席《かみせき》、一日から十五日までは毎年うちの師匠のトリになっておりました。その時書き出しが圓窓(先代《おやじ》)、中軸が橘家圓好のあたくし。四日まで師匠がトリをつとめたんですが、風邪をひいたというんで五日目から休みました。ところがこれが風邪じゃアなかったんで、〝気管支ぜんしゅう〟という急性喘息みたいな病気で、急に真打が休んじゃって、さァ困った。あたくしが口上をのべて「こういう訳でございますから……」と、五日、六日と二晩か三晩か忘れましたが代理《だい》バネをして、その後は先代の小圓朝さんが来てくれました。

どうも師匠の病気があんまり思わしくないんで、六日でしたか高輪病院へ入院しました。あたくしはその晩に看病をいたしましまして、翌晩も行こうと思ったんですが、なにしろ横浜からかようんで、続けてやっては疲れてしまうといかんというので、七日はあたくしの先代《おやじ》が行きました。八日の朝に息をひきとる時、師匠のおかみさんとあたくしの先代《おやじ》と、先代《おやじ》の弟の仙司、それだけが枕もとにいたわけです。

師匠がいけないというので、朝電話がかかってきましたんで、大急ぎでとんで行きましたが、もはや息をひきとった所で、あたくしは手ばなしでもって、大きな声で泣きました。あとへはいってくる弟子たちも、やはり親を失ったるがごとく、わァわァと枕もとで泣いていましたが、まだまだ五十九で、まさか死ぬとは思っちゃおりませんでした。

あたくしァ師匠が死んだ時は、本当に、のちに先代《おやじ》が死んだ時よりも泣きましたね。先代《おやじ》が死んだ時には、すべての責任が一度に重くかかってきたんで、泣いてるなんて余裕もなかったんです。師匠の時は、何かにつけて思い出しては泣きました。あたくしは師匠に対しては、親とはまた別の、実になんとも言えない愛着を持っておりました。師匠も非常にかわいがってくれて、あたくしは前座はしたことがないわけですが、お師匠さんの生きている間は、二ッつ目でいながら、旅なんぞへ行くてえと大幹部の待遇ですよ。つまりすべて師匠と同じですから。その時分、汽車でも師匠が二等へ乗るからあたくしも二等なんです。もっとも汽車賃はみんな人頭《にんとう》でよこしたもんで、十人で行くなら十枚分でしょう、するとあたくしァ子供で半額だから、三等の料金で二等へ乗れるんですよ。それが癖になっちゃって、大きくなっても師匠と一緒で、師匠が別宿に泊まる時は、「俺の用をさせるから」ってあたくしも師匠と一緒に別宿。ほかの弟子からはどうしても変な眼で見られていたかもしれません。

でも、実際に風あたりが強かったわけじゃアない。いじめるようなことをすりゃア「お師匠さん、これこれしましたよ」って言うと、今度むこうがいけなくなる。それに先代《おやじ》がいるでしょう。もう圓窓になって堂々と売り出していますし、仲間では乱暴だって評判で、口のききようだって「何言やがんだ、べらぼうめ、殴《は》ッ倒《たお》しちゃう」とかなんとか荒ッぽいことを言いますから、うっかり子供に何かしようもんなら、とんでもねえしっぺ返しを食うと思うから、こわがっていました。だからあたくしもいじめられるなんて毛頭思ったことがありません。もっとも威張りもしなかったつもりですけど……ほかから見て相当気障《きざ》な所があったかどうか、それァ自分ではよく判りませんが……。

そのぐらいで、あたくしは師匠には先代《おやじ》以上に我がままを言って、「なんか買ってください」「いけない」って言うと「しみったれ」ってそう言ってやるんですよ。「なんだ、しみったれとは」「買ってくれなきゃ、しみったれだ」って悪口《あっこう》ついたりなんかする。それでもあたくしがかわいいんですね、結局はねだったものを買ってくれるというふうで、だから知らない人はあたくしを品川の子だと思ってました。「お宅の伜さんは……」なんて師匠に言ったり、あたくしにも「お父ッつァんは……」どうとかこうとか言って、なんだか話が違うと思うと先代《おやじ》のことじゃなく師匠のことなんです。「あれァお師匠さんです」「あ、そうお」って驚いたりして……まァそのくらいにかわいがってくれました。今の柳橋さんが、師匠の牛込の柳枝さんにずいぶんかわいがられた。それから今の金語楼さんが前の金馬さんの弟子で、金登喜《きんとき》から小金馬になった時代にずいぶんかわいがられた。それに品川の師匠とあたくしと、これは落語界で師匠にかわいがられた三幅対だろうと思うんですよ。

前にも申し上げたように、先代《おやじ》が睦会の方へ引っぱられそうになった時も、「お前はあたしのとこへ残るから……」ってんで、あたくしも師匠から離れるなんてことはとても出来ませんでした。それだけ信用されてると思うと本当に嬉しかったもので……その師匠に急に死なれてしまって、実にどうもあたくしとしてこんな悲しいことはありませんでした。

とにかく当時落語界で重きをなした師匠が亡くなったということはえらい損失で、弟子一同、緊急に寄り合いまして、席亭なぞも来て、「さてどうしよう」と相談のすえ、葬式は日の都合が悪いために十一日にのびるということになりまして、八、九、十、と三日間通夜をいたしました。そのうちに大阪の方にも師匠の弟子がおりまして、橘家蔵之助《くらのすけ》、橘家圓坊《えんぼう》、源一馬……それらの者も駆けつけてまいりました。その弟子一同の集まったところで「さて、この圓蔵という名前を永く空《あ》けておくのは、まことにもったいないし、さみしいことであるから、これは生えぬきの子飼いの弟子で将来有望な圓窓に、すぐに襲《つ》いでもらいたい」と満場一致で先代《おやじ》が五代目橘家圓蔵を襲ぐことになりました。八日に師匠が死んで、その次の十五日の下席から京橋の金沢でしたが、急に看板を書き換えて先代《おやじ》が圓蔵になりました。襲名披露も何もありゃしません、いきなり圓窓改め圓蔵になっちゃった。ですから圓蔵という名前はほとんど幾日も遊びがなかったんで……。

それから圓窓という名が空いたんで、あたくしが三月一日から圓窓を襲名することになったわけです。

品川出自

ここで品川の圓蔵師匠の経歴や芸風なぞについて申し上げておきます。

品川の師匠というのは、以前人形遣いだったんだそうで。もっともその前に古着屋をしていまして、人形の遣い手が足りないからやってくれと頼まれて、田舎廻りの人形芝居で足を遣ったんですね。ところがあれは、足遣いでも十年はかかるという……それから左手を遣うようになって、最後に主遣《おもづか》いといって頭《かしら》と右手を遣うようになるんで……。ところが足遣いのうちは、まずいてえと頭を蹴とばされたりなんかする。だからこんな馬鹿々々しいことァいやだ、三人かかって一つのものを動かさなくちゃならないなんて、こんな不自由な芸よりは一人で演れるのを、てんで噺家になったと、こういうわけで。

もっとも噺家になる前に大分寄席へ通ったらしい。師匠はよく「おれは圓右だの圓喬にビラを張ったことがある」ってことを言ってました。ビラを張るってのは、その時分御祝儀をやるのに「これ、あの噺家にやっとくれ」ってえと、摸造紙へ「金《きん》いくらいくら」……くれた人の名前が判ってればその名前、「名前なんかいいよ」って人は「ごひいきより」と書いて、高座の横へもってって貼るんですよ。このビラがどっさり貼ってあるのは人気のある噺家なんです。ですから、師匠がまだお客で寄席へ来てた頃、圓右だの圓喬だのに祝儀をやってビラを貼ったってんですね。

明治二十年に四代目の圓生の弟子になって三遊亭さん生という名前を貰いました。しばらくして二つ目になって、橘家圓蔵になった。これは四代目です。初代圓蔵は二代目圓生の前名です。これは〝よつもく〟と言われた名人。二代目圓蔵はその〝よつもく〟の弟子の中にあったんでしょう。それから三代目圓蔵がのちの一朝さんです。

話はさかのぼりますが、圓朝一本しばいでは看板が足りなくてしょうがない。それで〝天狗連〟つまり素人ですけども腕があった〝駒止《こまとめ》〟の圓馬って人を引っぱって来て看板相手にして、圓馬・圓朝、その下へもってって、この圓蔵だとか四代目圓生の小圓太とかをさげビラにして、なるたけ看板をにぎやかにしてやったんでしょう。ですから一朝さんてのは古いんです。それに芝居噺をしましたから、そのうちに圓蔵から小圓朝になりました。ところがあのおじさんが刺青《ほりもの》をしたってんですね。なるほど刺青がありましたよ。圓朝師匠は厳格な人ですから「何事だ、そんな刺青なんぞ彫ってるやつに小圓朝なんて名前はやれない」てんで名前を取り上げられちゃった。ようやくお詫びが叶ったけれども、つける名前がなくて、丁度圓楽って名前があいてたんで、圓楽になった。三代目圓生が圓楽から圓生になったんですから、これも相当いい名前です。そのうちにまた一朝となって、あたくしどもは、おじさんおじさんと言ってましたが、昭和五年まで生きていました。

話がちょっとそれましたが、うちの師匠は明治三十年頃に、その四代目圓蔵のままで真打になったんですね。日本橋の三越の前、にんべんの前側あたりに伊勢本《いせもと》って席がありました。東京でも指折りのいい席なんですが、そこで看板を上げたんです。その時分は今と違って無理やりになる看板じゃなく、よほど芸が出来なくちゃアなれない。ところが芸は出来ても着物がなくて、ちゃちな服装《なり》なんですって。魚河岸の連中が来て「あの服装じゃアしょうがねえじゃねえか」てんで、魚河岸の今和《いまわ》さんてえお客が糸織の着物の対《つい》をこしらえてくれたんだそうです。そのぐらいですから、よほど貧乏だったらしい。もっともそのころの噺家なんてものは、概して貧乏であって表通りなんぞにはあまり住んじゃいない、たいてい路地ンなか。うちの師匠だって、のちには自分で建てた家ですけども、品川の表通りからはいった路地住まいでした。旧の東海道を、八ツ山の橋から一丁半ぐらいはいって行きまして、土蔵《どぞう》相模《さがみ》という有名な女郎屋がありましたが、その先をもうちょっと十軒か十五軒行って左へ曲がった、海寄りの路地ンなかでした。今も八ツ山橋ってのがありますが、そのころはあのすぐそばが波打ちぎわなんです。品川駅で下りの汽車が止まると、下が崖で海が見える。じゃぶゥん、じゃぶゥん、と波が来てる。今ではみんな埋め立てちゃって、まるきり海なんぞ見えませんけどもね。

真打になりましてから、弟子も出来、どんどん売り出して、明治三十八年の落語研究会創立の時は、噺家になってから十八年か十九年で、まだまだ看板の上の人がいくらもいたのに、それを飛び越して会員の中にはいったんです。四代目圓生という人が当時大変なもので、研究会の出来る前に亡くなったから、その一番弟子の圓蔵を入れたらどうだろうというので入れたが、「会員の中で圓蔵が一番先に演目《やりもの》で困るだろう」って心配したんだそうです。ところが、いざふたをあけて回を重ねて行くと、一番ネタがあったんでみんなびっくりしたって

えます。

品川の芸風

品川の師匠という人は、非常に能弁家でしてね、芥川龍之介が「この人は体じゅうが全部舌だ」って言ったとか、本当に立て板に水と言いますか、べらべらべらべら早い。あたくしの先代《おやじ》というのも能弁家で、師匠と大差ないくらい早くしゃべりました。ですからあたくしもその影響を受けたんで、ずいぶん早口だった。しかし、よく考えてみるとあたくしは大体が能弁家でないだけに、そんなに早くしゃべるてえと、舌がまくれるってまして、つまり一つ一つの言葉の発音がはっきりしなくなるんです。早くしゃべってもつぶがたたなくちゃいけない。うちの師匠も、先代《おやじ》も、そのつぶがたって、どう早くしゃべっても決してまくれるってことがありませんでした。もっとも師匠の晩年はだんだんゆっくりになりました。あたくしの子供の時分と、死ぬ前になってからの師匠の噺とでは、ずいぶんゆっくりになったって、みんなそう言ってました。つまり間《ま》をもつようになったんですね。間をもつってことはこれァ芸が出来てこなきゃア出来ないんですよ。それを、わざともたせようとすると、間の抜けたものになる。ただ間《あいだ》さえおきゃア間《ま》をもってると思うのは、とんでもない間違いで、もつべき間《ま》だけでなくちゃアもてないもんです。それ以上の間《ま》を置くと、そこで噺がぽつんと切れちゃって間のびなものになるわけです。それは教えて教えられないことで、あたくしが先代《おやじ》に「ここンとこは、どうやったら……」って聞いても、「そんなことは自分で覚えるよりしょうがねえやな、芸は教《おせ》えたって判りゃアしねえや」とこう言う。親子でいて教えてくれないんで、随分不人情だと思ったことがありました。ところが今考えればもっともなことなんですよ。教えてどうこうと言ったって、それァだめなんです。自分で本当にあみ出したことでないと、附け焼刃になっちゃう。やたらに間《ま》を置いて間《ま》のびした妙な噺よりは、味もなんにもなくッても間《ま》をあけずにべらべらしゃべった方がまだいいぐらいなもんです。師匠は初めは早口でしたが、あれだけの大看板になって、本当に芸が円熟してきて、自然と間《ま》を置くようになった。うちの先代《おやじ》なんぞもかなり能弁で、べらべらしゃべるという噺でしたが、やっぱり年とともに次第にゆっくりの味というものが出てきました。圓窓時代の芸と、圓蔵になり圓生になってからの芸はずっと変わってきまして、人情噺なんぞも大変によくなりました。

ところが品川の師匠は、人情噺は絶対に出来なかったんですね。あたくしがまだ七つか八つで義太夫をやってる時分に、足利《あしかが》に行ったことがありました。その頃師匠は上州の高崎・前橋へは毎年必ず一度は行ったもので、多い時は年に二度ぐらい行ったことがあるでしょう。あすこでは大変にうちの師匠が人気があったんです。どういうわけかってえと、一つには日光の圓蔵という侠客がありましたから、それと同じ圓蔵という名前が好感をもたれたんじゃないかという説もありますが、師匠の芸風ももちろんあの辺の気風にはまっている。そういうわけで高崎・前橋あたりは大変いいわけなんですが、足利ではまだそうおなじみがないんです。まず初日に師匠のもっとも得意とする『三人旅』を演りました。すると席亭が来て「師匠、どうもああいう噺も大変結構でございますが、やはりここは、なんといっても田舎だから、もう少し何か、みのある重味のある噺をしていただいた方がいいんじゃないかと思います」「あァそうですか、ようがす」と師匠は、あくる晩圓朝師の作の『操競女学校《みさおくらべおんながっこう》・お蝶の伝』を演った。あたくしが聞いて「うちのお師匠さんより、里《りゅ》う馬《ば》さんの方がうまいね」って言ったら、番頭が「そんなこと言うんじゃないッ」ておこった。お客はちゃんと聞いてるんですけどもね、あたくしァ子供心にも、たどたどしくッて実にまずいなと思った……師匠の『お蝶の伝』てのを聞いたのはそれ一回きりでしたね。

それから、師匠は『唐茄子屋』の(上)の方は演りましたが、(下)は演らない。それは圓右師の『唐茄子屋』の(下)というものが実に飛びぬけてよかった。長屋のおばあさんが出てきて何か言ってるとこが、毎度聞いているんだけども、いつも思わずほろッとするんです、それほどにうまい。ところがいつかうちの師匠が、やっぱり上州の高崎へ行った時でしたが、(上)を演って、それで切れるのかと思ったら、続けて(下)を演ったんです。するとお客はみんな泣いてる……だけどあたくしは、うまくないなと思って聞いてました。「圓右師匠はやっぱりうまいなア、うちの師匠はこれァよした方がいいのに」と思いました。人情噺ってものは、どういうものか師匠の口調に適《あ》わないんですね。

『夢金』も師匠はよく演ってましたが、うちの先代《おやじ》が始めるようになったら、ぴたッと演らなくなっちゃった。『因果塚(お若伊之助)』『文七元結《ぶんしちもッとい》』『お藤松五郎』なんぞも先代《おやじ》が演りはじめてからぴたりとやめてしまいました。それァ先代《おやじ》の方が弟子だけども人情噺は師匠よりずっとうまかったです。そのかわり『首提灯』なんぞにおいては、品川の師匠にはなんとも言えない味がありました。第一首がいいんです。あごが長くッてね、実にあの噺に向いた首でした。うちの先代《おやじ》も『首提灯』は得意にしてましたが、どうも、啖呵《たんか》のあたりはいいけれども、首が短かくッて後半は師匠のようなわけにいかない。だからどんなうまい人でも、何を演ってもいいってわけには行きません。いくら名人でも、この人にはどうも向かないってものが必ずあるもんです。うちの師匠は人情噺は絶対だめでした。こんなことを言うとおかしいが、人情噺だったらお師匠さんよりあたくしの方がうまい、これァ事実言いきれますよ。

まァ芸というものは人によって各々その行き方が違いますからね。うちの師匠は人情噺はいけないが、地噺なんぞは実にうまい人でした。『高尾』などはもう天下一品といわれたぐらい。能弁でべらべらまくし立てて行くんですが、その呼吸といい言い方といい、聞いてる方はまったく息をつく間もないような面白さでした。『釜どろ』なんてえ噺で、久吉《ひさよし》が「石川や、浜の真砂はつきるとも、世に盗人の……」と言うと、上から五右衛門が「何がなんとォ」って欄干へ片足かけて、下を恨めしそうな顔でにらむ、その時の顔色《がんしょく》てえのはない、噺家が永代橋でシャッポを飛ばしたようだ……と言うんです。その時分に帽子と言わずにシャッポと言ってました。その言い方のおかしさ、その恨めしそうな顔つきの面白さに、どおッと受けましてね、そういう警句を吐くのがうまかった。四代目小さんも、よく警句を吐いた人で、それだけにいつも「品川の師匠は実にうまいことを言う」と、非常に崇拝してました。

それから『廓の穴』とか『芝居の穴』とかいう、つまり雑用噺《ぞうようばなし》というような、そういったようなものが実にうまかった。これは師匠から聞いたんですが、師匠の師匠である四代目圓生はわがままな人で、高座へあがってしゃべってるうちに「ちょいとすみません、お客さま、下着を着てあがりましたが、どうも暑くてしょうがないから、今ぬいでまいりますから」って、すウッとおりちゃう。そして「おい、お前、ちょいと演ってな」ってうちの師匠があげられるんですって。……とにかくその時分に、うまいうまいと評判の圓生がおりちゃって、弟子があがって演るんですから大変なことです。下着を悠々とぬいで着かえて、煙草を二、三服吸って「おい、もういいよ」って言われるとすぐおりなくッちゃいけない。だから長い噺にはかかれない。「へ、じゃ師匠の支度がよろしいようでございますから」とかなんとか言っておりるわけです。それにちょいちょいあげられたんですって。つまりそれで鍛えられたんでしょうね。情けですよ、こわい情けですけどもね。そうしてあがれば「なんだいこれァ……圓蔵ってえ噺家だって？」「ふゥん、こんなのがいたのかい」ってなもんで、お客に顔を覚えさせ、芸も覚えさせる。当人だって一生懸命演らなくちゃならない。「あの時は実に苦しかったけど、今思えばやっぱりそれが師匠の情けだ」ってよく言ってました。

それから圓喬さんにはいじめられたらしいですね。前にも申し上げたように皮肉な人で、こゝ畜生と思うと、前へ来てうんと長く演っちゃって、あとへあがった者がどうにもこうにも、あげさげならない程のひどい目にあう。うちの師匠もよくそういう意地の悪いことをされたんでしょう。ところがうちの師匠は逃げ切りましたね。というのは、片方はしとしと語って行く、うちの師匠はぱアッとぶつけて行く機関銃みたいなしゃべり方だから逃げられたんです。圓右師匠って人も利口な人だから、そんな時はさッとあがってちょいちょいッと小噺を演って「では一つ声色を……」って、団蔵・松助・五代目菊五郎の声色、それがみんなうまいんですよ。そして「おあとがよろしいようで」ってごまかしておりちゃう。決して取ッ組まないんです、四つにはならない。圓喬と四つヮなったら勝ち味がないってことは判ってるんです。ところが先代の小圓朝さんてえ人は正直に組んじまう。「圓喬は何を演りました？」「エエ『牡丹燈籠』を」「じゃアあたしは『塩原多助』を演る」って、がっちり組んじまう。失礼だけども、これァもう所詮勝ち目はないんで……それだから小圓朝さんてえ人は損をする。圓右師匠でもうちの師匠でも、そこはぱッと逃げましたよ。

品川の気質

うちの師匠ってのは、きちんとした人でしてね。羽織なんぞもなまじっかな前座にたたませないんです。たたんでも気に入らない。たたむとこから何からじっと見てて、ちょっとでも曲がってたりなんかすると、ぱアッと広げちゃって自分でたたみ直す。だから非常に気むずかしい人のように思われてたが、そういう訳じゃアなくて、几帳面なんですね。うちへ帰っても、おかみさんじゃ気に入らないからってんで、自分でちゃんと着物をたたむんです。

旅なんぞへ行きますと、あの〝お茶小僧〟って前座がついて来て、これがたたむと何とも言わない。それからあたくしがたたむと何とも言わない。きちんと寸分違わずにたためば、それでも気に入らないってことァない。いけぞんざいにいい加減なことをするといけないんです。

あたくしもその影響を大分受けまして、着物ばかりでなくほかのことも割合きちんとする方でした。子供の時は癇症で、茶碗でも持つと匂いをかいでみる、そしてちょっとでも何かの匂いがすると食べない。よくおこられましたが、少々病的だったんですね。今ではずいぶん直して、ずぼらにしました。やっぱり落語なんぞでは、あんまりすみずみまできちんとしすぎると、どうも面白くなくなるもんで、あたくしも若いうちはいささかそういうきらいがあったんでしょうね。

それから品川の師匠って人は、ふだんまことにこわい顔をしておりまして、楽屋へ来てもにこりともしないでいるんで、よその弟子なんぞはみなこわがっている。師匠が「お前、今度旅へ一緒に来な」なんて言うと「……へえ」ってんで、前ではいやとは言えないが、蔭でいやだいやだと言ってるんです。あたくしが「どうして？」って聞いたら「あの師匠はこわいからいやだ」「別にこわかァない」「いや、貴方《あアた》がたは自分の師匠だからそう思うんだろうけど、あんなこわい師匠はない」「そんなことはないから、まァ一緒に行ってごらんなさい、面白いんだから」……それで旅へ一緒に行ってみると、そのこわがった人が「へェえ、あんな面白い師匠とは思わなかった」って二度びっくりするぐらいで。それというのは、決して、おさまったり容体《ようだい》ぶるってことがない、ざっくばらんな人なんです。夜なんぞは弟子たちとみんな一緒に話をしたりなんかするのが好きで、ひとの話を聞いてにこにこ笑いながら、時々警句をとばす、それがまたうまいんです。いつか圓太《えんた》というやつが楽屋で惚気《のろけ》を言ってる、ところが惚気をいうような顔じゃアない、ひどい顔なのに、当人は大変色男がって話をしてる。一と調子張り上げて「その時あたくしが」と得意になって言ったとたんに、師匠が間髪を入れず「ほゥお、それからどうしたい、爺《じい》や」……その時にァみんなひっくり返って笑いましたよ。実にそのまぜッ返すというか、そういうちくッとしたことを言うのが非常にうまい。

当時、通天《つうてん》という西洋奇術を演る人がいました。舞台へあがる時はしじゅう燕尾服を着てましてね、奇術の方はまァいいんですが、その燕尾服といい、奇術の道具といい、実にはや尾羽うち枯らしたというか、もう少しでぼろぼろになるというような古ぼけたものを着ている。それがどうしたことか、一と晩休みました。すると師匠がずウッと楽屋を見廻して「おい、どうしたい、〝英国の乞食〟ァ今日は来ねえのかい?」

それから器量はよくないんですが、いやに色の白いぶくぶくした下座がいましたが、これを「お蚕《かいこ》さんはどうしたい」って……これなぞも、その当人を見なくッちゃわかりませんが、なるほど、ただ白くッてぶくぶくしていて、のっぺらぼうで、いかにもお蚕さんみたいなんで。もう一人〝胃病の虫〟というあだ名をつけた……胃病の虫てえものは、本当にあるかないかわかりませんが、もしいたら、なるほどあんな奴じゃアないかと思うような、なにか、しなしなした煮え切らない男でね、そういう悪口は非常にすぐれていました。それがまた、つウッと出てくるんですね。

いつか師匠と一緒に汽車に乗ってると、どこかの奥さんが、その時分はボストンバッグなんてものはありませんから、大きな信玄袋《しんげんぶくろ》てえやつへ一ぱい入れて、赤帽に持たしてやって来ました。そして汽車へ乗る段になって、奥さんがその大きな信玄袋を受け取ると、軽々と持って乗り込んだ。年のころはもう四十五、六、盤台顔《ばんだいがお》ってんですか、おッそろしく四角ばった色の黒い人……それが夏のことで平絽《ひらろ》で柳に燕が飛んでいる着物を着てる。どうも変な人だなと思って見ていたら師匠が「おいおい松ッちゃん、見な見な」「え?」「衣裳屋が間違えて、名古屋山三《さんざ》の衣裳を伴左衛門《ばんざえもん》に着せた」……この時にァあたくしァもうおかしくッてね、なるほど顔が伴左衛門で、着てるのが柳に燕なんだから……どうも、憎い程うまいことを言うと思いました。

師匠も口が悪かったが、あたくしも子供時代から芸人の中にいますからね、自然にそういうことを覚えてしまって……やっぱり旅へ行った時に、うちの師匠が茶と紺の大きな棒縞のどてらを着ましてね、あんまり似合わないんです。そのどてらをひっかけて意気揚々としてるから、あたくしがじイッと見て「田舎芝居の宗任《むねとう》みたいですね」と言ったら「馬鹿野郎ッ」ておこったが、それッきりそのどてらは着なくなっちゃった。

しかし芸人というものは、そういう悪口を言っても、ひとを本当におこらしちゃいけませんね。相手もなるほどと思って感心するような悪口を言わなくちゃアいけない。品川の師匠なぞは随分毒舌を吐き、ひとの悪口を言いましたが、それでいて相手を決しておこらせなかった。そこにやはり話術の妙というものがあったからだろうと思います。

東西会

品川の師匠が亡くなって、あたくしの先代《おやじ》が圓蔵を襲《つ》ぎ、あたくしが圓窓になりましてからいくばくもなく、うちの先代《おやじ》が演芸会社とまずくなって、会社を出てしまうということになりました。

その前に、先代《おやじ》が組合をこしらえようって言い始めたんです。あたくしの家へみんなを集めて「噺家には組合というものがないが、組合のない商売ってものは、恐らくほかにはない。落語家は組合がないから弱いんだから、これをこしらえてはどうか」ということをば話したところが、「それァ結構なことだ」と賛成して、その帰りがけに席亭へ行って「実はこういうわけで組合をこしらえる」ってんでしゃべった奴があるんです。するとつまり、圓蔵は席亭に対して弓を引くんだとか、謀叛を起こすとかってんで、かれこれ言われたんで、先代《おやじ》がおこって喧嘩して、ぽォんと会社をよしちゃった。

その時に先代《おやじ》の弟子、それから師匠からの譲り弟子は全部ついて来ました。これにみんな演芸会社にいた時のとおりの月給を払って、独立で興行をしました。席を一軒取った時はもちろん先代《おやじ》のトリ、二軒取った時は、一軒はあたくしがトリをとって、交互に先代《おやじ》のトリ席とかけもちをするというわけで……ところがなかなか独立興行というものはできるものじゃアない。

名人の圓喬が独立興行をしたが、これが不入りだったということを前にも申し上げました。三代目柳家小さんも独立をしたことがありますが、やはりこれも不成功。だからどんなに看板の大きな人でも、前の番組に出る者がそろっていなければ保《も》つもんじゃアないわけです。普通興行ですと、錚々たる連中が前へ出て、ちゃんとひきしめておいてくれるからいいが、芝居だって、主役ばかりが光っていても、それへおつきあいをする役者が、がたッと落っこってしまったら、やっぱり面白くないわけで、これと理窟は同じですよ。いかに名人でもなんでも独立するとうまく行かない理由はそこにあるんです。

大正十一年の六月から、七、八月と独立でやりましたが、いずれも面白くなかった。当時、桂小南がやはり独立興行でやっておりました。これと合同してはどうかという話で、四谷の三河屋という牛屋《ぎゅうや》へ行きまして、あたくしと先代《おやじ》とそれから小南さんと三人が、この話の仲立ちになった人と一緒に飯を食って相談しましたが、これもうまくまとまりがつかず、そのまんまになってしまいました。

結局その年の十月、東西会へ加入をするということになりました。東京と大阪の者とが合併をしている会というんで東西会と言ったんですが、これァどうも仲間から見ても、烏合《うごう》の衆というような、あまり立派な会じゃアない。やはり月給制で、頭株ってのがなんかはっきりしませんでしたが、大幹部では大阪の〝おもちゃ屋〟の馬生さん(本名・宮島市太郎)なんぞがいまして、この人にあたくしはここで初めて会いました。それから橘家扇三《せんぞう》……もとは品川の弟子で才蔵といって前座をしてまして、せいぜい半年か一年でとび出しちゃって、上方《かみがた》の方の、神戸かどこかに永くいて、むこうで育った噺家で、ちょいと聞くと大変うまそうに聞こえる。実ははったりみたいな芸なんですけどね。これなぞが大看板でいたわけです。それからのちに朝寝坊むらくになりました柳昇《りゅうしょう》、この人はうまい噺家でした。東京の方の噺家では今の桂伸治の父の柳家蝠丸……よそにいた時は二ッつ目か、まだぴょこぴょこ真打だったんですが、東西会へ行って大看板になりました。それから入船亭扇橋《いりふねていせんきょう》、これァ大看板てほどじゃないけども、相当勢力を占めていました。この人の伜が本名を進藤勝利《かつとし》といって、小燕枝から扇歌になり、三代目燕枝になって……最後にルンペンみたいになって死んだ人です。そのほか先頃亡くなった金馬が圓洲、圓歌が歌奴で、ここいらが若手の錚々たるところというわけです。

　あたくしももちろん先代《おやじ》と一緒に東西会へはいりました。その時までは、演芸会社にいて永年の間、品のいいお客さまばっかり。つまりお座敷でもって大事にされてやっていたという塩梅で。それが東西会へはいって一番初めに出たとこが、浅草の万盛館《まんせいかん》という、色物の席なんですが、大変に客の荒っぽい所なんです。隣りは映画館で、ジンタっていう楽隊がはいってる時分ですよ。ジンタジンタっていうあの音が聞こえる。あたくしの前が〝たぬきや連〟という、五人ぐらい一緒に出て演る掛け合い噺で、わんわんという騒ぎ。そのあとへ出て、実際、涙がこぼれましたね。お座敷から屋台へほうり出されたようなもんで、「こんなとこで演るのか、情けない……」と思いました。

その当時、先《せん》の猫八なんぞは、どてらを着て来て万盛館の舞台であぐらを引っかいて、お客が「なんかやれェ」ってえと「何を言ってやがんでえ、なんか食わせろい、そしたら演るから」「じゃこれでも食え」って客がせんべいを出す。「そっちの客はエエスクリーム食ってやがる、俺にも食わせろ」……エエスクリームてんですから……それでまた、せんべいだのアイスクリームだのを食ってる間が永《なげ》えったって……馬生さんが「冗談じゃねえ、芸を演ってるんならいいけども、高座でアイスクリーム食ったりせんべい食ってる間、こっちァいそがしいのに待っちゃいられねえ」っておこったくらいです。そんな状態ですから、びっくりしましたね。

もちろん東西会へはいったって、先代《おやじ》はいいとしても、こっちァ大してよかァありませんや。それで翌年……震災の年ですね……夏のかかりぐらいまでは東西会に出ていたけども、それから間もなくよしちゃったんです。まァ、こっちからよしたと言うよりも、よされたというのが本当かもしれません。几帳面には演ってるけども、おとなしい芸で、そういう荒っぽい中へ出たことがない。他流試合をしたことがありませんでしたからね。それでどうしようと思ってると、睦会へはいった方がよかァないかというんで、五代目の左楽さんに話をして「それじゃ、夏はもうしょうがないから、秋になってから睦会へはいったら……」という話にほぼきまりました。

芝三光亭

大正十二年の春に、先代《おやじ》が芝の三光亭という席をはじめたんですが、これについても、いろいろ経緯がありますんで。

話があとさきになりましたが、大正十年三月二十六日、新宿に大火がありまして、新宿二丁目七十二番地の家も類焼しました。この家は、先代《おやじ》も圓窓で売り出して来ていつまでも借家住居をしてちゃいけないってんで、無理算段をして買ったものなんですが、火災保険にはいってくれってんで知ってる人から頼まれましてね。まァ自分の家になったんだから保険もかけとかなくちゃいけないってんで、五千円かなんかの火災保険にはいってた。するとその人がまたおふくろンところへやって来て、ふやしてくれってんですね。あと五千円ふやして、別に道具の方は物品保険てのがあるからそれも二千円ぐらいはいった方がいい、とこう言う。おふくろがその日は頭痛がするんで寝てえた。「いずれふやすけども、今日は頭が痛くて寝てるんだから帰って下さい」ってえのに、むこうがしつッこくふやせふやせと言ってたんで、おふくろが癇癪を起こして「あァうるさい、そんなんならもう持って行きなさい」ってんで金ェたたきつけた。「そうですか、じゃアすぐ書類を送りますから……どうもありがとう」って金を持って帰って、書類が届いたと思ったら、すぐに焼けちゃった。ですから、本当にただ貰ったようなもんで、一万二千円という保険金がはいったんです。その当時の一万二千円てのァ大変な金です。それで今度は四谷須賀町二十五番地に家を買って、そこへはいったわけなんです。

ところが、その少し前から、例の末広亭清風の持ってた新宿の末広ですね、これが営業不振なんで、安くしとくから買え買えってしきりに言ってたんです。わきからお金を少し融通してくれるとこがあったんで、それじゃア買おうって段になったら、末広亭の方ですッと引ッくり返って、もっと高くなくちゃ売らないと言い出した。「それじゃア約束が違うからよそう」って、おこってよしちゃった。くそ忌々《いめえめ》しいから、どッかほかにいい席はないかしらん、てんで探してると、芝宇田川町にあった川桝亭《かわますてい》が売りたいという。これが話がまとまって買うことになり、大正十二年の二月にこっちのものになって営業を始めました。先代《おやじ》は須賀町の家の方にいるが、あたくしが宇田川町の方へ住むことにして始めたわけです。二月の上席をやって下席は休み。その間に中をすっかり改造して、三月一日から名前を三光亭と改めてふたを明けました。

するとまァ改装もしたし、お客さまも大事にするというので、追い追いお客も大分来るようになりました。間もなく五月一日から、一カ月を上・中・下の三つに分けて十日間ずつの興行ということになりました。それまでは、上席下席の十五日興行だったわけですが、これが大正十二年の五月一日から改まって今日に至ったわけです。

はじめのうちは、先代《おやじ》一門が東西会にはいっていましたから三光亭も東西会をかけていました。ところが、これは〝買い興行〟であって、顔づけのたんびに席亭が寄り合って、〝げしょ〟という、希望の落語家を誰々、誰々、と書いてさし出すんですが、いい芸人を出すためには会社へ対して相当の額の買《か》い金《きん》を出さなくちゃならない。また、いい芸人を自分の所へ引っぱるために、顔づけの寄り合いでは席亭同士でもって非常ないがみ合いがあるんですね。先代《おやじ》がそういうことを非常にいやがりまして、それで東西会をかけていたのをやめて七月の上席から睦会をかけることになりました。そんなことからとうとう八月には圓蔵一派は東西会を脱退して、また独立興行を始めることになったんです。あたくしは前に申しましたように、そのちょっと前から東西会の方は、よすと言うより、よされたという形になってありましたんで、睦会へはいったらどうかという話で、秋になったらあたくしは睦会へ出る、先代《おやじ》も独立していてもしょうがないから、行く行くは睦会へ加入するが、まず先にあたくしが行くということにほぼまとまっていた、ところが九月一日の大震災で何もかも一変してしまうことになりました。

関東大震災

当時は日本橋界隈なぞ、ずウッと古い土蔵なんかも残っておりまして、まだまだ江戸時代のなごりが、あちこちで見られたものですが、大正十二年九月一日の大震災で、東京はあらまし焼け野原になってしまい、それがために江戸から伝わったものが一変して、新しい大都会が生まれるという、えらい変転をきたしたわけでございます。

その時あたくしは須賀町にいて、先代《おやじ》は三光亭の方へ移っておりました。あたくしがちょうど外出しようとしていたら、俄然あの地震で驚きましたね。いい塩梅に須賀町の家の方は大したこともなかったが、それから一時間半ぐらいたって、三光亭の下足番《げそく》があたくしンとこへとんで来て「むこうはみんな無事だから」と言うのでほっとしていると、そのうちに火事が出まして、三光亭は焼けてしまい、先代《おやじ》とおふくろがまッ黒けになって、さいわい類焼をまぬかれた四谷の家へ立ちのいて来ました。

この時は大阪へ落ちのびた人が随分あったんで「大阪へ行こうか」と先代《おやじ》と相談もしたんですが、「大阪へ行ったところで、みんながむこうへ押しかけて行くから、しょうがあるまい。とにかくこっちでがんばろうじゃねえか」ってんですが、東京じゅう焼け野原になっちまったんですから、いつ商売が始まるかわからない。金はいくらもないから、とにかく食いつなぐために何かしなくちゃならないんで、あたしァ大根を売って歩いたこともあるし、七りんを売ったりしたこともあります。四谷に八橋《やつはし》という大きな瀬戸物屋があって、焼けた七りんがあるから、こいつを車へのっけて売りに行きましたが、坂の上へ行ったら落っこっちゃってだめなんです。もうくたぶれ果てて、車も真ッ直ぐに引けなくなって帰ってくる。そんな力仕事をしたことァないんだからどうにもいけません。それから三光亭の焼けあとにバラックを建てておでん屋をはじめました。おでんの荷を引っぱって四谷から宇田川町……今の浜松町一丁目でさァね、あの辺を随分歩きましたよ。九月一ぱいまァこんなことをしてました。

そのうちにいよいよ十月一日から、焼け残った席で興行を始めるということになりました。その時は今まであった会はみんなつぶれて、噺家は一つにまとまって落語協会というものを創立した。これを牛耳ったのが五代目左楽さん。とうとう思いが叶って噺家を全部押さえたわけですね。圓右さんもまだ生きてましたし、談洲楼燕枝・古今亭今輔……ずウッと綺羅星のごとく並んで大変なものです。

震災後あたくしが一番初めに出た所が、古川橋のそばの白金《しろかね》演芸場と品川にあった品川座、この二軒、かけぶれが出たんです。そこでズボンの悪いやつをはいて、下駄なんぞはいちゃ歩けないから靴で、まず白金演芸場へ行って楽屋へはいってみると、地下足袋だの靴だの、まるで土方の部屋みたい。「おやおや。こんな時に客なんぞ来やしまい、ぽちょぽちょだろう」と思ったところが、豈はからんや、わんわと来てる。それから品川へ行きました。その時分には両側にずウッと女郎屋があります。表はすっかりしまってるが、くぐり戸があいて、くぐり戸からぞろぞろッと人が出てくる、と、またむこうのくぐり戸をあけてぞろぞろッとはいって行く。なんだと思ったらこれがひやかしなんです。まだ世間へ遠慮で、表をあけて堂々と商売をするわけにはいかないんで、大戸をおろして、くぐり戸だけあけたりしめたりして、みんなそのなかへひやかしにはいる。どこの女郎屋も一ぱいらしいんですね。これでまたびっくりした。品川座へ行ってみると、これはきたないだだッ広《ぴろ》い席で、左楽さんのトリでしたが、なんと客は千人ぐらいはいってるんです。こういうことは戦災後と同じですね、来やしないだろうと思ってたところが、どうして、われッ返るような、おそらくあんな景気のいいことは、まずなかったでしょう。ふだん客の来ない席でも一ぱいでした。だからお客の沢山はいる大きな席へ行かなきゃ損なわけです。

電車が八時か八時半でおしまいになっちまうから、閉場後、帰ることが出来ないんで、損料ぶとんみたいなものを借りて、その品川座へ泊まるんです。あたくしは五代目左楽さんをまだよく知らないから、あいさつだけして、一人ですウッとお湯ゥへ行って、近所の飯屋《めしや》かなんかで飯を食って楽屋へ帰ってきて寝ちゃった。あくる日神田の白梅で、総寄り合いがあるんで行きました。そしたら左楽師が「なんだ、俺がゆうべはねてから湯へ行ったら、ぞろぞろ十何人もくッついて来やがって、湯銭を払わして、飯を食いに行ったら、またみんな来やがって飯を食やアがって、みんな俺に払わして……てめえたちも焼け出されだろうが、俺だって焼け出されなんだから、今夜から弁当持ってこい」って、いやな小言。……こっちは慣れないから、そっと一人で行っていいことしたと思いましたよ。その晩からみんな弁当箱持って寄席へ行きました。

それでもなんでも震災後の客の来たことといったら、暮も正月も同じことなんです。三光亭もその年の十二月にはバラックながら再建しまして、大みそかに罹災民慰安興行というのを、木戸無料でやり、明けて十三年元旦から本興行を再開しました。そして四月には須賀町の家を売り払いまして、みんな三光亭の方へ引き移りました。

大正十三年五月上席から睦会と落語協会というものに分かれることになります。睦会の方は従来あった左楽さんの方の睦会の連中。それから落語協会というのは旧演芸会社に属していた人が多かった。そういうふうにやはり二つに分かれてしまったわけで、先代《おやじ》の一派は睦会の方へ属すことになりました。

また、この年の十一月に圓右さんが亡くなりました。

圓蔵襲名

大正十四年の一月中席から先代《おやじ》が五代目圓生を襲名し、あたくしが六代目圓蔵を襲名することになりました。

あたくしとしては、圓窓になって、東西会へ出たり、落語協会へ出たりしていましたが、相変わらずあまり芽が出ないんですね。先代《おやじ》がいろいろ気をもんで、なんとかしてやりたいというわけなんだが、どうもあまり、きやきやとしないんです。それで改名でもしたらというんで、名前をいろいろ選定したんですが、なかなかいい名前がない。その頃あたくしは、柳家つばめという名前になりたいと思ったことがある。……もう系統もくそもない。とにかくなんかつかみたいというわけです。改名でもすれば売れるかと思うのは、浅はかな考えなんで、そんなことしたって、おのれの芸を改めなくちゃしょうがない。ところが迷ってる時には、名前でも替えてぱッと一つやってみたら、よくなりゃアしないかてんで、まるで博打をうってるような了見でいるんですね。それでつばめさんの所へも行きました。「つばめという名前をゆずってくれませんか」と言ったら「俺が今つばめをよすと、ほかにつける名がないし、困るからやれない」とこう言う。先代《おやじ》も思案にあまって、あたくしと一緒に横浜の柳枝さんの所へ行って相談したんですね。すると柳枝さんが「そんならいっそ、圓蔵にしてやったらいいじゃないか」「圓蔵にするったって、それじゃア俺が困る」「君は圓生になったらいいよ、圓生って名前があいてるんだから……」

もともとこの圓生の名前は、品川の師匠が襲《つ》ぐはずのものだったんです。四代目の圓生師が舌癌《ぜつがん》で、もういよいよいけないという時に、一朝さんと、もう一人金朝《きんちょう》という人と二人を呼んで証人にして「五代目圓生の名前は橘家圓蔵にやる」と書付を書いてうちの師匠へやったわけです。

なぜそんなことをしたのかてえと、圓生師には自分の子供がある。栄次郎という名で、みんな栄ちゃん栄ちゃんと言ってました。この人はあたくしも知ってますが、圓喬さんの弟子になってて橘家小圓喬《こえんきょう》といい、噺も聞いたことがありますが、決してまずくァない。しかしごく静かな陰気な噺で、何処かその、冴えないんです、ぱッとしない。しかし当人は芸が判るんですな。ごく小心な人で、自分の前の出番の者が、わアッとお客を笑わせて受けると、もうその次へあがれない。「すみませんが誰かあがってくれませんか」ってふるえてる……おのれの芸が判りすぎちゃってるんですね。この栄ちゃんて伜があるし、もし後日《ごにち》何かあっちゃいけないからってんで、証人を頼んで書付を残して四代目が死んだ。そのうちにこの栄ちゃんは気がふれましてね、ある時人形町の鈴本の楽屋へはいってきたが、いつもと態度が違う。平常は遠慮してはいってくる人が堂々とはいってきて「あの、あがるからね、名札を書いとくれ」「名札はちゃんとあります」「いや、その小圓喬じゃいけない、圓生と書いてくれ」「えッ？」「俺は圓生になるんだから、圓生としてくれ」……もう頭がおかしいんです。当人がどうしても聞かないから、仕方なく圓生と書いて出した。するとあがって『夢金』を演ったそうですが、いつもの陰気な噺じゃなくて、張りがあってとてもいい出来なんですとさ。ねエ、おかしいじゃありませんか。だけどもそのまま気が違っちゃって、言うことなんかもおかしいし、もう自分のかみさんやなんかもよく判らない。これァいけないてんで病院へ入れちゃったんです。一朝さんがよく見舞いに行ったそうですが、病院で患者同士で将棋をさしてるんですって。気違い同士でやってるんだから、なんか間違えるだろう、香車《やり》が斜《はす》にあがってったり、桂馬がまッつぐに行くかと思ったら、そんなことはない、ちゃアんとさすんですとさ。とうとうこの小圓喬という人は病院で亡くなりました。

　そういう経緯がありますから、圓生という名前は当然うちの師匠が襲ぐことになっていたけれども、実際襲名するとなると、四代目圓生というものの大きさを知っているから、自分が圓生となった時の看板の位置云々《うんぬん》で、よほど考えていたらしいんです。あたくしが「お師匠さんは圓生になるんでしょう？」って聞いたら「うゥん、なるんだけど、俺も別に考えてることがあるんだ」「なんです？」「圓窓を圓生にしようかしら」……前表《ぜんぴょう》ですねエ、うちの先代《おやじ》を圓生にしようかしらんと、あたくしにそう言ったんです。「俺はこのまんまずっと圓蔵でいて、圓窓を圓生にしてということも俺ァ考えてるんだ」「だけども四代目のお師匠さんが、書付まで残してくれたんですから、お師匠さんがならなくッちゃア四代目の師匠に悪かァないんですか?」「それもそうだなァ……それじゃ、いよいよ来年の秋に、思いきって俺ァ圓生になろうかな」って言ってたんですが、翌年の十一年の秋を待たず二月に亡くなったわけなんです。そういうこともあたくしは聞いてるんで「師匠もこういうことを言ってたが、ことによるとこれァ前表だったんじゃァないかしら。だから先代《おやじ》さん、圓生になったらどう?」

そんなわけで先代《おやじ》が圓生になり、同時にあたくしが圓蔵になりました。そして先代《おやじ》の弟の仙司を圓窓にしたわけです。大正十四年二月三日に芝の「いけす」といううちで、改名披露を行ないました。この時は非常な盛会で、九十八人の招待客がありました。今のように放送関係などはありませんから、席亭と芸人仲間だけで九十八人のお客があったというわけです。

その頃の演目

小圓蔵、圓好時代は、やはり主にむらくさん、小せんさんのところで教わった噺をしておりました。

小せんさんの後に稽古をして貰った人といいますと、まず、先代の桂三木助師(二代目。本名・松尾福松)です。これはもちろん大阪の人ですから、東京へ出て来た時に教えて貰ったもので、

『皿屋敷』　　『後家殺し』

『上方見物』　『人形買い』
『雁風呂』　『佐々木政談』
『猿廻し』

といった噺を稽古しました。このうち『猿廻し』は三味線がはいりますが、東京では弾く人がないので、一度も高座へかけたことがありません。また『佐々木政談』は、大阪では西町奉行として演りますが、あたくしは圓馬師の速記本に江戸南町奉行に直したものがありましたので、これにならって演っております。

圓好になってから品川の師匠に稽古をして貰ったことがあります。前にも申し上げたように、うちの師匠は噺の稽古が絶対にきらいで、大勢弟子もおりましたが、じかに稽古をして貰った人はまずありませんでした。ただあたくしだけは特別可愛かったとみえて、師匠の亡くなる前年でしたか、品川の家へ通って膝組みで教えて貰いました。と言っても数は多くなく、

『勘定板』　『蕎麦殿』
『紙　入』　『武士の情』
『目黒のさんま』

これだけです。もっとも、師匠の噺はしょっちゅう聞いていましたから、このほかの噺でもひとりでに覚えているのがずいぶんありましたが、師匠が亡くなるまでは、あたくしは絶対師匠のものはやらなかったんです。それと言うのは、たいてい師匠のしばいへ出てるでし

ょ。だから師匠の前でそういうものを演るてえとじゃまになるんです。自分の師匠の噺ってと、みんな演りたがるんですけどね、大勢そんなものが前へ出られると、演りにくくッてしょうがないってよく言ってました。だからあたくしはほかの師匠から教わったものを演ってたんです。

あたくしは小せんさんの独演会なんかにもよく使われたことがあります。「小圓蔵君、あした独演会だから君来ておくれ。そして僕の前へあがっておくれよ」と小せんさんが言う。それは何もあたくしが一番うまいから自分の前へあげるわけじゃない。ほかに出る人はたいてい三代目小さんさんの弟子で、みんな小せんさんのとこへ稽古に来てる。ですから、小せんの影《かげ》ッ法師《ぼし》みたいなまずいのが前へずウッと出ちゃって、自分が演るのにじゃまになってしょうがない。そこへ行くとあたくしは圓馬さんや一朝さんに習った噺をする。まるっきり違った口調のものを演るから、そこでちょっと気分が変わるんです。そのあとへ小せんさんが出れば演りいい。それであたくしを使ってくれたんです。特に言われなくとも、そういうことは子供のうちから、いろいろ聞いてますから、なるッたけひとのじゃまにならない噺を出さなきゃいけないってことは、ちゃんと心得ていました。

ですから、うちの師匠の前では、師匠の噺は絶対に演ったことはありません。師匠が亡くなってから、前に聞き覚えていた噺を、自分でぽつりぽつり思い出しながら演りはじめました。

『一つ穴』　　　　『芝居の穴』

『廓の穴』　『妾　馬』(上)
『蔵前駕籠』　『弥次郎』
『五段目』　『お化け長屋』
『大師の杵』　『権兵衛狸』
『お血脈』　『ためし斬り』
『なめる』　『やかん泥』
『三人旅』　『高　尾』
『子別れ』(上)　『子別れ』(中)
『千早振る』　『やかん』
『品川心中』　『後生うなぎ』

こういったものです。

『源平』という噺を、あたくしが小圓蔵時代に三遊亭甑馬《かんば》という人に稽古してもらいましたが、当時この噺はほかに誰も演る人がなかったんで、圓窓時代までは盛んに高座にかけました。ちょうど八木節が大流行した頃で、サゲを八木節でやって大変受けましたが、その後は演る人があんまり増えてきたんでやめてしまいました。あたくしは、他の人があまり振り廻しすぎるといやになって、よしちゃう癖があるんですね。

それからのちに亡くなった弟の圓晃に稽古して貰ったものもあります。

『唐茄子屋政談』　『三人旅』(下)

『鮑のし』

圓窓時代から圓蔵時代へかけて稽古をつけてもらったのが、東西会で一緒だった〝おもちゃ屋〟の馬生さん。この人は例の赤坂の燕路さんの弟子で小燕路といったんですが、大阪へ行って大変受けて、むこうに居ついて馬生になった人で、噺はうまい人でした。

『甚五郎』　　『一文惜しみ』
『紺屋高尾』　『お神酒徳利』
『宝　船』　　『佐羽《さば》の嘉七』
『猫《ねこ》　定《さだ》』　『長崎の赤飯《こわめし》』

のち馬生師が引退してから

『稲　川』　『阿《お》武松《うのまつ》』

などを教えてもらいました。『宝船』と『佐羽の嘉七』はおくらになってしまって、ほとんど高座へかけたことがありませんが、ほかの噺はみんな今でも演っております。

昭和篇

寄席寒く疎らな下足見えて居る　紅緑

青山三光亭

六代目圓蔵を襲名した翌年の十二月に大正天皇がおかくれになって、昭和の御代になりました。

ところが、この頃から世の中全体も不景気になったんでしょうが、あたくしにとっても深刻なる貧乏時代が始まったんですね。

話はちょっと戻りますが、大正十五年の九月に青山五丁目にありました第二富岳座という席を借りまして、これをやはり三光亭と改めて、暫くの間あたくしが経営することになりました。

先代《おやじ》の方は芝の三光亭の方をやってるわけですが、これァ震災で焼けちゃったのを借金で建て直したんですから、ふところは火の車で大変なんですよ。だけど折角再開した席をなくしちまうことはいやだし、なんとかして続けて行きたいという腹だったんでしょう。そこでもう一軒でも余計にあったら少しはいいかと思って、無理算段してその第二富岳座を借りたんです。富岳座ってのは例の講釈の坂本富岳が持ってた席で、青山三丁目にあった。そしてもう一軒、五丁目の方に第二富岳座というのを持っていまして、それを貸すということで、家賃を払って、あたくしが席亭ったって、まァ留守番みたいなもんです。それでも楽屋入りといいまして、木戸からあがる金を楽屋へ入れなきゃならない。ところが客が来ないんですね。落語をかけてもさっぱり駄目なんで、いろいろ考えて十銭芝居なんてものをやりました。節劇《ふしげき》、新派、歌舞伎、喜劇さまざまあって、表面の木戸銭は五十銭ですが、近所の新聞販売店が、読者慰安と称して割引券をくばる、これを持ってくると十銭で見られる、そういう芝居です。

これァ始めのうちは小屋がわれるほどはいりましたけども、始めだけで、やはりだんだん来なくなる。ちょうど時期も悪かったのは、大正天皇のおかくれになる前後でしたし、昭和と替わると、さて不景気で一向に面白くない。不入り続きなんですね。だからって一々先代《おやじ》の方へいうわけにはいかないし、結局あたくしが着物やなんかをみんな質に入れちゃア楽屋へ継ぎ足すんで、一枚ぬぎ二枚ぬぎ、だんだん剝がれてって、何にもなくなっちゃった。そうなると家賃の方だってなかなか払い切れない。とてもやって行けないってんで青山の席は明け渡すことになりました。

それより少し前に芝の三光亭の方が、区画整理で、今まで新橋の方から来て右側にあったものが左側の土地へ移るってことになりまして、その普請の間は先代《おやじ》の一家が青山へ移って来ておりました。ところが青山の席は明け渡すってことになったんで、昭和三年の十一月に、先代《おやじ》の一家は愛宕下へ借家をする、あたくしの方は原宿にやはり家を借りて引っ込むというわけで……。ですからあたくしが寄席をやっていたのはごく僅かの間です。これからあたくしの引越し時代が始まるわけです。

引越し時代

いよいよ青山の三光亭を明け渡して原宿へ世帯を持ったのが、三十の声を聞こうという頃でした。それまであたくしは財政のことは一切知りませんでした。子供の時分は親がかりだし、家内を持ってからは全部家内にまかしちゃって、あたくしは知らん顔。ですから家内はずいぶん質屋がよいをしましたが、あたくしは質屋ののれんてものはくぐったことがない。

結婚した時が二十《はたち》で、二十一の時に子供が出来たんですから早いお父《と》ッつァんです。総領の女の子が生まれて、これが可愛くってしょうがない。乳母車を買って、毎日赤ん坊を乗っけちゃア表を三十分くらい歩くんです。そしたら先代《おやじ》に「お前そんなことをして、今からお父ッつァんになっちゃっちゃいけねえ、芸人はお父ッつァんじみて老い込んじゃったらしょうがねえぜ」って言われまして、「あ、これァいけない、あまり子供子供ってそっちへ気を取られると芸の方がおろそかになる。子供は母親がいるんだから全部まかして、芸の方へ向かわなくっちゃいけないな」と思いました。そんなふうで、子供のことも財政も家内まかせ。ですから相当の年齢《とし》になっても「貴方まだ独身でしょう」なんて言われる。「いや、子供が三人あります」なんてえとびっくりされたりなんかしたもんです。

しかし、三十になったんだから、これからは財政の方も、こまかいことは家内がやるとしても、大根《おおね》のことは一家の主《あるじ》としてやってくれなくちゃいけないってんで、まァ心を新たにやり始めたんですが、なにしろ青山以来だんだんに貧乏する一方ですから、無理算段して金を借りなくちゃならない。しょうがないから高利貸しから借りたんです。

赤坂に桜川梅寿という幇間がありまして、うちの先代《おやじ》と古くからの友達なんですが、幇間といいながらなかなか気ッぷのいい、「よし、引き受けた」という〝長兵衛〟型なんですよ。そこへ相談に行くと「おれも借りてるところがあるから、そこで借りるか」ってんで二百円借りました。これが日歩三十五銭、六十日の手形で、利子が天引きってんですから、百円借りたってこっちの手へ渡るのは七十九円しきゃない。それで六十日の期限が三日過ぎて六十四日目になると差し押えが来るという……ですから利子を払うのが大変で、ますます苦しくなって、そのうちにまた百円借り、二百円借り、都合五百円てものを借りました。それからもう一人仲間で遊雀って人がありまして、これは自分で金貸しをしてる、そこからまた百円借りました。この六百円という借金のために、実にきりきり舞いをさせられました。

着物なんぞもあらかた質にはいってますから、五月《いつつき》なり六月《むつき》なり経ってえと、流れというやつが来るから、利上げってんで利子だけ払っておかないと品物が全部なくなっちゃう。そうなったら今度もう買えやしませんから、無理算段で利子を払わなくちゃならない。七、八十円から百円稼いで今月はいくらかいいかなと思ったって、利子にみんな持ってかれちゃう。

その間に赤坂の田町へ越しました。一ツ木の通りからちょっと横へはいった所で、なかなかいい家でしたが、家賃も三十五円かなんかで安くはない。だんだんやりきれなくなって、方々安い借家を探しました。すると代田橋って所に先代《おやじ》のひいざがわりをしてえた三遊亭萬橘という人が住んでまして、「あたくしの方は閑静でようござんす」という話を聞いていたんで、そこへ行ってみようってんで女房と一緒に行ったところが、三畳と六畳の二間に台所がついて庭も少しあって、十五円の前家賃を払えば敷金もなんにもいらないって家があいていた。「じゃ、ここへ越そう」ってんで、家内は気が早いから、どっかへ越そうって相談を始めたらすぐにもうすっかり荷物をまとめちゃって、いつでも越せるようになってましたから、見てそのあくる日すぐに越してしまいました。

この家を世話してくれた萬橘というのは音曲師で、もともと圓右さんの弟子だったのが、圓右さんの死後、先代《おやじ》の一門にはいってたんですが、永年ずぼらな圓右師匠のひざがわりでたたき上げて来た人ですから、それァ実にひざがわりとしては大したもんでした。何しろ圓右なんて人は、座敷があると何時に席の方へはいってくるか判りゃしない。十時に楽屋へはいって、萬橘のあとへあがって閉場《はね》るという予定なのに、楽屋へはいってくるのが十一時頃になったりする。するとその間、萬橘があがりッぱなしで、ずウッとつなぐ。もうほかにあがる人がないからしょうがない。それでさんざッぱら苦労したんですね。ですからもう長くでも短かくでも自由自在、あとの真打が来たなッと思うと、ぽォんと切っておりるんです。

あたくしの圓好時代、まだ真打になりたてで、そうのべつにトリはとれません。たまにトリをとった時は「じゃア萬橘に前へ出てもらおう」ということになる。ひざがわりへあがって、ほんのちょっと小噺をして、唄をごく短かくうたって、あたくしがはいって行くとぽんと切っておりてくれる。するとあとへあがってまことに噺が演《や》りいいんです、ちゃアんと引き立てるようにしてくれる。ところが一と晩、何かであたくしがおそくなって、萬橘《まんきつ》ッつァんが前で四十分ぐらいつないでくれてたんです。長々といろんな噺をして……噺だって相当出来る人ですから、これが受ける。あたくしが楽屋へはいったんで、音曲を演ってぽォんと渡してくれた。そしてあたくしがあがって噺を始めたらお客がばらばら立つんです。これにはびっくりしました。つまり短かいと萬橘の腕もさほどにあらわれないし、邪魔にもならない。だけど前で四十分も噺をされると、その間、萬橘は萬橘の腕で客をぐウッと押さえて立たせないようにしていたんですが、そいつをすッとゆるめられた所へあがったわけです。するると時間はおそくなってるし、もうあたくしの腕じゃ保《も》たない、ばらばら立って帰ってしまう。つくづく芸てえものはこわいもんだと思いましたねェ。ひざがわりだって芸はむこうの方が上《う》わ手《て》なんですから、真価を発揮されると、真打のあたくしがめちゃめちゃになっちまうんです。

この萬橘も貧乏で、代田橋の前家賃十五円のとこに住んでるんですが、倅がぜんそく持ちで、十一ぐらいになってもまだ小学校の三年生。ぜんそくが起こってくると、もう四つん這《ば》いに這って苦しむんです。注射しなくちゃいけないから医者を頼みに行きたいが、医者に借りがあって行かれない。おかみさんがうちへ泣いてくるんです。「お師匠さん、なんとか……」それでお金ったってありゃアしないから、羽織やなんか貸してやると、それを質に入れて、その金で医者を呼んでモルヒネをうっておさめるってわけなんで。ところがいつまでたってもその羽織は返ってこない。よんどころなくこっちが金を出して受け出すということで、お互いに貧乏のどん底でした。

柳家三語楼

昭和二年二月中席から、先代《おやじ》の一門は睦会をやめて、新しく出来た「落語協会」というものにはいることになりました。

これは、それまであった落語協会に騒動がありまして、柳家三語楼一派と、三升家小勝一派との二派に分かれることになったんです。ところが三語楼一派だけではどうも具合が悪いというので、つまり助ッ人《すけと》に先代《おやじ》が頼まれたわけで、この時は睦会をやめるについても、神楽坂演芸場を持っていた千葉さんという人の仲介があって、睦会会長の左楽師と了解のうえ、三語楼と一緒になることになりました。

落語協会という名前は三語楼が持ってきたんです。そこで三升家小勝を会長とする方は余儀なく東京落語協会と称した。むこうは〝東京〟だけが余計についているんです。三語楼の方の落語協会は、会長が三語楼、副会長が金語楼、先代《おやじ》は顧問ということになりました。当時先代《おやじ》の一門というのは、あたくし、音曲の三遊亭萬橘、橘家文三、先代《おやじ》の舎弟である圓窓、三遊亭新朝、一柳斎柳一(皿廻し)、文字妻(常磐津)、圓弥、蔵三、若蔵、圓晃、ほかに下座三人といったところです。

三語楼って人は大変な異端者とされていますが、三語楼一流のいい所もありました。現在の志ん生さんの噺には三語楼系統のものもずいぶんあります。

正統な噺をくずしたというと、古くは〝鼻〟の圓遊さんですね。古い噺を全部明治調で演ったんです。昔流に演った噺は一つもない。その中で傑出してるのは『野ざらし』『船徳』など、これは今では圓遊の型で残っているわけです。その時分は異端者と見られて……まァ古い噺を改悪してしまったものもあるでしょうが良くしたものもある。功罪《こうざい》あいなかばと言うか……やはり功の方が大きいでしょうねェ。現代でも圓遊調の型の噺が残って、いまだに面白く聞かれるというのは、功といっていいと思います。

柳派では二代目の禽語楼小さんも、そういうふうに古い噺を直したものでしょう。あたくしは聞いたことはありませんが。

三語楼さんも、古い噺を直す時、よく直したものと悪く直したものとありましょうけども、面白いくすぐりをずいぶん残してます。『たぬき』の、札《さつ》の裏を返して毛がはえてるという所、あるいは札の裏表同しじゃねえかという所で「いけねえいけねえ、札から蚤が出て来た」というのなんかは、三語楼さんのこしらえたくすぐりです。

『九段八景』なんてえ噺をしていましたが、これは昔の『両国八景』を直したんで、『両国八景』は今はもうなくなった大道商人《だいどうあきんど》の、焼きつぎ屋とか、そんなものを扱ったもので、三語楼時代でもこの噺はお客に通じなかった。まァ今はすっかり壊滅《かいめつ》してしまいましたがね。これを『九段八景』にして、靖国神社の祭礼の、剣舞だとか活動写真とか、その当時の見世物をいろいろ入れて非常に面白いものでした。今日《こんにち》になってみれば『九段八景』もなくなってしまいましたが……。

あの人の噺で、正法《せいほう》から逆をついた所を申し上げると、サゲというものはもう追い込みなんですから、さアッと簡略にして、むだな言葉を一字でもはぶいて演る、これが正攻法ですが、三語楼のはサゲの所に来ておッそろしくもたもた長いんです。たとえば『町内の若い者』という噺なぞでも、サゲに来てかみさんがもたもた言ってる所が長い。これは本当はいけないんだが、あの人が演るとそこの所が非常におかしかった。サゲの所でむやみに延ばすというような、ふつうはいけないと言われているものを逆に用いてよかったことがありました。これはやはりその人の力で、ほかの人がそんなことすりゃ全然だめですよ、正攻法じゃないんですから。三語楼もそれを知らないことはないでしょう。わざとさからって演ってみたんでしょうが、あの人だけはそれがよかったですね。しかし『鰍沢《かじかざわ》』なんぞで「……お熊がピストルを持って旅人を追っかける……」なんていいましたが、これァいけませんよ。お熊がピストルなんか持ってちゃアいけない。

圓喬さんの弟子だったから、崇拝してるのは圓喬です。それは当人がはっきりいってました。「俺が死んだ時は、師匠から貰った袴が大事にとってあるから、それをはかして棺の中へ入れてくれ、とちゃんと遺言してある」と言ってました。それでいてああいう妙な、英語を入れたりする、不思議な噺家になったんですが、正攻法では自分は所詮だめだとあきらめをつけて、あの一風《いっぷう》かわった三語楼式の噺をしたんでしょうね。

この人も功罪どちらかというのが問題ですが、やはり後へ残した功もずいぶんあると思います。新作も演りましたが、古いものを新解釈で演ったものの方が多いでしょう。それから三語楼のマクラというものが、大変な魅力があったもので……トリへあがりますと、マクラを長々としゃべってるが、何を言い出すかしらんとその間お客が一人も立たない。ところが『巌流島』とか、はっきり噺にかかると、お客がばらばら立つんです。これァ不思議でしたね。けども晩年には、マクラと噺と全然離れちゃうということは少なくなりました。それだけやはり進歩したわけでしょう。売り出しはじめた時分は、マクラを振ってる時と本文《ほんもん》にかかった時とは、がらッと変わっちゃって、マクラは非常に面白いが本文にかかるといけない。それだけの力がなかったわけでしょうね。

最初は圓喬の弟子で右圓喬《うえんきょう》、圓喬師の死後、柳派の談洲楼燕枝の所へ行って燕洲《えんしゅう》、それから三語楼になった。三語楼・玉井の可楽・四代目小さん、この三人が同時に真打の看板を上げたということを聞いています。今の志ん生さんは三語楼さんの所にいたことがあります。『お直し』も三語楼さんのものでしょう……あたくしは実際に三語楼の『お直し』は聞いた記憶はないが。三語楼さんそのままかどうか、少し変えているかもしれません。この二人は芸風も違いますから……よく似ている所もありますがね。三語楼さんの得意ものというと……『町内の若い者』だとか『締込み』『寝床』も演りました。

震災前、あたくしが圓好時分、宮松で研究会がありまして、うまい噺家はずらッとそこへ並んでる。お客もたくさん来て大入袋も毎回出るぐらい。その同じ日に神田の立花で三語楼独演会をやるんです。はじめは「あの気違《きちげ》えが独演会やりゃアがって、どうするんだろう」なんて言ってたんだが、やっぱりそこへも客は来るんですね、研究会と同じくらいな客をとっていた。研究会の客とはまた違った三語楼ファンをそれだけ集める力があったんですね。

あたくしの圓童時代、三語楼さんのことで一番初めに印象に残っていることがあります。深川の永代橋を渡ってすぐ、電車通りの左側の横丁をはいった所に、名前は忘れましたが寄席がありました。その席へあたくしが行くと、楽屋に右圓喬時代の三語楼さんが羽織を着てちゃんと坐ってる。あたくしがはいって行くと前座が「あァご苦労さま。じゃ、あのゥ坊や、このあとへあがって下さい」……それで三語楼さんの方へ「貴方《あアた》、もうようがす。見えましたからよろしゅうがす」って前座にことわられてる。「あァさようでげすか。売れない噺家はどうもしょうがない」って小さな声でぶつぶつ言いながら、紋付の羽織をぬいで自分でたたんで、風呂敷へ包んで帰って行った。それがあたくしの、三語楼さんてえ人の第一印象です。売れなかったんですねエ。あとから行った子供をあげて、前に羽織を着てちゃんと坐ってるのを「もういい」って断わったんですから。よほど高座にあげたくなかった噺家なんですね。

その時代、楽屋でみんなに非常にいやがられていたんです。それが柳派へ行って燕洲になるとますますひどくなったらしい。大勢で車座《くるまざ》になって話をしてると、三語楼さん一人その座の中へはいれないで、一段さがってるんだそうで。話がはずんで面白くなって、三語楼さんが「あのねェ、その時に……」てんで顔を出すと、おでこの所を指で突いて「お前、そっちへ引っ込んでろ」と頭を突き返される。

下谷の伊予紋《いよもん》という有名な会席料理で、圓右の伜が小圓右で真打になった披露目《ひろめ》がありました。ふつう披露目は真打までしきゃ呼ばない。ところがこの時は、柳は真打という名のついた者全部。三遊は二ッつ目まで呼んだ。こんな披露目は後にも先にも、おそらくないでしょう。あたくしは圓童で招《よ》ばれて行きました。そういう披露目に行ったのは、その時が初めてだったと思います。伊予紋にはそう大きな広間はなかったらしく、ひと間に全部ははいらないから区分けをして、真打の中でも、大真打、中看板《ちゅうかんばん》、若手。それから二ッつ目と、みんな部屋が分かれていました。若手真打というような所に、燕洲時代の三語楼さんがいて、右隣りの人に盃を「いかがです」と差すと、スッとむこうを向いちゃって、そっちの人と話を始める。いつまで盃を出しててもこっちを向かない。しょうがないんで左隣りの人に「いかがでげす」と盃を出すと、その人もスッとむこうを向いちゃって受けつけない。立って行って前の席の人に「いかがでございます」って盃を差したら、その人がつウッと立って行っちゃった。それじゃア当人だってだれますからね、三遊派の二ッつ目の方へ来て盃を持って廻ったりなんかしてるんです。その時には燕洲で、もういくらか売れてきた頃でしょ。それなのに柳派の真打級の集まっている席で誰も相手にしてくれない。あたくしはそれを見た時に子供ながら気の毒だなと思いました。何もああまでひどいことをしなくともよさそうなもんだ、差した盃なら受けてやればいいのに……おッそろしくこれは残酷な処置だな、と子供ながらそう思って見ていました。

そのうちに三語楼になってバリバリ売れてきたんですね。すると楽屋へ来て、ほかの者が「御苦労さま」とあいさつしても天井を向いて「うんッ」といったきり返事もしない。貴様らとは身分が違うってな顔をして……うふふ。これはあたくしは、あまりにもしいたげられた反動だろうと思う。永い間「今に見やがれ」と思ってたんでしょうね。だからひとしきりは、そっくり返ってて本当にいやな野郎だと思ったが、だんだんつきあってみると決して芯《しん》はそういう人じゃない。貧乏時代の話なんかして非常に面白かった。

どうしてそうまできらわれたのか……つまり噺から何から、みんなその時分の人の気に入らないんですね。たとえば飛行機に乗って女郎買いに行くなんてことを言ったりする。そういうことを言ってもまだ客も聞いてくれなかったし、楽屋でも「この野郎、何を言ってやがるんだ」というようなもんで、非常な異端者として扱われたんです。

三語楼という名前は前にもあったということを聞きましたが、もちろんそれがどんな人か、はっきり判らない。あの人がこの名前を大きくしたんです。あとに弟子が三語楼になりまして、今もいますが中気《ちゅうき》になって高座には出ていません。

三語楼さんの御全盛の時分にゃアずいぶんおかしいことがありましたよ。いつだったか三語楼さんの神明町の家へ、あたくしが御年始に行った。正月の十日すぎのことですが「なにしろどうもなァ、忙しくッてしょうがない。お前どうだ?」と言うんです。「えゝもう、どうせこっちァ大したことはありません、ひまです」「そうか。俺ァもう忙しくッてしょうがねえ。席をいま七軒歩いて、座敷が毎日三つから四つぐらいずつある。どうにも忙しくッて……」「そうですか」……むこうはいろんな大きなことを言ってる。その時分にあの人は自動車に乗ってました。自分の自動車を持ってて、太一《たいち》って倅が運転をするんです。ふすまのむこうの倅に「なにしろなァ、座敷が毎晩大変でなァ、おい、太一、今日は一番初めどこだった、座敷は」「今日はお父ッつァん、どこもないよ」「……うゥん、そうか……それァ楽だ」って……あたくしァもうおかしくッてね。昔からそういうことを言う人でした。いつか両国の立花家の近くの袋物屋の所にあたくしが立っていると「よッしょ、よッしょ」って掛け声しながら駆けて行く人がある。ひょいと見ると、三語楼さんなんです。雨降りあげくで長靴はいて、一生懸命であたくしの方には気がつかず、立花へはいってった。あたくしも後からついてはいって行くと「なにしろどうも、自動車がなかなか動かねえんで……」うそばッかり。長靴はいて駆けてきたんですよ。それで自動車へ乗ってきたようなことを言ってる。そういう所はありました。

　よく貧乏時代の話をしましてね、たくあんばかり食ってたってんです。たくあんをいろいろ料理して食うんですって。たくあんの甘煮《うまに》とかね……たくあんの甘煮ってのァあんまり聞いたことがない。……ワリが少ないんで自分の俥《くるま》を引いてる俥屋に金が払えない。「すまねえが……」と言ったら「あァいいよ」ってその俥屋が、なかなか〝長兵衛〟なんですとさ。「師匠、家《うち》ィ持ってく銭もねえんだろ」「あァ……ないんだ、困った」「じゃいいよ、これ持ってきねえ」って俥屋からあべこべに銭を貰って、それで米を買ったなんて、そういう貧乏をした人なんです。

第二次研究会

落語研究会は、明治三十八年三月の創立以来十八年間続きましたが、大正十二年の大震災以来中絶しておりました。

うちの先代《おやじ》がしきりにこの研究会を再開したがったんですが、元来不精なうえに太っていて億劫だから、あたくしに「お前行って来い、行って来い」ってんで、つまり先代《おやじ》の使者で、あたくしが研究会の世話役だった速記者の今村次郎さんのところへ頼みに行きました。「先代《おやじ》が大変やりたがっているが、どうかやって頂けませんか」すると「今のお師匠さん方は昔の人達と違ってそろばんが達者だ。せんのお師匠さん方はそういうことは絶対になくて全部まかしてくれたが、今度新しく始めてもなにか金銭上のことで、とやこう言われていやな思いをするのは……よした方がいい」って言われた。「いや、そんなことはありません。前と同じに、ただ月に一ぺん落語を本当に勉強のために演りたいというのが先代《おやじ》の意向なんですから、どうかひとつこしらえて頂きたい」「じゃアとにかくあたしだけ承知しても駄目だから、ほかの三先生の御意見も聞いてみてくれ」と、こういうわけなんです。ほかの三先生ってのは、岡鬼太郎・森暁紅《ぎょうこう》・石谷華堤《いしがやかてい》の三人ですね。それから岡先生のとこへ行って頼むと「森さんがよかったら」と、こう言われる。森先生ンとこへ行くと「ほかの方々がよかったら、あたしもお手伝いをしましょう」……石谷さんへ行ってもその調子。どこへ行っても突ッかけものにされて、本当に受け合ってくれないんですよ。二度も三度もあっちへ行きこっちへ行きしたけれども、なかなか埒《らち》があかず、二年近くも経ちましたかね。そのうちに三代目小さん師匠の引退の会が新橋演舞場で催された時に、楽屋でたまたま、今村さん、岡先生、うちの先代《おやじ》なんかがみんな集まった。そこで研究会の話が出て「それじゃアやろう」ってことになって、急速にばたばたッと話がまとまり、昭和三年三月十一日に第二次落語研究会の第一回が、茅場町の宮松亭で開かれることになったわけです。

この時に発起人に名を連ねたのが、圓生(五代目)、正蔵(六代目・今西)、文治(八代目・山路)、小さん(四代目・平山)、文楽(八代目・並河)、柳橋(六代目・渡辺)これに圓蔵のあたくしが加わって七人。当時あたくしはこの中へはいるべき程のからだじゃアないわけです。ですから、何も知らない人は「なんで圓蔵が発起人にはいってるのか」って苦情をいった。ですけども、これァあたくしが奔走して歩いた為に出来たようなもんだから、もちろん発起人に入れるべきだというわけで入れたんです。

第一回の番組と会員連名をここに掲げておきます。

落語研究会
第二次第一回　演芸会番組

代脈　柳家小せん(二代目・上原六三郎)

近江八景　　三遊亭　小圓朝（三代目・芳村幸太郎）
鮑熨斗　　橘家　圓蔵（六代目圓生）
阿加牟堂　　林家　正蔵（六代目・今西久吉）
一分茶番　　三遊亭　圓楽（八代目正蔵・岡本義）
子別れ　　春風亭　柳橋（六代目・渡辺金太郎）
二番煎じ　　三遊亭　圓生（五代目・村田源治）
明烏　　桂　文楽（八代目・並河益義）
星野屋　　桂　文治（八代目・山路梅吉）
長屋の花見　　蝶花楼　馬楽（四代目小さん・平山菊松）

以上

昭和三年三月第二日曜日（十一日）正午十二時開演

会場（日本橋南茅場町 薬師堂境内）　宮松亭

会員連名（昭和四年二月、落語研究会故会員追善臨時演芸会番組から）

（イロハ順）

林家正蔵（六代目・今西久吉）
蝶花楼馬楽（八代目正蔵・岡本義）

蝶花楼　馬の助（のち八代目馬生・小西万之助）
柳　亭　鯉　楽（のち圓晃・柴田啓三郎）
桂　　　文　治（八代目・山路梅吉）
桂　　　文　楽（八代目・並河益義）
橘　家　圓　蔵（六代目圓生）
柳　家　小さん（四代目・平山菊松）
柳　家　小せん（二代目・上原六三郎）
三遊亭　金　馬（三代目・加藤専太郎）
三遊亭　小圓朝（三代目・芳村幸太郎）
三遊亭　圓　馬（三代目・橋本卯三郎）
三遊亭　圓　生（五代目・村田源治）
三遊亭　可　楽（七代目・玉井長之助）
春風亭　柳　橋（六代目・渡辺金太郎）

相談役　今村次郎
　　　　石谷　勝
　　　　岡　鬼太郎
　　　　森　暁紅

幹事今村信雄

会場は、第一回だけが第一次ゆかりの宮松亭で、第二回からは神田の立花亭に変わり、更に昭和十年九月から東宝小劇場、昭和十三年十二月から浜町の日本橋倶楽部と変わって、昭和十九年三月、第百七十九回公演で訣別を告げるまで、まる十六年続いたわけでございます。

麻雀クラブ

さて、また貧乏ばなしの続きですが、代田橋に住んでいたころはひどい貧乏でどうにもしょうがない、寄席も客が来ないんで給金は少ないし、ほかに商売でもしなくッちゃやっていけないんです。いろいろ考えましたが、その当時麻雀クラブというものがずいぶん流行り出したんで、それをやってみようということになりました。麻雀なら少しやれるからというわけですが、もっともあたくしより家内の方がうまいんです。あたくしァどういう訳か賭けごとはあんまりうまくない。

子供の時から博打《ばくち》というものは見て、よく知っています。寄席でみんながやってるし、またあたくしのおふくろが花札《はな》が好きなんです。それで、もの心《ごころ》つく時からお花札を見てますから、やり方も覚えちゃった。あたくしァチョコレートが好きで毎晩買ってもらう、すると中に小さいカードが一枚ずつはいってる、こいつを何枚もためてね、寄席の帰りに市電の中で札をきって、前へちゃんと六枚まいて、手へ七枚持って……おふくろがびっくりして「そんなこと電車ンなかでしちゃいけないッ」てんで、おこりましたが、場《ば》へ六枚まいて手へ七枚持つなんてことを、もう四つか五つぐらいの時にちゃんと覚えていたんです。寄席へ行けばサイコロでやってる。そのやり方から、どうやって勘定するのかってことまでちゃアんと心得てました。それでいてあたくしァ博打ってものはきらいなんです。

あたくしが義太夫をよして噺家になって、十か十一ぐらいの時、横浜の新富という席へ行くと、楽屋へ半月泊まるわけです。うちの師匠の弟子も七、八人泊まってる。それと、中売《なかう》りという、場内でお菓子を売ったりお茶を出す若い衆がその席に三人か四人いましたし、ほかに下足番だとか、そんな連中の中で好きなやつが集まって夜になると〝きつね〟という博打を始める。これは一から六までの数字を紙へ書いてそれへお銭《あし》をはる。賽《さい》つぶを三つ使います。仮りに一へはって一が一つ出た時には倍つく。二つ出たら三倍、三つ出た時には四倍つく……そういう博打です。これをどういう訳で〝きつね〟というかてえと、親《おや》が賽を伏せてると、子がみんなお銭《あし》をはるでしょ、そこで子供同士で、ほかへかつぐってことをやるんです。仮りにあたくしが一にはっていると、誰かほかの者がこれを五にかついだとする。そして出た目《め》が一なら、はった金は全部親の方へ取られるけれども、あたくしは、あたくしの取《と》り分《ぶん》をかついだやつから取れるんです。ところが、一度だけかつぐんじゃなく、一人が一にはってあるのを五にかついだとすると、また別のやつが「おウ、それをこっちへかついだ」と三へ持ってったり、それをまた「おゥ、それをこっちへ……」てんで六へ持ってったり……あっちへ持ってったりこっちへ持ってったりするうちに、自分のはったのがどこだったかわからなくなってしまう……化かされたようになって、取るべき金も取れないことがある。自分が初めにはった目が出てるのに、ぼんやりしてるとごまかされちゃうんです。それで〝きつね〟という名前がついたんだと思いますね。それを、夜、楽屋でやるんですが、どうせ乞食博打といって、その時分の五銭、十銭……十銭より上ははらない。一銭銅貨だとか五銭玉だとかでやってるんです。こっちだって退屈だし、みんながやってるから子供だってやってみたい。そこへ行って五銭ぐらいずつはるんですよ。そうするとある時、あたくしが一だか二だかへはって、例のとおりあっちへ持ってったりこっちへ持ってったりしたあげく、ぽんとあけるとあたくしのはった目が出たんです。ところが中売りの男がみんな持って行こうとしたから「あ、そのお金、あたいんだよ」って言ったら、「何いってやがんだ、べらぼうめ。これァ俺の銭《ぜに》だいッ」ってその男が目の色変えて取った。……その時にあたくしァ、あァこれァ博打ってものはするもんじゃないなと思ったんです。四十づらさげたやつが子供の銭を五銭ごまかして、どこがどうするんだろうと思ってね。ふだんおとなしい人なんです。それが目の色変えて「俺の銭だいッ」と食ってかかった。それで心底《しんそこ》から博打ってものはいやなもんだなと思いました。先代《おやじ》も博打はきらいで、やりませんでしたね。師匠はやりましたよ。でも、晩年はやらなくなって、ひとがやると小言をいったりなんかしてましたがね、ふふふ。

そんな具合だから、あたくしはあんまり博才《ばくさい》はない、そいつが麻雀クラブをやろうってんです。どこかいい所はないかってんで捜したところが、代田橋から一ッ丁場むこうの笹塚に、表通り……甲州街道ですね、そこに店屋が一軒あいている。階下《した》は土間《ひと》がかなり広くッて座敷もあるし、二階が十二畳に六畳、普通の家としたら大きい方で家賃がその時分七十円ぐらいでした。ここを借りることにして、麻雀台を買って、まわりの壁に布を張ったりして装飾をして、麻雀クラブを始めました。朝十一時頃から始めて夜は十一時十二時ごろまでやる。客の数が半端な時には、うちの者がはいってやらなくちゃならないが、うちの者が負けるとかぶるといってゲーム代が取れないわけなんです。あたくしがやるとたいていかぶっちゃってだめなんですよ。家内の方がずっとうまかった。

その時分はとにかく不景気なんですねェ。朝の十一時ごろに来て始める人がある。その人が昼になると「あのゥすみませんが食パンを半斤買って下さい」とこう言うんですよ。「ジャムがようござんす」……その時分に食パンが半斤九銭、ジャムをつけると十二銭かになる、そいつを食って麻雀をやってる。夕方ンなると「すみませんが食パンを、今度はバターつけたのを半斤」……これ買ってくるのはみんな現金ですからね。また十二銭かなんか立て替えで買っててくる。夜の十一時十二時ごろまでずウッとやって、しまいに「お勘定を」というと「ない」という。本当に一文も持っていない。……しょうがないでしょ、これ。訴えるってほどのことはないし……だけどむこうも良心がとがめるから高いものを食わない。親子丼なんかは三十五銭から五十銭くらいとられる、だから食パン半斤ずつ食って、一日じゅう汗をかいて、一文なしで麻雀をやってやがる、そんなのがいました。

貧乏ばなし

その時が本当に貧乏の一番どん底でした。夏になっても小千谷縮《おじやちぢみ》という単衣《ひとえ》ものが一枚、それから絽の羽織が一枚、天にも地にもそれッきりしかない。だけども小千谷縮ってものは帷子《かたびら》ですからね、着て行くとくしゃくしゃになるんですよ。しわだらけになって帰ってくると、家内がぷウッと霧を吹いて、たたんで圧《お》しをして、衣紋竹《えもんだけ》へ掛けておくとぴィんとする。あくる日になるとそれをまた着て行くという塩梅で。

あたくしの出番が神田の橘《たちばな》亭一軒だけってことがありました。そうすると笹塚から新宿の往復が十六銭、市電が往復十四銭、合計三十銭かかる。ところが橘亭へ行くとお客が十八、九人ぐらいしきゃいない。トリは先代三升家小勝で、先代貞山・うちの先代《おやじ》・三語楼・文治なんてのがずらアッと並んでるんですけどね。あたくしがその一軒だけの席へ行って一と晩に貰うお金が三十銭。電車へ乗っただけで、なんにもなくなっちゃってぱァなんですよ。ただ行ってくたぶれて帰るだけ。

のちに志ん生に話を聞きましたが、その時分あの人も笹塚にいて、新宿まで電車賃八銭出すのが惜しいからってんで日和下駄《ひよりげた》ァはいて歩いて行ったら下駄がすっかり減っちゃったって話。当時志ん生の隣りに柳家権太楼が住んでて、家主が家賃の催促に来たら、権太楼のやつが鉄の棒を持って家主を殺しちまうって追っかけたてんですがね、『らくだ』を地で行ったようなもんで。二人とも家賃を相当ためて夜逃げしちゃった。その後そこへ借りに行ったやつがある。家主に「あいてるなら貸して下さい」「商売は？」「噺家です」「とんでもねえこッた、噺家なんぞに貸すもんかッ！」と言ったてえますが、もう噺家にはこりていた。

やはり笹塚時代、苦しくッてしょうがない時、もと京橋の金沢亭の主人だった池田さんて人に頼まれて、帝国ホテルにお座敷で行きました。この人は大変おとなしい人だったんですが、国粋会というようなものへ関係して、人を刺してくらいこんで、出て来てから政治ゴロみたいなもので大変顔がよくなったんですね。先代《おやじ》とあたくしと二人頼まれて、あたしがその時分二十円でしたかな、先代《おやじ》が三十円。先代《おやじ》の方もやっぱり苦しいし、あたくしはもちろん金がないから喜んで、質にはいってる着物を、やりくり算段で、やっとこさと質受けして行きました。一席ずつやって「お金を」と言ったところが、「今ちょっと具合が悪いから、すぐあとで届けるから」……どうもあぶねえなと思ったんですけど、どうにもしょうがないんです。この池田さんはその時分、電車で新宿から行けば笹塚より一ッ丁場手前の幡ケ谷で、甲州街道に大きな味噌屋をしてるんです。角店《かどみせ》で立派な構えなんだし、まさか大丈夫だろうと思ったが……これがなかなかくれないんで、しびれをきらして催促に行きました。すると「もう三日待ってくれ」とか「五日待ってくれ」とか言ってなかなかよこさない。半月たち一と月たち、そのうち、やっとこさと先代《おやじ》のだけはよこしたが、あたくしのはくれない。冗談じゃアない、こっちだって質受けしてやりくり算段で行ったんです。とにかく主人《あるじ》に会わなくちゃいけない、あした早く行ってみようと七時ごろに起きて行ったら「もう旦那はさっき出かけました。何の御用か承わっておきましょう」……承わっておくったってそれじゃだめなんです。あしたはもう少し早く行こうと、六時に行ったら「もう出かけました」……冗談じゃアねえってんで「あしたは四時に起こしてくれ」って、家内に目ざまし時計をかけさしといて、とび起きると顔も洗わずに、ちょうど夏のことで、ゆかたでとび出して行ってみたら、朝の早い家ですね、もう店はあいてるんです。「お早うがす」ってはいってったら今度はいましたよ。「あのね、大将、困るんだからくださいよ」「うゥん」てんで渋い顔をしていたが、かみさんとなんかごじょごじょ相談して、六円だかくれて、「今日はこれだけで……」しょうがないから帰ってきた。次の朝また四時に起きて行くと「じゃアこれだけ」って二円くれて……変なんですよ、次の日行くと一円五十銭くれる……行くたンびにむこうのかみさんがいやな顔をする。いやな顔をされたってなんだって、こっちァ必死なんですから、毎朝早く起きて行きましたよ。そしたらむこうもとうとう音《ね》をあげまして「銭がないんだから、かんべんしてくれ」「かんべんしてくれったって、あたしン所だって銭がなくて困ってるんです。それでなきゃこんなに催促に来ません。とにかくなんとかしてください」「……本当に金がねえんだ。これを持ってってくれ」って、味噌屋ですから納豆をひとかかえくれた。弱りましたねェ。納豆ひとかかえ貰ってきたってどうなるもんですか。しょうがないからその納豆を寄席へ持ってってって「買ってくれ」って……今考えりゃおかしいが、その時は実につらかった。

麻雀クラブの方も、やはり士族の商法でね、貸し貸しになるでしょ、それでゲーム代が二十円三十円とたまるともうだめなんです。たおしは出来るし、とうとうそこも永くいられないで、今度は四谷の左門町《さもんちょう》へ越して、そこでも麻雀クラブをやってましたが、その時分は実に苦しかったですね。

そのうち昭和四年三月十七日、芝三光亭が新築落成というわけで、四日間、有名会をやりました。神田伯山、立花家橘之助、柳家三語楼、金語楼、春本助次郎、李彩、それに、先代《おやじ》、あたくし、という顔ぶれです。ところがその後はやはり不入りで借金はふえ、かかってくる電話もその催促ばかり。ところがうちの先代《おやじ》は自分では言訳なんぞしない。みんなおふくろやあたくしが言訳して待ってもらうんです。それで、弟子やなんかが金に困って泣きついてくると、先代《おやじ》は〝長兵衛〟ですから、高い利子で借りた金をそっちへ貸してやる。貸してやる時は自分がやるんです。言訳の方はみんな人まかせ。

前に席亭があがり高をごまかすことを〝げんしろう〟ということを申し上げましたが、まずこの〝げんしろう〟をしなければ寄席の経営なんてものは成り立たない。ですから席亭が〝げんしろう〟するのは、もうあたりまえみたいになってましたが、先代《おやじ》はそれをしないんです。自分も芸人だから、芸人をごまかすなんてことは出来ない。それどころか、楽屋入りの金が少ない時は、自分で足しまえまでするくらいですから、損はしたってもうかるわけはない。

そうした最中に、ある日先代《おやじ》があたくしに「お前、あしたの朝九時に来てくれ」という。

行ってみると、すぐ高円寺まで行くというので、なんだか訳が判らないがついて行きました。するると駅前に空地がある。先代《おやじ》はどういうもんか、家の設計を考えるのが好きでしてね。よく図面やなんかを引いてましたが、「ここを五百坪借りて家を建てるんだ。お前の家はこの辺に……」なんて言ってる。なにしろ借金で首がまわらなくってひいひいしてる最中なんですからね、これァ先代《おやじ》は気が狂ったんじゃないかと思って、あたくしはその顔をじイッと見てましたが、狂人どころじゃない、大まじめなんです。その時に、やっぱり噺家だなァと思って感心しました。

翌年の二月二十七日、とうとう借財のために三光亭は明け渡して、先代《おやじ》一家は四谷左門町百十六番地、今の四谷三丁目の交叉点のすぐそばへ引き移ることになりました。この時あたくしも左門町にいましたから、先代《おやじ》が同じ左門町へ来たとなれば、一緒になって共同で生活をした方が経済上都合がいいってことになって、先代《おやじ》の家へ移りました。

その後も商売の方はやはり不振でして、昭和五年六月ごろに三語楼の落語協会というものは解散をしてしまった。そこで先代《おやじ》は七月十一日から睦会《むつみかい》へ加入することになりました。なにしろ寄席は客が来ないんで、どうにもこうにも困った時代でした。

圓蔵時代

そんなふうで、昭和初年の寄席は実に不入り続きで、噺家はみんな苦労しました。

その間あたくしは、圓蔵になって二、三年経ってからでしたが、毎月自分の会、つまり独演会みたいなものをやったこともあります。あたくしが二席演って、先代《おやじ》に一席助《す》けてもらう。今まで演らなかった噺を自分で稽古したりして……その当時『盃の殿様』なんて噺を『百花園』(明治末の講談落語速記雑誌)から覚えて演ってみたりしました。

それから落語研究会の方は、あたくしも発起人のうちですから、ほとんど毎月出ておりました。その頃の研究会の機関紙である落語研究に、折々批評が出ていますので、二、三抜き書きをしてみます。

圓蔵君に呈す　　　荻島　生

小さい話を、大きい話の態度でしたならば誤りである。圓蔵君の『蚊いくさ』はこの点に第一の失敗をしたのである。圓蔵君は身構えの悪い人のように自分は思う。「圓蔵は若い、色気がありすぎる」悪く言えば生意気だと言われるのは其処である。聴衆と融合出来ないのもそこだ。持ち味がないのだから、発声の研究でもしてほしい。機転でごまかさず素直に行くべし。六月の『お血脈』で彼にたのもしさを感じた自分は敢てかく申すのである。なぜか、圓蔵はよく知っていると思う。

(『落語研究』第2号・昭和4・9・15)

圓蔵小せん馬楽　荻島　健

九月例会の出来は兎も角として、進歩した君等である事を認められる。圓蔵は鰻の幇間を、小せんは代脈を、馬楽は天災を彼等の仕事として相応である。と言うのは圓蔵は微細精密なる表現を、小せんの太く軽く漫画を描き、馬楽の筆に潑剌たる才気があるからである。自分は各々に期待を以て聴いた。処が圓蔵の鰻の幇間は努力一杯と言う事を勘違いし、噺に執着し噺を拈弄し毀した。話の小細工がそれだ。彼は常に看点を高め全局を客観視すべきだ。（後略）

（『落語研究』第3号・昭和4・10・15）

第廿八回を聴いて　斎藤　拳三

（前略）圓蔵の猫定、此の人のいい持味の色っぽい情味のある女が出ない噺だけに不出来だ。此の人は柄にない噺ばかり演りたがって困る。圓生君は少し圓蔵君の出し物を選び出してやる必要がある、ネタの多いのに勿体ない。

（『落語研究』第14号・昭和5・10・10）

第卅一回を聴いて　斎藤　拳三

（前略）圓蔵の後家殺し、噺の力点の置き方、詰め方を圓生に相談したら宜いだろう。一例

が噺の中の義太夫、あれは旨く短くなければいけない。出し物も自分の考えだけでなく親父の圓生と相談したら如何。（後略）

（『落語研究』第17号・昭和6・1・10）

俳つぶて　ゑむ　てい

◇圓蔵君の「法華長屋」

この噺など少し年輩の尤もらしい顔付で演ったが徳で、若手花形の御曹司には、大屋さんの人物がチト出兼ねる筈を、アレまでに聴かせたのは手柄であろう。

ちょと惚れる団扇《うちわ》太鼓の叩き振り

（『落語研究』第26号・昭和6・11・10）

馬楽と圓蔵の芸風　森　暁紅

毎号一人ずつ書いて来た此の芸評記を、ここに馬楽と圓蔵の両君を割看板にして扱うことにしたが、これは決して両君を小さく思ってするのでないから前以て断っておく。

賢明な馬楽君であり、怜悧な圓蔵君であるから、其のどっちを先にしようと後にしようと、決して文句をいう筈はないが、角力ならば好取組である此の二人は、どうしても並べて以て評したい所ではないか。

馬楽君の芸風と圓蔵君の芸風は、全然違ってはいるが、然し現在持っている芸の程度、年齢が同じでそして男振りの好さも、一方がニューッとし、一方がトンガッているにしても、どっちも落語家としては好男子であるとは、誰れでも認める所だろう。

二人は落語研究会の花形というばかりでなく、広く落語界での花形である。然もインチキ芸で人気を博そうというのでない、真の腕に鍛えをかけている真面目な二人である。

圓蔵は弁舌あざやかで、トントンと畳んで調子よく出る話口であり、馬楽は弁舌重く堪えて押してゆくという話口である。圓蔵は器用に軽く、馬楽は無器用にシッカリしている。其れが両人の長所短所の両様で、即ちどっちにも好い所があると共に、研究の余地の充分にある所である。

圓蔵のは調子が好過ぎて走り過ぎ、馬楽のは堪えてばかりいて出足がのろい。たとえれば、圓蔵は兎であり馬楽は亀というわけだろう?

とはいうものの然し、研究の余地はありとしても互いに持って生れた自分の芸質に修錬をする外、芸にゆうずう出来るものでないから、まず其の短所を各自覚して研究すべきは、芸の味という点である。

一言にいうと圓蔵のは芸の皮ばかりであり、馬楽のは芸の骨ばかりである。残念ながらまだどっちにも肉が無いのである。皮と肉の間にあるのが味、骨と肉の間にあるのが味、肉が附いて来ないと其の味が出て来ない。そこが此の二人のこれからの仕事だ。（中略）

二人の芸に味が出て来れば、役者にたとえて圓蔵は菊五郎であり、馬楽は吉右衛門という所だろうが、まだまだそこまでには及んでいないのだ。（後略）

（『落語研究』第25号・第27号――昭和6・10・10・同6・12・10）

どの評を見てもあまりかんばしくない。当時当人のあたくしとしては心中おだやかじゃありません……なにおれの芸が判るものか、と思ったが、今にして思えば言われるのが当然で、いちいち御説ごもっとも、面目次第もございません。

そのほか、当時の『落語研究』にちょっと洒落た見立てが出ておりますのを再録してみました。

噺家魚見立　　　紅羅坊名丸

小さん（四代目・平山）鮪　矢ッ張さしみは鮪でないとネ。
圓生（五代目・村田）鯨　兎に角壮観々々。
文治（八代目・山路）鯛　腐っても鯛は鯛。
圓蔵（六代目圓生）鮎　あの颯爽たる英姿を御覧なさい。喰ったら巧いかって、さあ？
金馬（三代目・加藤）秋刀魚　誰にでも好かれるが下卑て居る。
文楽（八代目・並河）鰹　此を喰わぬと江戸ッ児の恥。
可楽（七代目・玉井）海鼠　ヘン、下戸の知らねい味さ。
馬楽（八代目正蔵・岡本）鯉　今滝登りの最中です。

柳橋（六代目・渡辺）鰻　近頃鰻屋も軽便となった。
小せん（二代目・上原）鮭　塩引きなので少し甘いかも知れません。
小圓朝（三代目・芳村）鯡　すっかり煮なけれあ。

〜〜〜〜〜〜〜〜〜〜〜〜〜〜〜〜〜〜

楽屋の若い人二人の会話。
甲「おれたちは何だろう？」
乙「サア、だぼ鯊《はぜ》かな」

（『落語研究』第4号・昭和4・11・10）

私のお茶受け

平山　蘆江

毎月の催しものの中に、私は狂言のよいや会と、落語研究会を楽しみにしている。一ケ月を通じて私の身辺に起るいろいろの仕事を食べ物に譬えたら、この二つは正に仕事の相間にほっと一息して、お茶受をもらったようなものだ。（中略）

さて、私のお茶受けが落語研究会だとすると、落語家諸君はまずお茶菓子という順になる。怒っちゃいけませんよ。このお茶菓子を思い出したところから、一つずつ見立てて見ます。

金馬は、木村屋のアンパンだ。と云って軽蔑していうんじゃない。少しも勿体がっていないくせに旨い。何だアンパンかと思っても、つい手が出る。出ると上戸も下戸も知らず知らず喜んで食べている。見かけは頓狂だが、味がよくて、食べたあとに例のケシ粒がぷつりぷ

つりと思いがけない時に歯ぐきから出て来るなんざ殊に乙だ。（三代目・加藤専太郎）

圓生は瓦煎餅かな、おしだしが大きくて大味で、話しぶりが尤もらしいが、うっかりするとすぐしめって了う。尤も、しめってもしめったところが好いという人もあるから、それも持味の中だ。（五代目・村田源治）

小さんはそばまんじゅうだ。時々出来たてのぽかついたところで、舌をやけどするほど旨い。そのあとへ大抵お煎茶が出るから尚うれしいが、どうかするとお煎茶を忘れられる時もある。（四代目・平山菊松）

文楽はかりん糖かしら、歯ぎれの好いところ、食べはじめてやめられないところ、香ばしいのも無論だが、ほろりと生姜の味などもよく利いている。（八代目・並河益義）

文治は鹿児島名物の文旦漬だ。誰の前にだって出せる。誰に見せても、やァこいつは結構ですなァという。が、どうかすると結構すぎて実は遠慮したくなる時もあります。（八代目・山路梅吉）

圓蔵はなんきん豆の砂糖漬かしら。うかうか食べてると歯にはさまって困るし、脂の強いところも一寸《ちょっと》難儀だが、其のくせあるあいだは止められない。（六代目圓生）

もっと書きたいが、長すぎるからこれでやめ。又その中。皆さん御免なさい。

（『落語研究』第18号・昭和6・2・10）

研究会々員諸君を
――一寸飲食店に見立てゝ

失礼御免山人

初めからあやまって置く(順序も不同)

▽圓生君と天ぷらや。タネも油も悪くないのだが、揚げ方がぞんざいだよ……親方もう少しよく揚げてくんな。(五代目・村田)

▽小さん君とすしや。是れ又タネも握り具合も申分ないし、勿論わさびもバチなんか使わないから有難いが、酢かげんの出来不出来がヒド過ぎるよ。(四代目・平山)

▽文楽とうなぎや。ムシも念が入っているし焼も結構だが、あすこの家じゃどじょう鍋の出来ないのが不自由だってね。(八代目・並河)

▽芝楽君と縄のれん。腰掛けだってあのくらいな物を喰わしてくれゝば悪くないが、もう少し酒のいゝのを使うと猶いゝんだ。(七代目・〈えへへ〉柳枝・渡辺)

▽馬楽君とそばや。ほんとうの手打を喰わしてくれる所はうれしいが、どうも汁がショッカラ過ぎる。(八代目正蔵・岡本)

▽圓蔵君と汁粉や。元来駄汁粉じゃないが、店の自慢にする様なものゝ出来ないのが残念だね。(六代目圓生)

▽金馬君とカフヱー。ネオンサイン、ジャズ、美給其の中で和食の鍋物や、ぬたぐらいは出

来様というのだから素敵だ、だがあの家は少し騒々し過ぎるな。（三代目・加藤専太郎）
▽可楽君とおでんや。小皿盛に庖丁を利かせて実にいゝ味に喰わせるのだが、店の明りが暗くっていけない。（七代目・玉井）
▽文治君と大料理店。玄関構えはたしかに老舗だ、大料理屋に相違ないが、板前の能書きが凄いんでウンザリするテ。（八代目・山路）
（『落語研究』第34号・昭和7・7・10）

信心と方除け

四谷左門町百十六番地の家に先代《おやじ》と一緒に住んでおります間に、昭和八年一月五日、あたくしの弟の圓晃（本名・柴田啓三郎）がこの家で亡くなりました。当時、斎藤拳三というかたが研究会報に書いた追悼の文をここに掲げることにいたします。

圓晃追憶　　　　斎藤　拳三

前途有望な、そして私の大好きな橘家圓晃は卅歳のうら若い身で、第弐次落語研究会員第三人目の物故者となってしまった。
青白い顔、長身蒲柳な姿、兄の圓蔵と声音は似て居ても丸で違った色気のない高座、誰かに気兼ねでもしているのかと思われる様な寂しい芸、考えれば考える程、早死する宿命を持ってた様な気がしてならない。

彼は「五段目」と「播州廻り」と云う噺を好んで演ったが、私はそれより彼の物としては「押くら」と「富久」がよかった様に思う。あの年輩の若い人の内では一番噺の数を知ってる人だった。が、まだ噺を打こわして自分の物にする力と自信が無かった。震災直後、立花亭が番組を発表して、三十分会を演り初めた時、私は久々で落語が下げまで聞ける嬉しさに毎夜聞きに行ったが、当時別派の睦会に属してた鯉楽時代の彼も毎夜聞きに来て居た。

私は廿歳台の若い身で、これから素噺を勉強して行こうと云う殊勝な噺家の存在が不思議で堪らなかった。落語の暗い前途を覚悟の上の冒険家か？　将来の殷盛を夢みる楽天家か？　私には全く見当が附かなかった。

言葉を交わして見ると、どうして落語に対する理解力もあれば、批評力もあり、前途は解らないが好きでなった商売、是れで貫いて行こうと云う堅い決心を持ってる人だった。私等噺好きにとっては、何と云う頼母しい人だろう。と同時に、其の前途のけわしさ暗さを思うと、此の若い真摯な噺家が可哀そうでたまらなかった。声色や、物真似の旨い人。其れは必ず素質のいゝ人に違いない。

然し不思議と此の種の噺家は落語が旨くない。噺家は素質よりは心がけなのだろう。其れなら此んな勉強家の人は素噺など余り重んじない睦会にいるより、同じ主義の小さんの門下に加って修業をする方がいゝだろうと進言した。彼の父圓生も、落語の真の理解者だった。間もなく彼は睦会から協会の小さんの家の人となった。此れは私が若い一人の噺家の前途に人知れず責任を感じた最初でもあり、亦人一倍不健康な彼の身をあんじたりする一因にもなった。

流石に小さんは、世にいれられない地味な渋い芸風でひた押しに修行して来た強者《つわもの》である。「此の商売は身体の弱い者は駄目です。折角旨くなった時分に命が終えちゃア何にもなりません――志ん生さんが善い例です」と口癖の様に云ってた。やっぱり聡明な彼に云い当てられてしまった。圓晃贔屓の私にして見れば、此言葉も悲しく聞えたし、親父の圓生が、圓蔵の半分も圓晃の高座をかまってやらない様に思えたのも私の僻みだったのかもしれない。

身体の悪くなった話を聞いて、逢う度に自重を勧めたが、独身の若いもの、不養生に成り勝だった。彼は昭和六年十月の研究会に痛ましく衰えた姿を現わして蛙茶番を演った。無論不出来だった。調子をたたみ込むと咳が出て絶句する彼の最後の高座を私は今に忘れない。

数える程しかない真ともな若い噺家を亦一人失ったかと思うと私は残念でたまらない。

静かに死者の冥福を祈る。

（『落語研究』第40号・昭和8・1・10）

圓晃が亡くなった月の二十四日に四谷大番町《おおばんちょう》二番地（今の大京町）へ越しました。明けて九年の九月、先代《おやじ》一門は睦会を脱会することになり、そして東京落語協会に加入いたしました。この間ずいぶん動いておりましたが、これがもう動きじまいです。

大番町へ引移って、あたくしもそこでずっと一緒に先代《おやじ》と暮していたが、やはり自分でもまことにきゅうくつなので、別になりたいと思いまして、牛込の通寺町《とおりてらまち》……都電の牛込肴町のそばですが、ここへ移転いたしました。三十円の家賃でした。大番町からこの寺町が真《ま》ッ鬼門《きもん》にあたる……方位で鬼門はいけないということを言いますが、鬼門の方へ越すのは大変いいんだそうで、ただし三年以上いてはいかんということで越したんですが、結局ここに四年間おりました。その間に二・二六事件なんという大事件がおこったこともある。

その当時、あたくしは一向に浮かび上がらない時代で、そのうえ、お恥かしいが若い時分に感染した淋病が悪くなってずいぶん苦しんだ。そんなところからでしょうか、あたくしは信心をしましたね。上野鈴本の支配人の島村という人が、備中《びっちゅう》高松の最上位《さいじょうい》稲荷さまの大変な信者なんですが、当時この島村というのは大した勢いで、ほかの席亭も一目《いちもく》おくというぐらい、非常に威張ってました。しかしそれだから信心したわけじゃアない。いろんなことから、人というものはやはり信仰というものはしなきゃいけないもんだと自分で感じたからです。うちの先代《おやじ》は一時天理教に凝って、あたくしにもはいれはいれと言ったが、頑としてはいらなかった。信心というものは強《し》いられてやるべきもんでないと思っていましたからね。自分からそういう心持になった時にやるべきもんだという考えでいたわけで、いろんな話を聞いて、このお稲荷さまを拝むようになりました。月に一ぺんずつ島村の家へみんなが集まると、家の中にお神輿《みこし》みたいなものが飾ってありまして、そこでおまいりをしたもんで。

そのうちにある人が見てくれて、いま住んでる家がいけないから越せと言われたんですが、なかなか越せないんです。

その時分には貸家てえものがずいぶんありましたが、一カ月ばかり毎日あちこち捜したけども、見てもらうと「これは家方《かほう》の悪い家だからだめだ」……あれもだめ、これもいけないてんで、とうとうしまいに牛込神楽坂のわきのアパートで部屋があいてる、見てもらうと、これァまァ悪くはないというんで、そこへ引移ることになりました。ここは高級アパートでして、そのアパートの人だけがはいる風呂があって、風呂銭を別に取る。掃除人もついていて廊下から何から全部掃除人がやってくれるから、自分の部屋の中だけやればいい。それで月に三十七円から四十円ぐらいでしたが、ここに暫時《ざんじ》おりました。それで方除《ほうよ》けをして、もとの大番町へ帰ってもいいということになって、やっとこさと大番町の先代《おやじ》の方へまた一緒になりました。これが昭和十三年のことです。

寄席厭世

その前後、左門町にいた時分から、どうもあたくしは噺家ではとても成功しそうにないから、踊りの師匠にでも転業しようかと、しきりに考えておりました。

自分としたら芸の行きづまりで、どこまで行ったったってひとつ所をぐるぐる廻っているようで、どうしていいんだか判らない。噺も自分じゃア勉強しているつもりなんだけども、暗中摸索てえやつですね、ただ噺の数さえ多く覚えれば勉強だと思ってたんです。

それに金はちっとも取れない、席へ行けば、話に出ました鈴本の番頭の島村てえのが、実にどうも横暴極まりないもので、ちょいとでも遅れて行こうもんなら、頭からどなりつけて、ステッキでもって殴ったりなんかする。こっちァびくびくしてなくちゃならない。大幹部でもなんでも、島村のとこへ行っちゃア御機嫌取ってるんです。うちの先代《おやじ》なんぞはぶッきらぼうですからね、「今晩は」ってったっきり、その前でお世辞なんざ言わない。高座へあがってっちゃうと、島村が「何だい、圓生のやつァ面白くねえ、入《へえ》ってきたってむずッとして、あんな噺家じゃアしょうがねえ」と、そういうことを言う。先代《おやじ》が家へ帰ってきて「あァいやだいやだ、つくづくおれァ噺家をよしたい。どッか田舎へでも行って、鳥かなんか飼っていたい」って言いました。そういう御機嫌取ったりなんか出来ない人なんです。この人だけの芸になって、こんな思いをさせるのは情けないなァと思いましたが、実にその、ぶっても叩いても客は来ないし、全く哀れな時代でしたね。

それで、易者みたいな人にあたくしがみてもらったことがある。すると「噺家では成功しない」と言うんです。それならあたくしは噺家をよそうと思った。中途半端でもってやっているのはいやだ。子供の時には圓童・柳童と並べられて、将来は大物になるだろうと世間からもいわれ、自分も正統な落語家として第一人者になりたいという希望を持っていた。しかし柳童の柳橋さんはえらくなったのに、あたくしは中途で事成らずして、こんなままで死ぬのはまことに情けない。そんならいっそのこと、なんかほかへ転向しよう……と思ったが、さて何になるか迷いましたねェ。あたくしは落語のほかにはなんにも出来ない。三味線は質《たち》がよくないんです、勘所《かんどこ》があんまりよくない。唄もだめだし、ただ一つ望みがあるのは踊りだけです。踊りは子供の時からやっている、だけどもこれは寄席で踊る便宜上に教わったようなもんで、本腰を入れてやったわけじゃないんで、それから本当に踊りというものをやりはじめました。一日に五時間ぐらい踊るんです、そうすると自分でだんだん目がくぼんでくるのが判るんですよ。しまいに疲れてぶッ倒れそうになる、それをがまんしてやってると、むやみに甘いものが食いたくなりますね。ゆであずきなんかずいぶん食いました。それから家へ帰ってレモンを口ンなかへ入れて吸うんですが、酸ッぱく感じない、本当に疲れると、あれが甘くなるんですよ。

もう三十いくつになってから改めて踊りをやろうというんですから大変です。稽古の時は馬鹿だのちょんだのと言われるし、これァ素人の気にならなきゃとても続かない。なんと言われても芸の上ならば、つらくともがまんしようと思って、花柳徳太郎師の所へ行って稽古をしました。師匠に訳を話したところが「名前はいつでもあげるけれども、名取りの費用やなんぞかけるより、悪いことを教えるようだが、君の名の橘家圓蔵で踊りを教えたっていいんだ」と言ってくれました。

しかし、踊りをやるならやはり踊りの名前で……と考えたりしていますと、そのころあたくしが牛込の演芸場で番組の一番初《しょ》ッぱなに書かれたんです。なにか特殊の会ですけども前座です。あたくしも二ッつめや三つめならがまんするけれど、圓蔵というのはとにかく師匠の大事な名前であって、いかになんでも圓蔵でまさか前座へはあがれない。それで先代《おやじ》に「圓蔵の名前でサラへあげられるんじゃァ、あたしァいやだから噺家をよす」と言ったら先代《おやじ》も「よせ」ってんです。それから辞表を書いて、その時の会長の一竜斎貞山（先代）さんのとこへ持ってってたんですよ。「どういう訳なんだ」って聞かれたから、もう前から癪にさわってることを、みんな言ってやったんです。「ほかの者は、誰もそんなことは言わない」「言わないって、あたしァもうよすんだから遠慮会釈なく言う。いえば商売に差し支えると思うから言わないが、貴方《あアた》をこわがって言わないだけだ。大体、上の者の方針がまちがってる」と、言いたいことをみんな言ってやった。すると今度は上野の鈴本と人形町の末広が心配をして、「踊りの師匠になるにしても、圓蔵という名前で、噺家としてもうひと花咲かしてからにしたらどうだ」と言ってくれた。それでまァあたくしも考えました。よすとは言ったけれども、よしていきなり踊りの師匠でございますといったって、弟子が来るか来ないか判らない、これァ一番不安なことです。一時の怒りでそんなことをして、子供もあるんだし、あとまたどうなるかも判らない。それで「やはり出していただこう」ってことになって、むこうから辞表も返してよこしました。

しかし、こっちァもう噺家をよそうと腹はきめてるんです。ただ、踊りで立つといったところでね、雲霞《うんか》のごとくに踊りの師匠があって、みんな子供のうちからその道で修行してきてるんだし……噺のことならあたくしは、自分のうまいまずいにかかわらず、聞かれてすぐ答えが出来ますが、さて踊りとなると知らない演目《もの》もうんとあるぐらいなんだからどうも心細い。日本じゃとてもだめだから、支那へでも行こうと考えました。

青島《チンタオ》って所で、この間亡くなりました三遊亭百生が、そのころ一時噺家をよしちゃって、〝カフェー・ガアヤン〟というのをやってたんです。この百生とあたくしの所とは、前からつながりがありました。百生は、もと、桂春団治……芝居やなんかで演りましたね。初代といってますが本当は二代目で、この二代目春団治師の弟子なんです。春団治がまだ我当《がとう》といった時分の弟子で我朝《がちょう》といったんです。演芸会社時代、あたくしが十七、八の時分にあの人が東京へはじめて出て来て、文治さんの所へ〝内輪〟ではいったわけなんで。大変ひょうきんな男なんで、あたくしの先代《おやじ》が「がァやん、がァやん」ってかわいがってました。あいつも旅へ出て帰ってきて、泊まるとこがないてえと、先代《おやじ》ンとこへ来て「師匠、泊めておくんなはれ」ってなことを言って、うちに泊まっていたりなんかしてた。いつかも、どこからでしたか、だしぬけに「カネ二〇〇エンオクレ」って電報うってきましてね。二百円の金ったら大変なんですよ。先代《おやじ》だってそんなに楽じゃないんだけど「あン畜生、困ってやがんだろう」ってんで算段して、あたくしが朝鮮銀行へ使いに行って送ってやったことがありましたよ。「カネツイタ、カンシャス」という返電が来ましたが、それッきりなんとも言ってこない。五年ぐらいの間、はがき一本よこさない。「どッかで馬賊かなんかに殺されやがったんだろう」ってそう言ってた。と、ある日だしぬけに「こんにちは」って家へやってきました。「なんだおめえ、生きてたのか」「へえ」……そういう変わったやつなんで、その間、満洲を方々商売やって歩いてたんですね。そのうちに客も出来たし、青島《チンタオ》でカフェーを始め、これが大変成功して、年に一ぺんぐらいは必ず金を持って大阪と東京へ遊びに来るんです。その時分、こっちへ来ると必ず家へ来ていたという、そういうつながりがあるわけで。

この百生の所へ手紙で相談してやったところが「青島へ来るんならば、検番のお師匠さんになれるように……今も一人いるけれども、なんとかしてお世話する」というんです。あたくしも日本じゃとても自信がないから、支那へでも行こうと考えていたところですし、まず家内に女の子を一人つけて先に青島へやり、むこうの様子を見て、いいとなったらあたくしもすぐ行くつもりでおりました。そうこうするうちに先代《おやじ》が死んで……電報をうって家内を呼びかえし、すっかり事情が一変しまして、青島行きはお流れになりました。

中北支慰問

支那へは、その時分に皇軍慰問で二度行きました。たいてい六十日ぐらい、恤兵部の指図で浅草にあった静家《しずや》という余興屋から頼まれて、まず第一回は昭和十三年に中支へ慰問に行きました。宇品から運送船へ乗って上海へあがって、南京《なんきん》へ出ます。南京から漢口《かんこう》まで船で行きましたが、この間が一週間ぐらいかかる。それァそのはずで川を遡るんですから、船は早く走りませんし、日が暮れると止まってしまう。錨《いかり》をおろして夜の間はじッと停船していて、夜が明けてあかるくなってから船を出すというようなわけですから、南京から漢口まで一週間もかかる。

この時あたくしァはじめて洋服というものを着ました。それまでは洋服なんてもの着たことがない。はじめて紺の背広をこしらえました。その時の値段を覚えてますが、英国製の生地で七十円でした。オーバーも買わなくちゃならないんだが、とてもそうは買えない。仕方がないから四代目の小さんに頼んでオーバーを貸してもらいました。それは満洲で買ってきたという、衿ンとこへ毛のくッついた……とても東京じゃア着て歩けないという代物《しろもの》でね、小さんさんも買ったには買ったけども、どうにもしょうがないもので、「あれでよかったら貸してやるから」てんで借りまして、生まれてはじめて洋服というものを着たんで。

時しも頃は……三月晦日《みそか》に南京を出航して、漢口へ着いてから本当の慰問が始まりました。前線慰問といいまして、トラックへ乗っけられて廻る、乗用車なんぞへはあまり乗っけてくれなかった。一行十人ぐらいで、漫才、歌謡曲、曲芸などいろんなものがはいって、黄波《こうは》という所から信陽《しんよう》あたり、これが一番もう最前線でしたね。もとの上海へ帰ってきて無事に東京へ帰ることが出来ました。途中ではずいぶん危険なこともありましたし、もうここで死ぬかなと思ったこともあったくらいで、一ぺん行ってこりこりして、もう行くまいと思っていましたが、おかしなもんで、帰ってきて少し経つてえと、また慰問に行きたくなる。どういう訳かというと、つまり兵隊さんが喜んでくれるからなんで、前線でもちろんラジオなんてえものはないし、娯楽に餓《う》えきっているところへ、半年……ひどい所は二年ぶりに慰問隊が来たというんで、歓迎してくれること、喜んでくれること、それを思うとまた行きたくなる。

二度めに行ったのが北支。これが昭和十四年だと思います。とすればあたくしの四十歳の時で、東京から四日ぐらいかかって、まず北京《ペきん》へ行きました。その北京からさらに二十時間ぐらい乗って、開封《かいふう》という所へまいりました。この近辺を慰問するというわけですが、あたくしがここでアミーバ赤痢というのにかかった。これァどうも実に苦しかったですね。とにかく一時間ぐらい汽車で、さらにトラックでもって四時間ぐらい揺られて慰問に行くんですが、途中で腹がギリギリ痛んできてね。むこうへ着いて、もちろん着物は持っていましたけども、そんな所で着かえていられないんで、背広のまゝま噺をした。腹を押さえながら演っておりてきたが、どうにもたまらない。医者にみてもらったんですが、それァ軍医がいますけれども、前線ですから馬でもなんでもみるというお医者で、椅子へ腰をかけさしといて、お腹を押してみて「うゥん……」てんで考えている。こいつァどうもあやしいお医者さまで……腸《ちょう》をみるに寝かさなきゃア判らないでしょうに、椅子へかけさしたまゝま腹を押してみている。その晩はもう、ほとんど二十分おきぐらいに厠へかよいました。筵《むしろ》が吊ってあるまッ暗な厠で、これァどうも驚きましたね。翌日になったが一向に下痢は止まらない、腹は痛む。だけどもいつ何時戦《なんどきいくさ》が始まるか判らないから慰問隊は帰らなくちゃならない。あたくしを置いて行くわけにァいかないし困ってると、そのお医者さまが「下痢止めをやれ」と命令している。「熱のある時に下痢止めをしてはいかんと思いますが」「うゥん、それもそうだなァ」なんて言ってる。どうも頼りないんですよ。「じゃモルヒネうってやれ」一本モルヒネをうってくれましたが、なるほど豪儀なもんですね、それから四時間ばかり、ひどい道をトラックで揺られましたがちっとも痛くない。やっとのことで開封の宿へ帰って、電話をかけると陸軍病院から、これァ本当のお医者さまが来て、診察して薬を置いてってくれました。しかし慰問隊だからじっとしてるわけにいかない、病気になったあたくしを抜きにして、ほかの者はその近辺を二、三日廻り、いよいよみんなは開封を発《た》って行くことになった。「万事、先生へ頼んであるから、体が直り次第にあとから来るように。連絡場所はこうだから」と日程の紙を置いてみんな行っちまった。この時ァ心細かったですねェ。

宿屋にいてもしょうがないから、病院へ入れてくれりゃ安心だと思って聞いてもらったところが、いい塩梅にその直前に、患者をみんな北京の方へ送ってしまって、今すいてるから入院しても差し支えないというんですが……誰も送ってくれる人もなきゃア迎いに来てくれる人もない。仕方がないから大きな鞄を持ってヤンチョという人力車へ乗って病院へ行きました。あたくしを診察してくれた先生も出てきて、大勢の所へ入れてくれるんだと思ったら、個室へ入れられましたね。将校なみに扱ってくれたんですが、一人ッきりの部屋じゃア心細い。三度のおかゆを持ってきてくれるのは支那人ですから、言葉もなんにも通じないんです。お医者さまは一日に一回みにきてくれるぐらい、厠所《はばかり》やなんかはやっぱり自分で行かなくちゃならない。熱も相当あったらしいんです。夜になりますと電力が足りないんでしょう、電《た》球《ま》がポッと明かるくならない。ただ芯の赤ァい針金が見えるというぐらいだから、ずいぶん薄暗い。一人で寝ていると

旅に病んで夢は枯野をかけめぐる

というあの芭蕉の句が、頭ンなかをぐるぐる廻って……いよいよ俺はここで死ぬのかな、あァ情けない、内地へ着いてすぐ死んでもかまわないから、飛行機へでも乗せてもらって、どんなにしてでも日本へ帰りたい。こんな所でうずもれるのはいやだな、と思いました。しかしそんなことを頼んでみたところで聞いてくれるわけもなかろうと、言い出しかねており

ました。

入院して一週間めに下痢が止まりました。「もう大丈夫かな」と思って、立って男便所へ行っておしっこが出た時には、実に嬉しかったですねェ。あァ、一々しゃがまなくッても立ってて小便が出来るようになったという、その嬉しさてえのァなかった。そのうちにだんだんと回復して、おかゆをちゃんとたべられるようになりました。

入院をしてから二週間めごろ、退屈ですからほかの入院している兵隊さんの所へ遊びに行ったりなんかしてましたが、ある日「今日は慰問がございますね」って兵隊さんがいうから「あァそうですか」「そうですかって、あなたが演るんだ」「あたくしがァ？　いいえ知りません」「いや、だって書き出してありますよ」「どこに」「あすこの酒保《しゅほ》のこっちに、あなたが演るてえことが……」こっちァびっくりして行ってみると、なァるほど、〝橘家圓蔵　落語　午後六時から〟なんて書いてある。あたくしァ丸っきり知らないんだ。それから急いで軍医の所へとんでって「あすこに書いてありますがどうしたんです」「あァそうだ、君に言うのを忘れちゃった。すまないが一つ、今夜演ってくれ」「演ってくれったってまだおかゆをたべてるんだから、これァ貴方殺生《あァたせっしょう》だ。もう少し先に延ばしていただきたい」「いや、実はね、あした俺が他所へ転任になる、転任になっちゃっちゃ聞かれないから、すまないけれども今夜演ってくれ」……あたくしをみてくれたお医者さまなんですから、これ、いやだってえわけにいかない。「そうですか、そいじゃ演りましょう」ってんで、紋付の着物を出して「ほかになんかあるんですか」「いや、君一人だけだ」……それじゃアどうも一席じゃ悪いと思って二席演りましたが、その時ァお腹に堪《こた》えがないからずいぶんつらかった。あとでその軍医の先生に「先生、はじめてみて下さった時、大丈夫だとおっしゃいましたが、本当はどうでした？」「いやァ、実はあの時はあぶないと思った」「だって貴方、大丈夫だって……」「いや、そう言わなきゃア……死ぬとは言えないから大丈夫だって言ったけども、こいつァどうもあぶないなと思った、まァよかったな」

　引き継いでほかの先生がみてくれることになりましたが、兵隊じゃアないんで、大変いたわってくれました。二、三日たつと軍医の先生が「今夜どうだい、俺と一緒に出ようか」「どこへ？」「町の方へ行ってピー屋をひやかそうじゃないか」ピー屋ってのはつまり支那のお女郎屋で……「い、いいんですか？」「あゝ、いい。一緒に行こう」それから、こっちァなんにも用はないんですから、夕方になって白衣《びゃくい》をぬいで背広を着て中折れ帽子をかぶって、軍医どのは日本刀の長いやつを腰へぶらさげて門を出て行く。「敬礼ッ」てんでね、その軍医……中尉でしたがその人に敬礼をする。どうもピー屋へひやかしに行くのに、敬礼をされて出て行くのも変なもんだなァと思いました。ヤンチョへ乗りまして「ここでいゝよ」ってんでおりて、少し歩くてえと、なるほどずウッと並んでるんです。中へはいって妓《おんな》を見て、出てきてまたほかへ……ある一軒の所へ行くと、そこの妓は軍医どのが知ってると見えて、中へはいって妓としきりに話をしてる。妓があたくしの方を見て何か言うとね、軍医がくすくす笑ってるんで、「何を笑ってるんです？」「いや、この妓がね、君を見て、「その人は中国人じゃないか」って言った」「冗談いっちゃいけねえ」……もっと方々ひやかそうってえから「まァちょいと待って下さい。あたくしァ腹がへってきました」「あ、そうかい、じゃ飯を食いに行こう」と料理屋へあがりましたが、こっちァそういう病後ですから料理も軍医に聞きながらこわごわたべて、もちろん酒は飲めませんや。軍医どのは飲んでだんだんいい心持になって、歌をうたったりなんかァして、妓も出てきてわァわァ騒いでる。こっちァ飯だけ食っちゃったけども酒は飲めないし、面白くもなんともない。「先生、もう帰りましょう」「まァいい、もう少しもう少し」てえうちに十二時間近《まぢか》になった。それからおもてへ出たが、支那町を通るんでまッ暗で心持が悪い。「先生、大丈夫ですか?」「うん、日本刀差しとォるから大丈夫だ」……大丈夫だと言ったって大勢出てこられたらどうしようと思ったが、まァ何事もなく門の所へ来ると、もうちゃんとしまってる。「誰かアッ」なんてんで中から聞かれて「何々中尉」「はいッ」と門をあけてくれたんで、中へはいって寝ましたがね、どうも病人のくせにピー屋をひやかして歩いたってえのァ、実に変なもんでした。

そのうち御飯をたべられるようになり、入院してから三週間ぐらいで出て、慰問隊のあとを追っかけることになり、「駅まで送ってやろう」とその中尉どのがもう一人の中尉と、あたくしを真ン中に乗せて運転をして行く。あたくしァ例の、小さんに借りた満洲製《でき》のオーバーを着てる。ほかから見るとスパイかなんかがつかまって連れて行かれるのと間違えられやしねえかしらん、と自分ながらおかしくなりました。支那人とまちがえられるぐらいですから、スパイだと思われたかもしれません。それからお別れをして汽車へ乗って、新郷《しんごう》って所で慰問隊と一緒になって、方々慰問をしながら北京へ帰り、船で日本へ帰ってきました。この時は本当に寿命があったから助かったんでしょうが……あぶなくむこうで参っちゃうかと思いましたねェ。

先代の死

あたくしが北支慰問から帰って来た頃から、先代《おやじ》の方は多少とも商売が順調に行くようになりまして、家ン中もいくらかずつ楽になって来ました。

あたくしが物心ついた子供の時からずっとお馴染みの質屋さんが四谷にありました。そこに質入れしてあったものをすっかり受け出して、いよいよ質屋と縁切れてえことになった。そしたらむこうで「どうも永い間お馴染みだったのに、実にお名残り惜しい」と言ったたってんですけどもね、質屋にお名残り惜しいと言われたって、あんまり嬉しかァない。それでやっと借金てものがなくなりました。それまでは、和泉橋に東洋社という金貸しの会社がありまして、そこから〝日済《ひな》しの金〟ってまして、毎日々々日掛けで返す金を借りていました。毎日時間を定めて、二時なら二時になると掛けを取りに来る。毎日来られるのもきまりが悪いんで、三日とか五日分と、まとめて先に払うとその間だけは来ないが、それが切れるとまた取りに来る、そうやって少しずつくずしで払うんです。それが満期になりかけると、また借りるという具合だったのが、やっとなくなりました。

越えて昭和十五年。「紀元は二千六百年……」という歌が流行りましたね。それで今年はいい年かなと思っていたら、その一月二十三日に先代《おやじ》が尿毒症で亡くなったわけです。

一月二十一日から、上野の鈴本が先代《おやじ》のトリ席なんです。その前からもう腎臓の具合が悪くて、余程息苦しいようなんで、おふくろが席を休めと言うんですが、なかなか強情できかない。あたくしも「そんなことで本当に悪くなったらしょうがないから、頼むから休んでくれ」と、いろいろ言ったもんですから、やっと「それじゃアスケ席だけは休むが、トリ席は責任があるから行かないわけにいかない」って……いやもう昔気質で実に堅いんで、これァもうとめてもとまらないと思いましたから、「じゃスケ席はあたくしが代演するから」って、四谷の喜よしと、神田の花月、この二軒をあたくしが代演して、先代《おやじ》は上野の鈴本のトリだけを勤めるってことにして、初日、二日と勤めました。二日目、最後の高座で演りましたのが『首提灯』、その晩精養軒にお座敷があったんですが、一人ではなかなか大儀らしいんで、あたくしの二番目の伜をつけてやりました。

家へ帰ってきて雑煮をたべて、いつものとおり寝ました。それっきり、翌朝になって、いくら起こしても、いびきをかいていてなかなか起きない。どうも容態がおかしいというので、お医者に電話しました。伊藤先生という、今も八十いくつかで御健在ですが、この先生とは、新宿の火事で焼けた二丁目七十二番地の家にいたときに隣り同士で、永い間の御縁で、平生から先代《おやじ》もこの先生に脈をとってもらって死にたいってことをよく言ってました。ところがふだん、朝から患者がたいてい七、八人待っていて、切れることなくあとへあとへ来るという忙しい先生で、電話をかけたけども「先生は往診に出られませんから、御近所のお医者さまにみてもらって下さい」……近所の先生を呼んでみてもらうと「これァもういけないから、知らせる所へ知らせた方がよかろう」……それで肝心な所へは一応知らせました。するとその伊藤先生が十時ちょっと過ぎでしたかね、突然はいって来ました。どういうわけだかその日に限って、患者がふッととだえたんですとさ。とだえたらとたんにその先生がね、ふだんおとなしいかたなのに、何かものに憑《つ》かれたように看護婦をせかして、どこへ行くとも言わずに鞄を持って自動車に乗ってとび出したんだそうです。お宅の方でも「どうしたんだろう、どこへ行ったんだろう」って驚いたって話をあとで聞きましたが、それで新宿三丁目から大木戸のそばの大番町の家まで駆けつけて下さったわけです。なにか虫が知らしたというか不思議な因縁があるような気がしました。あァまァ助かったと思いまして「先生、よく来て下さいました。とにかくみていただきたい」……みて下すったところがやっぱりいけないってんですね。注射を三本うちましたが、相変わらず横になってぐうぐういびきをかいてる。仰向けにしてくれってんで上を向かせようと思っても、太っているし重くッて、とてもあたくしの力じゃ動かない。仕方がないからあたくしが一緒に寝て、先代《おやじ》の体へかじりついて、うわアッてんでやっとこさ上を向かせました。そこで鳩尾《みぞおち》の所へ一本うちますと、ごうごういびきをかいていたのが、ふッと止まって、さながら潮の引くようにすウッと息がなくなってそれッきり。ふだんおッかない顔をしてる人なんですがね、なにか、笑ってるような顔で……いつも「あァもうしょうがねえや、あきらめるんだ」って、そういう淡白な、あきらめのいい人でしたから、これァいよいよいけねえなとなった時、もうこの世に執着は残さなかったらしいですね。にこやかな顔で死にましたよ。

先生の顔を見ると「もうだめです」と言う。その時あたくしァ思わず知らず「あァあ、惜しいな」ってそう言ったんですよ。先代《おやじ》が死んで悲しいということよりも何よりも、先代《おやじ》の芸が一番惜しかった。「もう二度とふたたび、この芸は聞かれないのかなァ」と、あたくしは実に残念に思いました。

それから、やや程たってから、あァ親が死んだんだという悲しみが初めて湧いたわけなんで。そしてお葬式を出しましたが、みっともないことはしたくないので、いろいろ算段しまして、当時としてはまァまァ、そう恥かしくない葬らいをどうにか出すことが出来ました。お通夜の晩なぞは座敷の中を人通りが……人通りてえと大げさですが、お辞儀をしようと思っても、ぞろぞろ人が通ってお辞儀をすることが出来ないくらいでした。

発憤

先代《おやじ》が亡くなるとすぐ、席亭や幹部の者がうちへ集まりまして、どうしようという相談で、先代《おやじ》がトリだった上野鈴本の御主人が「ほかの者に代演してもらうよりは、伜さんの圓蔵さんに来ていただいた方がいい」というわけで、その晩からあたくしは上野鈴本のトリとそのほかの席も代演をしました。その時は本当につらいと思いましたねェ。師匠が死んだ時も一と晩も休めず席を勤め、先代《おやじ》が死んだその晩から、やはり席を勤めなくッちゃァならない。

まったく噺家というものは家庭にどんなことがあろうとも、そんなことは一切かえりみないで、悲しみをかくしておかしなことを言わなきゃならないということは、なんというつらい稼業《かぎょう》だろうとつくづく思いました。

先代《おやじ》の葬儀もすまし、いよいよあたくしが一家を一人で背負って立つてえことになったんですが、さァこれァ大変で……なにしろ当時、うちの者が十二人というんですから。母は病身でしじゅう薬の絶えたためしがない。子供が五人いて、その上先代《おやじ》の弟の圓窓の子供も一人うちへ預かっている。あたくしの総領の伜はいよいよ中学を出てその上の学校へあがるところで、先代《おやじ》が死んだから今更よせというわけにいかない。その次の子は中学にあげなくちゃならないし、これァどういうことになりゆくかなァと思って実に心細かった。貞山さんやなんかも心配して「今の家にいられるか」って言ってくれました。その時分の家賃が六十円だったか七十円、それが払いきれるかというわけです。しかし先代《おやじ》が死んですぐ越すってわけにはいかない。昔は死者の魂は家の棟《むね》を四十九日は離れないといったぐらいですから、いくらなんでも二た月や三月はがんばってなくちゃならない。

それでもまァよくしたもので、先代《おやじ》が死んでから座敷というものがぽつぽつ出てきたんです。築地の新喜楽《しんきらく》、山口、とんぼ、この三軒から先代《おやじ》へ花輪が来ましたんで、その礼に行きました。「このたびはいろいろありがとう存じました。あたくしは伜でございます」「あゝそう」「橘家圓蔵と申しますので」「あァ……お前さん、何をやってるの？」……何をやってるのって、むこうで噺家ってことを知らないんですね。「あたくしも噺家でございます」「あゝそう」ってなもんで。てんで芸人としては、認められていない。もっともまァ、ああいうお茶屋てえものは自分のうちへくる芸人だけで、あとは芸人じゃアないと思ってるのかもしれないが、まことにどうもその時は、情けないと思いましたね。これだけ古くやってて、俺が噺家か噺家でないのかも判らねえのかと思って……。

　間もなく貞山さんの本宅の方から……というとおかしいが、貞山って人は二号が浅草にいまして、そっちへばかり行ってて、本宅にはあんまり帰らない。座敷は全部本宅の方で受けるわけなんです。つまり貞山に築地の新喜楽から座敷がかかってきたが、行かれないのでことわると「誰か落語でもいいから、いいのを世話してくれ」「では、圓蔵はいかがでしょう」と言うと、むこうじゃ知らない。「どういうんでしょう」「これァ確かでございます。あたくしの方でお請け合いするから使って下さい」と言ってくれたんです。座敷へ行って噺をしていたら、やりそこなわれちゃ大変だと思ったのか、帳場がちゃんと来て次の間で聞いてるんですよ。一席演って終ると、むこうでもこれならと思ったんでしょう。「あしたはどうです、あしたの六時は」「へえ、結構でございます」……それから芝の紅葉館(東京タワーの所にあった。今はない)だとか赤坂だとか、座敷がぼつぼつ出てきました。寄席だけじゃアとても食えないが、座敷があれば食えるんですよ。それでどうにかこうにか動いてきたわけなんです。

　ところが……「圓蔵はあれァ先代《おやじ》が光ってたからどうにかこうにか出来たんで、死なれちまえば、あれの自力《じりき》だけではなかなか保《たも》てやしまい」と言ったやつがある。名前はいいませんがあたくしが友達として信じていた人なんですよ。これが耳にはいったんで「……あァそういうふうにみんな思ってるのか。そんなら先代《おやじ》のおかげだけでやっていたのか自分でやっていたのか、これから実地に示してやろう」とその時に思った。

　それから剣舞の源一馬《みなもとかずま》は、あたくしが十七、八ぐらいからずっと友達で、先代《おやじ》にはずいぶん世話になっているんです。お葬いの時なぞもいろいろ親切にしてくれたんですよ。ところがこの人は、友達が自分より以下ならいいが、自分より上へあがってくるといやになるという、妙な気性なんですね。前からあたくしのひざがわりによく出ましたが、前口上をいって剣舞を演って、踊りを踊る。その踊りの頃にあたくしァほかのかけもちの席からはいってきて、あとへあがって一席演って、キリに一馬と二人で踊るというわけで。ところがある晩、前の席が早く終ったんで、一馬が舞台へあがったばかりのところへ、あたくしが楽屋へはいって行った。すると「このあとの真打は、これは将来大看板に、なれるかなれねえか判らねえけれども……」と、こういうことを言ってる。それを聞いてあたくしはむかッとしましてね。楽屋でなら何を言ったって構わないが、舞台へあがって「大看板になれるかなれねえか判らねえ」なんて、前でくさされた日にゃアあたくしも真打として、そのあとに平気であがって演っちゃいられない。「あしたからあの人はよしてくれ」と言ったんです。

　その時にあたくしァ「これァ八方おれの敵だな」と思った。「よし、そうなりゃ面白い。じゃ大いに戦ってやろう」という気になったんです。それから自分で〝四面楚歌声《しめんそかのこえ》〟と書いて額に入れて、毎日それをにらんでいましたよ。まァとにかく座敷も出てきたし、やっぱり自分は噺家で立って行ける、よし勉強しようと、はっきり了見がきまったわけです。

六代目圓生襲名

その翌年、昭和十六年一月二十三日、先代《おやじ》の一周忌の演芸会を日本橋倶楽部で開きましたが、この時はお客さまも一ぱいおいでいただきまして、非常な盛会でございました。

この一周忌が済むと、ある日のこと、会長の貞山さんから「ちょいと来てくれ」と言われました。行くと「圓生を襲名したらどうか」という話なんです。あたくしは即座に「それはいやです」と言った。

それまでの圓蔵という名前は、師匠の名であり、あたくしァ好きなんです。それに第一、圓生という名前は三遊の宗家《そうけ》の名前であって、そんな大きな名前を襲《つ》ごうとは毛頭思っていない。一時は踊りの師匠に転業しようと真剣に考えてたくらいで、その時分まだまだ自分の芸というものについて少しも自信を持っておりません。圓生は四代目まで代々名人が出ているし、先代《おやじ》だって、あたくしの口から名人だとは言えないが、とにかく圓生代々の中へはいって恥かしくないだけの噺家です。あたくしが圓生を襲いだとして、仮りに名人になって死んだところであたりまえ、手柄でもなんでもない。失敗すれば圓生という名家の名前を小さくつぶしてしまうことになる。あたくしの代になって圓蔵の名前を悪くするわ、圓生の名前も悪くするわってんじゃァ、まことにこれァ面目次第もない。そんな大きな名前を襲ぐのはいやだ、先代《おやじ》が死んだあと、だれかえらい方が襲いで下さるならともかく、そうでなければもう圓生という名前は蔵《しま》っちゃって、つけない方がいいと思ってたわけなんです。ですから「改名はいやです」ってそう言ったんです。

「どうしてもいやだと言うんなら仕方がないけども、しかしお前、圓蔵でいるよりも、圓生と改名した方が世間でもえらくなったということがはっきり判るから、した方がいいと思うが、そうしちゃどうだ」ってんで。するとまた、ほかからも「今、会長である貞山に逆らうってことはよくない。むこうで改名しろってんだからしたらどうだ」って言ってくれる人がありまして、ふつう改名しろって言われると喜ぶんですけどもねェ、あたくしは、この時は改名するのがいやでいやでしょうがなかったが、よんどころなく、もう背水の陣で、圓生と改名いたしました。これが昭和十六年の五月のことです。

あたくしの母さだは、その翌年十七年の四月二十二日に亡くなりました。ちょうど東京に初めての空襲があった頃で、物もなくなっている時でしたが、お通夜は当時としては立派にいたしました。享年七十三歳でした。

花月独演会

いやいや圓生にはなりましたけれども、まだあたくしとしては自信はないし、まごまごしているとまた沈めにかけられるか？　と、どうも不安でしょうがありません。

なにがなんでも噺をもっと勉強しなくちゃアいけないと思っていると、神田の花月という席で、独演会をやってくれという話が出てきました。その頃花月では四代目柳家小さんと今の古今亭志ん生の二人が毎月独演会をやっていました。第一日曜が志ん生、第三日曜が小さん。志ん生さんがぱアッと燃えてきた盛りで、とにかく志ん生の独演会ならどこでやったって客はうんと来る。四代目の方は、そうぱアッと大人数《おおびと》は来ないが、二百《そく》から二百五十《そく》、三百《ぞく》ぐらいな客は、いつでもちゃんとつかんでるといった具合でした。

花月の支配人の桐生《きりゅう》さんて人が来て、第一、第三の日曜があるから、第二の日曜もなんとかやりたいと思うんで、あたくしに独演会をやってくれ、とこう言うんです。「あたくしの独演会をおやりになっても客は来ませんよ」「いえ、でも志ん生さんは来ます」「志ん生さんの会は来ましても、あたくしは人気がないんだし、芸もまずいし、とても独演会をやったってだめですよ」とことわった。しかし、なんとしてもやってくれという……「そう言って下さるのはありがたい。そんならやりますけども、客が来ないからもうよしてくれってことは言いませんか」「そういうことは決して言いません。今貴方よりほかに頼む人はないから、ぜひやって下さい」「それじゃやりますが、ことわって置くけども客は来ませんよ」てんで始めることになりました。

いくら「来ませんよ」と言っても、本当に客が来なくッちゃ、あたしだって面目次第もないわけでしょ。それから出来る限り知ってる所へ「こういうわけで独演会を毎月やりますから、どうか一つよろしく御後援を願いたい」と頼んで切符を売ると、七、八十枚の切符はどうにか売れます。毎月のものですからそう無理には言えませんから、あたくしがさばけるのはこのくらい。そこでふたをあけると、まァ百五、六十人のお客が来る、つまり、その半分ぐらいはふりのお客さまが来てくれるわけです。

　さて第一回には、自分でもこれならばと思うものをば三席並べて一生懸命やりました。すると……どうも、ここでワッとお客さまが笑わなきゃならないと思うのに、そこまでは盛り上がってこないんです。あたくしの独演会といやァ、あたくしを好きな人でなきゃア来てくれないんだから、もう少しワッと受けてもいいなと思うんですが、お湯でいえば、ぐらぐらッと煮えたっては来るんだが、ぷウッとふきこぼれるとこまで行かない。これァいけないなと思いましたねェ。それでもまだ第一回だから、第二回は大丈夫だろうとやってみたが、やっぱり、ごとごとごとごとと煮えてくるぐらいでそれ以上にならない。三回めになってあたくしァ舞台でお客さまにあやまりました。その時は『子別れ』の通しを出して、(上)(中)(下)と並べていたんですが、二席まで演ってそんな具合なので……「まことに申し訳がない、あたくしァ自分でもう少しうまいと思っていたが、演ってみたら案外うまくないってことが自分でしみじみ判りました」とあやまったんです。それまではやっぱりうぬぼれがあったんですねェ……それがこの独演会で、はっきり鼻を折《お》ッぺしょられたわけで。独演会ってのはこわいもんです。自分で自信のある演目《もの》をひッさげて演って、しかも自分を好きなお客さまが来てくれて、この程度にしか受けないってことは、自分がいかにまずいかってことを思い知らされました。しかし「……あたくしもまずいことは判りましたけども、今更よせませんし、ここの支配人にかけあってお客さまが一人も来なくなるまでやります。そのかわり一生懸命勉強しますから、どうかよろしく御後援を願いたい」って口上を言ったもんです。

それからもう一つ、この独演会を始める前に、ネタのことを考えました。同じ独演会をやってる四代目小さんはうんと材料のある人だし、志ん生、あの人はなんでも演るからこれァこわいんですよ。あたくしもそのころから、まァネタは多いって言われてる方でした。それで自分の演目《やりもの》を書いて前へ並べて、腕組みをして考えましたね。これを三席ずつ演って何年続くか、一年やって三十六席なくなる、三年やっていくらいくらになるって計算して、これァうっかり出来ないと思いました。とにかく相手が二人ともネタのある人なんだし「あァあン畜生、もうひっくり返して同じものを演ってる」って言われるのが、お客はともかく、この二人に対して面目ない。それから考えて一席ずつ新しいものを勉強して行こうと決めたんです。

もう一つ、その時分は戦争が始まってましたから、取締りがやかましくなって、女郎買いの噺は出来なくなりました。それで五十三席を禁演落語として浅草の熊谷《くまがい》稲荷さまのお寺に納めちゃった。それやこれやで新作も演らなくちゃならない。毎月、野村無《む》名庵《めいあん》という人の所へ集まりまして、新作発表会がある。新作を書く人たちと、噺家では四代目小さんとか小文治さんとかが大頭で、あとは亡くなった圓歌だとかあたくしだとかが行っている。野村さんが脚本を朗読し、その中で気に入ったのをあたくしたちが買うんですよ。一席十円でしたかね。新作の会へお金を納めて脚本を貰う。

朗読を聞いた中で、これなら自分が出来る、演ってみたい、というのを選ぶんですが、因果と四代目小さんとあたくしがぶつかってしまうんですね。こっちが演りたいなと思ってると、四代目が「演りたい」という。それであたくしが譲るんです。譲るってことは、あたくしが演るよりは四代目小さんが演った方が、それァ出《で》かすんですよ、その方がずっと噺そのものが生きるわけなんです。だからあたくしは第二の方を取ることにする。小さんが演ったあとで「あたくしにも今度演らしてくれ」ってんで演ったものもあります。ですから、あの人とは二席や三席、新作でついたものがあったでしょう。

その時分にあたくしが聞いてうまいと思った噺家は、やっぱり四代目小さんですね。とにかく楽屋で聞いててぷッとふき出すのは小さんですよ。実にうまいと思って聞きました。文楽さんはああいう整った噺で、これァもう昔からきちんとしていた。そこへ行くと、うまくもないのにどうして志ん生がこんなに受けるんだろうと思ってました。その時分にあの人はずいぶん大きな声で噺をしてました。往来で話してるんでもなんでも川向こうと話してるような大きな声を出す。お客はどッどッと受けているが、なんでこんなまずい噺が受けるんだろう、おれの方がよっぽどうまい……お客てえものは判らないもんだな、と思ってたんで。それは、その当時まだあたくしには志ん生という人のよさが判らなかったので、もっとのちになって、あの人のいいところが判るようになったんです。

独演会には今まで覚えている噺を一席、先代《おやじ》の噺であたくしの記憶していたものを思い出して一席、それに新作と、都合三席のうち二席は新しく稽古をして演る、これなら何年続いても大丈夫と考えました。

そのうちにだんだん戦争の方がひどくなってきて、独演会もやっていられず、十八、九年頃にやめてしまいました。

演目充実

落語研究会(第二次)も、一時休会ということになりまして、最後の例会の番組は次のとおりでした。

落語研究会第百七十九回公演

番　組　（会費金壱円）

武　助　馬　金原野　馬之助(六代目馬楽・河原三郎)
弾丸切手　桂　右女助(六代目小勝・吉田邦重)
疎忽の釘　船勇亭　志ん橋(三代目小圓朝・芳村幸太郎)
外山勉郎氏作
荒鷺の整備兵　三遊亭　圓　歌(二代目・田中利助)
（休憩二十分）
鈴木凸太氏作
珍　夫　婦　柳　家　小三治(現事務支配人・高橋栄次郎)

花見の仇討　春風亭　柳　枝（八代目・島田勝巳）
提　灯　屋　柳　家　小さん（四代目・平山菊松）
（休憩五分）
雑　　俳　春風亭　柳　好（松本亀太郎）
寝　　床　桂　　文　楽（八代目・並河益義）
三　十　石　三遊亭　圓　生（六代目圓生）

昭和十九年三月十九日（日曜日）正午開演
会　場　日本橋倶楽部

それから会員総出演のお名残り公演をいたしました。

落語研究会臨時大会（お名残り公演）
番　組　（会費金弐円税共）

悔　　み　桂　　文　雀（七代目圓蔵・市原虎之助）
ざ　る　屋　柳　家　小三治
よい〳〵蕎麦　船勇亭　志ん橋
妻　の　釣　桂　　右女助
（休憩十分）

締込み　春風亭　柳枝
粗忽の使者　蝶花楼　馬楽（八代目正蔵・岡本義）
泣き塩　三笑亭　可楽（七代目・玉井長之助）
長屋の花見　三遊亭　金馬（三代目・加藤専太郎）
（休憩十分）
百川　三遊亭　圓生
取次電話　三遊亭　圓歌
按摩の炬燵　桂　文楽
猫の災難　柳家　小さん
昭和十九年三月二十六日（日曜日）正午開演
会場　日本橋倶楽部

例会に『三十石』が出ておりますが、これは先代《おやじ》が得意にしておりましたもので、花月の独演会のために自分で思い出しながら稽古したものです。これを高座にかけ始めた頃、人形町で初めて演じた時のことをよく覚えています。お客さまは、これが先代《おやじ》の十八番だということはよくご存じです。私が演りまして、舟唄のところへかかったら、わアッという喝采なんです。これは決してあたくしがうまいんで拍手したわけじゃアなく、先代《おやじ》が死んで『三十石』は誰も演り人《やりて》がない、もう聞けないものと思っていたところが、あたくしが演ったんで、お客さまが喜んで喝采をして下さったものと思います。その時六代目の貞山が楽屋で聞いていまして、翌日人形町の楽屋でまた会った時に「今日席亭との寄合があったから、芸術協会が何を言ったって、圓生だけの噺家が何人いるかと言ってやった、しっかりおやりよ」と言われました。貞山には、あたくしはあまり気に入られず、どちらかといえばうとまれていた方ですが、その貞山にそう言ってほめられた時は本当にうれしいと思いました。

先代《おやじ》が生きている間は、あたくしは先代《おやじ》の得意のものは一切演りませんでしたが、亡くなってから、独演会にかけるために思い出して稽古したものに、『三十石』のほか次のようなものがあります。

『因果塚』(お若伊之助)　『夢　金』
『文七元結』　『双蝶々《ふたつちょうちょう》』(上)(中)(下)
『山崎屋』　『鍬《くわ》　潟《がた》』
『おさん茂兵衛』　『鰍　沢』

みんな先代《おやじ》のものです。このうち『因果塚』一席だけは、先代《おやじ》にじかに稽古してもらったものですが、あとはみんな聞き覚えです。

『三年目』　『近江八景』
『搗屋無間《つきやむげん》』　『八笑人』

これらは、先代《おやじ》のものでも、もっと早く演じたことがありますが、『三年目』以外はどれもものになりませんでした。『三年目』は源一馬に演れ演れとすすめられて、先代《おやじ》の歿後一年目に始めたもので、これは今でも演っております。

それからお名残り公演の演目の『百川』、これは申すまでもなく、品川の師匠のもので、あたくしは昭和十二、三年頃から演りはじめましたが、これを始めたについては、思い出があります。放送局から電話で『百川』を演って下さいというんで、その時は久保田万太郎先生があすこの文芸部長で「演りますね」ってから「えゝ、えゝ、演ります」……その時分は苦しくッてしょうがない最中で、いくらでもお銭《あし》が取りたい、放送なんてめったにないから、逃がしちゃ大変だと思うから、よろしいって請け合ったけど、実は『百川』は知らないんです。弱ったなと思ったけども、まァ放送は一カ月くらい先のことだし、なんとかなると思いまして……先代《おやじ》は演りませんから、いろいろ速記本を引っぱり出して稽古しました。もっとも師匠のは何べんも聞いて呼吸《いき》はすっかりわかっています。ほかに三代目小さんの速記も見て「あァこれは面白いくすぐりだ、これも入れよう」てんで一応でっち上げたが、さて〝しじんけん〟が何だか判らないんです。方々へ聞きに行きましたが判らない。『辞苑』で見ると四神旗《しじんき》と書いてある、どうもこれらしいと、四代目小さんの所へ聞きに行きました。そうしたら「これは辞書には四神旗と書いてあるが、旗の上に剣がついてるから、江戸で通称四《し》神剣《じんけん》といったんだ」と教えてくれました。それから浮世小路もあたくしの調べたとおりでいいと教えられ、やっと納得がいって演りはじめたんです。小さんは学者でした、やかんでなく。

この時の放送が〝たべもの連夜《れんや》三題〟というんで、今の志ん生がまだ馬生で『まんじゅうこわい』、柳橋さんが『目黒のさんま』、あたくしが慈姑《くわい》のきんとんというんで『百川』を演るんです。その少し前に柳橋さんがあたくしに「あの、君、『目黒のさんま』演ってるの？」「あゝ、あたしは演ってる」「じゃア稽古に行くから教えてくれないか」「でも、あたしンとこは狭いから貴方ン所へ稽古に行きますよ」「いや、来てもらっちゃ悪い」「いやそんなことア構わない、行きますよ」てんで、その時分あたくしは牛込の肴町《さかなまち》、むこうは同じ牛込の赤《あか》城《ぎ》下《した》ですぐ近所ですから、行って「座敷で演るの？」と聞いたら「う？　うん……」なんてあいまいな返事をしてる。そしたらあたくしと同じ放送で演るんですよ。あの人も請け合っちゃったけども知らないんでさァ。ふたをあけてみて、なァんだい……二人とも知らない噺を請け合ってたんで……。

　この時『百川』を自分で稽古してみて、先代《おやじ》に一ぺん聞いてもらおうと、前で演ったんです。すると噺の中で、百兵衛《ひゃくべえ》という田舎者が二階へ上がってきて「ごめん下さいまし」ってとこがある、あすこで先代《おやじ》が「うゥん、そういう所がまずいな、おめえは」「どうして？」「……（低い調子で）「ごめん下さいまし」って、おめえ、下《した》の調子ではいってくる、そういう所がいけねえ。（高い調子で）「ごめん下さいまし」って、なぜ入《へえ》ってこねえんだ。だからおめえの噺は陰気になっていけねえ」……あたくしァその時は、先代《おやじ》の論ははなはだ間違ってると思った。田舎者で遠慮をしてはいってくるんだから、これは下の調子でおずおずと「ごめん下さいまし」と言うのが本当じゃアないか、どうも先代《おやじ》の言うことは違ってやしねえかな、と思ったが、とにかく芸のことはむこうの方が上なんだから、やっぱり腑に落ちなくッても言うことは聞かなきゃいけないと思って、「そうですか」って先代《おやじ》の言ったように演りました。放送した時は、死んだ玉井の可楽さんが「圓蔵君のあの『百川』、聞いたがなかなかいいね」と先代《おやじ》に言ったそうで「玉井のやつがほめてたよ、お前のことを」って先代《おやじ》が話してくれました。……ただどうもその「ごめん下さいまし」が腑に落ちなかったんですが、のちになって考えてみると、なるほど下の調子で言う方が理窟では正しい、あたくしの言ったことも間違っちゃいなかったが、噺というものは、そういう演り方だと陰気になってしまうんですよ。理窟ばかりでなく、噺には嘘があってもいいんです。本当に立派な芸でも陰気では大勢の人に喜んではもらえない、一部の人にしか認められないわけで、やっぱり売れる芸人と売れない芸人との違いはそこなんですね。あたくしも小言をいわれた当時は、どうしても納得できなかった、のちになってはじめてそういうことが判ったんです。放送で苦しまぎれに覚えた噺が、さいわい好評で、戦後の第四次研究会で安藤先生に一番先にほめられたのはこの『百川』で、あたくしにとってはまことに思い出の多い噺です。

そのほか戦前に独力で覚えて演りましたものを挙げますと、

『野ざらし』　『ちきり伊勢屋』
『女郎の文』　『万病円』
『四人癖』　『夏の医者』
『一つ穴』　『牛の子』(今村信雄作)
『百年目』　『景　清』
『熊　坂』　『掛取万歳』

『派手彦』　　『盃の殿様』
『骸　骨』(自作の三題噺)　　『花　筏』
『へっつい幽霊』　　『お祭佐七』
『子別れ』(下)

この中には『野ざらし』『万病円』『四人癖』『骸骨』のように、一、二度演ったきりで、おいくらになっているものもあります。『百年目』は二代目三木助師の速記、『へっつい幽霊』は三代目圓馬師のを聞いて覚えていたものです。『子別れ』(下)はいろいろの人のをまぜ合わせ、特に子供を折檻するところは圓馬師がすぐれてよかったので、それを取り入れたものです。この『子別れ』は、昭和十九年頃演りはじめたんですが、ある時、四谷の喜よしで演って楽屋へおりてきましたら、伊藤金三《きんぞう》の圓遊さん(三代目)がいて、「失礼ながらお前さんうまくなりましたね」と言うから「いえ、どういたしまして」「いや、今前で聞いていて、本当にうまくなったのにびっくりした。これでこそ亡くなったお父《と》ッつァんもきっと地下で喜んでいることでしょう。あァ結構だった」と言って、涙をこぼして喜んでくれました。あたくしもその時は、嬉しいやら、ほろりとするやら、なんとも言えない心持がしました。

満洲行き

そのうちに満洲行きの話が出て来ました。

これは本来は、今輔さんが行くところだったんです。ところがおッ母さんが亡くなったとかで行けなくなった。「そういうわけで、代りというと悪いけど、貴方行ってくれないか」という話なんです。なにしろこっちにいたところで、席もどんどん焼けて行く一方で、落語なんぞやれるかやれないか判らない不安な状態になってくるし、徴用《ちょうよう》が二度も来まして、いつどうなるか判らない。そんなんなら、給金も悪くないし、二カ月で帰ってこられるんだから満洲へ行こうか、てんで引き受けたんです。その時一緒に行ったのが志ん生さん、講談の国井紫香《しこう》、そのほか漫才がはいって、いよいよ出発することになりましたが、空襲もますますはげしくなり、(昭和二十年)三月ごろというのが四月になり、とうとう五月の六日になって、リュックサックを背負って鞄をぶらさげて発《た》ったんです。

関釜連絡船がもうだめだというんで、新潟から船で羅津《らしん》という所へまず渡って、それから満洲へ行くということで、新潟から船へ乗ろうとしたが、もう一ぱいなんですね。市内の方々に船の客がたまっちゃってる。あたくしたちは二等の切符を買ってるが三等でなきゃ乗れない。いやだと言うとまたおくれちゃうし、しょうがない、中へはいってなんとかなるだろうって乗り込んだが、もうなんともならないんです。

途中、日本海の真ン中どこで、えらい時化《しけ》を食いましてね。その朝は五時頃に食事を持ってきました。「ずいぶん早いのね」と聞いたら「今日はしけそうですから、早くたべていただきたい」……それで朝食をすまして、また寝ていたら、七時ごろから、ごオッてひどいうねりになって、八時九時十時となるにしたがってますますひどくなる。そのうちに、どォんとなんか当たったような音で、丸窓を見たら、今まで横に見えていた海が縦に真ッ直ぐになっちゃった。「あらあら……？」と思ったら「魚雷だッ」……驚きましたね。それまで方々で吐いたり、大変な騒ぎでうわァうわァって悲鳴をあげて苦しんでたのが「魚雷だッ」と聞いたらみんなぱアッと立ち上がって救命具を付ける。あたくしァとにかく上着を着てボタンをはめたが「こんな日本海の真ン中でとび込んでも、泳ぎは知らないし、とても助かりゃアしまいな」と思った。その時はこわくなかったですよ。そしたら「違う違う、横波だッ」……横波の大きいやつを食らったんです。あとで聞いたら、魚雷を食らった時もちょうどそういうショックなんですって。まァよかったと思ったら、また、げエッげエッてえ騒ぎ。やっとのことで羅津へ着いて上陸しました。

それから汽車へ乗って第一に新京へ行き、そこから改めて方々を、慰問と興行と両方で廻るわけです。軍隊のある所ですと、朝七時ごろに起きて行ってお昼ごろまで慰問をして、帰ってきて、一時の開演で夕方の五時までやって、夜は夜でまた興行が始まる……こういうふうにして全満を廻って新京へ帰ってきたのが七月の五日、これでもう全部おしまいだから東京へ帰ろうってんですが、帰れない。船は出れば、ぼかぼかッとやられて沈むし、しょうがない。なんとかなるまで新京で待機《たいき》してなくちゃならない。宿屋へ泊まってただ遊んでいてもしょうがないから、漫才の連中は鉄道慰問かなんかに出かけた。あたくしたちは満映という映画会社の姉妹《しまい》会社で演芸の方の満芸と契約して行ってたんですが、新京の放送局から「満芸の契約が終ったんなら放送局へ来い」という。放送局の方でも日本から芸人がはいってこないで困ってるところで、志ん生とあたくしを何とか引き入れたいんです。それから放送をしたり、放送局の仕事で一週間ばかり、奉天からあの近辺をずウッと廻ったんです。鞍《あん》山《ざん》なんて所へも行きました。

その時のアナウンサーが森繁久弥さんです。それでいつでしたか猥談会《わいだんかい》を催そうってんで、放送局のお偉《えら》がたばっかり、ある料亭へ集まったことがある。ものの不自由な時代だけどもなんとかなるんでしょう。ずっと卓をかこんで、猥談ったってみんな小噺です。高座をこしらえないで、あたくしと志ん生と並んでる。その隣りへ森繁さんが司会役で、あたくしが一席しゃべる、終ってわアッと笑うと、すぐ隣りで志ん生が始める、志ん生が終ると今度あたくしが始める、その途中で森繁さんが「こういう噺が」なんてんで始めるんです。つまり三《み》つ巴《どもえ》みたいになってね、こっちが切れるとまたむこうが演《や》る、その間に次に演るものを考えるんです。ふだん演らない噺だから、ひとが演ってると、あ、こういう噺があったな、なんて思い出して演る。聞いてる人が面白いってんで動かないんですよ。宴会がほかに二つもあるとかで、むこうからじゃんじゃん電話がかかってくるが、誰も動かない。ずいぶん面白がしたよ。みんなへべれけになってね、森繁さんが志ん生をおぶって帰ってきました。

終戦まで

八月になると、今度は方々を二《に》人会《にんかい》で歩いたらどうかという話になりました。番組は初めに文化映画がついて、普通の映画があって、そのあと二人で一席ずつ演る。これは交互出演で、まずあたくしが演って志ん生が演る。と翌晩は志ん生が先に演ってあたくしがあとに演る。「なんとかして二た月やってくれないか」というんですが「二た月はかんべんしてくれ」と、一と月にして給金を半月分ずつ貰ったんですよ。あとの半月分は後で払うてんで、八月一日から奉天へ行って、それから本渓湖《ほんけいこ》という所へ行きました。乗り替えの都合でまた奉天へもどり、奉《ほう》ビルというホテルへ泊まった。その晩お酒をくれた人があったんで「一ぱい飲もうじゃねえか」って二人でもって、一升貰ったやつをあらましあけちゃった。それでいい心持に寝たんです。すると夜中にどんどんとドアをたたいて「消して下さい消して下さい、電気を」「なに？」「電気を消すんですよ」「また防空演習が始まりゃがった、うるせえ」ってんで電気を消して寝ちゃった。あくる日「食堂へ行こう」ってんで二人で出てみると、軍人なんかみんな顔色が変わってるんですよ。「どうしたんです？」「ゆうべソ連から宣戦布告」「えッ！」「ゆうべ貴方の部屋ずいぶん起こした」ってんですよ。四階のあたくしンとこの部屋だけ明かりがついてる。下からいくらどなってもだめで、奉ビルへそういって、女中が来てどんどんたたいた。こっちァ酒ェ飲んでぐうぐう寝てたからそんなことは知らない。「防空演習じゃなかった？」「ソ連から本物が来たんだ」ってんですよ。こりゃいけねえ、さァ大変。その日に発って大連へ行くことになってるんだが汽車が出ない。しょうがないからその晩も奉ビルに泊まってると、またウーウーウーてんで空襲警報。二人で戸棚へはいったりしたけども「戸棚にはいってたってしょうがねえから、出ようじゃねえか」って出て、真ッ暗ンなかで手さぐりで酒ェ飲んだりなんかしてる。毎日毎日発とうと思うんだが発てなくて、そこに大分長い間いました。

志ん生と二人でどうしようって相談して「むこうへ行ったってしょうがねえじゃねえか」「しょうがねえったって此処にいるわけにいかない。じゃ新京へ帰ってみるか、どっちにしたってどうも困ったことになった」と言ってると、満芸の事務員が「大連へ行ってくれ」って切符を持ってきた。「だめだ、行かないよ」「そう言わずに……」「だめだよ君、こんな有様でもって大連へなんぞ行ったってしょうがねえじゃねえか。新京へ帰ろうって相談してるんだ」「困ったな。……そうですか、行きませんか」「行かない」って言ったんで、その人が出て行っちゃった。そしたら志ん生が「だけどもね、松《ま》ッちゃん、なんだぜ、これァそういう使いが来るってことァ、これァ大連へ行けってえ辻占かもしれねえから、ここにいるより大連へ行った方がよくァねえか」「うゥん、あたしァどっちでもかまわないが」「どうしようう」「どうしようって今切符持ってきたの帰しちゃった」「そうだなァ、あいつもう帰っちゃったろうな」ってドアあけてみると、どッかの部屋へ寄ったんですね、その人が今むこうの廊下を歩いて行く。「おいおい」って呼んで、「行くよ行くよ」「行ってくれますか、大連へ」「行きますよ」「そうですか、じゃそうして下さい」……その時分にむこうの〝はと〟って特急……これもあとで聞いたら最後の〝はと〟だったそうです。機関車へ、鉄兜で機関銃を持って乗ってるんです、ものものしいんですよ。その汽車へ乗って大連へ着きました。連鎖迎いが来て、日本館という、その前五月にも泊まっておなじみの宿屋へ行きました。

街という町に常磐座という映画館がある、そこで十三、十四日の二日間やりました。それで「これから大石橋《だいせっきょう》へ行くんだ」って言うと、むこうの人が「およしなさい、大石橋なんてとこは日本人も少ないし、もう少し大連にいた方がいい。日本人が十五万人もいるし、安全だからここにいた方がいいでしょう」「いたらいいったって……」「いえ、沙河口《しゃかこう》ってとこがありますから、そこを二日ばかりとりますから」ってんで、沙河口で興行することにきめて翌日の十五日の朝になりました。

その前の晩に志ん生が「どうも変な夢を見た」って言うんですよ。「どんな夢？」って聞いたら、李彩《りさい》って支那人の手妻《てづま》使いがいましたが、「李彩の荷物を持って俺が五円祝儀を貰った夢ェ見た」……いやな夢ェ見たもんだって話をしてたんです。そしたら陛下の放送があるという……これが無条件降伏だったんです。

大連にて（その一）

終戦になったとたんに満映って会社はつぶれちゃったわけです。「あの時二た月の契約して先へ金ェ貰っときゃアよかった」って、今更そんなこと言ったってしょうがない。ちょうど半月、給金いっぱいかせいで、会社はつぶれちゃった。

どうにもしょうがなくッて宿屋にいたんですが、「どッかへ出て行ってもらいたい」「出て行ってくれったって行く所がない」「うちも親戚の者がみんな来るんだから……」と言うが本当はそうじゃない、住居に困る人から高く取って、ヤミで貸そうってわけなんですよ。こっちは公定の値段で泊まってるから「出てってくれ」ってんです。困ってると、大連の観光協会がありまして、そこへは先代の丸一《まるいち》の小仙から添書《てんしょ》を貰って森岡という人へ顔出しに行ったことがあるんです。今度二度めに大連に来て顔出しをしてある。「君がた、どうする？」「なにしろ宿屋で追いたてを食って、いる所がないんです」「それァ気の毒だね、それじゃこの事務所の二階がどうせあいてるんだし、観光協会ったって、今何も出来ないんだから二階に君たち置いてあげようか。その代り自炊《じすい》しなくちゃいけない」「あゝよござんす、自炊はいたします。とにかく寝る所がなくちゃ困りますから置いて下さい」って頼んでそこへ引き移ったんです。それが八月の十八日か十九日でした。

置いてもらうといっても二階は洋間《ようま》でしょ、なんにもないんです。ふとんを二組貸してくれました。長椅子が一つある、志ん生はこれへ寝られるが、あたくしの方は背が高いから寝られないんです。折畳みの布《きれ》の安直《あんちょく》な寝台を一つ借りて、あたくしはそれへ寝ることになった。

八月二十二日、いよいよソ連の兵隊が進駐してくることになりました。その前の晩に、あたくしたちを置いてくれた森岡さんの隣組の組合長の家で「今夜、町会の者が全部集まってお別れの会をする、そこへ余興に来てくれ」てんで行きました。大きな座敷の隅の所に台が出来てる。「じゃ今夜あたしが先に演るから」とあたくしが始めようとしたら、その町会長って人が出て来て「ちょっと待って下さい。いま皆さんにお別れを……」てんで、明治陛下の髭のはえてるお写真がありますね、あれを持ってきて「いよいよ明日《みょうにち》はソ連軍が進駐して来る。もし不敬なことがあるといけないから、陛下のお写真は焼き捨てることにします。陛下のお顔もこれが見納め、どうか皆さんよく奉拝しておいて下さい。(涙声で)このお写真を焼かなければならんという、なんたることで……」って泣き出した。隣組の一同もみんなわアッてんで泣き出した。「……(涙声で)実にもったいないが焼き捨てます。さ、君、皆さんを笑わしてくれ」ってんですがね……弱りましたねェ、これァ。前でさんざん泣かしちゃって、すぐ笑わせろったってね、赤ん坊じゃないからあやしたって笑やしません。焼き捨てる方はあとにしてくれりゃよかったのにって、志ん生と顔を見合わして、しょうがないから演るには演りましたが、あんな演りにくかったことは、あとにも先にもありませんでした。

やがてソ連が進駐してきました。方々ぶちこわして、掠奪と強姦がはじまった。いや、どうものすごいったって……方々のうちで太い丸太を十文字《じゅうもんじ》に表へ打ちつけて、はいれないようにしてある、それだってなんだってぶちこわしてはいってきちゃう。観光協会の中へもはいられたことがあります。それより前に、銀行の人であたくしたちの噺を聞いて知ってる人がありまして、その人から電話がかかってきて「どうしたい」「どうもしょうがないから、この観光協会の二階にいます」「来ないか」「へ、うかがいましょう」って、二人でのこのこ歩いてたずねて行った。「とにかく君、なんとかして上げたいが、今どうにもならない。しまっといたブランがあるが君欲しいかい、安くしてあげる」「そうですか、酒がなくて困ってるんだから分けて下さい」ってんでブラン、つまりブランデーを二本ぐらい安く分けてもらって、それから蚊が出てしょうがないんで、蚊取り線香の買いおきがあるってますから、そいつも分けてもらって帰ってきた。今夜ッから蚊に食われずに寝られるってんで、蚊取り線香たいて、ブランをあけて、少しいただいて寝たんです。すると、夜中の二時も過ぎたころに大きな音がする。目がさめたら小さな声で「松ッちゃん、松ッちゃん」「え?」「階下《した》へはいったらしいよ、ロスケが」「そりゃ大変だ」……あたしァ越中褌にゆかた着て寝てました。困ったなと思ったがとにかく起きて、モバードの時計を持ってる、これが一番値打なんで、真ッ先にとられるだろうと思った。弱ったな、どこへかくそうかしらん、てんで、歩くとね、みしッみしッて音がする。「歩いちゃいけねえ、歩いちゃいけねえ」って志ん生が言うんですよ。そのうちにね、かちかちん、かちかちん、て音がする。「何をしてるんだい」「今ね、ブランを出してる」「馬鹿野郎ッ、この最中《さなか》に酒ェ飲んでるやつがあるか」「飲んでるんじゃないよ。ロスケが上がってきたらね、こいつをむこうへ飲ましてね、(ポンと手を拍《う》って)よいしょッ……」よいしょったってロシヤの兵隊に判るもんかってんで。そのうちに階下《した》ァがらがらがらがらかき廻しているらしい、二階の上がり口が木のドアなんで判らなかったんですね。上がってこられたら大変だった。そのうちに、ががアッてトラックのエンジンかけて、ぶウッて行っちゃったらしい。だけどこわくて下へおりられない。とにかくしょうがないから、そウッとまた寝ましてね。夜が明けてあかるくなったから、もう大丈夫だろうてんで、そウッとおりてきたら、入口ンとこへ大きな穴があいて、中へ石がほうり込んである。石をばァんとほうってガラスこわして、手を入れて中のねじをあけて、はいってきたんですね。持主の方へすぐ電話をかけたら、とんできてガラスを入れるやらえらい騒ぎ。

そのうちに、とにかくなんにもしないで食ってるから、どんどん銭《ぜに》がなくなってくるし、物価はものすごい勢いで上がって行くんですよ。初めのうち配給を貰ってました。ソ連が進駐してくる二日ぐらい前、市役所へ米の配給を貰いに行ったところが一週間ずつしっきゃくれない。一週間分貰ってきたって、またすぐ貰いに行かなくちゃならない、厄介でしょうがない。市役所の係りの人にいくら「こういうわけで、旅行者で困るんだから」と言っても、こいつがこちこちで「だめだ」と、てんで受け付けない。それで添書《てんしょ》みたいなものを名刺へ書いてもらってあるのを、その上の係りの宇野さんというかたに「こういうわけで、興行に来て帰れなくなって、一週間分ずつじゃ困るから……」と言うと「あゝそうですか、判りました」と、さっき断わったやつへ「一カ月分の書き付けを出してあげなさい」「だけども規則でそれは出来ません」「規則々々と言わないで、いいから一と月出しておやりよ」「それァいかんです」「いいよいいよ、まかり間違えば僕が腹を切ればいいんだから。いいから君、書いてやりたまえ」「そうですか」上役の言うことだし、不承不承に書いてくれた。その書き付け貰ってきて米屋へ行くと売ってくれるんです。その後ソ連が進駐してきて、その米から砂糖から被服から全部取られちゃった。ソ連の方で肝をつぶしたってえます……「こんなにどっさり物資があって、なんで日本は負けたんだ」って不思議がったんですって。だからね、日本人は馬鹿だってんですよ。あんな堅いこと言ってないで、市民へみんな分けちゃったらいいのに、ソ連に押さえられたってしょうがないでしょう。まァとにかく一カ月分貰って大きに助かりましたけども、それがなくなってくりゃまた買わなくちゃならない。「何も商売はないんだし、どうしよう」って言ってると、ある日のこと森岡さんが「君たち、なんかやってみたらどうだ」「やってみたらったって……」「どうせここも広いんだし、夜はいけないから、昼席やったらどうだ……志ん生・圓生と二人会で切符売ってやるから……そのかわり、そのうちのいくらか貰おう」というわけなんで、むこうも収入の道がないから、なんかもうけようっていうわけですね。こっちも家は借りてるし「結構です」って切符を売ってもらって昼席をやりました。一時ごろから始めて四時にはねる、三時間で二席ずつ演るんです。畳を入れまして、高座は机を並べてその上へ、隣りの家から屏風や毛氈借りてきたりしてやりました。

やっぱり一番苦労を忘れたのは、噺をしている間ですね。この時だけは、すっかりもう日本にいるような気になってお客も喜んで聞いてる、はねちゃってみんな帰っちゃうと、なんか心細くなって内地へ帰りたいなァと思いました。

こういう会を五日間とか一週間ずつ、二回か三回やりましたね。「ネタがなくなっちまやしないか」と言われたが、二人とも「いや、まだ大丈夫」……志ん生もあたくしも噺の数は持ってます。その時に志ん生と以前の花月の独演会の話をしましたが「俺ァね、松ッちゃん、君が始めたんで、これァ弱ったなと思ったんだ」「どうして?」「こっちのネタがなくなっちまやァしねえかと思って」「あたしも君がうんとネタがあるから心配してた」……お互いに同じことを考えていた。小さん・志ん生というネタの多い人をむこうに廻してあたくしも苦心しましたが、苦しかったのはあたくしだけじゃなかった。「あン時、俺ァ弱っちゃったよ」って志ん生が言ってました。

大連にて（その二）

大連では、今から思うとずいぶんおかしなこともありましたよ。

豆腐の製造・卸《おろし》をしてる家で、一席演ってくれと頼まれました。明かるいうち……四時ごろに行く。人が追い追い集まって、一席演って、終るともう暗くなるんで、おもてへは出られない。出れば撃たれて死んでも責任は持たない、五時以後の外出を禁ず、というんで帰しませんからね、「ここへお寝なさい」って階下へ寝かしてくれた。一ぱい御馳走になって寝たら、夜中にががががアッてエンジンの音がする。すると志ん生が「大変だ、おい、ロスケが来た」「え、ソ連が？　違うだろう」「いや違やしねえ、あの音はそうだよ」「自動車のエンジンと違やしねえか」「いや、そうだ」さァ大変だって股引はいてシャツ着て、すっかり支度しちゃって「どうしよう」「ここにいちゃいけねえ。手水場《ちょうずば》へ入《へえ》ろう」「手水場へ入ったってしょうがねえ」「まァ手水場へ入ろう」って二人でね、手水場へはいった。そしたらどういうわけだか志ん生が、座ぶとん一枚持ってる。「何を持ってきた」「座ぶとん。うしろへ寄ッかかるんだ」って、厠所《はばかり》へはいってふとんをうしろへかって、寄ッかかってる。二人とも女便所で息をひそめてたが、依然《いぜん》としてまだ、がらがらがらがら音がしてる。「ずいぶん永いなァあれァ、どうしたんだろう」「自動車じゃないようだが……」と言ってると急にパチンと便所の電気がついて桟《さん》をあけかけたから、もう必死になって中から戸を押さえた……そしたらすッと出てっちゃった。「ロスケかい?」「背《せい》が小さいようだ」「そりゃ子供の兵隊かもしれない」……ソ連兵の中には十六、七のがいるんです。「それかもしれねえ」「だけどいきなり来てパチンと電気をつけたが、このうちの人じゃアねえか」「さァねェ……」また三十分ばかりそうやっていたが「しょうがねえから出てみようじゃねえか」とあけて出てったらそこは台所で、電気がついてそこのうちのおかみさんが、なんかこしらえてる。「何をしてるんです」「いえ、今、二階で麻雀をしてお腹がすいたってからこしらえてるんです」「ロスケがはいったんじゃないんですか?」「なんです?」「あの、がちゃアん、がちゃアんて、なんか割ってるような音がしてえた。だから、なんかぶちこわしてるんじゃないかと……」「いえ、薪《まき》を割ってるんです」「それじゃ、あの、がらがらがらがらッてエンジンの音は」「豆腐をこしらえてるんです」……それで一時間半ぐらい厠所《はばかり》ンなかへはいってた。床ンなかへはいって考えたら馬鹿々々しくってね。

観光協会の二階を借りていたところが、そこを支那人が欲しいっていうから、譲っちゃったというんです。「譲り渡した……というと、あたしたちァどうなるんです」「君がたは、どッかへ出て行ってもらわなきゃア」「出て行ってもらうったって行く所がねえんですがね、もう少し待って下さい」……もう少し待ってくれってのは密航船《みっこうせん》が出るというんで、これへ金を払いこんであるんです。「この船の出るまで置いて下さい」「よろしい」ってことになったけども、ここを買った支那人が毎日やってきて、うるせえんですよ。「アナタガタ、マダイルカ」って言いやがってね。だんだんもう寒くなってきたが、暖房も何もないし、しょうがないから炬燵《こたつ》を買って、火鉢にも炭をどんどんおこしてあたってる。炭が悪いから炭酸ガスがどんどんあがるんですよ。ところが毎日々々やってるうちに、二人とも炭酸ガスに強くなった。すると支那人が来て「コマルネエ、アンタガタ、ニサンニチデタツカラト……フンフン(と匂いをかぐ)フンフン……アー、アタマイタイ」って……催促しているうちに頭痛がしてきて「アトデ……」って帰っちゃう、うふふ。二人で「あいつが来たら、炭を余計たこうじゃねえか」って言ってね、おかしかった。

ある日のこと、やっぱりまた隣組から「一席演ってもらいたい」ってかけあいに来た男があるんです。自分は新聞記者だって、あたくしの顔を見て「君、あたしはね、君の先代《おやじ》の代から聞いてるんだよ」「そうですか」「あゝ、落語はぼくは大好きでね」とこう言う。行ったところが、デパートの持主の住居で、大きなアパートなんですけど、広い部屋でストーブがたいてあって、そこへ知り合いの人やなんかみんな集まってる。あたくしたちが着物を着替えてひかえていると、高座の方に小唄の見台《けんだい》みたいなものが出てるんですよ。座ぶとんが二枚敷いてあって、一枚の方へその見台が置いてある。「ほゥ……何かちょいと、噺の前に演る人があるんだな」と思った。するとその新聞記者が「貴方がた、支度は?」「いえ、支度はもうあたくしの方はいつでも」「そうですか、じゃアどうぞお二人、」ってから「……」「演るんでございますか?」「えゝ演っていただくんです。さァどうぞ、お二人で」

「お二人……?」って、あたくしたちァ顔見合わしてね、「あのゥ、見台が置いてありますが。……どなたか唄かなんかお演りになるんでしょう?」「いや、貴方がたがあすこで、お二人で演っていただくんで」「あたくしども、一人ずつでしゃべるんですが」ったら、「ほゥお」ってやがんの。あやしい新聞記者ですよ。落語が好きだって……何を言やがる、丸っきり知らねえんですよ。見台が置いてあって並んで演ってくれって……馬鹿々々しくなっちゃった。それでも一席ずつ噺をしましたが、そういうような変なやつがいて驚きました。

かせぐってのは、そういうふうに隣組へ行くよりしょうがないんです。

まァ、娯楽もなし、まことにいやなことばかりで、気がくさくさするから噺でも聞こうというわけですね。むこうへ行きゃ必ずどッかの部屋へ泊めてもらって、そこで一ぱい飲みの、御飯をいただきの、夜はおもてへは出られないから、あしたの朝、昼間になってから帰ってくる。そんなことでよく食っていられたと思うんです。そんなに莫大《ばくたい》な金を取るわけじゃないんですからね。だけど、金もそう減らず、いくらかずつ持ってましたんで、密航船に払いこんだんです。

密航船(その一)

なんとかして日本へ帰りたいんで、密航船に払い込むんですが、ずいぶんインチキがあって、なけなしの金を取られた人もありました。

はじめ、一人千五百円から二千円ぐらい払い込むと船で日本へ帰れるというんで、じゃアなんとかそれへ乗ろうてんでいろいろ聞いているうちに、だんだん上がってきて、一人三千円ずつだという。それでもこいつは確かな船だってえから「それじゃア一つお願いします」ってんで払い込んだ。ところがやっぱりヨタなんで、いつまでたっても船が出ないんですよ。

いよいよあした、海岸のロシャ町って所からその船が出るってことになった。その密航船の話をしてくれた人が、やっぱりその船で一緒に帰るつもりで、あたくしに「貴方は荷物はどのくらいあるんです」と聞くんで「あたくしァ鞄は新京で預けたまゝま、それっきりになってリュックサックだけです」「実はね、荷物も一人どのくらいときまってて、そう持って行かれないが、あたしゝとこじゃ家族が引き揚げてくんだから、荷物が大変なんだ。あんたに持ってくれってわけじゃないが、名前貸してくれないか。あなたの荷物ってことにすれば、それだけ余計持って行けるから」「あゝよござんす、志ん生と二人名前貸しますから、それだけ荷物持ってらっしゃい。その代り船が出る時、あたしたちァ今のとこから来るのは大変だから、貴方の家へ泊めて下さると都合がいいんだが」「あゝようござんす、お泊まんなさい」……それで志ん生と二人で「いよいよ発ちますから」と観光協会の方を引き払ってきました。

ところがその晩もまたロシャ人に襲われたってんで、路地の間かなんか、変な所をぐるぐる廻って逃げましたが、まァいい塩梅に、はいらなかったというんで帰ってきて、その明くる日、船が出るかと思ったらまた延びたってんです。だからそこの家にいるよりしょうがない。ところがだんだん延びて最後にとうとう船はだめになった上、払い込んだ金も返らない。

密航船てのは、誰が本当の持主だか判らないようになってるんですね。さァ大変、一人三千円ずつ取られて、あともういくらも残っていない。「あの金取られたら、こっちァここで干乾《ひぼ》しになっちゃう、なんとかしてくれ」とかけあって、やっとこさと三千円ずつ返してもらいました。ところが船は出ないし、そこの家でも出て行ってくれと言うんだけども、行く所がない。「弱ったねェ」「そのうちなんとか見《め》っけますから」って方々へ行って頼んだけれども、なかなか置いてくれる所なんかありません。するとそこの家が接収されることになり、どうしても越さなくちゃならない。「貴方がたも事情が判ってるし、気の毒だけども、とにかくうちも越すんだし、今度の家へ置いてあげたいが、狭いからとてもはいりきれないから、どこかへ行ってくれ」……しょうがないから荷車借りてきて、ふとんだとか、買った行火《あんか》だとかお鉢だとかを荷車へ積んだ。荷車引き出して「さて、どこへ行こう？」……実際落語以上ですね。荷物出したが、どこへ行っていいんだか判らない。「とにかく、あいつンとこへ行ってみようか」……あいつというのは杵屋佐一郎って名前の、長唄の唄うたいで、一、二、三度しか会ったことがないんですけどね。そこへ行って「泊めてくれないか」「うちは夫婦だけでやっと住んでるんだから、とても泊められない」……無理に置いてくれってわけにもいかず、本当に弱っちゃった。荷物を持って、越す先も判らない。もう日は暮れかかってくるし。……「難渋の者でございますから、なんとかして……」「仕方がないから、荷物だけ置いて行きなさい」……荷物だけ置かしてもらって、荷車を返して「弱った、どうしよう」

……大連に三越がありまして、そこに二、三回会った山田さんという落語が好きな人で、いろいろ話をしたことがある。そのかたに相談したら「気の毒だから、志ん生さんはあたしのうちへおいでなさい。それから圓生さんはほかへ頼んであげるから」……大変親切な人で、あたくしの方はその人の川柳仲間だという人の家へ頼んでくれて、そこへ泊めてもらうことになりました。

二、三日そこにいましたが、そう永く居候してるわけにいかない。それから方々頼んだところが、大阪町《まち》って廓があるんですが、もちろんもう商売なんか出来なくなって、みんなアパートみたいに部屋を貸してる。〝福助《ふくすけ》〟という名のうちで六畳が一と間あいてる。「そこへ話をしてあげましょうか」と、長唄の三味線弾きで六春雄という人が言うので「ぜひお願いします」……むこうへ一緒に行ってくれて「こういうわけだから貸してくれ」「よろしい」てんで、いくらいくらということがきまって、志ん生と二人でそこへはいりました。女郎屋ですから、廊下がずウッとあって、そこをぱたぱたって草履で歩く。「なんだい、廻し部屋へ入《へえ》ってるようだ」なんて言ってると、また、ぱたぱたぱた……「女郎《じょうろ》は来ないね、これァ」って冗談いったり……そこで二人で自炊して、まァどうにかなるだろうてんで、ねばってました。

毎日、日本へ帰れるつてがないかと、知ってる所を「日本へ引き揚げる密航船はありませんか」てんで探して歩いていました。ある日あたくしが出かけて、夕方帰ってくると、志ん生が「君、いいことをしたよ」「なにが」「おれが一人で火鉢へあたって、鼻唄《はなうた》かなんかうたってたらね、がらッとあけたから、君が帰ってきたんだと思ったら大きなロスケが二人立ってやがる。七十二発ばばばッて出るってえ、蝸牛《まいまいつぶろ》みたいなものがくッついてる鉄砲をおれに向けやがってね……」なんかここへ、あやしいやつを追い込んだというんで家捜しをしたんですね。はいってきたら、じいさん一人だから、そのまゝま行っちゃった。「いきなり鉄砲向けられた時は驚いた」って言ってました。

その志ん生がある晩帰ってこない。あくる日帰ってきてぼんやりしてる。「どうしたんだ」「杵屋佐一郎のとこにみんなが集まって博打が始まった。そこで、三千五百円持ってた有金を全部負けてきた」ってんです。「しょうがないなァ。だから幾度もそういったろう、満洲あたりへ来てやってるやつと、いくら君が博打で年季を入れたか知らないが、あの連中を相手にやったってかないっこないって……」そんなこと言ったって、もう負けちゃったんだからしょうがない。「あたしァこっちに残ってるから、君だけ帰ってくれ」って言うんですよ。

密航船(その二)

君だけ帰ってくれったって、俊寛みたいに一人残しても帰れないし、つきあって残るというわけにもいかず、弱ったもんだと思ってると、今度は台湾人の持ってる船で、確かに出るからって話なんです。「いくらです」ってえと、また上がって五千円だってんですよ。あたくしの方はいい塩梅にお銭《あし》がふえて五千円とちょっと持ってましたから、もう帰りたい一心で、それを払いました。そしたらこれもまたインチキなんです。

今度は取りつけみたいな騒ぎになって、金を払い込んだ人が二、三百人押しかけて、わいわい言ってるが金は返さない。

あたくしを大変にかわいがってくれた、大野さんて人がありました。このかたは、お宅は大連にありましたが、奉天へ行って会社をやってた。それがだめになって大連に帰ってきて、おじさんというのが、石村さんといいまして、現在箱根大涌谷に万岳楼という旅館がありますが、その家の長男で、大連へ来て、米と炭を売る店をやっていました、そこを手伝ってるわけなんです。そこで大野さんに会って「実は金が返らなくて弱っちゃいました」「どうしたんだ」「こういうわけで」と話すと「それァ困ったね」……ちょうどそこへ炭を取りに来て真ッ黒になってる人に「檜垣《ひがき》君、君、なんとかならないかね、気の毒だから」「うゥん、誰がやってるの、その会社は」「山下汽船にいた岡本って人が理事長みたいなことをしてるんだそうで」「岡本？　あゝ知ってる」「君、電話かけてやりたまえよ、あした」「あした何時に行くの？」「一時って約束なんです」「じゃ一時頃、行ってごらんなさい。名前は？」「山崎松尾……」って頼んではみたが、炭背負《しょ》ってるような人じゃしょうがねえだろうと思ってました。あくる日船会社の事務所へ行ったらもう大勢来てるんですね。その岡本って人に、みんな会いたがってるんだが、逃げてて出てこない。するとリーンと電話がかかって、「岡本さん、電話でございます」って呼びに行くと、その岡本ってのが出てきて、電話で「はァ？　はァはァ、は、あ、どうもしばらくです、岡本です……はァなるほど、なんてんです？　山崎松尾？」……檜垣さんからかかってきたんですね。この檜垣さんはあとで聞いたら、もと山下汽船で岡本って人より上の船長で、いろいろ世話をしたことがあるらしい。そのうちに「山崎松尾さんてかた、いらっしゃいますか」「あたしです」「ちょっとこちらへ」と別の部屋へ連れてって「じゃ五千円」て返してくれた。ところが見なれない札《さつ》なんで「なんです、これァ」「これは朝鮮銀行の札」「使えるんですか？」「これァ貴方、朝鮮銀行の古い札なんです。この方が今は値打がある」……変でしょ？　札によって値打があるのないのって。聞いてみると朝鮮銀行でも新しいのより古い方が値打がある。その次が日本の紙幣……旧紙幣です。その次が満洲紙幣、で、ソ連から出てる軍票が一番信用がない。それで札によって値《ね》がみんな違うんだっていうんです。こっちァ判らないから半信半疑で受け取って、「こういうわけで取れました」って礼に行きました。あたくしが牛肉《ぎゅう》かなんかを買って、みんなで食おうってんですけども、隣りの家へ匂《にお》いがするといけないからと、方々締めちゃって大変なんです。牛肉なんぞうっかり食えない、豆腐を食ってぜいたくだって言われたやつがある。豆腐食ってぜいたくじゃしょうがない。

そんなことで金はどうやら返ってきたんですが、そのうちに〝福助〟にもいられなくなった。近くの別の女郎屋に、日本の元憲兵が三人逃げ込んだんです。ソ連兵が追っかけてきたが、その三人は一人ずつ、一階二階三階と入り込んで、みんな拳銃がとてもうまい。近づいてくと、ぱァんと撃たれるんです。それでどうにもならない。ある日あたくしがおもてから帰ってくると、消防ポンプが出たりはいったりしてる、火事かと思ったらそうじゃないんです。憲兵三人にソ連と中国と両方で六、七十人が向かったが、撃たれるんで、とうとうその家に火をつけたんですね。火をつけたら出てくるだろうてんで、ねずみと間違えてやがる。それから水をかけたんでしょうが、とうとうそのアパートにいた人が三百人ぐらい、かわいそうに、みんな焼け出されですよ。憲兵二人はそこで殺されたが、一人はとうとう逃げちゃったそうで。そんなことがあってからやかましくなって、移動が出来なくなった。それから、また大野さんに「あすこにいるのも気味が悪いから、ほかに行く所はないかしら」って頼み込んで、屋根裏みたいなとこを借りて引越しましたが、そのうちに志ん生とあたくしとは、住居の都合で一緒にいられなくなって、別々になりました。

あたくしが満洲で家内を持ったというお話があります。もちろん東京には家内があるんですから、二重結婚で法律上の大問題……いや別にそういうやかましいことじゃァないんです。しかし内地にいた人には所詮判らないことですが、敗戦当時、外地にいて誰一人頼る者はなし、生活の不安と生命の不安……おもてを歩いていても、いつどんなことで殺されてしまうかも知れず、死んだところで「あァ、あすこで日本人が死んでいた」でおしまいなんですよ。そういう人間としてのなんともやりきれない孤独感は、実地にそういう境遇にあっていない人には判らないでしょうが、外地のこういう状態で、心のささえというものが欲しくなって、引き揚げるまでとおたがいが承知の上で、そういう夫婦がたくさん出来たものです。

小唄の師匠で田村千代といい、むこうもあたくしに家内や子供のあることも知っていて、日本に帰れば別れるという話し合いの上で……しかし帰るまでは正式の夫婦でいたいというむこうの条件で、大連にいた芸人仲間を呼んで披露をしました。宴たけなわになってお嫁さんが三味線を弾いてお婿さんが『都々逸』から『大津絵』なぞをうたいまして、はてはお嫁さんは酔っぱらってぐうぐう寝ちゃったという、大変な結婚式があったもんですなァ。しかし一人で生活するよりも二人の方が確かに経済的にも楽で、どうにか暮して行けるものです。日本へ帰ってから、家内にも話をして、千代は今は赤坂で稽古をしております。

それで志ん生もあたくしに刺激されたのか、女房を持とうという話があり、これは義太夫の師匠で、お見合いをして二人で飲んだが、その女が大変酒くせの悪い人で、さすがの志ん生も驚いて引きさがったという話を聞きました。

引き揚げ

年《とし》が明けて昭和二十二年の一月に志ん生が引き揚げ、あたくしの方は約一カ月おくれて日本へ帰ってきました。九州の諫早《いさはや》に着いたのが三月十七日でした。

まだまだむこうではいろんなことがありましたが、幸い病気だけはしませんでした。日むこうでは気の毒な人が沢山ありました。旅順なんかは、ソ連の方でまた要塞を作る、日本人がいちゃいけないから二時間以内に退去しろってんで、永年住んでた人もみんな一時間か二時間で追っぱらわれたんですってね。そういう人がみんな大連へ流れてきたが、来る途中ではまた、中国人の掠奪に会うし、これでもうすってんてんになって、いる所がないから学校やなにかを収容所にして、ここへはいる。しまいには、食べ物がおからだそうですよ。風邪卯の花、あれへ水をかけて塩をぱらぱらッとまいたやつ。だから栄養もなんにもない。風邪でもひきゃアあくる日はもう死んじゃうというような状態で……引き揚げの時はそういう気の毒な人を一番先にしたんです。

いよいよ引き揚げで、一応、ロスケの管轄の収容所へはいる、そうすると白いおまんまをくれます。ところが鮭《しゃけ》なんか焼かないで生《なま》のままくれるんですってさ。塩鮭をソ連じゃ生で食うんですね。しかし日本人はそんなものを食えば腹をこわす。こういうことで参っちゃった人もずいぶんあるそうです。船へ乗ってからも、体が弱ってるから死ぬ人がずいぶんいるんですって。あたくしたちが帰る時も、船に大きな石がいくつも積んでありましたよ。「なんです？」って聞いたら「これは死骸へつけて沈める石……」いやな石を積んでやがる。

いよいよ大連を出発って時も大変でした。ソ連てえ国は、きまったことでも、そのまぎわにならないと知らせないんです。あたくしたちが船へ乗る日だって、前の日に無電がはいってるから、日本から三隻《せき》迎えの船が来てるってことは判ってるんです。「じゃ、いよいよあした帰れるな」って喜んでた。一団五百人で三千五百人乗るんですが、各団の団長が朝の八時ごろになって呼び出されて「日本から迎えの船が来る。ことによると出発するかもしれないが、出発しないことになるかもしれない。しかし命令のあり次第に発《た》てるように用意はしておけ」……団長が九時ごろに帰って来て「こういう指示があった。船は来たが今日発つかがいいよ。いつ何時《なんどき》、急に命令が来るかもしれない」「だけども、そんならもう言いそうなもんだ」「いや、それが判らないから、なるたけ荷物はほどかない方がいい」……そうしたら果たせるかな、十時になって「すぐに出発」ときた。そんなら初めに言うがいいじゃありませんか、ねェ。中には荷物をほどいちゃって困ってる人がある。船が岸壁へ着いて「二時間以上の碇泊《ていはく》を許さず」っててんですよ。その間に三千五百人の荷物を積み込まなくっちゃならない。もう大変な騒ぎ、大急ぎでトラックへ積み込んで、港へ行ってまたおろして、今度チェーンで船へ積むわけですが、チェーンが一つこわれてるのがあって、荷物が上がらないんですよ。ずっとむこうの動いてるチェーンの所まで、また荷物を運ばなくちゃならない。もう戦《いく》さみたいな騒ぎ。死にもの狂いでしたね。やっとのことで積み終ってタラップ上がって、ものの五分ぐらいでボーと出るんです。忙しいのなんのって……船が出てから「大連の馬鹿野郎ッ」てどなってやりました。「もう二度とふたたび来ねえ」って言ってやった。

日本へ帰ってから一週間ぐらい諫早にとめられました。伝染病の関係でしょうね。コレラの注射やなんかいろいろうたれました。手紙が来てる所があるんで、そこへ行って調べてみたが来てないんです。帳面についてるのも調べましたが……三遊亭の「さ」の字の所を見てもない、圓生の「え」にも山崎の「や」の字の所にもない。だめだと一ぺんもどってきたが、あきらめきれないんで、もう一ぺん今度は、はがきが差してある所へ行って、ひよッと三枚めをめくったら、〝山崎松尾〟と書いてある。見たら〝港区豊岡町《ちょう》〟に立ちのいているから、もし来たら知らしてくれというはがき。家が焼けたってことは、ずっと前に手紙が来て判っていたんですが、その後どこにいることやら判らない、これでやっと安否が知れたわけです。

満洲で「もう来月は帰れる」ってのがだめになって、また「今度は確かな情報がはいった、来月は確かだ」って言うが、それも嘘。そんなふうで、だまされにだまされてずウッと一年以上いたから、なんでも信用しなくなっちゃった。汽車へ乗っかっても「この汽車、どッか変な所へ行っちまうんじゃアないかしらん」と思ったりしましてね……やっとのことで品川の八ツ山ッとこまで来た時は本当に嬉しかったですね。実に、あすこへ来て、もうこれなら確かに帰ってきたと思いました。一年十一カ月ぶりでした。

寄席復帰

東京はもちろん焼野原だろうと思って帰ってきましたが、あたくしの総領の娘が芝三田豊岡町に嫁《かたづ》いていまして、幸いそこが助かったので、家内と子供達もみんなそこへ引き揚げていました。電報を打ちましたから迎えにも来てくれて、やっと豊岡町の家へ落ち着きました。長男の耀一郎は、海軍航空隊の大尉で九州大村に勤務しておりましたが、無事に帰っておりましたし、二男佳男も海軍で、横須賀に勤務中に敵戦闘機二百機をば機銃掃射で壊滅させたという武勇伝は……申し上げても本当と思わないでしょうし、あたくしでさえ信用しない……まァとにかくこれも帰っておりました。

これは帰ってから聞いた話ですが、あたくしと志ん生はもう満洲で死んだろうと思ってたんですね。四代目小さんのおかみさんの妹さんが、お稲荷さまか何かの行者《ぎょうじゃ》で、それがよく当たるというんで、その人にうかがってみたらば、二人が死霊《しりょう》で出てきたというんです、へへへ……あたくしが出てくるとやっぱりあたくしの声に似てるし、志ん生は志ん生の声に似てるってんです。「まことに、満洲で死んで残念だ」って、そう言ったって。いやどうも、あとで聞いたら笑い話ですがね、その時はもう二人は死んだんだとばかり思っていた……そこへ志ん生が帰り、あたくしが帰ったわけで。とにかく無事で帰ってきてよかったたてんで喜んでくれました。

これを心から本当に喜んでくれたのは、四代目小さんでした。あの人は無口な人でしてね、お世辞なんぞはもちろん言わないし、用のあることでも、なんだかめんどくさいというような人でしたけどもね。そういう点はあたくしの先代《おやじ》ともよく似ているところがありまして、なんか、人と話をしたり、ごちょごちょ言うことはもう、わずらわしい、めんどくさいというような人ですが、本当に信義のある人です。当時会長でした。さっそく四月の中席から寄席へ出演するってえことに決まりました。とりあえず上野の鈴本で、昼席ですまないがトリをとってくれというわけで、浅草の松竹館という席を昼夜二回つとめて、上野の昼席のトリをして、夜は人形町の末広と、これだけがあたくしのかけもちになりました。志ん生さんももうあたくしより前に、帰ってすぐに出ておりました。

あたくしが出席したその当時、むこうから帰ってからあたくしの噺がうまくなったということをば、ちょいちょい耳にしたんですね。「圓生さんは、満洲へ行く前よりうまくなった」……仲間うち、また定連というような……定連というのはその時分ありませんけれども、よく来ているお客さまがそう言うんです。あたくしァこれァ本当に馬鹿にされたと思いました。毎日々々演ってうまくならなかったものが、ほとんどまる二年の間、まァたまには演りましたが、大よそは休んでしまって噺をしない日が多かった。それが帰ってきてうまくなるわけがない。こいつァつまり、からかわれているんだなと思って、初めは、そういうことを言われると腹が立った、ひとを馬鹿にしてやがると思って。

ところが決して嘘をつかない、この人はと思う人がそういうことを言う……「あの人が言うんだからまさかあたしをからかうためではないらしい。どういうわけなんだろう、演らずにいてうまくなるわけはない」と考えたが、これは、なんてんですか、満洲へ行ってあたくしは今までにない経験をした。人間的な苦労ですね。なんといってもあたくしは親の庇護を受け、師匠の庇護を受け、苦労したとは言《い》い条《じょう》、やはりまだ本当の苦労が足りなかった。それが満洲では食うや食わずの苦労をして「もしこの持ってる金がなくなっちゃったら、俺はどうなるんだろう」と考えた時は実に心細くッて、暗澹としたもんです。誰一人、どうしてやろうって人はないし、商売をしているというのは飲食店ぐらいなもんで、たべるものを商売にしている人は金もはいるが、ほかの人はみんな持ちものをちびちび売り食いをして、ただ、いつ船が出て日本へ帰れるかってことを待っている。ひとごとどころではないというのが実体なんですから、ひとの面倒を見てやろうって人はないのがあたりまえの話なんです。

しかしそこは芸人のありがたさというんですか、見るだけでとても手が出ないような高いものを、一緒に連れてって御馳走していただいたりして、栄養失調にもならず帰ってきたわけなんですが、そういう苦労もしましたし、家賃を払ってはいってるとはいうものの、居候みたいな肩身の狭い思いもしました。

寒くなるのに炭が高くッて、百円といえばあの時のわれわれにとっては大事な金なんですが、その百円ぐらいな炭を買ってきたって二度もおこせばなくなっちゃう。しかも炭酸ガスのうんと出る悪い炭ですから、部屋を締めきっておくと、たちまち頭がぴんぴんする。そういう時は酢《す》を飲むといいんだそうですね。それで酢を飲んで、寒い最中《さなか》に風のあたる所へ行って寝たり……命にかかわることですからね、寒いなんて言っていられない。それでやっと頭のがんがん痛いのがなおるというわけで。しかし寒くッてしょうがないから、部屋を貸してくれてる大家さんの所へ行くと、ストーブがどんどんおこってあッたかいんです。ただはいってくわけにいかないから〝よいしょ〟をして……つまりお世辞を使って頭をさげて「退屈でしょうから落語を一つ教《おせ》えましょう」かなんか言ってね。むこうも「じゃちょいと教えてくれ」なんてんで噺を教えたりなんかして。

火にあたるのもお世辞を使わなきゃあたれないような状態……ですから炊事もしましたし、針仕事もしましたしね。針仕事ったって、まッつぐに縫ってるつもりだが、ずウッとまがってっちゃう、へへへ……どうしてもだめなんですね、針なんか持ったことないから。ほころびが切れたって、やっぱり女の人のとこへ行って頭をさげて、頼んで縫ってもらわなきゃならないというようなわけで。そういう今までやったことのない苦労をした。これがまァ人間的に成長したというんですか、芸の足《た》しになったのかも知れません。

開眼

満洲から帰ってきまして、演っているうちに、自分でも本当に今度は、今まで演らなかったものを演ってみたいという意欲が非常に湧いてきたわけですね。それで第一に、九月ごろでしたか『三年目』に似ているような噺で『茶漬幽霊』というのを、三代目圓馬師の速記で覚えて演りました。これは不成功でおくらになってしまいました。その後間もなく『遠山政談』を演り、それから『火事息子』を演ってみたくなって演りはじめました。『鰍沢』は花月の独演会で演ったことがありましたが、これをもう一ぺん稽古をし直して演ってみた。また『妾馬』は、品川の師匠が、八五郎が門番の所へ来てべらべらッとしゃべる所でサゲていた。師匠の演り方を覚えて、あたくしもそこまでで奥は演ったことがなかったが、これもしきりに演りたくなって、いろんな本を引っぱり出して調べました。幸いに落語の本は防空壕へ入れて助かっていたんです。それで自分でもあれこれと考えてみて、『妾馬』の(下)を始めたところが、意外に初演から受けました(昭和二十二年十二月十日新宿末広昼席にて初演)。二、三度演っているうちに「あァ、こういう噺の方がいいのか」と思った。つまり、ただ笑わせるだけでなく、笑いあり涙ありという噺があたくしに一番向いてるようだと悟ったわけなんです。それまでは暗中摸索というか、どれが本当に自分に向いてる噺かどうか、はっきり判らなかったんです。ところがこういう系統の噺がいいんだと気がついた。その意味で、この『妾馬』の(下)があたくしにとっては大きな転機になったと言えると思います。

人情噺は落し噺と違って、何かもう一つそこに圧《お》しがなくちゃいけないわけですから、あたくしも好きだけれども、若いうちには演るべきもんじゃなく、相当の看板にならなければだめだと思って、ずッと避けていました。その意味では、あたくしが年齢より若く見えるということもマイナスになっていたんで……プラスになったこともあったかもしれないが……いかに若く見えるったって、それァ年齢というものはそうはかくせません、だんだんあらわれてきますからね。そこで自分でも、こういう噺をもう演ってもよかろうという踏ん切りがついて、演りはじめました。

『木乃伊《みいら》取《と》り』もその年に始めました。この噺は、あたくしが義太夫を語っていた時分に、初めて品川の師匠のを横浜の新富で聞いて、面白い噺だなと思った。師匠もそれが初演だったらしいんですな。おりてくると聞いていた弟子たちが「あァ師匠、大変ようござんすね」ってんでほめると、師匠が「いやァだめだよ、師匠(四代目圓生)のが耳についてるから……師匠のがあんまりよかったんで、どうも俺が演ってみても、なかなか思うようにはいかない」「いやこれは師匠の売りものになるから、お演んなさいよ」と、弟子たちがみんなすすめていた。師匠のはそれから後にもたびたび聞いています。

師匠が亡くなって『木乃伊取り』は演る人がなくなりました。それであたくしが先代《おやじ》に、ある時すすめたんです。「あなたの柄《がら》の噺だし、師匠がない後に、あれだけの『木乃伊取り』を演れる人はないんだから、お演んなさいよ」「うゥん、演ってみようか」ってんで始めたんですが、先代《おやじ》は主人公の清蔵が非常に柄に合い、演目の中でも得意ものの一つになりました。あたくしは柄にないし、初め演る気はなかったが……心境の変化と言いますかな、演ってみたくなって、いろいろくふうして演ってみたところが意外にお客さまに受けまして(十二月二十四日新宿末広昼席にて初演)……この時も自分は笑うだけの噺でなく、やはりそこに出る人物の人情というものを出して行く噺がいいんだなと思ったわけです。

あたくしの先代《おやじ》は〝人情落語〟と看板に書いたことがありました。落語ってものは笑うもんだとばかり思ってらっしゃるお客様もあるが、やはりその中の人物のあわれさというものもなくちゃならない。笑う中でも、噺の人物の心持になってほろッとする所があってもいいわけなんですが、これァその、言うべくしてなかなかなまやさしいことでは出来ない。自分が本当にその中の人物になりきって噺をして行けば、人情が移って思わず涙ぐんでくるという所も出来るわけなんです。あたくしも今まではそういうことは出来なかったが、いくらか出来るという自信がつきましたから、それからはそういう噺をするのが自分でも大変面白くなってきました。自分の芸がこれで行けるな、という所へあたくしも考えが及んだんで、つまりそれまでは壁にぶつかっていた芸の見解《けんかい》というものが、やや開けてきたんですね。その頃から、あれも演ってみたい、これも演ってみたいという意欲が出てきました。

お恥かしい話ですが、それまでは自分で本を見て演ったものがいくらもありますけれども、なにかその、見本がなくっちゃアうまく行かなかったわけで、自分の頭で想像をして、ひとつの噺を練りあげるということが、どうしても出来なかった。ところが、なにかの拍子にひょッと開けてからは、自分で活字を生かして行くことが出来るという自信がついたわけです。以前のように、本を読んでそのとおりに演るんじゃアなく、これをこう演ってみよう、ああ演ってみようと、いろいろ自分の想像をめぐらして、突っ込んで演ってみる。幸いにしてこれが当たると、また更にほかのものも演ってみたくなる、という塩梅で、今までの自分なら思いもかけないものをば始めたこともあります。

これはしばらく後になりますが、『洒落小町』なんてえ噺は、先代の文治さんがよく演ってましたが、どうもあまり面白くない噺だと思って、あたくしは演ろうという気は毛頭なかった。ところが、ここをこう直してみたらどうかしら、あすこをああやったら面白くなるかしらん……と考えているうちに急に演ってみたくなりました。いろいろに手を入れて高座へかけてみたら、意外に受けるんです(昭和二十九年九月十五日麻布十番倶楽部で初演)。人形町の末広で演った時に、席亭が聞いて「師匠、『洒落小町』っていう噺はこんなに面白いものなんですか」と言われました。事実あれァ昔のまま演ったんでは、今聞いてあんまり面白くない噺なんです。こんなふうに、今まではいやだと思って演る気がなかった噺を、やはり心境の変化で、急に始めたりしたこともありました。

満洲へ行く前と帰ってからとでは、あたくしの、ひとの芸に対する見方も大分変わりました。志ん生という人の本当の値うちを理解できるようになったのもそのためです。以前には、あたくしは志ん生の芸について、やたらに大きい声を出したりして、噺そのものは大してうまくもないのに、どうして客に受けるんだろうと考えたことがありましたが、あの人は決してがむしゃらにそういう演り方をしていたわけじゃアない、大人《おおびと》といって、大勢のお客を前にした時は、そういう演出法が一番効果があるから、そういう手段を用いていたのだということが判ったのです。

前には、あたくしの方が正しい噺で、うまいと思っていたが、帰ってからの見方で、あたくしと志ん生の芸を比較してみると、まァものにたとえれば、彼は野武士で、あたくしは道場の剣客というところじゃアないかと思います。剣法がどうだとか、型がどうだとかいうことはあたくしの方がすぐれているかもしれないが、真剣勝負となると……剣法の何たるやという理窟より、まず相手を斬らなければならない。その頃のあたくしでは、彼と真剣勝負をすれば、十のうち七太刀《たち》ぐらいは斬られてしまって、せいぜい三太刀ぐらいしか彼を斬ることは出来なかったろうと思います。ただし、道場で面・小手をつけて、正式の型どおりの試合ならば、あたくしの方が七太刀ぐらい打ち込む自信はあった。しかし高座でお客を前にして芸を演るのは、言わば真剣勝負で、理窟より何よりまず勝たなければ……つまりお客に受けなければ、いくら能書をいっても仕方がないわけです。志ん生という人は、この真剣勝負の場合、実にすぐれた力を持っているということを、あたくしははっきり悟りました。

三十日会《さんじゅうにちかい》

満洲から帰った翌月の四月から三十日会というものが出来ました。これは四代目の小さんが始めたもので、あたくしも四代目から相談があると言われまして、聞いてみると「三十日会てえのを始めたいと思う」……寄席の興行は十日間ですから、大の月だと三十一日があくんです。ですから独演会や特別の会はよくこの三十一日にやる。ところが四代目の言うには、三十一日にすると大の月しきゃできない、三十日にすれば二月を除いて毎月できるから、三十日会と名前をつけてやりたい、という。ま、言ってみれば落語研究会の変身ですね。ただし、四代目やあたくしの属している落語協会だけで、ほかの芸術協会の人ははいっておりません。小さん(四代目)、文治(八代目。山路)、文楽、志ん生、圓生、馬楽(八代目正蔵)、そういう人たちを主体としてやろうというわけです。落語協会の方でも、四代目の弟子で先ごろ死んだ馬風なんぞ、「あたしは幹部なのに、どういうわけで出してくれないのか」って苦情を言った。すると四代目が「お前はこんな会へ出る噺家じゃアねえ」って言ったんで、当人が大変むくれてましたよ。こっちの協会の幹部だって、芸風がどうもこういう会には合わないんだからしょうがないことです。四代目は「この会を始めようと思ったのは、もちろん君と志ん生が帰ってきたからで、これだけいれば役者がそろう」というわけで始めたんです。

四月に第一回を新宿末広でやったところ、大変な大入りなんですねェ。もう五時前にほとんど立錐の余地もない満員でした。
この時の番組を掲げておきます。

落語「三十日会」
昭和廿二年四月初会

顧問　吉　井　勇
　　　長谷川　伸
　　　久保田万太郎
　　　安　藤　鶴　夫
　　　徳　川　夢　声
参与　桂　文　治
　　　桂　文　楽
　　　古今亭志ん生
　　　神　田　山　陽
会長　正　岡　容
副会長　柳家　小さん
幹事　蝶花楼　馬楽
　　　檜　山　延　吉

第一回　四月三十日
新宿末広

長屋の花見　小さん
三十石　圓生
源平　圓歌
正岡容　挨拶
がまの油　馬楽
愛宕山　文楽
猫忠　文治

それから毎月の三十日、上野、人形町といろいろ場所を替えてやったわけです。

九月三十日の会で、あたくしが演ってそのあとに小さんがあがりました。あたくしァその時、当時高円寺にあった席へかけもちで、すぐ国電へ乗って行っちゃった。帰ってくると電話がかかって、小さんが死んだというんです。びっくりしましたねェ。あたくしのあとへあがって、楽屋へおりてきて、その晩すぐに汽車で旅に行くことになってたんです。羽織をぬいで自分でたたんでるうちに倒れたそうで。あたくしァその日は昼間も会い、夜も会ってるんで、死んだと言われても本当とは思えませんでした。こう言うとおかしいが、あたくしは他人が死んで本当に涙がこぼれたのは四代目小さんの時ですね、惜しい人を亡くしたと思って。六十ですから、まだまだもっと永く活躍してもらいたい人だし、芸としても本当に惜しい人だと思いました。それに、あの人の人柄ですね。まことに無口で、なんにも言わなくって親切で……あたくしの先代《おやじ》が死んだ時なんぞも、あの人はかれこれ言わずして、非常に親切にしてくれました。その人に死なれたことはまことに残念で……。

この九月の三十日会の時に、松橋紋三《まつはしもんぞう》という、あたくしたちもご厄介になりました、日本橋にいらっしゃる外科のお医者さま、それから斎藤拳三さんという八王子の郵便局のご主人で大変な落語通のかた、このお二人が会場に見えていまして、小さんが倒れた時に、公演中ですけども「松橋先生、楽屋へおいで下さい」と、紙へ書いて出したんだそうです。先生が楽屋へはいってきて、まぶたをあけて瞳孔をみたところが、もうだめだというわけで……ご贔屓の先生が最後にみたということも不思議なことですね。それで人力車《じんりき》へ乗せて帰したんだそうです。もはや息をひきとっちゃった後ですから、普通なら乗せないんですが「こういうわけだから」と言ったら、俥屋が四代目のことをよく知ってて「師匠なら乗せて行きましょう」ってんで、上野から稲荷町《ちょう》の家まで送ってってったんだそうです。

松橋先生と斎藤さんからその話を聞いたときに「小さんも亡くなり、これから君なんぞ本当に落語界で活躍しなくちゃならない人なんだ。あたしたちは君に期待を持っているんだから、一生けんめいやって下さいよ」と言われましたが、これァまことに噺家冥利で、そういう本当の聞《き》き巧者《ごうしゃ》の、お世辞を言わない人達から「君に期待をかけているから」と言われたことは、自分も落語家として立って行ける素質があるんだなということで、非常に心強く思いました。それからなお、これァ一段と勉強しなきゃいけないなと思って、責任といいますか、そういうものを身にしみて感じました。

第四次研究会

その翌年、昭和二十三年に、そのころ蝶花楼馬楽だった今の正蔵さんが奔走して、第四次の落語研究会が出来ました。

その前に、あたくしがまだ満洲から帰ってこない時分に、第三次研究会が出来たんですが、これはいくばくもなく中止になって、あたくしが帰ってきた時はもうなかったわけなんです。この第三次研究会の第一回の番組が手もとにありますから、ご参考までにここに掲げておきます。

御挨拶

第三次落語研究会が本日こゝに誕生いたしました。今後末長く御引立を願ひます。

第三次落語研究会は、第一次や、第二次の時のやうに、一部有志の集合でなく、全落語家の結束であります。落語の道場であります。

暫く禁演になってをりました古名作も、再び世に出る時が来ました。然し落語も、封建的作品は、今後自由主義的作品に改められなければなりません。随って旧作の改竄と、新作の発表に努力せねばならぬと思ひます。

以前の研究会は、余りに本格的演出に精進した結果、研究会型などの非難を受けた場合もありましたが、今後は時代に即応した新演出も研究して行きます。又、若き人達には、それぐ〳〵の持ち味を生かして、良き補導の下に、逞しき成長をさせる事が、研究会の大きな事業だと思ひます。何卒御声援を願ひます。

昭和二十一年二月三日

落語研究会

落語研究会役員(順次不同)

会　長　久保田万太郎
顧　問　大倉　喜七郎
同　　　渋沢　秀雄
同　　　遠藤　為春
同　　　矢部　謙次郎
参　与　小林　徳二郎
同　　　崎山　正毅
同　　　高井　武雄

同　正岡　容
同　安藤　鶴夫
主　事　今村　信雄
幹　事　蝶花楼　馬楽(八代目正蔵・岡本義)
同　古今亭　今輔(五代目・鈴木五郎)
発起人　桂　文治(八代目・山路梅吉)
柳家　小さん(四代目・平山菊松)
桂　文楽(八代目・並河益義)
三遊亭　圓歌(二代目・田中利助)
三遊亭　金馬(三代目・加藤専太郎)
柳家　権太楼(故人・北村市兵衛)
桂　小文治(稲田祐次郎)
柳亭　左楽(五代目・中山千太郎)
春風亭　柳好(故人・松本亀太郎)

第三次
落語研究会第一回公演
番　組

寿限無　　三遊亭小金馬
道具屋　　蝶花楼　馬楽
明　烏　　桂　　　文楽
菊江の仏壇　桂　　小文治
節　分　　三遊亭　金馬
王子の狐　桂　　　文治
湯屋番　　春風亭　柳好
たぬき　　柳家　小さん
　以　上
昭和二十一年二月三日(日)午後一時開演
　会場　生命保険講堂
　(丸の内毎日新聞向ふ角)

第三次は五、六回でつぶれてしまいました。理窟ばかりは立派でも、こういう会はかぎられた会員でなければ決して成功しないものです。あたくしは第三次のあったことは全然知りませんでした。

さて第四次研究会の時は、馬楽さん(八代目正蔵)から「会場は日本橋の千代田生命のホールがあるから、此処を借りてやったらよかろうと思うけれども、どうだろう」という相談を受けました。ほかの人もみんな異議なく「結構だ」というわけなんです。その時にあたくしは「いけないというわけじゃないが、落語研究会という名前をつけるのは、どういうもんか、もっとよく考えてみたらどうか」と言いました。「どういう意見なんです」と聞くから「落語研究会というものをこしらえて、それに出られるということは、噺家としてあたしはまことにありがたいことであり結構なことなんだ。しかしこの会を冒瀆《ぼうとく》するような事態が起こったら、あたしは故人のお師匠《しょ》さんがたに申し訳がないと思う」

あたくしの師匠圓蔵が静岡へ興行に行ってた時に、研究会と日がぶつかったことがあります。この興行はもちろん橘家圓蔵一枚看板で、あとは小さく弟子たちが下へずッと並んでる。当時静岡に入道館《にゅうどうかん》という席があって、ここで一週間から十日ぐらいやりました。そのあと浜松へ行って勝鬨亭《かちどきてい》という所でまた一週間ぐらいやることになっていました。静岡で開演中の四日めに、師匠が「あしたは研究会だから、あたしは帰る」という。一と晩休みにするわけにいかないから、ことわり書きを表へ出して、その晩だけはまァ弟子の中で一番頭《あたま》立った者がトリをとる、もちろん入場料も半額ぐらいにしてやるわけですね。高崎へ興行に行ってた時にも研究会の日にぶつかったことがあって、この時も師匠は一日休んで帰りました。その時に師匠の曰《いわ》く「落語研究会というものは大切な会であって、これを休んでは先生がたに申し訳がない」……先生がたてえのは、岡鬼太郎・森暁紅・石谷華堤・今村次郎。その時分とどう物価が違うかしれないが……二等の往復の汽車賃を払って、しかも自分のやっている旅の席を一日休んで帰って、かなりのあしを出したんじゃないかと思います。けれどもこの会は大事だからといって、師匠が二度帰ったことを、あたくしは覚えております。それほどに落語研究会というものは大切なものとしてあった。つまり落語が頽廃して、もういけないという時に、研究会をやって盛り返したといういわれがありますし、また唯一の道場でもあり、師匠としては本当に敬虔な気持で勤めていたわけなんでしょう。

「だから研究会という名前はよして、何かほかの名前を使ったらどんなものか……」とあたくしは主張したんですが、大方《おおかた》の意見は「いや、それよりも落語研究会というのは、やはり売りこんである名前だから、これでやった方がいい」「それなら、出る皆さんも、どうか一生懸命にやっていただきたい。もちろんあたくしもがんばりますから、この落語研究会を神聖なものとしてもりたてて行こうじゃないか」と言ったんです。

第一に誰を発起人に選ぶかということですが、まず落語協会では、文楽、志ん生、圓歌、圓生、馬楽(八代目正蔵)の五人、芸術協会から柳橋。フリーである金馬。この七人を発起人として、あとは賛助員ということで発足いたしました。

その当時、落語協会の会長は八代目桂文治です。文治さんは第二次の時の発起人ではあるが、今度の人たちとくらべると、時代が少し上の人なんですから、賛助員の方へはいってもらい、そのほかの人もみんな賛助員ということにして名前を連らねて発足したわけです。

第四次研究会（続き）

そこで第一回を千代田生命ホールで開催しました。その時の番組と御挨拶を次に掲げます。

日時　昭和二十三年十月九日（土曜日）正十二時開場
会場　中央区京橋二丁目千代田生命ビル七階講堂

第四次
第一回　落語研究会番組

御　挨　拶

拝啓
残暑相凌ぎがたき折柄皆様には愈々御清祥に亘らせられ候段大慶至極に存じ候
陳者此の度私共相集り古き伝統の落語研究会を復興致し先輩諸氏の意志を継承只管芸道に精進尚且斯道の向上を希望として即ち第四次落語研究会と命名（毎月第二土曜日）京橋二丁目千代田生命講堂に於て開催致す事と相成り候、何卒大方の諸賢我々の微意御推諒の上何分の御援助と御指導御鞭撻を賜り度く偏に願い上げ奉り候
敬具
昭和二十三年九月吉日

第四次落語研究会

賛助会員(イロハ順)

林家　正蔵(七代目・海老名竹三郎)
柳亭　左楽(五代目・中山千太郎)
桂　文治(八代目・山路梅吉)
桂　小文治(稲田祐次郎)
桂　右女助(六代目小勝・吉田邦重)
橘ノ　圓(三代目三木助・小林七郎)
柳家　権太楼(故人・北村市兵衛)
古今亭　今輔(五代目・鈴木五郎)
三遊亭小圓朝(三代目・芳村幸太郎)
三笑亭　可楽(八代目・麴地元吉)

発起人

桂　文楽(八代目・並河益義)
古今亭志ん生(五代目・美濃部孝蔵)
蝶花楼　馬楽(八代目正蔵・岡本義)
三遊亭　金馬(三代目・加藤専太郎)
三遊亭　圓歌(二代目・田中利助)
三遊亭　圓生(六代目・山崎松尾)
春風亭　柳橋(六代目・渡辺金太郎)

春風亭　柳好（故人・松本亀太郎）
春風亭　柳枝（八代目・島田勝巳）

主事　今村　信雄
落語研究会事務所　東京都港区芝西久保巴町二十九番地

落語研究会第一回番組

道具屋　蝶花楼　馬楽
四段目　三遊亭　圓歌
百　川　三遊亭　圓生
愛宕山　桂　文楽
休憩
野ざらし　春風亭　柳枝
二番煎じ　春風亭　柳橋
文違ひ　桂　文治
以上

この時あたくしは始めッから全部聞きました。あたくしが聞いたところでは『愛宕山』が当日一番の出来だろうと思いました。ところが安藤先生が、当日は圓生の『百川』が第一の出来であった、ということを書かれた。それからまァ会場は神田の立花に移ったりしましたが、回を重ねるにしたがって……はっきり申し上げますが、あたくしとしても大分ヒットを打ったわけです。この時代、あたくしは闘志満々でしたし、研究会にはずいぶん力を入れて演ったつもりです。

ところが、だんだん出演をしなくなった人がある。柳橋さんが出なくなり金馬さんが出なくなり、文楽さんが出なくなり、やがて志ん生さんも出なくなり……出ないというわけじゃないが休みが多いということになってきた。大体そういうもんじゃなかろうってんですよ。発起人ですからね。会社でいえば無限責任者だから、どんなことがあってもやらなきゃアならない。どういうわけで休むかというと、はっきりいって、研究会はあんまりお銭《あし》が取れないからということになってきた。だからあたくしが始めッから言わないこッちゃない。金のこと云々《うんぬん》できっと苦情が出来るだろうし、研究会という名前に疵をつけると思うから、あたくしは研究会と名をつけるのはよした方がよかろうと言ったのが、そのとおりになって、だんだん研究会も振るわなくなってきました。

そのうちにデパートやなんかで会を始めました。それァまことに結構なんですけども、デパートは、ひとつの商品として我々を取り扱ってる。幸いにして、何々《なになに》落語会をやってお客が来てるからやってますが、これは客が半分しきゃはいらなくなったらば「店の都合によりまして、今年一ぱいで打ち切ります」と、むこうからことわりますよ。落語研究会だったら、お客はどう少なくなろうとも、もし会場の高いとこでいけなかったら本牧亭を借りても、みんなが自腹切って貸席を借りてもいい、そこまで覚悟しなくちゃいけない。第一次研究会を始めた時の意気ですね。月に一ぺんでもいいからこれは自分の会なんだ、と力を入れなきゃ出来るもんじゃないんです。それが、出演料がほかの会に比して少ないというようなことで、出演を少なくして行くんじゃア何のための研究会か判らない。

「そんなことでみんなが休むんならあたしももう出ない」と言ったところが「この上あなたが出なかったら、もうとても研究会はだめだ」ということになって、その時は会場も有楽町のヴィデオホールへ移っていましたが、第四次研究会は昭和三十三年四月十九日第百十五回をもって一時休会となりました。休会じゃアなく解散同様なんです。

第二次の時はお金云々《うんぬん》の問題はなかったが、第四次になって、とうとうそれでだめになった。金の取れない研究会はどうでもいいって、そんな了見はありません。一旦踏み切って会を始めたからには、あくまでもやって行きたいとは思ったが、そういうような、いわば意見の相違ですから仕方がありません。金はもちろん大事です。あたくしだってそれァ金は欲しい、誰だって欲はありますからね。だがそう金にばかりこだわっていたら、芸人はあんまりうまくならないんじゃないかと思います。芸人馬鹿という言葉がありますが、この人ァ頭がどうかしてるのかな、という所が、一応は、なければ、芸はうまくならない。そう算盤ばかりはじいてやれる商売じゃァない。それならほかにもっといい商売がいくらでもあると思います。

研究会の会員中で「研究会がなくなって残念だ」って言った人もあるけれども、あたくしはもう、そんなに支離滅裂になったら、残念でもなんでもないと思いましたね。むしろ突っかけものにしてやっていたら、来てもらうお客さまにも悪いし、むしろ、よした方がよかったと思っております。

独演会

満洲から帰ってきて、昭和二十四、五年ごろ、神田の立花で時おり独演会をしたことがありました。戦前に花月でやったころとは自分でも全然感じが違う。演るものに対しては自分も非常に意欲を燃やし、来たお客さまも熱心に聞いてくださいますが、依然としてあんまり入りがよくないんです。芸にはいくらか自信がついてきたが予期したほどの入りがないので、あたくしの独演会じゃアだめなんだとあきらめて、暫時やめてしまいました。

二十八年の十二月になって麻布の十番という席で独演会をやりました。演目は『三十石』『文七元結』『百川』。この時、初めてお客さまが一ぱい来て下さいました。それから二十九年十二月に、上野の本牧亭で『盃の殿様』『鰍沢《かじかざわ》』『なめる』などをやり、それから三十年の十二月には本牧亭と人形町末広と二回やりました。本牧では『三人旅』『文七元結』『蛙茶番《かわずちゃばん》』、末広では『後家殺し』『長崎の赤飯《こわめし》』『居残り佐平次』を演りました。この頃からやっと独演会でお客さまが一ぱい来て下さるようになりました。それから毎年引き続いて独演会をやるようになったんです。三十一年には三月に本牧亭、五月に人形町、十二月には本牧と人形町と二回やっております。

まァ、本当に芸が沸騰《にあが》ってきたのは、昭和三十年すぎてからでしょうね。その頃から、ごとごとごとでなく、ぐウッとふきあがるまでに、やっとなったというわけで。ですから考えてみるに、あたくしという人間は非常に不器用だと思うんですね。子供の時からやっているんですし、芸の中で育って生涯を終るというような人間ですが、なんかその、自分では非常に器用なように思ったりして、そのくせ本業の一番大事なものをつかむのが非常におそかったんです。なかなかつかみ得ないでまごまごしていた。あたくしの芸を一番けなしたのは先代《おやじ》です。手きびしく小言をいわれたもんです。しかし今になって考えると、あたくしの本当の真価を認めてくれたのはやっぱり先代《おやじ》だったと思いますねェ。非常にけなしていながら、ある点ではあたくしをやはり買ってくれた。幾皮《いくかわ》も幾皮もかぶっているが、それをすっかりむいて芯が出てくればどうにかなる、というわけで、だからいつまでたってもその皮がむけないのが、じれッたかったんでしょう。

第二次研究会の頃の斎藤さんの批評なんぞ読んでみても「つかみ所を知らない」と評されている。あたくしが噺の中で義太夫を長々と演ったというんです。ただ教わった通りに、噺の中のつりあいも考えず、長々と義太夫を入れてしまったんですね。それがなかなか自分では判らないんです。聞く人には判っても、演ってる方には判らない。噺の中でうたう時なぞは「あァいいね、あれをもう少し余計うたえばいいのに……」という、ちょうどそのくらいでいいんです。唄を聞かせるために演るんじゃァない、噺の中の人物がちょっとうたうんだから。とかくにそいつを余計やっちまう、そうするともう、くどくなるわけですね。演りたりなくってていけず、演りすぎればしつッこくなってていけない。その限度というものがはっきり判るには、やはり芸が出来て来なくちゃ判りません。

たとえば、ふざけるものにしても、このへんまではよかろうとか、これから先はいけないということが、はっきり芸の上で判ってくるまでには、そりゃ大変なもんですよ。あたくしも、やっとこのごろ、いくらかでもそれが判るようになってきた……まァ判る判るって自分でいっても、本当は判っていないのかもしれない。悟った悟ったと思っても、悟り得ないのかもしれませんが、ま、以前よりは判るつもりです。圓朝師が晩年禅をやったこともよく判るような気がします。芸の極致は禅だと思います。

そういうことが判ってくると、なおのこと芸がこわくなるってわけで、あたくしも時々舞台へあがる時に、どきどきとはしないけれども、なんかこう、舞台へ出て行くのがこわい、というような気がするんです。子供の時から舞台へ出ていてそんな馬鹿なことが、と思うんですが、それがあるんですね。舞台へあがって、お辞儀をして頭を上げるまでがとてもいやなんですね。なにかしら、こう、こわいような……頭を上げるとたんに、それはすっとなくなる。もう否も応もない……つまり力士でいえば「はっけよい」って立ち上がったんですから、もうしょうがない。なにがなんでもそこで勝負をしなくちゃアいけないんですから。

ふつう、ひとがこわがるような、つまり、うるさがただとか、芸に一応の文句をつけたがるこわい人のいる時の方が、あたくしは楽だと思います。とんでもない見当違いのことは言わないから、そういう人の方がいいんです。こわくない。なんにも判らずに来ているみィちゃんはァちゃんが、あたくしァもう一番こわい。いつあくびをされるかと思ってね、こわくてしょうがないんですよ。「俺は圓喬を聞いた」とか、誰それを聞いたとかいう、そういう人には、悪く言われてもあたくしァ仕方がないと思うんです。そういう昔の名人とくらべる芸になってるなんて考えちゃいないし、時によりますとあたくしは、つくづくもう自分ながら呆れ返ることがあります。演ってるうちにいやンなっちゃう。どうしておれァこんなにまずいんだろう、近ごろまずくなってきたのかな、と非常に悲観的なことを考えることもありますね。演っても演っても、やりそこないみたいなものばっかり続いたりすると、芸が下がっているのかなァと思ってね。調子の悪い時はとてもだめです。

　しかし、本当にお客様が聞いて下さって、自分でも本当にやれたという時は、ま、これだけは芸人でなければ味わえない愉快さです。以前になかったことであたくしが気がつきましたのは、トリへあがって、その晩自分の演った噺がお客様にぴたッとはまり、自分もまァまァという出来の時に、「有難う存じます」とお辞儀をしています。楽屋で打ち出しの太鼓を打ってる。その時にお客様が、立って前を通りながら出て行く時に、あたくしにお辞儀をして下さる。これはあたくしへお辞儀をするんでなく、あたくしの演った演芸へ対して、お客様がお辞儀をして下さる。今日は自分も出来がよかったなと思った時に限って、お客様が眼《め》を合わせると必ずお辞儀をして下さる、これァもう何とも言えないありがたいことですね。正直なもんで、出来の悪い時には「有難うございます」っていくらお辞儀をしても、むこうで知らん顔して帰っちゃいますよ。これはもうあきらかに、勝った時と負けた時とは、帰る時のお客様が全然違う。しかし、時に、とんでもないうまくもない時に手をたたかれたり喜ばれたりすると、もう、冷汗が出ますね、そんな時はほめられても、変な気持で落ち着きません。

以前は噺なんぞ何席続けて演ったってたいして疲れるもんじゃアないと思っていましたが、やはり年齢《とし》のせいか、近ごろは独演会で、三席めには非常に疲れるようになりました。長講三席とくるとちょっと応《こた》えます。世の中ってものはうまくいかないもんで、以前の精力があったら毎日でも独演会やったって驚かないと思ってましたが、自分でやりたいと思ってた頃はお客さまは来ないし、お客さまが来るようになると、すでにはや、体の衰えが来ている。独演会をやれやれと言われても、こっちが疲労するんでお断わりするようなわけで……世の中はどうも思うようにはいかないもんですなァ……。

戦後の独演会の日時・場所・演目

昭和28・12・27　（麻布）十番倶楽部

三十石

文七元結

百川

昭和29・12・27 （上野）本牧亭
盃の殿様
鰍沢
なめる

昭和30・12・24 本牧亭
三人旅
文七元結
蛙茶番

同 30・12・29 （人形町）末広
後家殺し
長崎の赤飯
居残り佐平次

昭和31・3・31 本牧亭
湯屋番 54分
百年目 50分

らくだ〔サゲまで演ったのは初めて〕　58分

同　31・5・31　（人形町）末　広

浮世床　48分

牡丹燈籠（栗橋宿を（上下）二席。伴蔵宅よりゆすり迄）　90分

同　31・12・24　本牧亭

寝　床　50分

札所の霊験（又市、中根殺し迄）〔初演〕　65分

死　神　36分

同　31・12・27　（人形町）末　広

品川心中（上下）　68分

淀五郎　50分

妾　馬　55分

昭和32・3・31　本牧亭

一文惜しみ　50分

三年目　25分

木乃伊《みいら》取《と》り　35分

同　32・5・31　（人形町）末　広

札所の霊験（前回続き、寺の手入れ迄）〔初演〕 56分
らくだ 66分
百　川 30分

同　32・10・31　本牧亭
蒟蒻問答《こんにゃくもんどう》 47分
帯《おび》　久《きゅう》〔初演〕 50分
文違い 40分

同　32・12・26　（人形町）末　広
猫怪談 35分
梅若礼三郎〔初演〕 90分
掛取万歳 30分

昭和33・5・31　（人形町）末　広
廿四孝 40分
累ガ淵（宗悦殺し、深見乱心迄）〔初演〕 65分
三十石 40分

同　33・10・31　（人形町）末　広
三軒長屋〔初演〕 60分

累ガ淵(新五郎召捕り迄)〔初演〕　50分
早桶屋　40分
同　33・12・26　(人形町)末　広
九段目　45分
累ガ淵(豊志賀から累ガ淵迄)〔初演〕　66分
引越の夢　27分
同　33・12・27　(渋谷)東急文化寄席
代　脈　32分
文七元結　51分
洒落小町　25分
同　33・12・28　(渋谷)東急文化寄席
一人酒盛　31分
鼠　穴　45分
錦の袈裟　27分
昭和34・3・31　本牧亭
子別れ(上)　40分
累ガ淵(お累婚礼迄)〔初演〕　64分

同　夢　金　25分
34・5・31　（人形町）末　広
酢豆腐　36分
累ガ淵（勘蔵家よりおしず家迄）〔初演〕　47分
小言幸兵衛
この会で西川たつ脳溢血。翌一日死去。
同　34・10・31　（人形町）末　広
紺屋高尾
累ガ淵（お累の死迄）〔初演〕
首提灯
同　34・12・27　（人形町）末　広
お神酒徳利　50分
累ガ淵（甚蔵殺し迄）〔初演〕累ガ淵これで終り。　48分
火事息子　37分
昭和35・3・31　本牧亭
紀　州　25分
ちきり伊勢屋（葬儀迄）〔初演同様〕　77分

同　35・5・31　（人形町）末　広
鹿政談〔マクラ改正初演〕　27分
乳房榎（上下二席。初めより重信落款迄）　96分
大山詣り　33分
同　35・12・27　（人形町）末　広
双蝶々《ふたつちょうちょう》（上中下を二席に）
庖　丁
昭和36・5・31　（人形町）末　広
山崎屋　40分
髪結新三〔初演〕　80分
汲み立て　33分
同　36・10・31　（渋谷）東横ホール
五代目圓生追善
天王寺詣り　百生
らくだ　圓生　〔TBSラジオ録音一時間番組で放送〕
太神楽　染之助・染太郎
鰍　沢　圓生

休憩二十分
口　上　圓生
小唄振り　阪東三津之丞
三十石　圓生
同　36・12・28　（人形町）末　広
双蝶々（上）（中）　55分
双蝶々（下）　33分
五人廻し　30分
昭和37・5・31　（人形町）末　広
お化長屋
小判一両（宇野信夫・作）〔TBSで放送。実演は初演。〕
豊竹屋　60分
昭和38・5・31　（人形町）末　広
茶の湯　36分
緑林門松竹《みどりのはやしかどにまつたけ》（またかのお関《せき》）〔初演〕　66分
大山詣り　32分

同　38・11・19　奥沢神社社務所
　　奥沢落語会特別番組
盃の殿様　42分
文七元結　53分
首提灯　30分

同　38・12・28　（人形町）末　広
大名房五郎（宇野信夫・作）〔TBSで放送。実演は初演。〕　56分
木乃伊取り　40分
水　神（菊田一夫・作）〔NHK東京落語会芸術祭ヤマハホールで初演。二回目。〕

昭和39・2・28　イイノホール
居残り佐平次　50分
鰍　沢　40分
首提灯　26分

同　39・5・31　（人形町）末　広
三人旅　50分
傾城瀬川〔初演〕　70分
芝居風呂（芝居噺）　25分

同　39・10・31　（人形町）末　広

弥次郎　45分

吉住万蔵〔初演〕　60分

木乃伊取り　40分

芸術祭賞

昭和三十五年十一月の東横落語会で演りました『首提灯』で、芸術祭の文部大臣賞というものをいただきました。

この受賞については、実は妙な心持がしたんで……と申しますのは、その前年の東横落語会で、あたくしは『文七元結』を出しまして、芸術祭参加だと思っていきおいこんで演りました。この時は自分としても出来はよかったと思ったし、わきからも今日のは大変いいといってほめられました。するとその時は、どういうわけだか参加してなかったんですね。だから三十五年も芸術祭参加じゃないと思ってた。この時はあたくしの前に、死んだ三木助があがって『三井の大黒』を演りました。あの人は明けて三十六年の一月に亡くなったんで、これが最後の高座になったわけですが、この『三井の大黒』が予定より二十分ぐらい超過しちゃった。あたくしはそのあとに上野鈴本のトリがあるんで気が気じゃアない、だんだん時間はたつし、時計ばかり見て、これァ困ったなと思ってました。こいつァもう短時間でぽォんとぶつけて行っちまおうと思って……確か十五分ぐらいしきゃない。ばアッと一つ、いきおいこんでですまして、急いで上野の鈴本へとんでった。ひざがわりの丸一の小仙がつないでてくれまして、やっとこさと間に合ったんです。そしたら暮になって新聞社から電話がかかってきて「受賞しました」「何で受賞したんです?」「『首提灯』です」「『首提灯』てますと?」「東横で演った……」「あゝ、あれ、参加じゃないんでしょう?」「いえ、芸術祭参加です」って、なんだか狐につままれたような心持でした。

『首提灯』というのは、これァあたくしの師匠のこしらえた噺といってもいいぐらいで、原形はあったわけですが、一席の噺にまとまったというものでなく、小噺のようなものだった。それへあたくしの師匠がいろいろ肉をつけて、あれだけの噺にしたんですから、師匠圓蔵の創作といってもいいぐらい。それをあたくしの先代《おやじ》がうけついで、さかんに演ってました。あたくしァそのころは『首提灯』は演らなかったんです。先代《おやじ》が死んでしまってから、これァまァ師匠が演り、先代《おやじ》が演ったもんですから、当然あたくしがうけついで演るべきもんだと思って始めたんですが、前々《まえまえ》のうまいのを聞いてますから、あたくしの『首提灯』は自分でも決していいもんだとは思わない。ま、どっちかといやァあたくしの演目《やりもん》の中では雑用物《ぞうようもん》だと思って演っていました。それがはからずも受賞したというわけで。師匠から先代《おやじ》、それからあたくしへと伝わった噺で受賞したのは何か因縁のような心持がいたしました。

芝居とテレビ

たまたま、この受賞した時は、あたくしは有楽町の芸術座で、初めて本格の芝居に出演しておりました。

その前にNHKがやっている東京落語会で、落語家の芝居がありまして、産経ホールで『忠臣蔵』をやったんです。この時あたくしは七段目の由良之助を演りました。これァもちろんお座興として演ったものなんですが、これのテレビを菊田一夫先生が見て、あたくしを芝居に引っぱり出すことにしたんだそうです。芸術座の『がしんたれ』へ出演してくれという交渉がありました時は、始め、あたくしァことわりました。噺家芝居なら、間違えたってお客さまがかえって喜んで下さるし、なぐさみになるが、本職のあいだへはいってやるとなりゃアそんなことはとんでもないことで、あたくしァ芝居なんてこわいし、出たくないといってことわりましたが、いろいろ話をされまして、「それ程におっしゃっていただくんなら……」って承諾はしたものの、何しろ東京で初めて本当の芝居をするってんですから、あたくしとしてもこわかった。でもまァ、どうやらこうやらその『がしんたれ』は好評でございましたが、その芝居の最中に受賞をしたんで……。

またその前から『圓生全集』という落語の本を十冊出すという仕事にもかかっておりました。これもあたくしァ始めおことわりして「一冊か二冊ならいいが、そんな、十冊も出したって大変だから……」って御辞退したんですが、ま、なんでもかんでもと、すすめられて、昭和三十五年の秋から始めたんです。第一巻がこれから出ようというんで、やれ原稿が来るのゲラ刷りが来るのといって、てんてこまいをしてた。それに芸術座へ出てて、そこへ受賞ときたんで、あの時ァどうも驚きましたね。うちへは新聞記者のかたが押しかけてくる、自動車へ乗るとその中へ乗りこんできて話を聞かれる、芸術座へ行きゃア記者の人が待ってたり、芝居がすんでから、テレビにってんで引っぱり出され、芝居の途中でも引っぱり出される。なんだか知らないがごちゃごちゃ一ぺんに来まして、あんないそがしい思いをしたことはありませんでした。

その後、『がしんたれ』で大阪、名古屋へ出演し、また『寿限無の青春』『悲しき玩具』『浅草瓢簞池』と、芸術座の芝居にはちょいちょい出るようになりました。

そのうちに、今度はテレビの連続ドラマ『箱根山』へ出てくれという話が出て来ました。新国劇の久松喜世子さんと一緒で、久松さんが宿屋の女主人で、あたくしは番頭の役だから、しじゅう絡《から》んでいる。久松さんもテレビの劇は始めて、あたくしももちろん始めて。どっちからカメラで撮《うつ》してるんだかちっとも判らない。あっちへ坐れだの、もう少しこっちへ引ッ込めだの、そこで前へ出ちゃいけないのって、うるさいこと言われるんで、なんだってテレビってものは、こんなことを言うんだろうと思った。むこうはカメラの位置の都合でいろいろ註文をつけるんですが、久松《ひさま》ッつァんもあたくしも、まるッきり素人だから、「どうもうるさいもんですねェ」ってんで、二人で愚痴をこぼしたこともありました。『箱根山』を半年、『大学生諸君』を半年。大学生諸君たって、あたくしが大学生になったわけじゃアない、六十いくつになって大学生になってりゃア少し気がおかしい。つまり、古典堂《こてんどう》という楽焼屋《らくやきや》のおやじの役なんです。それでちょうど一年、TBSに出ました。まァ、そのおかげか、ちょいちょいほかの局からも役者としてやとわれます。あたくしの落語以外の副業になりましてね、俳優協会の方へはいらなくちゃ悪いかと思うぐらい。でも、今更あたくしが役者になったってしょうがない。役者ってものは、顔へ何か塗らなくちゃならないが、あたくしァどうもあの顔へ塗るのが苦手で……いやなもんですね。そこへ行くと噺家の方は素顔でどこへでも出ますからね、その方が慣れてますから。

芝居やテレビの劇に出た時の感想をよく聞かれますが、動作の方はとにかく、言葉だけのことでいえば、落語より芝居の方がずっと楽です。自分の役のセリフだけ覚え、自分の役の性格だけを表現すればいいのですから。落語は噺の中のあらゆる人物をそれぞれ別に表現して一人で何役も兼ねたうえ、全体の演出までもやらなきゃならない。芝居では、とにかく自分以外の人がしゃべったり何かしている間にいくらか息をつける。落語は、舞台にあがったが最後、すべて一人でしまいまで保《も》たせなければならないのです。あたくしは、芝居やテレビに出て、落語というもののむずかしさを、今さらながら、つくづく感じさせられました。

芝居などに時々出演しているからといって、あたくしの本業はあくまでも噺家で、今さら俳優として売り出そうというわけじゃアない。しかし、ただ面白半分にいろんなことに手を出しているわけでもありません。芝居に出てもあたくしがやることは、みな今まで噺家としてやってきた修業の中から得たことを応用しているわけで、あたくしはあくまでも噺家です。しかしこのように激しく変わってしまった現代では、どんな名人でも自分の狭い世界の中にばかりとじこもっていてはいけないと思うんです。あたくしとしては本業の方にじゃまにならない程度ならば、少しはそういうほかの仕事をやってみるのもいいのではないかと考えます。

ただし、ほかの仕事に引きずられて、本業の方はすっかり御無沙汰になってしまったという例もたくさんありますし、まだ芸の出来あがっていない若い人たちには、あまりすすめられないことです。あたくしほどの年配になっていれば、少しぐらいのことで自分の芸が急にくずれてしまうという恐れは少ないと思いますが、それでも一月《ひとつき》も二月《ふたつき》も続けて芝居に出演したあとでは、やはり高座にあがった時、ほんの一瞬間のことですが、ちょっと何か勝手の違った不思議な心持になることがあります。もちろん、お辞儀をしているほんの一瞬間で、口を開いて噺をすれば、すぐ調子はもどりますが、それから考えても若い人がほかのことに手を出すのはいいことではありません。

あたくしがテレビの『箱根山』に出たあと、仕事で地方に行って、駅のホームに立っていると修学旅行の学生たちとぶつかって「『箱根山』の圓生だ」と大騒ぎ、ずらりとカメラを向ける。まったくテレビの力というものはおそろしいと思いました。テレビに出て顔を知られる……とたんにこんなに騒がれる。若い者だったら自分がえらくなったような錯覚を起こすのも当然のことです。これは修行中の者にとっては、決していいことじゃァない。あたくしなんぞ、長い間苦労してきた落語の方では、こんなに騒がれたことはないのに、初めて出たテレビ俳優でこんなに騒がれるなんて、かえって面目《めんぼく》ないような感じでした。

芸談篇

藁店や寄席の帰りの冬の月　五城

落語という芸につきまして、あたくしが日頃考えておりますことを、思いつくままに、二、三申し上げてみたいと存じます。

自分の芸

若い人の噺を批評なさるかたが「どうもあれは師匠のものまねだ。もっと自分を出さなくてはいけない」ということをお書きになる。なるほどお客さまの方から聞けば、たしかにそういうもんでしょう。それからあたくしは弟子に申しましたが、「始めッから新機軸を出そうなぞというのは、これァ大変間違ったことだ。批評する人は、聞く方の立場としていろいろな意見を言うが、演《や》る方には、また演る方としての立場があるから、批評というものを全部そのまま受け入れるわけにはいかないことがある。まして自分の芸の基礎も出来ないうちに、やたらに師匠から離れて自分を出そうなどと考えたら、とんでもない所へつッ走《ぱし》って、邪道へおちてしまうおそれがある。そうなってから、批評をした人に、その責任をとってもらうわけにはいかない。批評というものは、用《もち》いていいこともたくさんあるが、時には用いて害になることもあるということをよく考えておかなければいけない。〝ものまね〟だと言われてもあまり気にするな」、と言いました。

圓馬と小せんの稽古の仕方の所でも申し上げましたが、あたくしの考えでは、初心のうちは師匠の教えてくれたとおり演るべきもんだと思います。ものまねだと言われても結構、教わったとおりにちゃんとまねをするだけでも容易なことではありません。ましてやそれを本当の自分の芸にするまでには、ずいぶん永い年月がかかります。おのれの力を出せるだけの域に達しなければ、むやみに師匠を離れるべきもんじゃアない。

　師匠の芸から離れておのれの芸に移る、その時期を見定めるのが非常にむずかしいんじゃないかと思います。早く離れてしまえば邪道に落ちやすいし、いつまでもいつまでも師匠の演ったとおりにかじりついていたらば、これは終生ものまねで、師匠の影《かげ》ッ法師《ぽし》に終ってしまわなければならない。そんならいつ離れるべきか、これはさながら、あのカルメラをこしらえる時のようなものだと思っています。カルメラというものは、銅《あか》でできた容器《いれもの》へざらめを入れて、木の棒でかきまわしながら煮る、だんだん煮えてきて、ここだという時に棒の先へ炭酸をつけてぐウッとかきまわすと、ぷウッとふくらんでカルメラというお菓子が出来る。煮すぎると炭酸をつけてかきまわしても、ちょっとふくれかかって、ぺちゃぺちゃッとかたまってしまう。といって早く炭酸を入れても、やはりふくらがらない。ここだ、というその煮えかげんは、やはりこれァ勘ですね。さんざッぱら失敗をしたあげく、その呼吸を自然に覚える。それと同じで、師匠の芸から離れる時期というものは教えて教えられるものではない、当人の勘にまかせるより仕方のないもんだろうと思います。

　初めッから完全無欠の芸を演ろうッたってそれァ無理な話で、カルメラと同じように、ふくらまそうとすりゃアぺちゃぺちゃとなり、何回も何回も失敗をして、これという所をにぎって、初めて自分の芸というものがぷウッとふくらがってくるんじゃないかと思います。自分で自分を批評して、本当にどのくらいまでの力かってことが判るのは大変なもんだろうと思うんです。あたくしも若い時分には「あの人と俺と大して違わねえ」とか、時によっては先代《おやじ》でも師匠でも「俺と大して違わねえ」と思ったりしたことがあります。天狗時代ですね、自分ながらあきれたもんです。しかし今考えてみると、ちょうど星を下から見ているようなものだったんですよ。肉眼で見ると僅かな違いのように見えるけれども、本当に天文学から行きゃア何万光年《こうねん》、何億光年てほど離れている。芸ってものはそういうもんじゃないかと思います。わずかな違いだと思っても本当はとんでもない差がある。若いころは目先のことにとらわれて、その本当の差というものがなかなか判らないんですね。

芸の行儀

昔は芸の行儀ってことを非常にやかましく言われました。

たとえば旅のマクラを振ってたなと思うと、旅の噺をしないで女郎買いの噺になっちまうというように、ひとつの噺のマクラをほかの噺のマクラに使うなんてことは大変にうるさかった。今はそういうことをだんだんやかましく言わなくなってきたし、とんでもないマクラを振ってはいる人があります。これは本当に困ることなんです。その人がどんなマクラでどんな噺をしたか聞いていればいいんですが、かけもちの場合は、その日のみんなの演題がついている楽屋帳というものを見て、この噺は出ていないからと思ってマクラを振りはじめると、そのマクラはもう出ましたなんてことがある。そういう演り方は一番傍《はた》へ迷惑をかけるわけなんですね。だから昔はやかましく言ったんだろうと思います。

それから甲の噺のくすぐりを乙の噺へ持ってきて演る、これをつかみこみと言いましてね、非常にこれもやかましかった。なんの噺にはなんのくすぐりがはいってるってことはもうきまってる。それをほかへ持って来て演ると、あとで演る人の噺のくすぐりが、もう前へ出てた、なんていうことになります。だからきまったくすぐりをあっちへ持ってったり、こっちへ持ってったりすべきもんじゃァない。その噺に全然なかったくすぐりを新しく入れるんなら、これはもう入れた人の手柄で、そういうくすぐりならいくら入れてもいいんです。昔の偉い噺家は絶対につかみこみなんてことは、やりませんでした。ところが今はよくそれをやる人がある。やった人が相当の年配で相当の位置になっていると、傍《はた》から言えませんからね、うッちゃっとくと、それを若い者が知らずにそのまま覚えてやる。こんなことからだんだん落語というものが崩れて行くわけなんです。だから、こういうことをきちんとしてやらなければならないと昔の人がやかましく言ったのは、他人《ひと》のためばかりでなく相互のためなんだろうと思いますね。つまり落語の公徳心という意味に於いて、そういうことはやっちゃいけないことなんです。

しかし絶対にやっちゃいけないと言うんじゃない、旅かなんかに行って、落語が一本きりなら、それァなんとでもやっていいんですよ。ほかになんにも抵触《ていしょく》するものがないんだし、その一回きりの勝負なんだから、どこへどんなくすぐりを持ってきて演ったってかまいません。けれども、旅でそういう悪い行儀を覚えると、東京へ帰ってきても、その悪いくせが出て、そのまンま、つい演ってしまう。だからこういうことは、若い噺家でも大いにつつしまなければなりません。言っちゃア悪いが漫才というものは、これがはっきりどこのくすぐりときまっていないので、ひとのを聞いて「あァこれァいいな」と思うと、みんなすぐまねをします。するとお客さまは一と晩に同じくすぐりを二度も三度も聞かされるというわけで、お客さまの側から見て非常にいやなもんだろうと思います。

また昔は、あんまりお客を笑わせると、おりてきてから小言を言われたもんです。十五分ぐらいの噺で二カ所か三カ所お客がどッと笑う所があればいい。あとはそうのべつまくなしにげらげら笑わせるもんじゃアない。そういうのは〝豆蔵《まめぞう》〟だと言ったもんです。〝豆蔵〟というのは浅草が奥山《おくやま》といった時代、大道に立って人を集め、いろいろ面白いことを言って笑わしたりなにかする……いわゆるてきやの方へ属したものだろうと思います。ちょっと目をはなしたり、言葉をゆるめると、立ってるお客だから、ばらばら行ってしまう、それを逃がさないように、次から次へとたて続けにおかしなことを言って、客の足を止めておく。だから、やたらにおかしなことをしゃべりまくる噺家は「豆蔵芸だ」と言っていやがったもんです。

それから〝八人芸《はちにんげい》〟というものが江戸時代にありまして、絵で見ると、小さい屋台のようなものの中へ一人ではいって、銅羅《どら》だとか太鼓、鼓などいろんな鳴物を一人でたたいて、いろいろ声を変えて八人までの芸を演る。こうして町を流して行く芸人を〝八人芸〟といいまして、人物をそれぞれはっきりするために、子供の時には細い声を出す、おばあさんの時はしわがれた声、おじいさん、若い女、男、侍……つまり非常に強調した声色を使ったんです。だから、噺の中であまり声色的なしゃべり方をすると「八人芸みたいだ」と言って、これも叱られたものです。

芸の味

芸の性質《たち》というものは大ざっぱに言って、〝くどい芸〟と〝水ッぽい芸〟の二た通りがあるんじゃないかと思います。

あたくしは〝水ッぽい〟方へ属していたんですね。というのが、小さい時から「あの人の芸はさらッとしていていい芸だ」とか「サゲはこういうふうにあっさり行かなくちゃいけない」とかいうことをしきりに聞かされました。江戸ッ子の好みは、さらッとしたものがいいとしてあります。その典型的だったのが四代目圓生という人で、実に噺がさらッとして、肩の凝らないきれいな噺で、しかもすぐれてうまかったそうで、これが本当の江戸前の芸だと言われていました。あたくしは実際に聞いたことはありませんが、そういうことをよく楽屋で話をしていたのを覚えています。だから、そのさらり型にあこがれて、若い時分はおそろしく水ッぽい芸だったんだろうと思う。そういうことを聞きながら育って来たので、しつッこい突ッ込んだ芸というものはいやでした。しかし、ただ さらりばかりじゃア、やっぱり芸は成り立たないもんで、突ッ込む所もなくちゃアいけません。初めは水ッぽい質《たち》でも、本当に芸が出来るようになれば、それにちゃんと味がついてくるもんです。

逆に、初めから、何がなんでも客に受けさせようと、おッそろしくくどい芸の人がある。これも、うまくなるとそのあくどさが抜けて、さらッとしてくる。ですから芸の極致というものは、どっちから行っても真ン中へ出て来るものだと思います。

芸の味というものは、さながら汁《つゆ》をこしらえるがごときものではないでしょうか。お汁というものは素人にも出来ます、塩か醤油で味をつけて煮ればお汁になるわけですね。しかし本式の料理のお茶碗だとかお椀だとかいうものをこしらえて、食通をして「あァうまいな」と言わしむるのは、なかなか出来るこッちゃない。一流の料理人でもむずかしいんだそうです。お椀ならお椀をこしらえてお客に出します。これをたべてお客が「おそろしくこのお椀はいいあたりだ」……あたりというのは、つまり塩かげん、濃さ、味、香《かお》りなどのすべてをふくんだ、風味というか、口あたりのことですね。「いいあたりだ」とほめて祝儀なぞを出します。料理人が「ただいま御祝儀をいただきまして……」と礼に来たところで、お客が「いやどうも久しぶりに、うまいお椀で大変結構だった。すまないがもう一つ、あれと同じのをこしらえてもらいたい」……これは非常に料理人がいやがる註文で、よほど注意しないと二度同じ味は出来ないそうですね。少し塩からかったり水ッぽかったり……目方や分量を科学的にやるわけじゃない、勘でやるんですから、どうしたっていくらか違ってきます。芸もさのごとく、いつも同じようには……出来りゃいいかもしれないが、それでもまた面白くない。オートメーションみたいになっちゃって、いつ演っても寸分違わない演り方では興味がうすくなってしまう。覚えたことをただお経みたいにくり返すのはやさしいし、聞いても面白くない。やはり演るたンびに違うところが興味があるんじゃないでしょうか。それでしかも押さえる所はいつもぴたッと押さえておかなくちゃいけない。塩かげんでいえば、その時によって多少の違いはあるが、多すぎて苦味《にがみ》が出たり、足りなくて水ッぽくなるような、そんなことにならない限度で押さえなければならない。一流の料理人だって、火かげんだとかその時の材料《たね》のぐあいだとか気候だとか、いろんなことによって多少の狂いはあるでしようけども、ある所でぴたッと押さえる、これが一流の職人であり……芸人も同じだと思います。

俳優で申し上げると、六代目菊五郎という人は水ッぽい芸だったのから成り立って名人になった。吉右衛門という人は客に受けさせる、くどい芸から抜けて、晩年のあの芸になった。おのおのその極致に達してしまえば同じことなんだろうと思います。理想的にいえば、どちらかというと水ッぽい芸のこくが出てきたものの方がいいんじゃないでしょうか。あくどい質の人は、抜けたと思っていても、時に調子に乗ってそのあくどさが出てしまうことがあります。しかし水ッぽいのからこくが出てきた人は、必要以上には突ッ込まない、そういう点が違うかと思います。

くすぐりというもの、これはどうしても噺にはなくちゃならないもので、言ってみれば噺の薬味《やくみ》というか、とんがらし、わさび、しょうが……そういったものです。適材適所にぱッと入れた時に、これァ非常に効《き》くものなんで。ところが近頃の若い人の噺を聞きますと、やたらにくすぐりを入れたがる。「あれは一つにしておきゃいいのにな」と思ってると、それに似たりよったりのくすぐりを三つも四つも入れてるんです。これァ若いうちは、やりがちなことでしょう。しかしそれも昔と違って今日《こんにち》では度が過ぎる。まわりに、度はずれなしつッこいものがうんとあるせいもありましょうが、我々ではとてもそんなに、気がさして並べられないようなものをば、今の若い人は平気で押し並べて演ってます。ところがくすぐりをどっさり羅列するってことになると、とんがらしを入れた上に、わさびもこしょうも、何もかもほうり込むのと同じで、一向にどれも効かなくなる。訳も判らずむやみに刺激を与えりゃいいもんだと思って、めちゃめちゃに入れてしまうから、物事がこわれるわけなんで。くすぐりの用い方によって噺を殺してしまうことがあるのですから、こいつは特に若い人に注意してもらいたいと思います。

芸の基本

噺というものは、やはり基本的なものをば先へやらなくッちゃいけないもんだと思います。いきなり笑わせようったってなかなかお客は笑うもんじゃないんですから。まず昔の噺を覚えて、聾《つんぼ》ゥの噺を稽古したり、馬鹿の小噺をやったりする。そんなものでお客は笑わないって言うかもしれないが……うまく演れば笑うんですが、それァむずかしいんです。そういう昔の噺はお客さまが知りつくしている、それを演って面白いと思わせるには大変な力がいる。ですけども基本的なことを第一にやらなくちゃいけない。建築で言えば土台をきっちりとこしらえて、それから建物を建てなくちゃアいけない。あたくしはずいぶん永い間売れなかった。だけどもその間に、ずいぶん地形《じぎょう》をしました。地ならしばっかりして、ちっとも家は建たなかった。だけども一朝《ちょう》その上へ家を建てるようになれば、形のいい悪いは別としても、まず、ちょっとくらいの風ではひっくり返らない家を建てます。今の人たちは地形もしないで、いきなり三階建てとか五階建ての大きな家を建てたがる。ですから大風が吹くとひっくり返ったり、ぐらぐらぐらぐらして危くッてしょうがない。あたくしが永い間売れなかったから言うわけじゃないが、若くして売り出すということは……大変結構なことではあるが、またその当人にとって不幸なことじゃないかと思うんです。

やはり初めは師匠から順序を立てて教わることですね。馬鹿の小噺のようなものから、前座噺といって『たらちめ』『錦名竹』『寿限無』というようなものを習い、口が廻るようになって、それから『道具屋』みたいな与太郎の噺。しかしどうもそういうものをよく演らないで、いきなり大きなものを演りたがるんで。

大きな噺と小さい噺ということが昔はやかましくて「お前たちァまだそんな大きな噺をしたってだめだよ」と楽屋で小言をいわれるから、演りたくたって出来ない。これァ意地が悪くッて言うんじゃアなく、実際そんな噺は若いうちは、演ったところでまだこなせないんですよ。いきなり大きな荷物を背負って駆け出そうったってだめなんです。柄《がら》にもない大きなものを背負っちゃうと、歩くったって歩けないで、よちよちして、そのうち自分《てめえ》がひっくり返っちゃう。だから軽いものから持って腕ならしをして、だんだん力がついてきてから重いものを持てばいい。決して封建的でやかましいことを言うんじゃなく、順序を立てて行けば楽に行けるものをば、飛び越えて行こうとするから失敗をする。

うちの弟子にも、むずかしいものを「こういうものを稽古してみるかい?」っていうと「へえ」って喜びます。そして稽古をして、演らしてみると……あげもさげもならない。「……これァむずかしいもんで」「むずかしいって、お前、大きなものを演りたがるから教えてみたけど、出来まい?」「へえ」……出来るわけがない。演らしてみると得心します。だから大きな噺をのぞまずに、初心の時分はやっぱり軽い噺から順序を立てて覚えて行くことです。

亡くなった吉右衛門のお父《と》ッつァんの歌六《かろく》さんが「今の役者は、どうしてこう死に急ぎをするんだろう」……つまり若いうちに、やたらに大きないい役を演りたがることを言ったんですが〝死に急ぎ〟ってうまい言葉ですね。ですからあたくしは若い人によく言うんですよ。「若いうちに大きい噺ばかりして、年をとってから何を演るんだ。改めて『たらちめ』習ったり『錦名竹』習ったりしたって、うまく行きっこない」……まがりなりに大きな噺が出来たから、今度小さい噺はすぐこなせるかってえと、これもまたとんでもないことで、かえってそういうものの方がむずかしい。基本的なものとして人物の出入り、しゃべり方なぞの大体のところをのみこませるために教えるが、どれが一番やさしい噺かと言われたら、一つもありませんよ。短かい馬鹿の小噺にしたって「本当に演ってみろ」となったら、我々だって完全には演れないかもしれないほどむずかしい。短かい軽い噺を、ただ便宜上やさしい噺として教えているわけで、軽い噺が本当に軽く、しかもお客を感心させるほどに演れたら大変なもんです。非凡な腕ですよ。

「『あなごでからぬけ』から教わった噺家だ」というのが昔の噺家の自慢の一つで、つまり正式に基本から稽古をしたという意味で、この噺なぞもよく初歩の人に教えますが、さてこういうものを本当にうまく演るのは大変なもんです。圓喬師匠なんぞ、こういうものでも水のたれるようにうまかった。大きなものを演ってうまくッて、前座噺を演っても本当にうまい。だからあの人は完璧な名人だと思います。

〝団十郎名人、菊五郎上手、左団次下手〟と言いますが、それから言えば〝圓喬名人、圓右上手、圓蔵下手〟というところでしょうが、その下手ってものが大変なものなんですね。まア演目《だしもの》によっては〝団・菊・左〟のうちで一番客を呼んだのは左団次《たかしまや》かもしれない。噺家でもこの三人では圓蔵が一番客を呼んだ。しかし芸の位からいったら、あたくしの師匠が〝下手〟になるんじゃないかと思います。だがその〝下手〟ってのァ、大変な〝下手〟ですよ。名人、上手とくらべた〝下手〟なんですから。

形の基本

噺家の小道具は扇子と手拭だけですから、こういうものの扱いは、もう、自然に身につくようにならなくちゃアいけません。

一番よく使うのが煙管《きせる》と煙草入れですね。五代目菊五郎の芸談などに、お百姓の持ち方はどう、というように芝居の使い方が出ておりますが、噺でもやっぱり同じことです。大体、芝居の方から取り入れたもんでしょう。ところが今の人は煙管を使わないから持ち方がまずい。

あたくしも先代《おやじ》に小言をいわれました。「煙管の持ち方がまずくッてしょうがねえ、そんな持ち方じゃだめだ。第一自分で煙草をのまなくちゃいけない。煙草入れこしらえてやるから、これ持って自分でのめ。煙管ってものを本当に持ったら、どういう持ち方するのか、だんだん判るから」……あたくしが十七ぐらいの時で、それまであたくしは吸わなかった。煙草入れ持たされて、しょうがないから吸うんです。本当に好きじゃないから、一軒の席へ行って一服《ぷく》、三軒歩くとつまり三服《ぷく》ぐらい吸う。それッきりで、あと、家にいる時は全然吸わない……変な煙草《たばこ》の喫み。そのうちに量がふえてきましたが、なるほど本当に煙管を持ってみると、やっぱり持ち方がだんだん判ってきます。そうすると、こう、ちょっと扇を持ったところで、煙管に見えるんですね。

何でも、持った時にすぐそれに見えなくッちゃいけません。刀だったら、軽々しく持った日にァ刀に見えない、やはり重味を感じさせなくちゃアいけないわけです。それから両手でぴたッと槍を構える所なら、真ッ直ぐにならなくちゃいけない……よく槍が曲がって見えたりなんかする。あたくしは踊りで、本物を持って幾度も稽古をしましたから、よく判っています。曲がって見えないようにするには、前へ出した手よりもうしろの手が狂《くる》いやすいわけで、うしろの手をぴたッときめるように注意すれば必ず真ッ直ぐにきまるわけなんです。そういうことは、やはり練習に練習を重ねて行かなくちゃいけない。

それから体つきですね。侍の時、おじいさんやおばあさんになる時、または女になった時のかたち……これはやはり踊りというものが基本になります。女だったら胴体へ肱をつけて離さない。侍の時には肱を張って股を割る。それから手をずッと膝がしらの所へやって肩をぐッと上げると職人になるとか……しかしこういうことも、意識しないで自然にそうならなければ本物とはいえない。若い時はどうもかたちにとらわれて、その人物らしい恰好をすることにばかり気をとられて噺がお留守になる。一人の人物のかたちにこだわっていると、相手の人物に替わる時に困るんですよ。噺では、右を向いて左を向くと、もう人物が替わる、その時あわててかたちを替えようとするから、そこが不自然になる。これは何年も何年もやって、本当の年数をかけて、慣れて行くものだと思います。すっかり身についてしまえば、胸を張ってしゃッちょこばって、おばあさんをやってみろったって出来ませんよ。おばあさんの声が出て来ない。どうしても、腰を落として前かがみで、両手で胸もとを押さえたりしながら「まァ……そうかい」と言わないとおばあさんの声にならない。自分で意識しないで自然にそうなって行くんです。女が出てきたら、膝に手を置くにしても、ちょっと両掌を組んで、なるべく手を大きく見せないようにするとか……こういういろいろなことを意識してやってる間はぎごちないですよ。これは練習ばかりではなく、やはり年功《ねんこう》ですね。舞台の数を踏まないとこなれてこないことです。

あたくしの、お奉行さまの型がいいとおっしゃって下さるかたがありますが、別に苦心といってはありません……基本は大体、侍のかたちですが、あんまり肱を張ってりきんでちゃアいけません。やはり噺の中へ出るお奉行さまは、ごくおだやかな、慈悲のあるお奉行が多いですから。『鹿政談』『佐々木政談』『おかふい』……まァお奉行さまってものは、大体に一型《ひとつかた》でいいわけです。

芸と年齢

しかし、武骨な若侍などは、若い人でもわりによく出せるが、お奉行さまとなると型だけじゃこなせない。芸ってものは、何でもそうですが、かたちばかりそれになっても腹の中がからッぽだったらだめなもので……だから老人《としより》の出る噺は、若いうちは、どうやったって出来ないんですね。うちの弟子の圓楽が『淀五郎』を演りたがって、あたくしに内証《ないしょ》で演ったことがあるんです。あたくしがかくれて客席で聞いたんですよ。そしたら、あたくしが来てるって、また、よけいなことを言った者があって、当人へどもどしてましたがね。噺はすっかりよく覚えてますが、ただほかの者は出来ても仲蔵が出来ない。年配で、自分が苦労してきて、世慣れてるから、下の者に対する言葉づかいも、そう威張ってはいない、やさしい言葉で、しかもその中に威厳があって、親切で、情誼《じょうぎ》がなくちゃいけない。そういう人間は、なかなか若いうちに出せっこないんですよ。あたくしも若い時分に『淀五郎』を演りたくッてね、演って失敗したことがあります。『ちきり伊勢屋』なんかも、二十二、三の時分に演ってみたことがありますが、やっぱり大きな噺だからもちこたえられない。しゃべるだけしゃべったってだめなんです。

そういうものは〝死に急ぎ〟をしないで、年をとってからの楽しみに、ゆっくり取っとくことですね。それで自分の位置が出来て、お客さまが聞いて下さるようになってから、ああいうものをぼちぼち始めていいもんです。

お客の方でも、あんまり若いやつがそういうものを演ったって、もっともだと思っては聞きませんよ。だから圓喬という名人でさえ、うまかったといっても、それだけの年配になっていないから、反感を買ったんじゃないんでしょうかね。もう二十二、三で『牡丹燈籠』だとか『累ガ淵』だとかを演って、それがうまかった。しかし聞く方から見ると高慢ちきに見えることもあるんでしょう。だから圓喬をくさして「うまいけれども、あいつァ高慢でいやだ」という人がよくありました。芸人ってものは、ある年齢へ来なくッちゃアいかにうまくなっても、お客の方で信用もしないし、もっともらしくない。若くッてうますぎても、それがためにかえってお客に憎まれることがあるんですね。

それと逆に先代の小勝さんだとか、前の馬琴（講談）さんだとかは、高座でずいぶん憎まれ口をききましたよ。馬琴なんてえ人は「今の若え《わけ》やつらにゃア判るめえが……」と来るんですからね。そういういけぞんざいなことを言われて、聞いてるお客の方がくすくすッと笑う。相当の年齢になっていると、それが憎体《にくてい》でなく愛嬌に聞こえるんですね。馬琴さんの舞台を聞いた時にはこれァ大変な人だと思いました。どんなこわい人かと思っていたら、地《じ》で会ってみると非常におとなしい人なんでびっくりしましたね。我々はまだ十代で、相手はもう大先生。それでもまことに応対でもなんでもやさしくッて、決して威張ってもなんにもいませんでした。

芸の嘘

これは一朝さんなんかにもよく言われたんですが、芸というものは嘘がなくちゃいけないというんです。

仮りに内証話《ないしょばなし》をする時に「ちょいとここィ耳を持って来《き》ねえ」って、ここで本当に小さな声で内証話をしたらお客さまには聞こえない。といって内証話なんだから大ッぴらに言うわけにいかない。「そういう時には、まずあたりを見廻せ」と一朝さんは言いました。あたりをこう見廻して、人がいるかいないかを見定めて、ちょっと声の調子を落とし「実はね、内々《ないない》の話だが……」と、この冒頭だけでいいわけで、あとはだんだん調子を上げて行って、はっきり大きな声で言ったたって構わないんです。つまり話の始めにちょっと調子を落として演ることと、眼でもってあたりを見廻す、それであとは大きな声で内証話をする、これはまァ芸の嘘ですよ。それだから本当のことばかりやっては、ぶちこわしになることがあるんですね。嘘を承知で演って、それが本当のように聞こえるところに芸というものがある。実際はこんなもんじゃァないといっても、やはり誇張しなくちゃァ盛り上がってこないというような場合もあります。猪口《ちょこ》なんかも本当の猪口の大きさに持つと、客席から見て小さすぎる、そこはやはり加減して……手つきで少し大きめにします。これなぞは手つきの嘘かもしれません。

これは芸の嘘ということとは少し違うかもしれませんが、先代《おやじ》は絶句した時は、相手をぐッとにらめと言いました。絶句をすると必ず眼がきょろきょろするものなんですよ、はッと思ってね。そういう時にじイッと相手をにらんでいると気がつかれないですむ。きょろきょろするとすぐ判ってしまいます。若いうちはそういうことはあまりなかったんですが、年齢《とし》をとるといけませんね、はッと度忘れして、あとが出てこないことがあります。そういう時は、やっぱり知らず知らずむこうをにらんでますね。「これァ噺の間《ま》なんだ」ってな顔をして、ゆっくりゆっくりしゃべり出す、そうすると絶句したことには絶対に気がつかれないということは、ゆっくりゆっくりしゃべり出す……だから眼というものは、これァ大変なもんで、いかなる場合でも眼をはなしちゃいけません。眼を伏せてしまいますと、せっかくの噺が死んでしまうことがあります。

踊りと唄

ある若い噺家の噺を聞いて、女の出る場面がちょっとぎごちないので注意すると「どうも女の所は演りにくくて、そこに来ると、早くそこをすましたいと思って落ちつかないんで……」と言ってましたが、これはもっともなことなんですよ。言われてあたくしも思い出しましたが、若いころは、女のしぐさなぞ、もっと強調した方がいいと判っていても、あんまり女を熱演すると、変ににやけたやつだと思われやァしないかと気がさして、どうしてもひかえめになるんです。だんだん芸が出来、年をとってくるにつれて、そんな気がねは必要なくなるのですが、若いうちはやっぱりひかえめにしか演れないでしょうね。でも、きまりが悪いからといって中途はんぱで投げ出さず、その性根だけはよく研究しておかなければいけません。

踊りの稽古なぞは、そのためにも大変役に立つもので、噺家は踊りというものを覚えなければいけないと、昔からよく言われております。女のかたちにしても、我々は坐っておりますから、上半身だけで、肩の使い方、手の使い方、体全体のしなというもので女をあらわすのですが、これを踊りを知らない人がやると非常にぎごちない、妙なものになる。踊りには、こっちの肩をさげたら首はこうなるという、ちゃんとした約束があるもので、そいつを逆にしたりすると、つまり踊りでいう〝なんばん〟になるので、客席から見て妙なかたちになります。噺家はまず踊りというものを、どうしても習わなければならないものです。

　それから噺の中でよく唄をうたいますが、これも、うまいまずいは仕方がないが、やっぱり見台へ向かって、三味線を弾いてもらって、それに合う唄を覚えなくちゃいけない。むやみやたらに声がいいなどといってうたったり、また中にはひどい声で三味線にのらない唄を、平気で臆面もなくうたっているのは実に恥さらしです。昔は絶対そういうことはありませんでした。三味線に合わないような妙な唄は演らせなかった。それァ噺によって、間《ま》の違った変な声で唄をうたうという噺もありますが、それ以外にちょいと酔ッぱらってうたうというような時には、これァやっぱり本当に唄がうたえなきゃいけないんです。

　昔は音曲師というものがどっさりいた。それがために素噺《すばなし》の人が妙な唄なんぞをうたうと、お客さまの方でもすぐ判って、笑われたりなにかするし、楽屋でも笑われる。だから当人もきまりが悪いから絶対演らなかった。近ごろは音曲師というものがなくなって、唄を専門に演る人が、今の寄席には皆無と言ってもいいぐらいになってしまった。そういう状態なので、聞き覚えでもなんでも構わず、三味線の間《ま》にもなんにも合わないような唄を、噺の中で平気でうたっている人があります。聞くお客さまの方でも……失礼だが判るかたが少ない。変な唄を聞いて手を拍《う》ったりなさるかたがある。それで「客に受けたから、これでいいんだ」と噺家も勘違いをする、しかしこれは噺家として、はなはだみッともないことなんです。

　たとえ、ちょっとひと節しか演らないものでも、お師匠さんの所へ行ってちゃんと一段習って、唄全体を知っていて、そのひと節をうたうべきで、せめてその部分だけでもいいから専門家に習ってうたうことです。それをおこたるのは商売人として恥かしいことだと思いますね。噺の中では、たいていおちゃらけて演るもんですが、おちゃらけだけではすまないこともある。うまくはなくとも、法にかなったうたい方であれば専門家に聞かれても、自分も堂々とうたえるわけです。あたくしも噺の中で小唄なぞも演りますが、もちろんちゃんと習って演りますから、どんな家元が来ていようとも平気です。それを聞き覚えで演ってますと、良心のとがめがありますから、いかに厚かましいやつだって、偶然、唄の専門家が来ていると「これは……」てんでどぎまぎして、唄が出なくなったりする。こういうことはおのれの業務として、はなはだ恥ずべきことじゃないかと思います。まずくともいいから、きちんと稽古をして演らなくちゃアいけません。

　それにしても、噺の中の色ッぽい場面というものは実にむずかしい。男と女の濡れ場というような場面は、やはり聞く人が陶然となるような濃厚な色気を出さなければなりません。しかし、それを間違って、聞く人に、いやらしい欲情を起こさせたり、不快な感じをいだかせたりするようではいけない。そのくらいなら無理に色気を出そうなどと考えず、あっさりとさらさら演ってしまった方がどんなにいいかしれません。あたくしもそういう色ッぽい場面の出る噺は、それを、どうやって、濃厚にしかも美しく表現するかということに一番苦心をいたします。

サゲについて

　サゲというものは、一番しまいのしめくくりなんですから、この演り方次第で噺が生きるか死ぬかということになります。芝居で言うと幕切れですね。この、間《ま》のもち方でうまい俳優とまずい俳優の違いがはっきり判る。あたくしァ新派の水谷八重子さんなどは、噺家でいえば実にサゲのうまい人だと思う。芝居全体もうまいですよ、しかし取りわけ、あの幕切れのうまさには、実に敬服します。噺家でもサゲのうまい噺家はなかなかないもので、前の方がうまくとも、サゲへ来て「あァもう少し、あすこがうまいといいんだがな」という……それほどむずかしいものなんです。

　圓喬さんのサゲなんぞは、それァ申しぶんなかった。まったく欠点のないうまい人でした。圓右師匠もサゲは水際だってうまかった。この師匠のうまさというのは、ちょっと口で言えない……なんだか訳が判らなくッてうまい、とでも言うんでしょうか、判らないが、とんとんとはこんで実にあざやかにサゲをつけるんです。うちの師匠圓蔵もうまかったし、うちの先代《おやじ》もサゲはうまかった。続きものを演っても、その切《き》れ場《ば》、切れ場でもって、やまがかかるか、かからないか、これもやっぱりサゲと同じような技巧が必要だと思います。

　いざサゲへ来ましたら、むだなことはもう、ひと言《こと》もいわず、そのサゲをさッと言わなくちゃいけない。あれは競技でいう決勝線だと思うんです。泳ぎでもマラソンでも、最後の決勝点が見えてきて、ばッとはいる時ですね。その、ラストスパートてんですか、それが利《き》かなくちゃいけない。あすこでよたよたとゴールインしたんでは……やはり最後に、ばッとゴールインする、その勢いで競技が一層あざやかなものに見えるわけでしょう。

『三年目』のサゲで「サゲの言葉が長すぎる」という御注意をいただいたことがあります。あれは圓喬師やうちの先代《おやじ》が演ったとおり「あたしが死んだ時に大勢寄って坊さんにしたでしょう」「それはお前、親類じゅうが集まって一と剃刀《かみそり》ずつあてて、お前を坊さんにして棺に納めた」「それごらんなさい。坊さんで出ると愛想《あいそ》をつかされると思うから、毛の伸びるまで待っていました」……と、あたくしもそのとおり覚えて演っていたが、なるほど言われてみると長い。そこで詰められるだけ詰めて「坊さんで愛想をつかされるから、毛の伸びるまで待っていました」と変えました。字数にして十幾字か詰まったわけです。電報うつんじゃないけれども、サゲへ来たら本当に一字でも少なくして、さッとすべり込まなくちゃいけない。もたもたしていてサゲを悟られてはいけないんです。

それから、サゲの時、地に返るとか、返らないとか言いますが、あたくしが師匠から聞きましたのは〝扇派《おおぎは》のサゲ〟といって、昔、扇橋《せんきょう》・扇歌《せんか》などという、扇派といわれた人たちが、サゲへ来て、これはサゲでございますというような、はっきりそこで自分に返って言う演り方をしたんだそうです。これは派手で素人にも判りいい。ところが三遊派のサゲは、その中の人物のままでさげなくちゃいけない。仮りに田舎者なら田舎者、女なら女、その中の登場人物がいう言葉がサゲになっている時は、その人物の心持のままでさげなくちゃいけないというわけです。

　サゲというものは、あっさりさげなくちゃいけない。と言うと、いけぞんざいに演るのがあっさり演ることだと思い違いをする人があるが、そうじゃァない。改めて「これはサゲでございますよ」というふうにやらないで、その中の人物の心持で、不自然にならぬようにさげなければいけない。これは一番むずかしい演り方です。サゲの演り方はいろいろありますが、三遊派の演出が、まァ噺の本道《ほんどう》じゃないかと思います。

切れ字と間

　あたくしたちは若い時分に、俳句をやれと言われました。どういうわけで俳句をやれと言うか。「切れ字がよくなるから」というんですね。俳句では切れ字というものがあって、何の字で切れてもいいというわけにはいかない、ちゃんと定められた切り方をしなくちゃいけない。だから俳句をやると、おのずから言葉の切れめが違ってくる、というわけです。たとえば地噺の『源平』のような噺は、言葉の切れ方のうまいまずいでよくも悪くもなるんだと思います。

　それから七五調《ちょう》もありますが、まァそれほどきちんと調子をつけてしゃべる所ばかりという噺はありませんが、言葉もあんまり半端《はんぱ》な字ばッかり続くと非常に耳ざわりになる。音楽と同じで拍子にちゃんと合わなくちゃいけないんです。今の音楽でいえば、なん拍子《びょうし》というんでしょうが、昔の言い方で、トッタン、トッタン、の間《ま》と言います。トントントントントンと拍《う》って行く、その調子にちゃんと合わなくちゃいけない。もっとも始めからしまいまで同じ調子では単調になりますから、序《じょ》・破《は》・急《きゅう》というものがなくちゃいけないわけです。噺には、リズムのない噺というのは一つもありませんが、とりわけてリズムを大切にしなければいけないという噺があります。対話ばかりの場面などが特にリズムを必要とします。こういう噺は単調になりやすいもんです。『三人旅』なんぞは風景やなんかが出てくるし、対話の中に旅の情緒も出ていますが、特別なんの情景もなく、ただ隠居さんと八ッつァんと座敷で二人きりで向かい合ってしゃべってるというような場面は、リズムが悪いと聞いてて飽きがくるものです。

それから間《ま》の問題ですが、間《ま》というものはまことにむずかしいもので……唄なんぞは譜というものがあって一応標準がきまっているが、名のあるえらい太夫が演るのと、素人へお師匠さんが教えているのとでは、まるッきり違う。こんなに違うもんかと思うほど、別の物に感じるのは、間のせいなんでしょうね。片ッぽは定間《じょうま》だけで演ってる、ところが上手な人のは、その間のなかで、また変化の間というものがあるんです。つまり一本調子でなく、さアッとたたみ込んで来たかと思うと、ぱッとそこで長い間を入れたり、そういう変化をうまく応用するのが大切なことだと思います。譜のきまっている音楽でさえも、間の使い方によってこれだけ差別が出てくる。まして噺の方は言葉をつらねて行くもので、どこでどれだけの間を置くべしというきまりはないんですから、その加減が実にむずかしい。

芸の出来ないうちは間をもたせようとしても、とてももちきれるもんじゃありません。

〝間がもたない〟という言葉がありますが、まったくそのとおりで「黙っているとお客があきやしないか」ってんで、間を置くことが出来ない。それを無理にもたせようとすると、噺がくずれて間抜けになるというわけで。間を置くというのは、そのあいだ何もしないでいるんじゃアない、演っている方の心の中では、ずッとその芸の流れが続いていなくちゃならない。たとえば『淀五郎』なぞで、淀五郎が判官を演っているところを、秀鶴《しゅうかく》がじッと煙草をのみながら見ている、あすこはひと言《こと》もしゃべらずに、ただこう、じッと眼で客を押えて、秀鶴の心持を仕方《しかた》と顔であらわすわけですが、何もしゃべらなくとも、そのあいだじゅう、秀鶴という人物の気分になって、少しも気をゆるめないでいるから、あれだけの時間が保《も》てる。こういうことは初心のうちにやろうッたって、やれるものじゃアありません。

面白いことには、噺家になってまだ前座になる前の見習いの時分、噺を教えると、まだ何も判らないうちですから、師匠のとおりにちゃアんと間を置いて、きちィんと演って行く。ですから比較的噺が整頓されている。ところが前座になり、一年たち二年たち、噺をいくつか覚えて「お客の前でしゃべるということはなかなかむずかしいことである」と少し判ってくると、今までちゃんと置いていた間が置けなくなってくる。それだけ間を置くと、だれてしまやァしないか、お客にあきられやァしないかと、おのれのつたないことが判ってくるから、自分で勝手に間を詰めます。どんどんしゃべってしまう。唄でいえば、ヤァオイというかけ声も合の手も待たずに、次から次へとうたうようなもんで、これですっかり間がくずれてしまいます。それが何年かずウッと続き、いくらか自分の芸がうまくなると、一ぺんくずれてなくなった間が、また少ゥしずつ出来てくるんです。そして本当に芸が向上して、相当に出来るようになると、見習い時代に師匠に教わった間が、ちゃんと自分でもてるようになる……ぐるッと廻って帰ってくるわけです。

若い者に太鼓の稽古をやかましく言うと「何もあたしァ太鼓たたきになるわけじゃアない、噺家になるんだから、太鼓なんかまずくたっていい」と言う。とんでもないことで、太鼓をおぼえるのは、やはり噺の間をおぼえる役に立つんです。太鼓を打ってまずい人間は噺の間だってうまくありませんよ。何事も、稽古をして自分の利益にならないという芸は一つもない。まして太鼓などはやっぱり相当に打てなくッちゃアいけないんです。噺家の太鼓ですから、鳴物の商売人の打つ太鼓とは違う、噺家流《りゅう》の妙な太鼓ですけれども、あたくしが言うのは太鼓を本式に打つ打たないという問題ではなく、太鼓の間を覚えることは、噺のリズムを覚えて行く方便《ほうべん》として大変修業のたしになるということです。

それから、間は人によってみな違います。その人の息の長さ、声の性質などによって独特の口調というものが出来てくる。だから人のまねでなく自分の噺をしなきゃアいけないということは、間の問題でも言えることです。しかしその人の体に適《あ》った本当の口調というものが出るのは、芸が出来てそののちの話で、そうなって初めて、本当の自分の間だと言えるわけでしょう。ちゃんとお客さまにその噺の腹を判らせ、何も言わずに黙ったまま三十秒でも一分でも、お客さまを引っぱっておくということは、これはなかなか大変なことです。言葉が出ていてさえもあきるのに、黙っていてぴたッとお客を押えているのは、とてもじゃないが保ちきれるもんじゃアない。それが本当に出来るようになって、はじめておのれの間というものが出来た、これが自分の間だ、ということが言えるわけではないでしょうか。

もちろん初心のうちは、こんなことばかり気にしていると、とんでもないことになる。初めはなんでもいいから、まずなめらかにしゃべることを練習しなくッちゃいけない。或る噺家にあたくしが小言をいったことがあります。「なんとかして、ここで一つ、ふんいきを出して……」と言いますからね、「それァ絵でいえばね、線もろくすッぽ引けないで、たどたどしい変な曲がった線を画いといて、そこへいい色を出そうったって、そんなことはだめだ。まず線を引くことをよく習わなくちゃいけない」……鼻が引っ込んでたり、眼がとんでもない所へくッついているような顔を画いて、どういい色を出したって、そんな絵を見る人はいってんです。まァ画家ならまず線をしっかり引くこと、噺家はまずしゃべることをば先へ練習して、ここへ味を出そうの、どうのということは、そののちに考えるべき問題なんですよ。それを本末顚倒《ほんまつてんとう》してはいけません。

話し癖《ぐせ》

それから話し癖というものがよく出たがるもので。

あたくしが「……そうしてからに」というのが、一時くせになって、先代《おやじ》にずいぶん叱られました。「ほウら、お前《めえ》、からに、からに、からにってのが多すぎる、気をつけろ」……なるほど言われてみるとあるんです。それがなかなかやまらない。やっとのことでなおったが、するとまた、ほかの悪い癖が出たがる。のちに四代目圓生師の速記を見たら、からに、からにってのがよくある。あの時分の速記だから、嘘いつわりなく言ったとおり書いてあるはずですから、びっくりしまして、あァ四代目のお師匠さんもこの癖があったのかしらと思ったことがありました。

もう一つ自分の癖で驚いたのは、先代《おやじ》が「お前の噺は尻《けつ》が切れるぞ」とこう言うんです。「言葉じりがふわふわッと消《け》えてなくなっちまう。もっとはっきり言わなくちゃいけねえ」……ところが自分では、しゃべってて絶対そんなことはないと思うんです。「どうして先代《おやじ》はあんなことを言うんだろう」と納得がいかなかったが、先代《おやじ》が死んでのち、満洲へ行った時に、あたくしは初めて自分の声の録音を聞いた。それまでは自分の噺を自分で聞くことは出来なかったわけで。この時は何かの都合で、ナマではどうしても出せないので、録音で放送しましたが、いいあんばいにそれを聞くことが出来たんです。忘れもしません、『大山詣り』……初めて「あァなるほど、こういう声なのかな」と思って聞きましたが、自分の声を初めて聞いた時はいやなもんですね、いい声だなとは思いませんねェ。聞いてるとすウッと言葉じりが切れる。「あッ」と思うと、またすウッと判らなくなる。それが三カ所ぐらい……びっくりしましたね、これは。自分では「先代《おやじ》はあんなやかましいことを言ったって、俺の噺はちゃんとしている」と思っていた。ところが録音を聞いてみたら、はっきり判ったんです。「あァ、これだ。こりゃいけないな」と、それからは自分でずいぶん気をつけるようになりましたが、録音を聞くようになってから、尻が消えるという癖がなくなりましたが……癖というものは、やっぱりやかましく言ってくれる人がないと、なかなか気がつかないし、なおせないもんです。

それから〝噺が箱にはいる〟ということを言います。あたくしが若い時分、教わったとおり一生懸命に練習して演る。すると、きちィんと一分一厘まちがいなく、言い違いもなく出来るわけです。そのかわり、ひと言何かここへ入れてみようと思っても入れることが出来ない。一つ一つの言葉がきちッとつながっちゃって、何もはいる余地がないんですね。これをつまり〝箱へはいっちまう〟といって、伸びる可能性がやや少なくなった状態です。この時も先代《おやじ》に「噺をこわせ、こわせ」と言われる。しかし、こわせってのは、どういうふうにやったらいいんだろうと考えたが、判らない。とにかく言葉が固まっちゃいけないから、もっと自由にしようと思ってやってみたが、なかなか出来ない……あんまりきちんと覚えすぎて、自由さってものが少しもないわけです。約五、六年かかりましたね、噺をこわすのに。かちッと固まったものを今度はほごそうとして、出来ないから、新しいものを覚えて、古い噺は演らなくした。それで五、六年たって、やや忘れた時分に古い噺をまた始める。そうすると先《せん》よりは自由になってくる。これは小圓蔵あたりから……圓好の時代までやっていたかもしれません。固まった噺はよして、新しい噺や、いくらかほごれてきた噺をするようにした。それからは噺が固まらないようにという癖がついて、同じに演ろうと思ってもどうしても出来ません。毎回いくらかずつ違う。そのかわり抜こうと思えば抜けるし、入れようと思えば入れられるし、言い方を変えてみることも出来る。もちろん、それがあたりまえのことで、時間の延び縮みが自由に出来なければ商売人じゃアありません。そのかわりあたくしの噺は、疵《きず》がずいぶん多い。言い間違いがあったり、はッとつかえたりすることもある。しかし芸はとにかく固まっちゃいけないと思います。芸は少しでも動いている間は伸びる可能性があります。全然動かなくなって、水でいえば溜り水になるのが一番いけません。少しずつでも流れていれば、いくらかでも先へ行けるわけですから。

芸はなにによらず、完成してしまうと面白味がなくなるといいます。もう少しで完成するんだが……という、そこに興味がある。〝未完成の完成〟という、これは伊東深水先生からうかがった言葉ですが、あたくしは生涯未完成でありたいと思います。未完成でしかも完成した芸に、人も自分もまだ先の望みのある芸になりたいと思います。

お客と受け方

お客の反応がなくて演りにくいことを、符牒で〝ヘンキン〟といいます。ところが〝ヘンキン〟にもいろいろありましてね。いつか神田の立花のあった時代ですが「今夜はどうも演りにくいぜ」と言ってる。「おかしいなァ」と思ってると、なるほど、ぐウともすウとも言わない、みんな演りにくそうなんです。おりてきては「演りにくい」と言ってる。「そうかなァ、いやだなァ」と思ってあがった。あがると迎《むか》い手《で》がある、それで噺を始めると、わアッと笑うんですよ。そのあと志ん生があがって、これもちゃんと受ける。言っちゃ悪いかもしれないが、前にあがった人がうまくなかったから笑わなかった。そういう時もあるし、それからお客さまの肌合いが違うんで受けない場合もあります。

三語楼が会長をしていた落語協会で、先代《おやじ》、金語楼、先代正蔵、〝おもちゃ屋〟の馬生、あたくし、そういうふうな顔ぶれでやりました時に、お客の種類によって、はっきり色分けしたことがあって面白かった。馬生さんが受けた晩は、あたくしもいいし先代《おやじ》も受けるし、それから小泉巳之助の圓左も受ける。その晩は、三語楼、金語楼、正蔵ってところはさっぱり受けないんです。むこうがぱッと受けた晩は、こっちがみんなだめなんです。お客さまの肌合いが全然違っちゃうわけで、はっきりそこに色分けが出来るんで、おかしなもんだなと思ったことがありました。

ですから、やはり研究会なぞでは誰でもかれでも入れると……研究会の目的からはずれた噺が番組にちょいちょいまじる。それがいやさにお客さまが来なくなります。ですから、そういう会にしろ興行にしろ、色分けをはっきりして、その目的に適《あ》うものを集めるのが一番いいんですよ。以前東宝で、浪曲を入れ、踊りは藤間勘素娥《かんそが》さん、長唄がはいり、落語がはいり、講談も曲芸もいろいろ入れてやるんだが客が来ない。だんだん興行成績は悪くなるし、これはいよいよもうだめだと、支配人が背水の陣で、ことによると左遷されるかもわからないと覚悟をして、落語ばッかりにした。講談の伯鶴《はっかく》さんと曲芸の助次郎、あとはみんな落語でやった。これが俄然客が来たんです。それまで仕入れにうんと金をかけて、いろんなものを入れたんですが、結局は、まざりのいろんなものになると、かえってお客は来ない。やっぱり一種《ひといろ》の方がいいんです。そういうことをいまだに認識しない興行師がいる。何かいろんなものを入れさえすりゃお客はもっと来ると思うんですね。

それから、噺の途中でお客に手をうたせるってことは、中喝采《なかがっさい》といいまして、本来はあんまり自慢すべきことではない。ものを食う手つきがうまいとか、なにかつまらないことをした時に、わアッと手をうたれることがありますが、本当に噺がうまくて喝采されるわけじゃない。それを得々《とくとく》として喜んでいるのは当人の勘違いだと思います。

また、始めにあんまり受けさせて、しまいへ来れば来るほどだんだん受けなくなってくる人があります。時間が長くなればなるほど、お客さまは飽きてくるものですから、三十分てえと大変な時間なんです。それを四十分なり五十分、お客を飽きさせないで演るのは大変な力です。三十分のものを二席演るのと、一時間のものを一席演るのとは、ちょっと聞くと同じことのようですが、実はその内容において、えらい力の相違がある。絵で言えば、色紙を何枚か画くのと、屏風を一枚画くのとの違いみたいなものでしょうね。線を一本引っぱるにしても、長い線を曲がらないように引っぱるのは、よほどの腕がなくちゃいけない。全体の形や色、力の配分の仕方なども、大きいものほどむずかしいと思う。噺も大物の場合、始めにあんまり受けさして、だんだんお客がくたぶれてきちまっちゃアもうだめなんです。始め受けさして、真ン中ごろダレ場といいまして……本当にだれちゃアいけませんが、ダレ場というのは、大して受けさせもしないが退屈もさせないで、普通に語り込む……そしておしまいへ来て、ぱアッとおやかして、盛り上げなくちゃいけないわけです。しかし昔からそう言われてよく判っていても、なかなか口でいうように行くもんじゃアありません。ですからあたくしは、独演会を催おして長いものを演るのは、大変勉強になると思います。どのくらい保つか、と自分でぶつかってみるんです。

だから、いつまでたっても研究であり、これでいいってことは絶対にない。あたくしもまだまだ演ってみたいものもうんとあるし、これからが本当の稽古だと自分でも思っています。

お客様がたへ

聞いて下さるお客さまがたにも、ある程度の行儀を心得ていただきたい……などと大変失礼な申しぶんのようですが、まァとにかくお聞き下さい。こう言いますと前にお話しいたしました〝定連〟の無遠慮な態度が芸人のはげみになった……ということと矛盾するように思われるかもしれませんが……つまり、本当に芸の判るかたが、芸人の評価をあからさまに見せて、未熟なものには冷淡にし、まともな芸は行儀よく聞くという、そういうことなら、演っている芸人にとっては不愉快なことであっても、それは当人の責任ですから仕方のないことです。

あたくしがここで申し上げたいのは、これは今に限らず昔からあることですが、木戸銭を払ってはいると、もうそこを自分一人が買い切ったような気分になって、あたり構わず横柄な不作法なことをする人がある。その人もお客さまなら、ほかの方々も同じ入場料を払ったお客さまなんですから、そういう人が客席で不作法な態度をしていると、ほかのお客さまも不愉快でしょうし、また演る方もついその人のことが気になって、せっかく一生懸命演ろうと思ってあがっても、本気で芸を演る気がなくなってしまいます。

客席でものを食べるのは、普通にめしあがってるのはちっとも構わないんですが、あの、音のする紙があるでしょ、ああいうものを団体やなんかで来て、あちこちでがさがさ音をさせたり……そうなると、すウッとこちらの熱が冷《さ》めてしまうんですね。芸人としてはどんな場合でも、芸をなげるのはもってのほかのことですが、やっぱり演者《やりて》とお客との呼吸《いき》が合わないと、やりにくいものでしてね、お客さまの方が全然高座の芸に無関心でいらっしゃると、こちらも精一ぱいの熱演は……どうもする気がなくなってしまいます。

六代目菊五郎が、大阪へ行くと怠ける、と評判になったので、むこうの白井社長から「どうも六代目は大阪へ来ると芸をなげていけない。もう少し一生懸命にやるようにそう言ってくれ」と牧野五郎三郎《ごろさぶろう》(尾上大五郎)という、六代目の番頭に言いつけた。それで「どうも旦那、言いにくいことですが、こっちィ来ると貴方は芸をなげていけない。もう少し一生懸命にやってもらいたいという話ですが……」というと、六代目が「おい、俺ァね、役者だよ。怠けようと思って舞台へ出るんじゃねえんだ。一生懸命にやるつもりで出るんだが、お客が一生懸命に見てくれねえんだよ。むこうが一生懸命に見ていねえんなら、俺の方だって一生懸命に芝居は出来ねえだろう? お前《めえ》も役者をやったんだから、よく考《かんげ》えてみな」と言ったそうで。何もあたくしが六代目菊五郎と同じだというわけじゃアありませんが、やっぱり同じ人間ですからねェ。まして落語は、鳴物も何もない、自分一人でしゃべっている芸ですから、なおのことなんです。高座へあがってる時は、神経は非常にするどくなってるものなんです。何か、ちょっとしたことでも気になるんです。あたくしは神経質だから、気になることがあると、本当にもう出来なくなる、そういう時は、はなはだくやしいですね……一生懸命に演ろうな、と思って出ても、ぱッとこわされちゃう、実に残念に思うことがあります。ごく一部のお客さまのために、そんなことになった場合は、ほかの熱心なお客さまに対して、まことに失礼なことで申しわけなく思っております。しかし高座にあがった時は、つい、そういう心の余裕がなくなりがちなのです。

ある寄席で、あたくしがあがりますと、一番前の所にそういう困ったお客がいましまして……しばらくは気にしないように、がまんして演っていましたが、どうにも辛抱出来なくなって「どうもお客さまが御退屈のようですから……」と、そこそこにおりてしまいました。すると、のちになって、その時に聞いていらしたという別のお客さまが「あんな不愉快な客がいて、あなたもいやだったろうが、あたしはあの晩、せっかくあなたの噺を聞こうと思って楽しみにして行ったんで、ちょっとがっかりしましたよ」とおっしゃいました。まったく申しわけないことで、演っている芸人だけでなく、せっかく楽しみに来ていらっしゃるほかの大勢のお客さまにまでいやな思いをさせるようなことは、やめていただきたいと思っております。

これもまた別のお客さまにうかがった話ですが「あたしがこの間、寄席へ行ったら、ある若い噺家が、ちょっと時間におくれて、高座にアナがあいて、間もなくあがってきたが、その時客席から「おそいぞ」と声がかかった。するとその噺家は、ひどく癇《かん》にさわったような顔をして「お客さま、おそいとおっしゃいますがねェ、あたくしどもだって座敷でもなきゃア食って行けないんですからね」というような、変にからんだことを言っていたが、これじゃ芸人の愛嬌も何もあったもんじゃない、不作法なやつだ」とおっしゃっていました。確かにその当人は不心得なことをしたと思いますが……同業者としては、いくらか同情しないこともありません。おそらく一生懸命時間に間に合うように急いでやってきたところだったのでしょう。自分の出演時間というものには、あたくしたちはいつも出来るだけの努力をして、間に合うようにつとめています。それが、前の仕事が何かの手違いで予定が狂ったりして、おくれそうになったりした時は、実にもう死にもの狂いで駆けつけて行きます。そんな思いをして、どうにか高座に間に合って、さて噺を始めようという時「どこでまごまごしてたんだ」というような、からかい半分の野次をとばされたら、ちょっと動揺することもあるでしょう。だからといって、この若い噺家の態度はもちろんいけませんよ、お客さまにそんな失礼なことを言っていいはずはない。

しかし、まァ若いうちは、どうもなかなか自分の感情を押さえにくいもので、悪いと判っていても、ついこんな間違ったことを言ってしまう場合もあるのです。あたくしどもも出来る限りこんな間違いをおかさぬように心がけるのはもちろんのことですが、また、お客さまも高座の芸人の立場というものを、いくらかお察しいただければ本当にありがたいと思います。

新作論議

新作と古典と、どちらがよいかという論が毎度出ます。新作を演る人に言わせると「もちろん古典といえども、もとは新作だったんだろう」……そうなんです。古典だって神武天皇時代からあったわけじゃアない。こしらえた人があって、それからだんだん多くの人の手をくぐって、いつかこれが古典になったわけで。その間にいろいろ洗練されるから、品物がよくなっているわけです。

新作が出来て、それを新しく演るのは大変骨が折れるものです。新作を演った人でなければ判らないが、どちらかと言われたら、それァ本当に演りこなすには新作の方がずっとむずかしい。もっとも、ただ覚えて魂《たましい》もなくしゃべっているんなら、むずかしくもなんともないですよ。古典とてもそのとおり、同じことが言えます。けれども、新作ものを本当に生かすということは、これァなまやさしい腕では出来るもんじゃァないと思う。初心の人が原稿を読んで、無軌道にべらべらしゃべって、そう面白いものが出来るわけがない。

あたくしは新作がいけないなんて絶対言いません。大変結構なことです。ただ、一度きりで二度、三度とは聞くにたえない、しゃぼん玉のような新作はいけません。もっとも始めからそれを覚悟で演る人は、それは構わないんです。あとからあとへどんどん新作をこしらえて、二度と同じ噺をお客に聞かせないように、新しく新しく、つまりニュースをしゃべってるようなもんですね。そういうものもあっていいと思います。これは飽きられないということが第一条件ですから、少し演っちゃアどんどん〝かけ捨《ず》て〟にしてしまう。ただし噺としては、あんまりいいものが出来るわけはない。

古典というものは、時代につれてだんだん判らなくなって、淘汰《とうた》されて行く噺があるから、数は減る一方で、新しいものをおぎなって行かなければ、落語そのものもしまいにはほろびてしまうかもしれません。新作は大いに結構。しかしその新作を選ぶのに、もっと慎重にやって行かなければいけないと思います。何年たっても演れる、永久にあとへ残るという考えで新作にいどんで行くことが必要です。

ところが名のある先生は、この落語というものにはなかなか手をつけようとしない。それはやっぱりむずかしいからでしょう。なぜむずかしいかといえば、つかみ所がないように、ふわッとしていながら、しかも一本、筋の通ったものがちゃんとあって、何度聞いても面白いというような……そんなものは、たやすく出来るもんじゃァない。落語を書いたって金にはならない。骨を折るんならば、劇や小説の方がずっとお金が取れる。落語を書いたって金にはならない。金が取れなくッてむずかしくッて、そんなものを書く人はありゃアしません。つまりお道楽で書いて下さらなければいけないので、これ一つ書いていくらもうけようというんじゃ、頭から話にならない。

それから芝居と違って、いつどこで何を演ったか、なかなか判りません。きちんと版権料を取ろうと思ったら、いちいちその人にくッついて歩いて「お前ここであれを演ったじゃないか」と言わなきゃなりません。芝居ならば衣裳や道具をそろえて看板を出して、何を演ると言わなきゃアお客さまが来ないから、版権がはっきりしていますが、落語だけはそこの所がはっきりしない。いろいろ条件が悪いもんですから、いい先生がたはなかなか書いて下さらないし、といって未熟な人の書いたものは、どう演っても面白くない、というわけで、なかなか、いい新作というものが出来にくい状態です。

古典の改良

若い落語家がラジオ放送で、火事の小噺の中にある、
火事場で熱くてたまらず、そばの川にとびこんだが、火の粉が降ってくる。そばにおかわ(便器)が流れていたので、こんな時は汚いなどと言っていられない。これをかぶって防ごうと手をかけると、中で「えへんッ」といった。もう誰かがかぶっていた。
という噺で、〝おかわ〟を〝お鉢のふた〟と直して演ったそうですが、あれは厠へはいろうとして戸に手をかけた時、中にいる人が「えへんッ」と咳ばらいする、つまり今なら戸をノックするというのと同じような、昔の習慣から出る洒落で、〝おかわ〟でなくては意味がありません。放送なぞはいろいろやかましいので、無難なようにと思って直したのかもしれませんが、この噺のように、おかわでなければ意味がなくなるというものは、みだりに直し

てはいけない。もし放送で汚い噺が悪いというのなら、別の噺を演ればいいのです。

　それから、別の若い落語家が『掛取万歳』で、芝居好きの番頭が催促に来る場面で、「風呂敷を肩にかけて裃にして……」と言いましたが、あの上使は裃《かみしも》の姿でなく、竜神巻《りゅうじんまき》という、芝居なら『寺子屋』の春藤玄蕃《しゅんどうげんば》のような服装のつもりで、大きな袖を突っ張らしている形をやるのです。

　このように昔の噺の中に出て来ることは、それぞれ意味のあることで、簡単に直してはいけません。もちろん意味もなく汚いことを入れている噺もありますから、それを改めるのは確かにいいことです。しかしその時は慎重に、よく調べてからやってもらいたいことです。

　それに関連して、他人《ひと》の芸を聞いておくということは肝心《かんじん》なことだと思います。いろいろな芸を見、聞き、落語以外のものでも絶えず見学をすべきものです。ただしそれらのものをうまく自分で取り入れられるようになるには、なかなか大変なことで……。なまじッか、鼻の先の考えで新機軸を出そうと、やたらに取り入れると、とんでもない、鼻もちのならない妙な芸になって、食べ手がなくなる。「なるほどこれはいいくふうだ」とか「あァこれは面白かった」とか、本当に芸の判る人にほめられるようになるには、それァ容易なこッちゃありません。古典というものは、もうちゃんと形が出来て面白くなっています。そのまましゃべっただけで初めて聞く人には面白いが、芸をしじゅう聞いているかたには、そんな噺は耳にタコが出来ている。その古い噺を新鮮味のあるように面白く聞かせるのは、なかなかむずかしい。古典を演ってお客さまに笑っていただくには、そのまンま演っただけではいけず、むやみに変えて演ってもいけず……結局、よほどの修行と鍛錬とを積まなければいけないもんだと思います。

他人の噺を聞くと言っても、あたくしたちは普通、横から、つまり楽屋から聞いてることが多いんですが、よく古い人に「噺は前から聞かなくちゃいけない」と言われたもんです。なるほど横からでは判らないが、正面から聞くと、その人の態度、眼のつかいどころ、手の動き方、そういう所がよく判る。肝心の噺がうまくッても、たった一カ所変な手つきをしたとか、やるしぐさが違っていたために、噺全体がこわれてしまうことがよくあるし、それは横からでは判らない。だから「前へ廻って、他人の噺を聞いてみろ」と言ったんです。

しかし、あたくしどもは、前から聞くということは非常に気がさすんです。……商売人が前へ坐って聞いているのは、自分もいやならば、他人もいやに違いないから、他人の噺をむやみに前へ廻って聞くのは、なんか失礼な気がする。それで横から聞く習慣になっていて、我々は正面の芸はあんまりよく知らなかった。

若手の落語勉強会が出来て、これァあたくしどもが小言をいう役なんで、正面へ坐って聞きましたが、この時に今更ながら「なるほど芸というものは正面から聞くべきだな」と、つくづく感じましたね。ちょっとした手の動きや眼が死んだために、肝心の噺全体がめちゃめちゃにぶちこわれてしまう。本当にあたくしァ若い者の勉強会へ行って、自分も勉強したわけです。演ってる当人は夢中だし、若い時は「なに、手つきの少しぐらい。噺さえうまけりゃいい」と思うが、そうは行かないんですよ。だから踊りの稽古をしろと言うのは、なにも舞台で踊れというばかりじゃアない、踊りの一つも知っていれば、すべてのことに形がちゃんとつくわけなんです。

第一次研究会の時分、若い噺家がよく「聞かしていただきたい」って来たもんですが、そういう場合は聞くべき所がある。つまり一番うしろへ行って聞かなくちゃいけない。前の方へ来てあぐらをかいて聞いたりなんかするのは実にけしからん話で。いつかも研究会へ若い噺家が「聞かして下さい」と言うから「お聞きなさい」っていれてやったら、これが正面の桟敷で、あぐらをひッかいて寄ッかかって聞いてる。こっちもなまいきな時分だから「ちょっとおりろ」と言って「師匠がたが演ってるのに、なんだ、その態度は。肱をついてあぐらをかいて……なんのために聞きに来た、勉強に来たんだろ。一番うしろに行って坐って聞け」。そしたらそいつは「へえッ」て驚いた。実際そういうことは失礼なことなんです。だから若い時分師匠方の独演会なんか、聞きたいですから、行ったことはありますが、一番うしろへ行って、膝なんぞくずせない、きちんと坐って、つつしんで聞いてる。そうすれば構わないわけです。

えらかったのは四代目の小さん。神田の花月で独演会をやっていた時分、聞きに行ったことがありますが、『寝床』を聞いてたら噺の中で「長屋の者が……」と言うんです。長屋ったって昔はいろんな長屋があるんだけれども、今の人は棟割長屋というようなものだけを連想しやしないかしら、これは「店子《たなこ》の者」といった方がよくはないかと思った。四代目って人は一向にこだわらない人ですから、こっちも遠慮なく「四代目さん、『寝床』はあたしも演るんで、ちょっと気がついたけれども、あれァ長屋でなく店子といった方がよくはありませんか」「あゝ、そうだね、店子の方がいい。これからそうしよう」って言いましたが、あの人はそういう所がえらいですよ。芸ってものはそういうもんだと思いますね。いけないって注意されて、自分で腑に落ちない時は、なにも取ッ替える必要はないが、なるほどという急所をつかれた時は、前座に言われようと弟子に言われようと、すぐに直すべきもんだと思う。それを「自分はこう教わったから」と言って意地を張るようでは、その人の芸に対する心がけを疑ぐりますね。そういう点は四代目小さんは実にえらかった。あたくしも見習って、なるほどと思うようなことを言われた時は、すぐ直すようにしております。

芸道奥の院

あたくしが道了《どうりょう》さまへお詣りをした時のことです。

朝早く起きて、坊から出て山へのぼります。山といっても大したことじゃない、石段が少しあるぐらい。お堂があって、これへ大勢講中《こうじゅう》の人がお詣りをしている。そのお堂から出ると、さらに奥の院というのがあります。そこへ行くには石段がずいぶん高い。その石段を昇って奥の院までお詣りをする人は、本当に数少ないもんでしたが、あたくしもその少ない中に加わってお詣りをさしていただきました。どういうものがあるんだろうと思って一生懸命にのぼって行きましたが、かなり骨が折れる。それで一番上へあがると、ごく小さいお堂があって、十一面観世音が御本尊としてありました。

上まであがったら、もう少し立派なものがあるのかと思ったら、それほどじゃない……しかし、高い山の上で、何とも言えない簡素な、いい心持になりました。それから、ふと、芸というものはこんなものじゃないかなァと、これはあたくしなりに考えたんですが、一般の者は下のお堂で満足してる。その中のごく僅かな者が奥の院までのぼってくる。のぼったから必ず面白いとか、結構だとか、そんなにはなばなしいことはない。下のお堂だけでも用は足りる。奥の院までのぼるには大変な苦労で、しかもそこには下のお堂よりはるかに小さなお堂が建っているだけ。けれどもそこまで行った時には、なんとも言えないすがすがしい心持がする。芸というものも、奥まで進んでみたところで、そう特別に、はなやかなすばらしいことがあるわけじゃない。しかしほかの人が満足している域《いき》の所から、また一段の苦労をへて、その上にあがった時は、この奥の院までのぼった時のような、そんな心持がするんじゃないかと思います。

レコード

昭和三十七年八月、キングレコード会社の依頼で、百川、鰍沢、両面一枚に吹込み翌年発売す。

三十八年、ビクターより『圓生十八番集』を発売、五月十日より吹込みに入り、九月五日に終了、三枚一ト組として両面六席を三集まで、十八席になるが但し一集の内一時間の物を一席ずつ入れたので十五席です。第一集、ミイラ取り、淀五郎、盃の殿様、文ちがい、三十石両面。第二集、鼠穴、庖丁、鹿政談、猫忠、妾馬両面。第三集、掛取万歳、品川心中、三年目、山崎屋、文七元結両面。解題、宇野信夫。鳴物、須賀まさ、橘つや。笛、望月長五郎。鼓、望月晴峰。私の前に桂文楽さんが『十八番集』を出したが、噺の前に、出の三味線があり、全部野ざきを使っている。どの噺でも同じ弾き出しは、どうも曲がない。そこで私とおはやしと相談で、出と受けの三味線を全部〝噺〟にちなんで変えることにしたのです。自分なりに凝ったつもりですがお聞き下さい。噺も一席一度ですんだ物はありませんせん、少なくて三、四席、まず平均七、八席は演っています。テープで入れますから、切って繋いだり、入れ替えてみたり、苦心して出来上がり、一集六席が完成して最後に聴取して、どうも他の噺に競べて、この噺は全体的から見て工合が悪いなと思うと、取り直さしてくれと頼み、また演り直します。鳴物でも猫忠の笛の掛りで「ヒッ」と詰めて吹いてくれと言うと、「歌舞伎の方は、ヒイ…ッと吹く」とゆずらないので一度演って聞かして、「大舞台で見ていれば、それでいいが、耳だけで聞くのは間を詰めないと駄目だろう」と言ったら、やっと得心しました。

列伝篇

春風やこの昼席の札の音　勇

三遊亭圓遊

三遊亭圓遊という名前は以前にもあったんですが、本名を竹内金太郎といった〝鼻〟の圓遊、この人が大きくした名前なので、これを初代と称しています。〝ステテコ〟というものを初めて踊って大変な人気を博した人で、それまでの江戸落語をみんなぶちこわして明治調にして演《や》りました。ですから圓遊の噺は聞くたンびに違ったそうで、全部が違っちまうわけじゃアないが、部分部分にその日のニュースなぞがどんどんはいってくる、そういう噺ですから人気に投じて非常に受ける。全盛時代は昼夜で十六軒のかけもちをしたそうです。これァ大変なもんで、十六軒なんてなかなかそうは歩けるもんじゃアない。その時分ですから人力車で廻る。圓遊がはいって行くと前の人は噺の途中でもなんでも、すぐ切っておりなくちゃいけない。圓遊があがって、済むと次の席へ。すると、これについて歩いてる客があるんです。三、四十人がわアッと俥《くるま》のあとを追っかけて行って次の席へはいる。そこで圓遊が済むとわアッとまた出て行って、俥のあとから駆け出して、その先の席へ行ってまた聞こう、とこういうわけで。圓遊と同じにかけもちをする、そういう気違いみたいな人気があった。ですから、その前後にあがる噺家はずいぶん迷惑したでしょう、嵐が通って行くようなもんですから。それでもなんでも、席亭の方は圓遊に来てもらわなきゃア客がおさまらないんですから、ほかの者がなんと苦情を言ったたって通らない。

柳派では禽語楼《きんごろう》小さんという人が新しい噺をしましたが、三遊ではこの圓遊という人が今までの落語を全部新しく直して演った。それは、無理なものもあり、直していけなかったものもある。しかし、圓遊の直したままの形で現在残っているものもずいぶんあります。ですから落語に対して悪い影響も与えたが、いい影響も残したと言えるわけです。ところがその弟子にいたっては、圓遊の演ったとおり、ただまねをしているだけ……圓遊という人は鼻が大きいので、これを手でかくしながら「いよオッ」といったのが大変愛嬌があって面白かった。それを鼻の大きくもないやつが、やっぱりそのとおりに鼻をかくして「いよオッ」と、つまりこれはただのまねで、魂《たましい》のない芸なんですが、それでもなんでも圓遊調が流行《はや》っているからそれが受けて、ひところ本式の落語がほとんど地に落ちるという状態で、初代の圓左が奔走して落語研究会を始めるようになったわけです。圓遊一派のためにこんなことになったんですが、しかしこれは圓遊の罪ではなく、そのまねをした弟子たちの方がいけないとあたくしは思います。圓遊は圓遊の力でそれだけのことをしたが、それをただおなまに鵜のみにして、そのとおりやるだけじゃアいけない。ですから圓遊亡きあとは圓遊調というものが、だんだんほろびてしまったというわけです。〝鼻〟の圓遊は本当の代数は三代目になるわけですが、この人を普通初代と言っています。

その次の二代目の圓遊は、本名・吉田由之助といい、初代圓遊の弟子で左《さ》圓遊《えんゆう》という名で、それから小圓遊になり、初代が亡くなってから二代目を襲《つ》ぎました。この人は、柄は大変立派だが、あんまりうまくはなかった。『鰍沢』なぞを演ったあとで「では、立ち上がって〝ステテコ〟を……」てんですがね、『鰍沢』なんて噺をしたあとへ〝ステテコ〟を踊るべき性質のもんじゃアない。大看板《おおかんばん》とまでは行かないが、まァまァ中《ちゅう》看板の上《じょう》ぐらいな所でこの人がやれたというのも、やはり初代の恩恵をこうむったからだと思います。

その次の三代目圓遊というのは本名・伊藤金三《きんぞう》。今の正蔵(八代目・岡本義)さんのお師匠さんで、この人はあたくしはよく知っております。初代圓遊の弟子に本名・鳥羽長助《とばちょうすけ》、俗に〝鳥羽長〟という人がいて、これが小圓遊で、大変うまかった。初代圓遊門下では一番人気があって、当然二代目圓遊を襲ぐべき人だったが、旅先で死んでしまいました。三代目圓遊はこの〝鳥羽長〟の弟子で初め小蔵《こぞう》といっておりました。師匠の小圓遊が死んで一時柳派の方へ行って、四代目柳橋の弟子になって柳福といいましたが、また三遊へ帰って小伝遊《こでんゆう》となって、それから三福《さんぷく》になりました。あたくしが義太夫で出た時分に小伝遊でした。

三福で真打になったが、その時分の噺家だから生活が苦しい。どうにもやりきれないので柳橋《やなぎばし》から、桜川なにがしという名で幇間《たいこもち》に出ました。ところがやっぱり噺家が思い切れないんですね。ふところがよくなり、着物も出来るようになると、また三福で噺家にもどり、それから扇遊亭金三《せんゆうていきんざ》となりましたが、その時分、大変な人気でした。その後また幇間になり、また噺家にもどって月廼家圓鏡《つきのやえんきょう》になったが、どうもひとしきりより人気が少し下火になってきたので、どうしようかとあたくしの先代《おやじ》の所へ相談に来ました。「何か名前を替えようと思うが、どうも適当な名前がないんで……」「それならいっそ圓遊になったらいいじゃアないか。お前さんならば小圓遊の弟子だし、圓遊の名前を襲ぐのは正当なことなんだから」と先代《おやじ》にすすめられて「それじゃ一緒に行ってくれ」と頼まれて、先代《おやじ》が一緒に若柳の家元の所へ行きました。若柳流の二代目の家元若柳吉蔵さんは、前にも申し上げましたが、初代圓遊の伜で本名を竹内孝太郎という、この人に頼んだところが「よろしい」という承認を得まして、三代目三遊亭圓遊になりました。

そしてしばらくやっていたが、どうも思わしくないというので、またやめて今度は桜川圓遊になって、また柳橋から幇間に出ました。その後十五年たって、やはり噺家が思い切れない。またぞろ落語の方へ圓遊で出ましたが、この時はどうも、以前と違って振るわなかった。

十五年というとずいぶん永い間です。あたくしが聞いたところでは、噺は以前とちっとも違わないのに、お客さまに受けないんです。若い人に聞いてみると「どうもあの人の噺はよく判らない」と言う。よく考えてみると、しじゅうやっている者は、自分では変わらないと思っているが、その芸風なり言うことなりが、時勢につれて少しずつ変わっているものなんですね。ずウッと川で泳いでいる者は、自然に水が変わってきても、さのみ応《こた》えないが、途中で一ぺん陸《おか》へ上がっちまって、水の流れをただ見ているだけで、実地に川の中へはいらないでいると、今度泳ごうとした時は、以前と流れがまるッきり変わっている。だから当人も泳ぎにくいだろうし、芸がしっくり行かなかった……そういうことじゃないかと思います。

最後に圓遊で出た時は、看板もあたくしの下になってしまって、あまり用いられませんでした。それでも楽屋では、あたくしは「師匠、師匠」と言ってました。なんと言ってもむこうは大先輩なんですから、楽屋へおりれば、自分が看板が上でもなんでも、先輩として立てるのはあたりまえのことです。昔、金三・圓鏡時代に、人形町の鈴本という、当時東京第一の席へ出た時の人気なんてものは、それァ大したもんでした。大看板よりも人気があって、あがった時には、ぱアッとわれるような拍手。そのはなばなしいことと言ったらなかった。大体が色の白い、装《なり》もちょっと派手づくりで、悪くいえばにやけてると言うかもしれないが、とにかく芸人らしい芸人で、どこから見ても堅気には見えない人でした。多芸な人で、落し噺はもちろん、人情噺も自分が好きで『累ガ淵』だとか『淀五郎』などを演っていました。まァ……失礼ですが人情噺はあまりうまくなかった。落し噺は独特の、ほかの人には出来ないような面白い所がありました。『紙屑屋』という音曲噺がお得意で、唄もうたうし声色も使う。踊りは踊れなかった、と言っても〝ステテコ〟ぐらいは踊るし、姿のいい人だけに、踊れなくッてもちょいと立ち上がってなんとかしてると、見たところは大変いいんです。

この三代目の圓遊という人は、あたくしは実に好きで、こういう人気のある噺家に将来なりたいなァと思って、あこがれの的《まと》でした。人間もまことにいい人でしたが、戦争たけなわの昭和二十年に亡くなっております。空襲にあって他所《わき》へ立ちのいて、それから三、四日して亡くなった。あたくしはお葬いに行きまして、間もなく満洲へ出発をしたというわけです。

その次の圓遊は、現在の圓遊さん(四代目。本名・加藤勇)です。

三遊亭圓右

圓右という名前も三遊派では大変大きな名前でございます。初代はよくお話に出ますが、本名を沢木勘次郎と申しまして、明治末、まず三遊では圓喬に次ぐ大看板で、刃物でいえば切れ味がいいと言いますか、非常に呼吸のいい噺で、人情噺がよくって落し噺も芝居噺もよかった。一番得意にしていましたのが『唐茄子屋』と『火事息子』、この二つはよく演っておりました。両方とも人情噺に属するものですが、わずかな時間で演っても、実に客を感嘆させました。うまいもんでした。

ところが圓右師匠って人は、ぞろっぺいなところがありましてね、人情噺でもなんでもいい所だけをとんとォんとやって、面白くない所は絶対演らないで、さッと逃げちゃう。言えば商売上手なんでしょうけれども、昔は噺を克明にやらずに、そういうことをすると評判が悪かった。圓右師は落し噺でも一席全部は知らないでやったりすることがあるんですね。落語研究会なんぞでも、一席の半分ぐらい、いい所だけをふウッと演っておりちゃうことがある。研究会の主事をしていた今村次郎さんが「師匠、研究会なんですから、途中で切らずにサゲまで演っていただきたい」「あァどうも……今日はちょいと急ぎますから」ってんで、すッと帰っちゃう。すると傍に坐っていた圓喬師が煙草を服《の》みながら、にやッと笑って「あれァね、圓右はあれッきりしきゃ知らないんでげすよ」と言って、底を割っちまうんです。

もっとも、その次に同じ演題が出た時に聞くと、今度はサゲまでちゃんと演ったそうです。その間に稽古をしたらしい。腕は大体あるんですから、ちゃんと演れば出来ないことはないんですが、なんでもその、ちょろッかにちょいちょいと演っちまう。楽屋で本を読んでて「あ、あがりかい?」ってんで、すウッとあがってって、今読んで覚えたのをいきなり演るってえような、そういう押ッつけ仕事をした。ところが押ッつけ仕事だけども、大体の腕があるからうまく聞こえるんですね。

前にお話が出ました萬橘という音曲師、この人は圓右師匠の弟子だったんです。のちにうちの先代《おやじ》の内輪になりまして、あたくしが代田橋時代に近所に住んだということは前に申し上げました。この萬橘から聞いた話ですが、圓右師匠が独演会で『お見立て』を出したんだそうです。この噺はあたくしの子供時代はあまり演る人がなかった。というのは、のちに申し上げる初代の遊三さんの『お見立て』というものが実によかった。ですから、ほかの人はあまり演らなかったもんなんです。そこで圓右師が珍らしく『お見立て』を出して演ったんですが、廓を出てお寺へ行くくだりがあります。ところが、そのお寺のある所がどこだったか判らなくなっちゃった。それで、吉原と田町のあたりを行ったり来たりして、ずいぶん長い間いろんなことを言うんですって。此処にあるのは何で、あすこにはこういう店があるってんで、自分の知ってることをいろいろしゃべった。それがまた、実に面白かったそうです。おりてきてから「師匠、大変面白うがした」と言ったら「もう二度とは出来ねえ」てったそうですが、当人も驚いたんですね。

それからもう一度、途中で判らなくなっちゃったのをあたくしも聞いております。やはり研究会で『庖丁』って噺を出した。ところがこれ、知らないのに出しちゃったんですね。そんなら早く稽古をすればいいんですが、例のとおりのずぼらで、当日までうっちゃらかしといた。それで、橘園《きつえん》という音曲師がありました。この人は圓橘という人の弟子で、はじめ新橘、のちに橘園となりまして、圓右さんの弟子みたいになっておりました。ついでに申し上げますが、三遊ではこの〝圓〟という字を大切にしまして、名前の下にえんがつく時は、〝圓〟の字は書けないんです。その場合は公園の〝園〟の字を書きます。ですからこの人も橘園と書きました。この橘園が『庖丁』をよく演ったんです。それでいよいよ研究会の当日の朝になって、圓右師が橘園を呼んで「お前、あの、『庖丁』をちょいと聞かしとくれよ」「へえ」ってんで、なんだか訳が判らないが目の前で一席演った。それを「ふん、ふん」ってんで聞いてて「あ、どうも有難《ありがと》よ」ってんで俥に乗って、途中でいくらか稽古をしたんでしょうが、研究会へ来ていきなり演ったんですね。もちろんふだん楽屋でも聞いてますから、おおよそのところは圓右師も知っていたんでしょうが、いざ演るとなったら、やはりなかなかそうは行くもんじゃアない。その頃の研究会は薬師の宮松亭です。あたくしが研究会の前座をしておりました時分で、楽屋で聞いていますと、だんだん噺が進んで、友達に頼まれて、そいつの女房をくどくところがあります。そこまで来るてえと、判らなくなっちゃったんですね。ひとつ所をぐずぐずぐずぐず、あっちへ行ったりこっちへ行ったりして、さらに噺が先へ行かない。楽屋ではもう、明らかに忘れちゃったってことが判って、「さァ困ったねェ」

ってんですが、教えるわけにも行かず、どうするだろう、お客様はダレやァしないかしらんてんで心配して、二、三人の者が客席のうしろの方へ廻ってみたり、また楽屋の方へ来て高座をのぞいてみたり、行ったり来たりして気を揉んでた。同じようなことをとっくり返しひっくり返し十分間ほどもやったが、ようやくその間に先の方を思い出して、どうやら噺がおしまいになったんで、楽屋ではもう、みんなほッとしました。ところが、お客様の方にはそれがちっとも判らなかったらしい。ですから、非常に腕はあったんですねェ。だけども、そういういけぞんざいなことをするんです。

圓右師匠の噺をあたくしたちが高座の脇で一生懸命聞いてると、楽屋のやかましい年寄り連中に「おいおい」と呼ばれる。「へえ?」「こんな人の噺を聞くんじゃない。こういういけぞんざいな噺を覚えちゃっちゃしょうがない。聞いちゃいけないよ」……独演会で『累ガ淵』を出した時に聞きに行ったことがありました。楽屋で聞いてると、一朝さんがいまして「あァ困ったもんだ。三席いっしょくたに演っちまうんだからなァ。こんな乱暴なことをしちゃアしょうがねえ」とかなんとか言って、苦ァい顔をしている。お客はもう感心して聞いてるんです。その時分にゃア一番うまい人なんですから、こっちゃア聞きたくッてしょうがないんですけどね、「およし、およし」って聞かせないんですよ。

ほかの人の噺ですと、聞いたあとで、あすこでどう言ってどうなって……ってことが、およそ頭へ残るんですけどもね、この圓右師の噺ばかりは、聞いてて非常に面白いが、あとで思い出そうとすると、ふわアッとしてて、なんだかちっともとりとまりがつかない。どこがろ、どうなってるんだか判らなくなっちゃうんですね。それというのが、言葉がぽんぽんとぶんです。半分言葉で半分かたちで演っちゃうから、言葉と言葉のつながりがない。われわれならちゃんと順序を立てて行かなくっちゃ、お客の方には判らないようなところでも、真ッ中なしでぱッと飛ぶ。しかも演ってる間はそれがちっとも不自然に聞こえない。ですから非凡な腕だったんですね。あとでこっちが演ろうと思って「あの噺、どうなってたんだろう」と考えてみると、ちっともたどって行けない、一種不思議な演り方でした。

その次の二代目の圓右というのは初代の伜で、本名を沢木松太郎といいました。お父《と》ッつァんのも〝馬鹿松〟なんて言ってました。なるほどあんまり利口じゃアなかった。仲間ではのを演りましたがね、これがあんまりうまくないんです。『唐茄子屋』だとか『火事息子』なんかを、お父ッつァんのトリの前でもなんでもかまわず演るんで、これァどうも実に困るんです。その時分ですから、一朝さんなぞ、やかましいおじいさんによく小言をいわれてました。「お父ッつァんの前で、あんなもの演っちゃアいけねえ」「いいじゃアねえか。俺の親父のものを俺が演るんだから、構やしねえや」なんて威張ってる。

圓右一座で九州の方へ巡業に行ったことがあります。〝落語界の名人・三遊亭圓右〟という広告を出しまして、真打の圓右師のあがる時に、うしろへずウッと金屛風を一双《そう》立てて毛氈を敷いて、箔《はく》をつけるわけですね。するとこの伜さんが大変御立腹で「冗談じゃアない、親父だけ、なんだってあんな屛風を出すんだ。俺の時も屛風を立ってくれ」と、こう言う。もう言い出したらなかなか聞かない、駄々っ子みたいでしょうがない。「当人がああ言うんだから出してやろう」と、その時分には、まだ圓子《えんこ》といって二ッつ目ですが、出番の時に屏風を持って行って、一双立てようとしたら、「あァ、それ二ッついらない、一《しと》つでいい、一つで。親父は名人だから二ッつ、俺は御曹司《おんぞうし》だから一つでいい」……これァ楽屋で一つ噺になっていました。

この人は時々間違ったことを言う。十月十二日の晩、高座へあがって「今夜はなにしろ、池上《いけがみ》の本願寺はお会式《えしき》で大変でございます」……楽屋で聞いていた一朝さんが、おりてくると「おいおい、あんなことを言ってお前、みッともないじゃないか」「なんだい？」「池上の本願寺ってのがあるかい」「あれァ間違ったんだ」「本当はなんてんだ？」「……本能寺だ」……みんな違ってる。『巌流島』という噺で「……かの侍は槍を満月のごとくに引きしぼり、石崖《いしがけ》をもって石突《いしづき》をとォんと突いて……」これなぞァずいぶんひどい間違いです。そういうことを言うんで、よほどどうもおかしかった。

それから、この人が圓子から改めて小圓右で真打になりました時に、前にもお話ししましたが、下谷の伊予紋という料理屋で、柳・三遊連残らず招待をして披露目をいたしました。あたくしは圓童で二ッつ目でしたが、やはり招待をされました。圓右師匠が伜の名披露目《なびろめ》というので、二ッつ目までも全部招《よ》んだんですから大変でした。その時に引物《ひきもの》が出ましてね、小さい葛籠《つづら》にお菓子がはいってる。どうしてこの葛籠を出したんだろうということになった。昔話の、重い葛籠と軽い葛籠、欲ばり婆さんが重い葛籠を貰って、中からお化けが出たというあの話なんで。そんなことァみんな判ってるんだが、しらばっくれて「これは親のお荷物だというんで葛籠を出したのかしら」「うゥん、生涯、背負《しょ》いものだというわけで葛籠を出したんだろう」なァんて、いろんな悪口を言ってました。

圓右師匠の所は男の子はこの松ッちゃんが一人ッきりだから、かわいくてしょうがない。「小圓右を、小圓右を……」と言って方々へ頼んで、あるとき四谷の喜よしが小圓右のトリになりました。もちろん色物のひざがわりがあって、その前が圓右というんで、まァ席亭の方でも「仕方がないから打とう」ということになって小圓右にトリを取らした。ある晩、圓右師匠のことで、座敷が多いからずいぶんおそくなってやってきて、あがったんですが、その晩、どう気が向いたものか『真景累ガ淵』を始めたんですね。当人はちょいと短かく演るつもりだったんでしょうが、その晩はお客さまも一ぱい来ているし、だんだん噺へノリが来て、とうとう三十分以上演っちゃったんですね。お客の方も面白いからじイッと聞いている、と、「さて、追い追いこれから豊志賀が祟《たた》り、怪談に相成る『真景累ガ淵』、今晩はお時間でございます」と、こう言ったんです。それでお客がぞろぞろッと立っちゃった。楽屋には、まだトリの小圓右がいるんです。あわてて首を出して「おい、お父ッつァん、まだ俺がいるんだよ」と言ったら、圓右さんがひょいッと見て「あッそうか、お前《めえ》、まだあったのか」……それァひどい。お客さまはもう総立ちになってる……そうでしょう、小圓右はどうだっていい、圓右が十分に演ったんだから、お客はもう満足して、わアッと立っちゃった。もう今更演ったところで仕方がないから「太鼓を打て、太鼓を打て」と〝追い出し〟の太鼓を打って、圓右師が楽屋へおりてきたら、伜がカンカンに怒って「冗談じゃアねえやな、お父ッッァん、いくらなんだって、トリを忘れちゃっちゃアしょうがねえじゃアねえか」……圓右さんがにこにこ笑って「まァいいや、そんなに怒るなよ、あしたの晩あがりゃアいいやな」……あしたの晩あがりゃアいいったって、真打を食っちまったてんで、どうもあとで大笑い。どう伜がかわいいと言っても芸人は、やはり舞台へあがると、自分の芸が大事なんですよ。そんなにかわいい伜のことも忘れて演っちゃって、いつものくせで自分がトリだと、ふッと錯覚したんですね、それではねてしまったという……これなぞは、いやどうも実に芸人らしい話です。

この小圓右という人が、のちに二代目圓右になりました。お父ッつァんの生きてる間は大変威張っててしょうがなかったが、死んじまってから、非常におとなしくなりました。圓右師匠は周囲《まわり》の者に「死んだあとはよろしく頼む」と涙をこぼして頼んで行ったんですが、実に頼み甲斐のないもので……まずいまずいと言ったところで、そんなに言うほどまずくはない。やらしておけばなんとか出来るものなんですが、信義がないというか、その時分の大幹部の人たちが、庇護してやらなかったんですね。とうとうしまいに噺家をよして、郵便局へ勤めていました。戦災後亡くなりましたが、まことに晩年はお気の毒な状態でした。

その次は、現在の今輔さんのお弟子が圓右となってやっております。

三遊亭遊三

初代の三遊亭遊三《ゆうざ》、この人は本名を小島長重《ながしげ》といって、もと御家人《ごけにん》だったそうです。御一新前にも内証で寄席へ出たりして、それがお頭《かしら》へ知れて大変な小言を食らった。そのうちにいよいよ御一新で、上野の彰義隊へはいりまして、ここではなばなしく戦った……かどうですか、あんまりはなばなしくなかったらしいんです。負け戦《いく》さになって、官軍に見つかれば殺されてしまうから一生懸命に逃げて、土橋《どばし》の下に二日ぐらい飲まず食わずでかくれていたんだそうで。やっと命を助かり、巡査に奉職した。

その時分には邏卒《らそつ》といいました。棒を持って、夜は片ッぽの手に角燈《かくとう》というものをぶらさげて方々歩くんです。路地へはいってくると、どこかの番頭が女中を芥溜《ごみため》の上へのっけて……よろしくやってた。「こらアッ」てんで角燈をさしつけたから「わアッ」と男は逃げちゃう。女の方は逃げおくれたので、これを押えて「ふらちなやつだ、このことを貴様の主人に告げるから……」「どうか、かんべんして下さい」「そうか。かんべんしてやるが、そのまンまじっとしておれ」てんで、これをいただいちまった。ひどい巡査があるもんで。それが知れて、けしからんというので巡査は免職になっちゃった。

それから北海道へ行って判事になった。旦那が死んで本妻と妾との財産あらそいという裁判があって、もちろん妾が悪いんですが、これがいい女で、どうも自分の方が不利だてんで、遊三の所へ「このたびのことは一つ、よろしくお願い申します」と頼みに来た。「じゃお前がそういうなら勝たしてやるが、俺のいうことを聞け」てんで、この女と関係が出来て、とうとう裁判を勝たしてやった。こいつがばれてクビになりました。

仕方がないから東京へ帰ってきて、たまたま寄席へ行ってみると、以前に自分の弟子みたいにしていた〝鼻〟の圓遊が、昔とは違い大変盛大にやっている。この圓遊を聞いて自分もまた噺家になりたいと思い、圓遊に「俺も噺家になりたい」「それじゃアあたしの師匠へ頼んであげましょう」と圓朝師の所へ連れて行った。ところが圓朝師はもう自分の弟子はとらない。「せっかくだがお断わりをするから、誰かあたしの弟子の所へ行ったらよかろう」……どうしようということになって「じゃお前の弟子にしておくれ」と、以前自分の弟子だった圓遊の弟子になったんだそうで。その時分に助高屋《すけたかや》高助《たかすけ》という俳優が大変人気があった。その、上から読んでも下から読んでも同じ名にならって、三遊亭遊三という名前をつけました。

初めは大変堅い噺だったんだそうです。人情噺なぞもしましたが、やはり圓遊を見ならって、また遊三は遊三の行き方で、別なくずし方をしました。それが非常に面白かったんで、めきめきと売り出した。背の高い、がっちりした体格で、あたくしが知ったころはもう六十いくつか七十という年齢《とし》で、音《おん》も大分落ちていましたけども、いかにも武家の出らしい品格のある人で、なにか猥褻なことを言っても猥褻に聞こえない、洒脱に感じられるんです。

この人の噺では『お見立て』が非常に結構でした。ずいぶんほかの人のも聞きましたが、たいていの人が演ると、あの杢兵衛大尽《もくべえだいじん》がただの田舎者ですが、この遊三師匠のは、村でも昔の名主《なぬし》さまというような人柄がよく出て、本当に杢兵衛大尽とはこういう人かと思いました。あの杢兵衛さんは馬鹿じゃアいけないんです。決して人間が馬鹿というわけではないが、花魁に惚れて馬鹿のようになってしまっているという、それが非常によく出ておりました。その花魁といい、若い衆といい、ほかの人物も実によかったものです。その当時の大家も演っていましたが、遊三さんほどの『お見立て』は聞いたことがありません。実に柄にはまったいい噺でした。そのほか『汁粉屋』または『御膳じるこ』ともいう噺で、殿さまが御一新になって汁粉屋を始めたという筋で、これァ原作は圓朝師のものです。圓朝師の原作は味の違ったもんでしょう、遊三さんはそれをごくくずして演ったんでしょうが、御用人などが出て来ると、もちろん自分がそういう社会に実際に生きていた人ですから、実にいい。御用人というものは商人なぞに対しては、横柄であって、汁粉屋になってもやはり昔のくせが出て、相手を眼下に見くだして押えつけるようなものの言い方をしたり、そういう所が実におかしいんですねェ。羽織は羽二重は着ない、黒縮緬《くろちりめん》をいつも着て、すッとぬぐと真ッ赤な緋《ひ》の裏が付いておりました。それがまたいやみでなく、年齢をとってもなんともいえず色気があって、よかったもんです。

その次の遊三というのは、初代のおかみさんの親戚で、本名を渡辺吉寿といい、初めの名前は遊三郎、それから若遊三《わかゆうざ》になりまして大阪へ行って真打になりました。東京で修行をした間は短かくて、むこうで看板になった。演芸会社の時分にこちらへ来た時に、あたくしは初めて聞いて「あんまりうまくない人だな」と思いました。この人は朝鮮では非常に人気を博していたそうです。のちに大阪でいけなくなって、東京へ帰ってきて落語協会へ出ることになりました。その時あたくしの先代《おやじ》の所へ相談に来ましたが、先代《おやじ》は「よした方がいいだろう」と言ったんです。しかし当人にしてみれば「なに、俺が出れば……」といううぬぼれもありましょうから、協会へ出て、やってみたが、さァ具合が悪い。「こういう待遇てえのはないッ」と大変怒りましてね、また先代《おやじ》の所へ来た。「だから俺が始めッから言ったんだ。君、腹を立てるからおよしと言ったのはこのことだ」「それにしても、あんまりひどいから落語協会をよす」と言って芸術協会へ行きました。しかし同じ東京で、こっちの協会でいけなかったものが、むこうの会へはいって急によくなるわけがない。晩年はとうとう引退をしてしまわれました。

この二代目は引退後、昭和三十八年、八十三歳で亡くなって、今の圓馬さんのお弟子でとん馬(本名・松島明)という人が三代目三遊亭遊三を襲ぎました。三遊派にとりまして、なかなかこれは大した名前なんですから、どうか今度の遊三さんも成功してくれるように祈っております。

三遊亭圓馬

初代の圓馬は、かしく坊圓馬といって、圓朝師の弟子ではなく、アマチュアだったんですね。昔はこれを〝天狗《てんぐ》連《れん》〟といった。しかし芸は非常にうまかったらしい。圓朝が若かりし頃、ほかの者にスケを頼んでも、圓朝の名声をねたんで誰もスケ手がなかった。その時に圓馬を素人から頼んできて、圓馬・圓朝という看板相手にしたというくらい。圓朝師が見込んで頼んだだけあって大変うまい人で、駒止《こまとめ》に住んでいたので俗に〝駒止〟の圓馬といいました。

二代目は、圓朝の弟子で初め圓治から圓雀《えんじゃく》といいました。初代が死ぬ時に圓雀がたいへんよく世話をしたので「お前にこの名前をやる」というんで、初代からじかに貰った名前だそうです。そして師匠圓朝の許しも得て、三遊亭圓馬になった。のちに大阪へ行きまして空堀《からほり》という所に住んでいましたので〝空堀〟の圓馬といいます。これも大変うまい人で『五人廻し』なぞがもっとも有名でした。東京へ来た時にあたくしも聞いたことがあります。十一ぐらいの年でしたかねェ。しかし、みんながうまいうまいと言ってたが、あたくしにはよく判らなかった。まだ子供でそこまで聞きこなせなかったのか、あるいは、当時、圓右さんや師匠の圓蔵が『五人廻し』を得意として演っておりました、その東京勢の『五人廻し』もなかなか結構なもので、これを聞いていたから圓馬師のを聞いても、それほどにあたくしは驚かなかったのかもしれません。そのほかの噺も聞きましたがあまり記憶にないし、子供の時に聞いただけで、芸の上のことは、くわしくは存じません。榊原鍵吉《けんきつ》という人がこの二代目圓馬師を〝研《と》がない正宗〟と評された、ということは前に申し上げました。

三代目は本名・橋本卯三郎。月亭都勇《げっていとゆう》という大阪の噺家の伜で、初め小勇《こゆう》といって、七歳で京都新京極笑福亭《しんきょうごくしょうふくてい》が初舞台。笑福亭木鶴《きかく》という人の門に入って小鶴《こかく》となり、さらに都木松《ときまつ》と改名し、十三の時に立花家橘之助の門に入って橘松《きつまつ》となった。日露戦役《せんえき》に行きまして帰ってきて、花橘と改名、さらに二十八歳で立花家左近となりました。あたくしの師匠圓蔵に大変かわいがられまして、その当時、上州《じょうしゅう》高崎、前橋なぞへ、圓蔵のトリ、〝書き出し〟が橘之助、〝中軸〟に立花家左近という、三枚看板で行ったことがあります。左近で中入をして休憩後、橘之助のひざがわりで圓蔵のトリというわけです。前にも申し上げましたが、前橋、高崎は、あたくしの師匠が大変人気を取った所ですし、その当時、そんな大看板がそろって行くということはめずらしいことですから、客もたいそう来ました。橋本の師匠は酒が好きですから、毎晩師匠が酒を買って飲ましてやったりなにかしていました。

のちに七代目朝寝坊むらくの名跡《みょうせき》を襲いで、明治四十三年だったとあたくしは覚えております、三月の上席《かみせき》だったか五月の上席だったかに、両国の立花家で看板を上げて、真打の披露をしました。若手の真打としてなかなか腕がありますし、トリを取ると、品川の師匠と橘之助の二人が必ずスケてくれる。スケ看板に行っても橘之助のトリなら圓蔵が〝書き出し〟で、〝突きあげ〟にむらくと上がっている。それから圓蔵のトリへ来ると〝書き出し〟が橘之助で、やはりむらくを〝突きあげ〟で看板へ上げてくれる。当時、楽屋で問題になったぐらい。「いくらなんでも、あんまり看板に上げすぎる」と、古くからいる人がぐずぐず言ったが、結局、大看板にはどうも歯が立たない。ですから橋本卯三郎という人は、あたくしの師匠とはどのくらい引き立てられたか判りません。ところが、何かのことであたくしの師匠といさかいが出来て、師匠をなぐったというんで、それがために橘之助師も怒って破門をいたしました。朝寝坊むらくという名前を取り上げられてしまったんで、本名の橋本を亭号《ていごう》にして、橋本川柳《せんりゅう》となって、一年ぐらい方々旅を廻ったらしい。結局大阪へ行きまして落ち着いた。

　その当時はまだ二代目の〝空堀〟の圓馬師がいたので「圓馬の名前を下さい」と言ったところが「うん」と言わないんですね。「黒馬《こくば》という名前があるからやろう」と言われたが、当人は黒馬じゃいやなんで、圓馬が欲しい。芸も出来るし、それではというので話がついて、圓馬を譲って、二代目さんは圓翁《えんおう》となって亡くなりました。〝橋本〟圓馬師は、あたくしの師匠も死にましてからのちに、交替《こうたい》で東京へも来たことがありました。でも、東京に永くはおりません。一《ひと》しばや、十五日ぐらい、それでまた大阪へ帰るというような具合でした。東京に来た時、落語研究会へ出演しましたが、昔と違って、少ゥし芸がこってりしたという、そういう所はありました。やはり大阪の方でお客に気に入られよう、うまいと言わせようというには、東京よりもぐウッとくさくなくッちゃアいけない。さらッとした芸は、あまりむこうでは喜ばない。音曲でも義太夫というものの発祥地《はっしょうち》であり、また、さかんな所ですが、もっとあっさりした軽い音曲は、江戸時代から関東の方に属している。義太夫は音曲の中でも、腹からふりしぼるという、こってりしたもので、それから察しても判るように、噺でも、あるいは芝居でも、こってりしたものでないといけない。さらッとしたものはあまり賞美されないというところがある。それに適《あ》わせるためにどうしてもくさくなるわけでしょう。この間死んだ三木助(三代目・小林七郎)のお師匠さんの二代目三木助師(本名・松尾福松)も非常にうまい人でしたが、大阪の人としては、さらッとした噺をしていた人で、それだけに「どうも、橋本はこのごろくさくなったよ」なんて、あたくしに話したことがありました。

あたくしも研究会で『唐茄子屋』を聞いて「なるほどな」と思ったことがあります。やはり東京にいた時代……むらく時代の脂《あぶら》ののっている盛りに聞いた時の方がよかったと思いました。

しかし子供時代からの芸人であり、なんでも心得ている。踊りも踊りましたし、三味線も弾きました。『槍さび』の踊りなんぞは、これァもう前後にない程よかった。むらく時代には余興によく踊ったものですが、『槍さび』の踊りというものは、あれァ半分は芝居みたいなもんで。替唄の『忠臣蔵』の五段目とか、あるいは清玄《せいげん》だとかの歌詞で演っていましたが、芝居の非常にうまい人だけに、踊りのうまい人が踊るよりもいいんですねェ。ですから『槍さび』というとみんな見たがったもんです。仲間でさえも見たいと思うくらいですから、お客さまの方からも望まれた。圓馬になってからは、めったに演りませんでしたが、たまァに踊るとお客さまは大変喜んだもんです。それ以来あたくしは、あんなうまい『槍さび』を見たことはありません。しかし踊りそのものは本当にたたき込んで稽古をした踊りじゃアない。市村座で噺家芝居をした時に『山姥』を演ったことがあります。圓馬師が山姥。のちに大和《やまと》楽《がく》の岸上《きしがみ》葵美子《きみこ》となった立花家歌子が金太郎、山樵《やまかつ》を初代の圓右が演った。圓馬師の山姥を見てますと、時々女の足が外輪になってしまって具合が悪い。それァ正式にたたき込んだ踊りじゃアないから、ああいう長い演目《もの》の女形では、やはりうまくいかなかった。しかし芝居となるとうまかった。中洲《なかず》に真砂座という芝居があった頃に、圓馬・三木助の二人が噺家芝居で『塩原多助』の通しなんぞを演りました。塩原多助が圓馬、圓次郎を三木助。中幕が義太夫の『五条橋《ごじょうばし》』で弁慶を圓馬、牛若丸を三木助が演る。これは噺家芝居というのを飛び抜けちまって、まるで役者みたいでしたねェ。

それから大阪の噺をこちらへ紹介するに、圓馬師は与《あずか》って力が大きかった。『あわびのし』という噺は全然東京にはなかった。あれはむこうでは『生貝』といいまして純大阪の噺です。それをこちらへ直しました。そのほかどのくらい大阪の噺をこっちへ持ってきたか知れません。大阪から来た噺は、あらましこの圓馬師が持ってきたと言ってもいいぐらいですね。とにかく子飼いからの芸人で芸域も広く、確かに芸も飛び抜けていました。大阪で育ったから大阪の噺はずいぶん知っていたし、東京では初代の圓左さんに稽古をしてもらって、圓左系の噺はたくさん知っている。それから旅先で習ったというものもずいぶんあった。今、文楽さんの演る『しびん』は圓馬さんのです。新しいものも演りました……もちろん今の新作とは違ったものですが、先日亡くなった金馬さんが演っていた『勘忍袋』、あれは新作ですが、ああいうものも非常にうまかった。それから『女天下《おんなでんか》』という、これも当時の新作で、八代目の文治さんも演っておりました……が、あたくしに言わせれば、圓馬師のはくらべものにならないほどうまかった。もっとおかしくッて、しかも人物の表現なんぞも非常にすぐれていました。惜しいと思うのは、あのまま東京にちゃんと辛抱しておられたら、もっとよかったんじゃないかということです。晩年はやっぱり大阪の土地に適《あ》わせたせいか脂ッこくなり、それにだんだん漫才がさかんになって、吉本興行なぞでもあまり重用はされなかったらしい。終りはさびしかったろうと思います。しかし本当に何を演らしてもうまい人でした。

次が今の圓馬さん（四代目。本名・森田彦太郎）です。

朝寝坊むらく

　初代の朝寝坊むらくは、初代三笑亭可楽の「可楽十哲」の内に出ております。初めは同じ三笑亭で「夢楽」という字を書いていましたが、自分で勝手に「むらく」と仮名に変えてしまったので、師匠の可楽が怒って三笑亭の亭号を取り上げ、それで朝寝坊むらくになったということです。これはもちろんずっと古い時代の人で、その後六代目のむらくまでは、あたくしはよく存じません。

　六代目のむらくは立花家橘之助の御亭主でした。本名を永瀬徳久といったんだそうで、大変にその、大道具の持ち主だったという仲間うちの評判で、あたくしァこの人に、子供の時、楽屋で会っているらしいんですが、全然記憶がございません。

　その次が七代目むらく、これは後に圓馬になった橋本卯三郎。

　八代目むらくは籾山藤朔《もみやまとうさく》という本名で、前に柳昇《りゅうしょう》といいました。なんか、ふざけてるような噺ぶりですが、噺は大変面白い人でした。いま演っている『替りめ』という噺の「お前まだそこで聞いていたのか」というサゲは、このむらくのものです。以前はみんな音曲噺で演っていた、それをこの〝柳昇〟むらくが音曲を入れないで、今のようなサゲをくッつけて、素噺で演ったものです。この人は酔っぱらいの噺が大変お得意でした。あたくしが現在演ってる『らくだ』という噺は、この人のを覚えましたんです。芝の三光亭をやっていた時分、むらくがやって来て「自分ももう長くないと思うが、これだけは置いて行きたいから、ぜひ覚えてもらいたい」と言って、わざわざ毎日かよって教えに来てくれました。『らくだ』と『胴乱幸助《どうらんこうすけ》』を先代《おやじ》が教わり、あたくしが『くやみ』を教わりました。その後まもなく亡くなりましたが、『らくだ』『胴乱幸助』とも先代《おやじ》は得意にして演っておりました。あたくしは『胴乱幸助』は演りませんが、『らくだ』と『くやみ』は、今でも演っております。

次のむらくというと、これは七代目むらくの弟子で、本名・伊東豊《ゆたか》といい、人物は如才ないし、おとなしい、いい人でした。初め夢松《ゆめまつ》、それから橘松になって、ずいぶん永くおりましたが、七代目むらく師が大阪へ行ってしまった後は、五代目の左楽師の弟子になって魚楽《ぎょらく》、そのほかこの人はずいぶん名前を替えましたな。晩年横浜で、誰が襲《つ》がしたというわけではなく、自分みずからむらくを名乗っていたらしい。東京へ出て来て芸術協会へはいったが……そう言っちゃアなんだが、ごく下手な人で、あたくしが圓童時代聞いたのと、それからずいぶんたって圓蔵時代の終りごろ聞いた時と、ちっとも変わっていないんですね。噺が進歩していない。まァ、芯からまずい人なんだろうと思います。

今、三笑亭夢楽という名前がありますが、朝寝坊むらくの代々には直接関係のない名前です。

立川談志

立川談志という名前も以前からあったそうですが、明治の初期、〝釜掘り〟の談志という人が大変人気があったんで、普通これを初代といっているようです。当時〝喇叭《ラッパ》〟の圓太郎。〝へらへら〟の萬橋。〝釜掘り〟の談志。こういうものが大変な人気を取りました。あたくしは、この談志の〝郭巨《かッきょ》の釜掘り〟というのは、時代が違うからもちろん知りませんが、橘家三好《さんこう》という音曲師がこの〝釜掘り〟を演ったのを、幾度も見ております。手拭を横に四つにたたんでこれを頭へかけて後《うしろ》で結わえて、高座のふとんを丸めて赤ん坊のように抱きましてね、立ち上がって、トンロントッツンテンレンツンテン、ツンチンツチツチシャン……という三味線に合わして〽そろそろ始まる、郭巨の釜掘りィ、てけれッつのぱア」という唄をうたう。その中に時事のことなんぞを入れたりする。それから〽この子があっては孝行《こうこ》が出来ないィ、てけれッつのぱァ」という文句で、山へ子供を連れて行って鍬《くわ》で穴を掘る形をしながら、〽さいこを炊《た》ァく釜掘るゥ、てけれッつのぱァ」という、これは噺家の符牒で、さいいことというのはお飯《まんま》、つまりお飯を炊く釜を掘るという意味になる。この文句が一番おしまいです。談志はどうだったか知らないんですが、三好さんは、そのあと、チャチャラチャラチャラ、チツチツチャラチャンと、〝あじゃら〟の三味線という三下りになって、これに合わして〝ステテコ〟を踊りました。〝ステテコ〟は本来圓遊のものなんですけれどもね。この

〝釜掘り〟もつまり圓遊の〝ステテコ〟に対抗する意味で始めたんじゃないかと思うんですが、実地に見ると、ごくくだらないものなんです。しかしこれを演って談志が大変に人気を得て、その後まねする人がずいぶんありました。

その次の談志は本名を恒川《つねかわ》といったと思います。初代談志の弟子だったんでしょう。あたくしが義太夫で出た時分に、もう頭のつるつるはげたおじいさんで、太った人でした。三筋《みすじ》町《まち》で古道具屋をしてましてね。古道具屋ったって本当にチャチなものを並べてるんです。寄席で「君、その帽子もういらないだろ？」「あゝ、もう古くなったから……」「じゃあたしにおくれよ」「おじさん、かぶるの、こんなもの」「まァいいからおくれよ」てんで貰って行って、自分の店へ並べて売るなんという、ずいぶん人を食ったことをする。噺はあんまりうまくありませんでした。この人は、その時分に〝くい〟といって舞台へあがることをあまり好くない。よほどほかに人がないてえと「じゃアしょうがない」って愚痴をいいながら高座へあがって、漫談みたいな、楽屋落ちみたいなことをもそもそ言っている。こんな人にまともな噺が出来るのかと思うぐらい。それでも昔の噺家ですから、正式な落語を演れと言えば演れるんでしょう。談志という名前をつけているぐらいなんですから、演れたに違いないんですが、もう晩年になって、だんだん売れなくなり、自分も世の中を悟って、なるべく若い者を高座にあげて、自分はあがらずにお給金だけ、楽をして貰って行こうというような……これを〝世の中になる〟と言いましてね、悟りをひらいた噺家だったんでしょう。しまいに両国で倶楽部の留守番みたいなことをやってましたが、また噺家になって今の金語楼さんの弟子で前座になって出ていました。あたくしが初めて二代目禽語楼小さんさんの『盃の殿様』を速記で覚えて演っていたら「あァこれァ禽語楼さんのですね」「えゝ、そうです」「どうも、なつかしいねェ……」なんて言って「あの時にね、こういうことを言いました」なんて教えてくれたことがありました。

その次の談志はよく判らないんです。東西会時分に談志という人が確かあったと思うが、はっきり記憶に残ってはいないんです。

その次の談志は、もと先代小勝さん(五代目。本名・加藤金之助)の弟子で、一時三遊派へ来て七代目むらくの弟子になって、のらくといいました。その時分にはこの人は、今にいい噺家になるな、と我々は思っていました。大変口調の面白い人で、それからまた小勝ッつァんの所へ帰ったんでしょう、ひところ夢《ゆめ》の家《や》市兵衛という名前になって、それから立川談志になった。晩年はあまり振るいませんでした。噺はあまりうまい方じゃアないが、〝橋本〟圓馬さんと旅へ一緒に歩いてましたから、圓馬系の噺も覚えて『鼠穴』なぞを演ってました。人情噺をしようという質《たち》の噺家じゃアないんですが、当人はそういうものを演ってみたいんでしょう。とぼけた噺の方が向いているんです。容貌が面白くて、太って童顔で、噺家にはもってこいという柄なんですが……もう少し噺がうまければ出世をしただろうと思うんですが、やはり容貌だけではいけない。しかし楽屋でも洒落ばかり言って、非常に楽天的な面白い人でした。

その次が、今の小さんの弟子の談志(五代目。本名・松岡克由)です。

古今亭志ん生

初代の志ん生は、初代三遊亭圓生の弟子で圓太といった。橘家圓蔵（初代。本名・尾形清次郎）と二人で二代目圓生の名を相続しようというので争ったが、結局、圓蔵が二代目圓生を襲名したので、圓太はどうも面白くない。そこで改名をして古今亭真生《しんしょう》となりました。初めは真という字を書いたんですね。のちに志んと書くようになったんでしょう。『九州吹戻し』という噺が大変お得意だったそうで、『九州吹戻し』という撒《ま》きビラをすると、お客さまが俄然一ぱいになったという。これは名人だったと話に残っております。

その次は人呼んで〝お相撲〟志ん生。大変太っていて力もあったんでしょう、よく楽屋の柱なんぞへつかまって「よッしょい、よッしょい」と動かしたりなんかして、高座にいるやつは地震と間違えて、驚いて飛び上がったりなんかァする。それを見て喜んだといいますが、つまらないいたずらをしたもんで。

その次は〝しゃも〟の志ん生といいまして、容貌が軍鶏《しゃも》に似ていた。雷門助六から古今亭志ん生になりました。この人は何の噺でも、途中で必ず泣くんだそうですな。「とホホホホ……」って、本当にしんみりした泣き方じゃない、なんかおちゃらけた泣き方なんですが、泣くという筋の噺じゃなくても必ず一回は泣いたそうです。

その次の志ん生は本名・鶴本勝太郎。この人は、ちょっと他の噺家に類を見ないという程、調子のいい人で、美音で、唄をうたわしても非常にうまい。もともとこの人の師匠は〝目っかち〟の今輔という人で、三味線も弾き、音曲をやったんですね。鶴本さんも、そう大してうまいという程じゃないが、小唄ぐらいなら三味線も弾けましたし、唄をうたわしたら、それァもう非常にうまいもんでした。いつか珍芸会で長唄の『四季の山姥』をうたったことがある。三味線はもちろん本職の人が弾いたが、お客が聞いて「あんまり面白くない」と言ってました。つまり、うますぎて面白くないというわけなんです。声はよし、節廻しはよし、常磐津なぞもやったのを聞いたことがありましたが、ちゃんと常磐津になっているし、ちょっとした噺の中でうたっても、音曲師が恐れをなすぐらい、いい声でした。ですから噺が〝うたい調子〟といいまして、うたって節をつけながら噺をしてるようなので「噺をうたってる」なんて悪口を言う人もありましたが、しかし、ほかの人にやれったって出来ない、独特な味がありましたね。

落語研究会で『浪花芸者《なにわげいしゃ》』という演題を出した。誰も知らない。何だろうと思って聞いてみたら、これという噺じゃアない、マクラに普通演っているような小噺の羅列なんですね。陰陽のマクラとか、好ききらいの噺とか、お色気だとか、そんなものをばずウッと続けて、それで一席、二十五分ぐらいあった。非凡な腕でなければ、ああは保《も》ちませんね。途中でたいてい飽きちまうとか、くだらなくなってくるもんですが、聞いてて実に面白い。一番しまいに「芸者でもあげようじゃねえか」「芸者を呼んでくんねえ」というと芸者が「(つぶれた声で)あら、こんばんは」とひどい声ではいってくる。「大変な芸者がはいって来た。……どうしたんだ、その声は」「(同じくつぶれた声)なにしろお前さん、風邪をひいて声をいためてしまって……」氷砂糖がいいって氷砂糖をなめたり、きんかんを煎じて飲んだり、煉薬《ねりやく》がいいてえから、煉薬をのみ、あっちの薬をのみ、こっちの薬をのみ、(つぶれた声で節になり)〽何をのんでも、直らァな…ァい……ィ」「なんだ、浪花節みてえだ」……それから「三味線を取り出して、きりきりッとん、きりッとんと調子が合いまして、これからわッと騒ぎになります所は、毎度連中《れんじゅう》が申し上げるところでげす」と言っておしまいになる。しまいに浪花節みたいな芸者が出るんで『浪花芸者』という……実にその、ひどいような題のつけ方ですけども、この面白さ、調子のよさってのはなかった。おそらくまねをしようったって、他の人じゃアあんなことは出来ない、大変結構なものでした。その時分の落語研究会ですから、うるさい人ばッかりが来ていた。だけども鶴本さんのこれを聞いて「研究会でああいうものを演っちゃアいけない」とは誰も言いませんでした。

そんな噺ばかりじゃアなく『三軒長屋』なんぞも、宮松の研究会で五十五分かけて一席全部演りましたが、これなぞを聞いても実によろしい。圓喬師を崇拝して大分圓喬をはっている所がありました。しかし、何を演らしても切れ味のいい、聞いている人をいい心持にさせるという芸で、あたくしは非常にうまい人だったと思っております。そのかわり声をつぶしてはいけない。うちの先代《おやじ》が「声をつぶした時に聞いたら、鶴本はうまくねえや」って言いましたが、それは責めたっていけません。声のいい人がつぶしちゃって、抑揚も何もなくなった時に聞いたら、それァいけませんよ。

その次の志ん生は今の志ん生さん(五代目。本名・美濃部孝蔵)です。

金原亭馬生

馬生という名前は大変ややこしいことになっていまして、一時、東京と大阪で両方に馬生が出来たこともあります。大阪で出来た『落語系図』という本によると、四代目の馬生が鶴本勝太郎の馬生で、五代目が大阪の本名を宮島市太郎、俗に〝おもちゃ屋〟の馬生といっていた人だということになっていますが、これはどうも誤りで、大阪の〝おもちゃ屋〟馬生の方が先に馬生になっているんです。

〝おもちゃ屋〟の馬生さんは、前に話が出ました〝赤坂〟の燕路《えんじ》さんの弟子で、小《こ》燕路《えんじ》といっていましたが、後に大阪へ行って馬生になった。大阪でおもちゃ屋をやっていたんで〝おもちゃ屋〟の馬生さんといいます。東西会であたくしは一緒になりましたが、〝赤坂〟の燕路さんという地噺のうまい人のそばにいたからでしょうが、やはり地噺がうまく、大阪向きの芸風というわけでもないのに大阪で受けたのも、その時代、時期時期の新しいことを取り入れて演ったからでしょう。古い噺の中にぱッぱッとその時局の新しいことをくすぐりに入れて行くんですが、それが少しも時代錯誤にならず、本当のすぐれたくすぐりになってお客さまに喜ばれる。下手に新しいことを入れると、時代錯誤になって「これ、いつごろの噺なんだ」ということになる。けれども本当のくすぐりとして適当な所へ入れるなら、どんな新しいことを入れても構わないわけで、そういうことはこの馬生さんは大変うまかった。

『義士伝』なんぞもふだんよく演りました。赤垣源蔵の〝徳利の別れ〟、堀部安兵衛の〝高田の馬場〟。馬場へ駆けつける所から、浅野内匠頭へ初めてお目見《めみえ》得をしたという所まで演る。高田の馬場でこれから安兵衛が十八人を相手に戦おうという時に、堀部弥兵衛の細君が「お待ちなさい、あなた、髪が乱れている。武士として髪の乱れているのは見苦しいもの、なでつけてあげましょう」……これはつまり、安兵衛が息が切れているから、息を休めて行けというつもりだが、そう言わずに女らしく、「髪が乱れているから……」と言ってなでつけているうちに、安兵衛の呼吸が静まる。すっかり髪をなでつけて「あとへすッと香水をかけて五十銭」なんていうくすぐりがはいる、そういう所が実に軽くッて、うまかったもんです。この噺をふつうの高座だと、たいてい十二、三分から十五分ぐらいで演ってましたが、ある時、特殊の会でこの『堀部安兵衛』を出した。あたくしが聞いてまして「今夜はいつもより少し長かったなァ」と思って時計を見たら、その晩は四十分演った……いつもと大して違わないようで、ただ今日は少しいれごとが多いかなと思ったくらい。ところが少しどころか約三倍になってるわけです。長く演ってもちっとも長いと感じさせない。そういう非凡な腕がありました。なるほど、やっぱり本式に修行をした、うまい人だなァとつくづく感心しました。『阿武松《おうのまつ》』なんぞ聞いてて実に面白いんで、どうかして教わりたいと思って教えてもらいました。噺というものは、やっぱりひとに教えておくべきものだと思いますね。自分の弟子でなくとも教えておけば、思いがけない所であとへ残ることがある。

さて二人馬生が出来た話ですが、大阪に〝おもちゃ屋〟の馬生さんがいるのに、鶴本さんが志ん馬から替わるために何かいい名前をとさがしているうちに、金原亭馬生という名前が……大阪にもあるが、大阪と東京とこれだけ離れているし、大阪へ行かなきゃア構わないんだから、東京だけで馬生にしたらよかろうと、こんなずぼらなことで馬生になってしまったんですね。それをつけさしたその時分の大幹部もずぼらだが、当人もずいぶんずぼらで、馬生のままで大阪へ行ったりして、非常にまずいことがあったらしい。のちに〝おもちゃ屋〟の馬生さんが東京に出てきまして、いよいよ馬生が二人になっちまった。しょうがないから東京の馬生を黒い字で書いて、大阪から来た馬生を赤い字で書いて看板へ出したんです。あたくしも覚えてますが、四谷の喜よしで、金原亭馬生というのが、つるしへ二つ出たことがありました。それで〝赤《あか》〟馬生に〝黒《くろ》〟馬生なんていいましたが、お客さまの方じゃ変に思ったでしょう、亭号も違わなきゃ名前も違わない、ただ赤い字と黒い字で書いてあるのを区別するなんて馬鹿げてますよ。

あたくしは〝おもちゃ屋〟の馬生さんの所へ、当時噺の稽古にも行ってましたから聞きました。もちろん大阪の馬生さんの方が、先になって、東京の幹部の承認を得てむこうへ行ったんだから、正当な馬生なんです。大阪の馬生さんが言うには「あたしはもう、年齢《とし》も上だし、鶴本の方が若いんだから、馬生の名前をやっちまって、あたしァほかの名前になってもいいんだけど、あの男はどうもずぼらだ。代々の馬生の墓参りもしたことがない。墓はどこにあるって聞いたら知らないと言う、そういう人にはやっぱりやれない」……昔の人だからそういう堅い所がある。結局、二人馬生があっちゃおかしいからというんで、鶴本さんの方が古今亭志ん生と改名をしたわけです。鶴本さんの方がもし正当だとしたら、こっちは東京に馬生としていたんだから、大阪から来た馬生の方を取り替えさせたでしょうけども、実は無理になった馬生だからぐウとも言えない。これを見ても、大阪の〝おもちゃ屋〟の馬生さんの方が正当なことが判ります。

その次に東京で馬生になったのが、今の志ん生さんでしょう。

その次が本名・小西万之助の馬生。この人は初め圓喬の弟子で、喬松《きょうまつ》、師匠の死後、先代小圓朝の弟子になって前座時代は清朝《せいちょう》といってました。のちに〝鶴本〟馬生の弟子になり、今の志ん生と兄弟弟子だったんです。小西万之助は噺も本筋ですし、なかなか芸には熱心ないい人で、今いれば相当いい噺家になっていたでしょうが、惜しいかな、戦争中に亡くなりました。

大阪の方では〝おもちゃ屋〟の馬生さんの弟子が馬生になりました。この人はもと圓喬さんの弟子で東喬《とうきょう》といって、それから大阪へ行って〝おもちゃ屋〟馬生の弟子になって馬《ば》きんといってました。〝おもちゃ屋〟の馬生さんがもう老年で、この馬きんに口上書をつけて馬生の名前を譲り、自分は浅草亭馬道《せんそうていばどう》となりました。しかし馬道となってからは、もう高座は退《ひ》いてしまって出られませんでした。

この馬きんから馬生になった人が東京へ出てきたら、その時は東京の方では小西の万ちゃんが馬生になっている、また馬生が二人になっちまったんで、大阪の馬生が、これは師匠から口上書まで貰ってなった名前ですけれども、やむなく師匠の隠居名前の浅草亭馬道になりました。小西万之助が亡くなってから馬道がまた馬生にもどりました。そしてこの馬生さんは戦後に亡くなりました。

そのあとの馬生が、今の志ん生さんの伜の馬生、という順序なんですが、まったくややこしくて、間違いそうです。

古今亭今輔

初代はよく知りませんが、二代目の〝目っかち〟の今輔さんは評判は聞いております。『百花園』なぞに出ております今輔は、この〝目っかち〟の今輔さんです。音曲を演ったそうで三味線も弾いたし、なかなかいい声だったそうです。

その次は〝おせっかち〟の今輔さん。本名・村田政次郎で〝目っかち〟の今輔の弟子で、その弟弟子が〝鶴本〟馬生さんだったわけです。この村田の今輔さんは『囃子長屋』が大のお得意で、あたくしもずいぶん聞きました。『大師の杵』なんかもよく演ってました。大変なせっかちで、大阪から東京へ汽車で帰るのに、横浜へ来るともう鞄を持って汽車ン中で立ってたというくらい。トリ席の時でも大変早く楽屋へはいる。スケ席なんぞはもう、とにかく前座が楽屋へはいるかはいらないうちに〝振り出し〟の席へ来ている。そして急ぎに急いで、終ると次の席へ行ってまた急ぐ。その時分ですから四軒五軒ぐらいかけもちをするんですが、前の席をおッそろしく急いでやっちゃって、自分のトリの席へ、中入り前にはもうはいっちまう。はいったって真打はすぐあがれやァしませんが、前の人に「君、なるたけ短ッかくッていいよ」とこう言って、どんどん片づけちまう。トリへあがっては、ゆっくり演りました。あたくしァこの今輔さんと、震災後睦派で一緒になって、今輔さんのトリへたった一ぺんだけ行ったことがありましたが、どうもせっかちなのには驚きました。その時に『淀五郎』だとか『鼠小僧』なんかも聞いたことがありました。人情噺をたっぷり演って、なかなかうまいもんでした。この師匠が病気になって赤十字病院へ入院したんで、あたくしは一度見舞いに行きましたら「あァどうもよく来てくれた」と喜んで「僕がこんなに急ぐのはね、やっぱり普通じゃないんだそうだ、病気のせいだって。だからねェ、お前さんとこのお父《と》ッつァんも気をつけなきゃアいけないよ」と、あたくしの先代《おやじ》もなかなかおせっかちだったんで、注意をしてくれましたが、それがお別れで、とうとう亡くなってしまいました。

その次の今輔は本名・中島市太郎。大阪から来た人で、大阪では〝天狗連〟でやっていたが、こっちへ来て圓右の弟子になって右女助《うめすけ》となり、その名前のままで真打になって、のちに今輔になりました。なかなか人間がおかしな人でして、噺は……本当にうまいんじゃないんですが、フラがあると言いますか、ふらふらッとしたような所に間《ま》でおかしさがあるといったような人でした。喉頭癌で亡くなりました。

その次が現在の今輔さん(五代目。本名・鈴木五郎)と、こういうわけです。

三遊亭金馬

金馬という名前は前々からずウッとあったんでしょうが、昔は立川《たてかわ》金馬といってました。三遊亭金馬となったのは、芳村忠次郎の小圓朝さん(二代目)が初めてだろうと思います。

この人は今の小圓朝さん(三代目。本名・芳村幸太郎)のお父ッつァんです。圓朝師匠の弟子で、第一次研究会の発起人の一人でもあった。この人が朝太から小圓太になり、それから三遊亭金馬となりましたが、自分の弟子の圓流が真打になるについて、金馬という名前を譲ったんですね。それで今度自分が代わってつける名前がなくて、三遊亭圓馬になった。ところが二代目〝空堀〟圓馬さんが大阪にちゃんといるんですから、ここから苦情が出まして、圓馬の圓の字を立川焉馬の焉の字に変えてしばらくやっていましたが、むずかしい字だから客が読めない。それで具合が悪いんで小圓朝になったんだそうです。その前は、一朝老人が小圓朝だったんですが、刺青《ほりもの》をしたんで圓朝師匠が怒って、名前を取り上げられたということは前にも申し上げました。

その次の金馬は本名を碓井《うすい》米吉といいまして、もとお盆に絵を彫るのを商売にしていたんで〝お盆屋〟金馬なんてえことをいいました。それが初めヘイドンという手妻《てづま》使いの弟子になって土手組《どてぐみ》といいましてね、中央部の噺家でなく、端ッこの席ばかり歩いている、つまり二流の噺家だったんですね。その後そこを抜けて、小圓朝師の弟子になって、あたくしが義太夫をやっていた時分に、金馬になって真打になりました。まじめな芸風で『笑い茸』なんて噺を得意にしておりました。しょっちゅう苦虫を嚙んだような顔をして決して笑わない人が、笑い茸というものをのまされて、はじめて笑うという噺なんですが、この噺はほかの者はほとんど演りませんでした。覚えて演った人もあるが、どうも成功しないんですね。ところが碓井の金馬って人は、おかしくなってきたのをこらえていて、ついに笑うという、その時の顔つきが非常に特徴がありまして、どこの席へ行っても『笑い茸』『笑い茸』……という註文で、十八番にして演ってました。

そこで例の明治末期に小圓朝さんが主になって始めた月給制度の時に、何かの役をやっていたんでしょうか、その責《せめ》を負って東京にいられないことになり、弟子を引き連れて旅廻りばかりしていました。たしか十年ぐらい旅を歩いた。ですから地方へ行くと、この人の人気は大変なものでした。日本全国、北海道から九州から、東北、中国、全部廻った。東京、大阪には出ないが、そのほかはもう、いたる所歩いて、金馬一座が、多い所は年に二回ぐらい行って、すっかりおなじみになっている。乗り込んで行って、町廻りをする時にはチャチな着物なんぞ着せない、前座にいたるまで残らず、縮緬なら縮緬の上等な着物に羽織、全部お揃いで、ずウッと町廻りをする。それを見ただけでみんながびっくりする。町廻りなんてものは一つのショウですからね、やっぱり汚い服装《なり》じゃアいけない。そういう所に非常に頭のはたらく人で、それに、お客さまを感心させるというよりは、面白く楽しんでいただこうと、宵からにぎやかにしてやったんです。それが大変に人気に投《とう》じて、どこへ行っても大入りをとった。ですから旅ではこの人は、なかなか有名なもんでした。

この人の弟子が今の柳家金語楼さんで、本来ならば金語楼さんが金馬を襲《つ》ぐわけなんでしょうが、のちに三語楼さんの〝内輪〟になって名前も金三《きんざ》から金語楼という、三語楼系統の名前になった。それで先代圓歌の弟子で圓洲といっていた人が、まァ、あまり縁はないわけですが、次の金馬になった、これが、つい先だって亡くなりました金馬さん(三代目。本名・加藤専太郎)です。

林家正蔵

正蔵という名前も古い名前ですが、あたくしどもが話に聞いて知っているのは五代目の正蔵からで、この人は永生きで、百いくつまで生きたといいます。晩年は沼津で亡くなりました。それで俗に〝沼津〟の正蔵などといいます。沼津にお墓がありますが、これは八十いくつかになってある女に手をつけて出来た娘が大きくなって、沼津市で芸者をしていた。その娘の世話になって亡くなったといいます。百いくつってんですが、どうもはっきり年齢は判らない。しまいにァ自分でも本当に年齢が判らなくなったらしいんですね。というのは、九十ぐらいの時に九十五だとかいって、九十三、四の時にはもう百歳と……つまり年齢をサバをよんで、永生きをしたというのを看板にして、席へ出たり旅なぞを廻った。そのサバをよんでるうちに、本当にいくつなんだか自分も判らなくなっちゃった。この人は八十いくつで子供をこしらえるぐらいだから、七十いくつで旅へ行って、女中の所へ夜這《よば》いに行ったなんという……どうもなかなか溌剌《はつらつ》たるもんで。女中が寝てる蚊帳《かや》の中へのこのこはいって行ったら、女中がふッと目をさまして「あらま、いやだ。おじいさん、どうしたの、何しに来たの？」「いや……手水場《ちょうずば》はこっちじゃアないかい？」……蚊帳の中に手水場があるわけはない。そういう話が残っているくらい有名なものです。

その次の正蔵になったのは、本名・今西久吉。二代目燕枝さんの弟子で前座時代の名を桂《けい》枝《し》、それから春輔《はるすけ》になり小燕枝になり、さらに林家正蔵となりました。〝飴細工《あめざいく》の高島屋〟というあだ名がありまして、高島屋(二代目左団次)を飴細工でこしらえたような顔だというんです。その時分なにか新しい感じの人で、ずいぶん新作ものなんぞも演りました。この人を大変うまいという人もありますが、うまいというのはどうでしょうか……ちょっと聞くと能弁のようだが、あんまり早くしゃべると言葉がまくれて判らなくなることがあるし、ふだん、本は非常に読んだんですが、そのせいか正蔵になって後に、噺があんまり理窟っぽくなって、面白くなくなったことがあります。しかし舞台へあがるとぱアッと明かるくなるような……なんと言うか、先年亡くなった柳好(本名・松本亀太郎)と同型の人だと思います。お客さまの方から見て非常に感じのいい噺家で、芸は……それほどはうまくなかったと思います。

その次の正蔵は今の三平さんのお父ッつァんで本名・海老名《えびな》竹三郎。元来は三語楼の弟子で三平といい、二ッつ目時代から大変売れまして、それから柳家小三治になりました。この名前は大体、小さんの所の名前ですが、それを三語楼の弟子に借りたわけで。ところが喧嘩をして三語楼一派が協会を出てしまったんで、四代目小さんの方で「小三治というのは、大体こっちの名前なんだから返してくれ」と言ったが、なにしろ当人がつけて売れている最中ですから、なかなか返さない。落語協会で小三治を別にまたこしらえてしまいました。本名を高橋栄次郎という、今は事務員になっておりますが、この人を小三治にしたんです。けれども所属する会は違うけれども、同じ名前が二人あるのはやっぱりおかしい。そこで結局「小三治という名前はあきらめて、正蔵になったらどうだ」という話になったが、小三治(海老名)当人がどうしてもいやだと言う。この人は大変倹約家で、金をずいぶんためていたんですが「俺に改名さして金を使わしたいから、そんなことを言うんだろう」と言うんです。「そんなことはない」と言ってもなかなか信用しない。「じゃアお金はみんな、会《かい》の方で出すから、どうかなってくれ」と、無理やりに、みんなで寄ってたかって改名をさせたわけですから、上野の精養軒で披露をした時は、あたくしたちも会の方から「これは特別に義理を出してくれ」と言われて「これァ驚いたなァ」って、ひとの改名でよけいなお銭を出したという……妙な話があったもんです。

その次が今の正蔵さん(八代目。本名・岡本義)です。

柳亭(談洲楼)燕枝

燕枝という名前は柳派の方では大変大きい名前です。初代は談洲楼燕枝ともいいまして、三遊亭圓朝と並んで、柳派《やなぎ》・三遊派《さんゆう》の頭領として落語界の双璧と言われました。いろいろ書いたものを見ると、圓朝はお召の着物が似合い、燕枝は黒羽二重の着物が似合ったということで、演目も燕枝の方は堅いものがよかった、と聞いております。また、話に聞くと大変こわい顔をしていた人らしく、噺をしている最中、客席で子供が泣くと、こわい顔でこれをぐウッとにらみつける。するとこ子供はよけい泣きやまない、にらまれたりしたら、かえってわァわァ泣き出すというわけで。そこへ行くと圓朝師匠は子供衆が泣くのを親が叱ったりしているると「いや、お子供衆はお飽きになるのも無理はございません。どうも手前のお噺はちょっと御無理でございますから」と、楽屋にいる前座に「鞄の中にお菓子がはいっているから、それをさしあげて」と高座から言って、お菓子をとどけさせる。親としてみれば、にらまれるよりは、やさしく言ってお菓子を貰った方がいい心持です。そういう所を「圓朝という人は商売上手だ」なんて言う人がありますが、これァ商売気ばかりでなく、やはり圓朝のやさしい人柄というものが自然と出たんだと思います。話がそれましたが、初代燕枝も圓朝のむこうを張って創作をしたものもいろいろございますし、噺もうまかったそうで、圓朝師と同年、明治三十三年に亡くなりました。

二代目を襲ぎましたのが、三代目小さんの弟子の小燕枝で、本名・町田銀次郎。初め小山三《こさんざ》、それから小三治、小燕枝となり二代目柳亭燕枝になりました。談洲楼といったのは晩年のことと思います。談洲楼という号は、初代が九代目団十郎と交際もあり、大変九代目を崇拝して〝だんしゅうろう〟とつけたんだそうで、二代目は団十郎とは別に関係はなかったが、やはり談洲楼といっておりました。このかたはあたくしどもも噺を聞いて、知っております。あたくしの若い時分、明治末期から大正にかけて、三遊派ではこの人のことをくさい噺家だといって、あまりよく言いませんでした。くさいというのは、つまり噺を重々しくしてもったいぶるんです。続きものの人情噺を演る時など、いかにももっともらしくうまく聞かせようとすると、どうしても間《ま》をおいたり思入《おもい》れ沢山に演りがちですが、そのくせが落し噺へも出てくると、これァちょっと邪魔になるわけで。あたくしも若い時分に聞いた時「なるほど、大してうまくないいな……」と、失礼ながら思っておりました。

しかし晩年になって聞いた時には、本当にうまいなと思いました。『初夢』という噺で、これは今あまり演り手もない、初代燕枝の作だそうで、筋は、おじいさんとおばあさんが初夢を見て、夢の中で二人とも若返って、今まで頭がはげて腰のまがっていたおじいさんが、髪がふさふさとして、鼻の下には八字髭をたくわえて、昔の官員さんになる。おばあさんの方もやっぱり若くきれいになりまして、丸髷を結う……何かのことで言いあらそいをして夫婦喧嘩になって、御亭主が「何を言うんだ。貴様のようなやつはない。出て行け、馬氏《ばし》ばばあめ」といって怒る。「なんです、ばしというのは」「馬氏というのは、昔、太公望《たいこうぼう》という人の女房で、太公望が毎日、真《ま》ッ直《つ》ぐな鉤《はり》で釣をしているのを見て「こんな馬鹿な亭主を持って、あたしァ生涯一緒に暮しては行かれないから、離縁をしてくれ」「お前が望むんなら……」というので離縁をする。後に太公望が軍師となって大変出世をした時に、昔の女房がたずねてきて「お前さんを見そこなって、まことに申し訳がない。どうか昔どおりもう一ぺん夫婦になってくれ」という。この時に太公望が器《うつわ》へ水を汲んで出して「この水をそこへあけろ」女房が水を地面へあけると「今あけた水を、元のとおりその器へ入れてみろ。もう一旦、地へあけた水は元へ返るわけがない。一旦去った者は、二度とふたたび女房にするわけにはいかん。もしそれを強《た》ってしてくれと言うなら、今こぼした盆の水を元の通りに返せ」と言った。これが〝覆水盆《ふくすいぼん》に返らず〟という故事だ。貴様はその馬氏みたいなやつだ。馬氏ばばあだ」するとおかみさんが柳眉《りゅうび》を逆立てて「どうせあたしは馬氏です。どうせあたしは馬氏ばばあですよッ」……「何を言ってるんだよ、おいおい寝ぼけちゃいけねえ、おい、起きな。何を寝言を言ってるんだ」「おや」と目をさますと、やっぱり元のおじいさんとおばあさんだった、というんで、これァ何かサゲがつくんですが、若返った二人から、すッと元のじいさんばあさんに戻る、その替わりめの実にあざやかなことといったら……「あァなるほど、やっぱり非凡な人だな」と思いました。それから『雪駄直《せったなお》しの長五郎』を聞いた時も、やはりうまいなと思いましたし、落し噺は概《がい》してあんまりよくないと言われておりましたが、それでも『毛氈芝居《もうせん》』なぞで、噺から芝居に移る所、自然とこう芝居になって行く部分には、まねの出来ないよさがありました。

それにこの燕枝師匠はよく圓朝師のことを話しておりました。柳派の人は圓朝というと目のかたきのように悪く言ったもんで、つまり反対派ですから「あれは嘘の芸だ」とかなんとか言って圓朝をけなす。ところが二代目の燕枝は、圓朝を非常にほめておりました。自分が子供の時分に法衣屋《ころもや》へ奉公していたことがあって、圓朝師の所へ使いで、法衣を持って行った……噺家が法衣を着るってえとおかしいようですが、禅をやっておりましたんで、法衣や袈裟なんぞ註文したかもしれません……そうしたら、ちゃんと上へあげて、お菓子をくれて、まことに鄭重にしてくれた……「品のいい、おだやかないい人だった」と、大変圓朝師のことをほめておりました。『榛名《はるな》の梅《うめ》が香《か》』(圓朝作)なぞも、この二代目燕枝さんは演ったことがある。三遊派の方の噺もよく演って、決して圓朝を敵視しておりませんでした。あたくしもこの人に稽古をしてもらおうと思って、頼んではあったんですが、とうとう一席も教わりませんでした。伊東深水先生の所へあたくしはしじゅう行っておりましたが、燕枝師匠も伊東先生とおつきあいしておりまして、あたくしのことをほめてくれたそうです。伊東先生が「あれは将来いいものになりますよ」と燕枝が君のことをほめていたよ」とおっしゃったことがあります。ほかの人は大変この二代目燕枝を悪く言いましたが、あたくしは、そう悪い人だとは思いませんし、芸も晩年は非常にうまかった。あたくしの聞いた中で、やはり尊敬すべき人だと思っております。

それから三代目が出来たんですが……三代目燕枝は入船亭扇橋《いりふねていせんきょう》(八代目)という人の伜で、初め燕之助、それから小燕枝になり、永らくそのままでいて、後に都々逸扇歌《せんか》となりました。この名前は大変落語界では大きい名前なんです。初代は都々逸坊扇歌といいまして、水戸の人で、〝とっちりとん〟というものはこの人が始めたといいます。都々逸なぞでもお客さまから題をいただいて即席にこしらえる。美音で三味線もうまく、頓智があって実に大した人気で大看板だった。その後、扇歌という人は何人も出来まして、たしかこの小燕枝の扇歌は五代目ぐらいでしょう。

この人は長唄の稽古をして三味線は相当弾けるけれども、そううまいわけではない。あれで声がもう少しよかったら、なんとかなったんでしょうが……胴間声《どうまごえ》で悪声なんですねェ。それがためにせっかく三味線を持って演っても栄《は》えません。そのくせ非常に野心家で、なんとかしてぱッと一つ売り出そうというんで、当人もいろいろ苦心もしたんでしょうが、いけなかった。後に三代目の燕枝になった。この時は傍《はた》ではとやこうあったんですが、当人が「俺は師匠の死水をとったんだし、正統の弟子だから、燕枝になるべきだ」と反対を押し切って無理やりに燕枝になりました。

ところが真打になってずウッと一《ひと》しばや廻ると、この燕枝という大きな名前が〝かきこみ〟という、つまり二ッつ目同様にこまかい所へ〝かきこみ〟されてしまった。それで当人も非常に悲観したものか、素行上にもあまりよろしくないことがありまして、とうとう寄席へ出なくなって、しまいにバタヤさんみたいなことになって亡くなりました。亡くなった時はもちろんもう噺家ではなかった。この前亡くなりました柳家つばめ(四代目。本名・深津龍太郎)が、昔の友達だったので、死ぬ時にはいろいろ世話をしてやったそうですが、どうもつまらない死にようをしてしまいました。これで肝心の燕枝という大きな名前がつぶれてしまいまして、今もってこの燕枝を襲ごうというものも出てまいりませんのは、惜しいことでございます。

春風亭柳枝

初代の柳枝は、もちろん圓朝よりも前の時代の人で、女の出る噺が大変うまかったそうです。圓朝はこの柳枝から、女の演出法をずいぶん学んだということを聞いております。

二代目は俳名《はいみょう》を二柳《にりゅう》といって俳句なぞをやったらしいが、あまり噺はうまくなかったらしい。

三代目柳枝は、初代柳枝の弟子であった談洲楼燕枝の弟子です、蔵前の大師匠といいまして大変な大看板でした。ところが評判に残っているところでは、大変まずかったという話です。しかし噺の数は知っていたらしく『百花園』なぞにも続きものがずいぶん残っています。まずいと言っても、その時代は周囲にうまい人がうんといたんで、ちッとやそッとじゃア目立たなかったんでしょう。楽屋うちの人望は大変あったらしく、初代燕枝という人は弟子をとらず、弟子になりたいという者はみんな柳枝の弟子にした。ですから、門下からずいぶんえらい噺家も出ております。

その次が牛込の柳枝さん。この人からあたくしは知っております。牛込に住んでいて、後に華柳《かりゅう》となった。放送局で放送中に具合が悪くなって亡くなったという、芸人としては立派な死に方でした。本名・飯森《いいもり》和平。この師匠は、噺は……失礼ながらあまりうまくなかった人で、トリをとりましても、今の柳橋さん（六代目）に、よく〝代理《だい》ばね〟をさして、自分はあんまりトリをとらなかった。というのは、トリへあがるとお客さまが、ばらばら立ってしまう、弟子も大勢あり、人格者でありましたが、噺はうまくなかった。

その次の五代目は〝横浜〟の柳枝とか、〝ごみ六〟の柳枝といいます。横浜の居留地という、外人が住んでいる所のごみの掃除をする仕事を、大勢人足を使ってやっている〝ごみ六〟という人の伜で、本名を松田幸太郎といいました。あたくしはこの人がまだ〝天狗連〟……アマチュア時代から知っております。あたくしが子供のころ先代《おやじ》に連れられて、倶楽部かなんか借りて〝天狗連〟の人たちがやってる所へ遊びに行ったことがあります。その時分にさん枝《し》という名前でした。後に本職になりたいと、柳枝の門に入りまして、さん枝から小柳枝になり、真打に昇進しました。この人も大変まずいという評判で、しかし人柄はまことに温厚で、弟子のめんどうもよくみたんです。しかし噺家になって金を使ったというのはまずこの人が第一でしょうね。前座をしないでいきなり二ッつ目で寄席へ出たが、そういうのは非常に仲間からねたまれるし、憎まれる。そこで当人が、憎まれないようにというので、下の人にずいぶん金を使ったんですね。〝顔づけ〟を見て前座が「今度は小柳枝さんがはいってる。あァありがたい」と言ったそうですよ。というのは、毎晩五十銭ぐらいずつくれるんだそうで。毎晩下座と前座に五十銭ずつくれる、だから四軒歩けば八人にやらなきゃならない。五軒歩けば十人ですから、その金だって大変です。煙草の好きな人で、しじゅう両方の袂に煙草を七、八つ入れてる。〝敷島〟や〝朝日〟も持っていれば、外国の煙草、金口《きんぐち》といってこれは輸入税がかかってずいぶん高い。こんなものをちゃんと持ってる。のちに聞いてみたら、ひとつ煙草をのんでいると、口になずんじまってうまくないから、時々変わったのを吸う。日本の煙草は、その口なおしに一本ぐらいのんで、また外国の煙草をのむというわけです。こちらが「煙草を一本……」なんてえと「あァどうぞ。エェよろしかったら、それお持ち下さい」というように、もう非常に如才がない。ですから、この人は噺家で金をつぎこんで、身代をつぶしたというぐらいで。

後に小柳枝から柳枝になり、お師匠さんの柳枝が華柳になり、小柳枝の名前は今の柳橋さんが襲ぎました。噺の数は少ない人でしたが、愛嬌があって、晩年にはなかなかうまい演目《もの》もありました。『大工調べ』の家主《いえぬし》なんぞは、当人もくふうして演ったものでしょうが、非常にようございました。あたくしはこれを聞いて「あァなるほど、うまくなったなァ」と思ったものです。この柳枝は五代目なのに、当時睦会へ属しておりまして、左楽さんが旭日の勢いで、五代目といえば左楽さんのことになっていました。それでこれとついてはいけないというんで、みずから六代目と称した。そのために柳枝の代数が、これからあと一代ずつ狂ってしまいました。

その次の柳枝は〝えへへ〟の柳枝といいまして、本名が渡辺金太郎。今の柳橋さんと同姓同名です。左楽さんの弟子で、左太郎から痴楽になり、真打になりましたが、非常に人気があって噺も面白かった。ただ面白いというよりは、めちゃめちゃにぶちこわした、理窟ぬきの、ただもう笑わせればいいというような噺でしたが、死ぬ一年か二年前ごろから、非常にうまくなりました。あたくしの先代《おやじ》の所にも稽古に来たことがあります。そんなむちゃくち

や な噺をしていて、当人はなかなか芸が判っている。先代《おやじ》を非常に崇拝して「どうか一つ、お稽古をしていただきたい」と言いましてね。教えてもらって感心してました。というのは、うちの先代《おやじ》は太っていて、夏のことですから、暑いんで、すッ裸でタオルを肩へ引っかけて稽古をしてやる。ところがそんな姿でいて、女が出ると、聞いてるうちに自然に女に見えてくるというんです。「どうも芸の力はおそろしい、実にうまい人だ」と感心していました。先代《おやじ》が死んだ時はがっかりいたしまして「もう、あんなうまい噺家は、なかなか出来ない」と言ってました。一周忌に日本橋倶楽部で追善の演芸会をやるので、これへ出てくれといったら大変喜んで「ぜひお手伝いをしたい。あの師匠にはいろいろ御恩があるから」と言ってましたが、とうとうその演芸会の前に亡くなってしまいました。今いれば、なかなかいい噺家になっていたでしょうが、惜しいもんです。

その次の柳枝は本名・島田勝巳《かつみ》。お父ッつァんは柳家枝太郎という音曲師でした。もと圓右師の弟子で、後に左楽の門にはいりまして、柳派へ行き枝太郎という名前になりました。音曲噺の専門でしたが、一風変わった芸風で『両国』という、両国の花火を〝大津絵〟にすっかり入れたものが大変お得意で、噺のあとで必ずこの『両国』を演っていました。この枝太郎さんの伜で、あたくしは二ッつ目時代から知っていますが、なかなか如才ない人で、なんか言うと「あァどうも、それァ結構ですな」とか「へェえ、お結構です」と、決してものの反対をしない、敵を設けないという人で〝お結構〟の勝ッちゃんというあだ名がありました。三十日会の時に正岡容《いるる》さんが評をしましたが、ほかの者はうまいこともありまずいこともあるが、この柳枝はたいてい「可もなし不可もなし」という評で……実に芸はいつもきちィんとして、出来不出来というものがあまり目立たない、ある一定の所へちゃんと腰をついちゃったというような芸でした。しかしお葬いの時、死ぬ前に録音した『子ほめ』を、お寺で聞きましたが「死ぬ前にはうまくなるってえことを言うが、やっぱり本当だなァ」と思って……いつもの柳枝君より、ずっとよかったですねェ。だから、あたくしもあんまり早くうまくなりたくない、せめて九十すぎてから、少しうまくなりたいと思っておりますが……。

これで柳枝という名前は、今ちょっと絶えております。

麗々亭（春風亭）柳橋

柳橋という名前は麗々亭柳橋というのが本来で、古い人はあたくしは存じませんが、話に聞いて知っているのは、明治初年あたり有名だった三代目の麗々亭柳橋、後に春錦亭柳桜《しゅんきんていりゅうおう》となった人で、人情噺が非常にうまかったと、いまだに評判になっております。伜に柳橋を譲って自分は柳桜になりました。

柳桜の伜さんの柳橋というのは、大変いい男で売れた噺家だそうですが、この人はあたくしは存じません。

その弟が次の柳橋になりました。これはちょっと目の見当が少し違ってるような顔で、〝坐り踊り〟をやったり、〝うしろ面《めん》〟というものを踊って大変うまかったそうです。高座を聞いたことはありましたが、噺はあまりうまくなかった。もちろん真打ではあったが、大して売れない方でした。気の毒なことに、大震災の時に本所の被服廠《ひふくしょう》で亡くなりました。

その次の柳橋は今の柳橋さん(六代目。本名・渡辺金太郎)です。亭号を春風亭と改めてつけています。

柳家小さん

小さんの代々で、あたくしの知っているだけを申し上げます。

初代は音曲師だったそうで、春風亭小さんといったらしい。

二代目から柳家小さんとなりましたが、この人は後に禽語楼《きんごろう》小さんといいました。禽《とり》のさえずるがごとくにしゃべるという、実に能弁な人だったそうです。色が白くッて眼がつり上がって細い眼で、ちょいと猫を想像させるような顔なんで〝猫〟の小さんといいます。この人は、もと侍で、当時としては素養があって、しかも非常に突飛《とっぴ》なおかしなことを言った。ですから『猫久』なぞはどうも無類におかしかったそうで。三遊派の圓遊と同じく、いろんな噺を新しくもしましたが、同じこわすにしても圓遊の行き方とは違った所もありまして、古い噺を新しく面白くしたのでたいそうな人気があったそうで、大看板でございます。

その次の小さんは本名・豊島《としま》銀之助。もとは常磐津の太夫さんでしたが、旅へ行った時に、常磐津だけでは短かいから何か演ってくれというんで、仕方がないから『仮名手本忠臣蔵』

をつまり噺のようにして演ったところが、大変受けた。それから噺家になりたいという心持になったんでしょう。初め燕花《えんか》といって、それから歌太郎になり、小三治になって、かなり永かったらしい。最初は陰気な噺ぶりだったんだそうで、陰気じゃアいけないと、もともと常磐津で声もよし、唄もうたえるから噺の中へ音曲を入れたりなにかして、噺を陽気にしたわけです。二代目の禽語楼小さんは禽のさえずるがごとく能弁にしゃべったそうですが、三代目は、無理やりにしゃべるというような、なにか非常に口の重い人で、ところがその中に、なんとも言えない味があって実におかしかった。

大変行儀のいい人で、あたくしは噺の稽古に行ったことがありますが、五時間ぐらいじイッと坐って、決して膝をくずさない。むこうで時々気にして「あァいいよ、膝をくずしてあぐらをかきな」と言ってくれるが、稽古に行ってお師匠さんの前であぐらをかけるわけがない。がまんして五時間ぐらい坐って、おもてへ出たら、暫時《ざんじ》足が馬鹿みたいになっちまって困ったことがありました。「噺家でも、芸をちゃんとやろうという者は、正しい心を持たなければいけない。正直にして正しい心をもってやるもんだよ」と教えてくれました。小圓蔵時代にあたくしが「この噺を稽古をしたい」とか「あれを教わりたい」とか言うと、決していやとは言わないで「あゝ、おいで」といって稽古をしてくれまして、まことにいい人でした。

子供衆が非常に多く、それから孫が大勢出来まして、なんでも、こうもり傘を女の子に買ってやるってえと一ダース買わなければ、全部へ行きわたらないという。その大勢の人がみィんなこの小さん師匠へぶらさがっているから、いくらかせいでも、みんなその子供や孫に持って行かれちまう。晩年は少しぼけてしまいまして、まことに気の毒だなと思ったことがある。少ゥし頭がいけなくなってきた時分に、あたくしがお歳暮に行きましたら、しばらく話をしてから「今日は幾日だ?」「今日は三十一日だよ」と返事をしてるのは総領の伜さんです。「あゝそうか……座敷はないかい?」「座敷は今日ないよ」「あゝそうかい。あァ……今夜はじゃア休みだな。久しぶりに休めて、ありがてえな」「今夜、お父ッつァん、独演会だよ」「……あァ、そうかい……」なるほどそういえば神田の橘亭《たちばな》で独演会がある。しかしその「……あァ、そうかい」と言った時には、実にさびしそうな顔をしましたねエ。その前に、にこにこして、今夜は久しぶりに自分も骨休めが出来ると思ったところへ独演会。その時分ですから独演会にはどうしても四席は演らなくちゃならない。あたくしは「あァあ、この師匠は気の毒だなァ。どうしてこう年齢をとったものを虐待してかせがせるんだろう」と思ってつくづく気の毒になりました。

次の四代目は本名・平山菊松。あたくしが子供の時分に、小菊という名で前座になりたてで、坊や坊やといわれていました。坊やったってまァ十八、九になっていたんでしょう。その時分こっちァまだ子供で、そのころから知っています。七代目のむらく……〝橋本〟圓馬師匠の所に一緒に稽古に行ったことは前に申し上げました。それから小三治になり、だんだん売り出して、あたくしァこの人の噺も大変好きでした。若い時からすウッとした、悪く言えば水ッぽいような所もありますが、酒落やくすぐりを言ってもそれを決してなぞったりしない。受けさせようというような所が一つもない、本当のさらッとした、いい噺家だなと思って聞いていました。それから馬楽になり、その時分にずいぶん苦労をしたらしいんですね。つまりあんまりさらッとして噺がきれいすぎるんで、受けないわけです。

いよいよ四代目小さんを襲名しましたが、三代目の弟子では一番末の弟子で、その上では小さんを襲ぐほどの人が出来なかったから、この人が四代目になったわけなんです。ところが相変らずさらッとした欲のない芸で……しばらくたって、漫才大会かなんかへはいって旅へ出ました。大分永いこと旅を廻って帰って来られてから、芸がずッと違っちゃった。つまり漫才の中に噺家が一人ッきりで、まだまだ、三代目の小さんが全国的にうまい噺家だと知れわたっていたんで、四代目柳家小さんという名前で連れて行ったんでしょう。ところがそういう芸風で旅なんかには向かない。まして漫才大会の中ですから受けなかったらしいんですね。それで非常に苦労をされたらしいが、結局その苦労が、やはりよかったんでしょう、帰ってからは以前の陰気な面がなくなって、噺が陽気になって、さらッとしていることは同じですが、その中に、どこかこくが出て来て、いい噺になりました。あたくしは非常にうまい人だと思って尊敬しております。いやみのない、いい芸で、本当の江戸前の噺でしたね。人物の描写やなんかはあまりこまかくはない、しかしそういう所をこまかく描写しなくッても、噺全体を聞いていれば、それが自然とにじみ出てくるといったような演り方でした。それに警句をよく吐いたし、また、噺に対して非常に深い理解を持っていた。

本もずいぶん読んでいる。あたくしは『百川』を初めて演る時、四神剣《しじんけん》なんぞいろいろ判らないことを、ほかの噺家へ聞きに行ってもだめだと思って、この四代目の所へ行きました。この人は実に噺家の中の学者で、我々の方では物知りがることを〝やかん〟と言いますがね、決して〝やかん〟じゃアない、本当の物知りでした。ひとに決してお世辞を言わない、ぶっきらぼうなような人で、そのくせ、芯はあたたかい人情のある、まことにいい人でした。芸人というよりも、そういう気分から離れて、ふつうの噺家とはちょっと違ったおもむきがありました。俳句が好きで、なかなかうまかった。まァ俳句の方では、宗匠になれるだけの素養があったんですね。あたくしも一緒に俳句をやったことがありますが、いつも撰者になりまして、詠《よ》んだ句について、いろんなことを言ってくれました。ふだん話をしていても、まじめな顔をしていて、時々ぱッと悪口を言うんですが、これがまた非常にうまい。噺家というものは、噺を覚えて、その中の柱や壁は動かすわけにはいかないが、その間のふすまだとか畳だとか、そういう造作は時々新しいものに取り替えなくちゃいけない、というようなことを言っていましたが、なるほど、いい言葉です。

四代目の弟子の小三治であった今の小さんさん(五代目。本名・小林盛夫)が、そのあとを襲がれたわけです。

柳家小せん

本名・鈴木万次郎、俗に〝盲〟の小せんといわれた人が初代だと思います。初め四代目柳橋の弟子で、のちに三代目小さんの弟子になりました。この人は廓ばなしが非常にお得意でしたが、若い時分から道楽をして、あまり熱心になったおかげで、脳脊髄梅毒というのをわずらって、腰が立たなくなり、のちには白内障《しろそこひ》で眼がつぶれてしまいました。圓童時代に噺の稽古をしてくれと頼みに行った時には、もう眼が見えなかった。おかみさんが「圓童さんが来たよ」と言うと「あゝ、そうかい。大きくなったろうなァ」なんて言ってました。前に申し上げましたとおり、寄席へ出られなくなってからは、月謝を取って噺を教えておりました。あたくしもずいぶん稽古をしてもらいました。時々独演会をしましたが、文士連中で小せんをずいぶん支持している人がありまして、お客さまが一ぱい来ました。

それから後にいよいよ生活が苦しくなったんですか、また寄席へ出るようになりました。人力車へ乗っかって、寄席へ来ると俥屋におぶってもらって楽屋入りをして、大きな座ぶとんの上へのっけて、前座が二人で両端を持ち上げて「よッしょい、よッしょい」と楽屋へはこぶ。あがる時は、御簾《みす》をおろして、前へ釈台《しゃくだい》をおきまして、そこへふとんのままで高座へはこんで坐らして、そして噺をしたもんです。眼はぱっちりあいて、眼玉も動くんですが、まるっきり見えないんだそうで、本当の内障眼《そこひ》というやつでしょう。

小せん師が、いよいよいけないということを聞いた時、もう稽古にかよってはいませんでしたが、お見舞いに行こうと思ったら「見舞いに行くんなら、酒の方がいいよ」と言ってくれた人がある。「酒を持って行っていいのかねェ、死ぬ人に……」「いや、酒を持って行くと喜ぶから」……それで酒を買って持って行きました。「お見舞いでございます。お酒を買ってきました」「あゝそうかい、どうもありがとよ。あァ……酒はいくらあってもいいんだからね。あァどうもありがと、ありがとう」と大変喜んで「いよいよね、あしたの夜の七時ごろに俺ァ死ぬそうだから……経帷子《きょうかたびら》もちゃんと縫わしてあるしね、まァいろいろ厄介になったが、これから君もだんだん大きくなって、いい噺家になっておくれよ、いいかい」「へえ」……と言ったが、あとどうも言いようがない。「じゃア御機嫌よくお死になさい」と言うわけにもいかず、どうしたらいいんだか訳がわからないから、まァ、もがもがと言って帰って来ましたが、まるで『ちきり伊勢屋』を地で行ったような風変わりな死に方でした。

とにかく頭のいい人で、警句も吐くし、御自分が体が悪くなったためでしょうが、非常に若い者のめんどうを見てくれました。あたくしもいろんなことを教わりましたし、江戸文学を読まなきゃいけないということも小せんさんに教えられたんです。新しいものを演ると同時に、古いものも非常に研究をしていましたが、そういう所が、ただの新しがりやじゃアなかったんですね。

その次の小せんは本名・上原六三郎。のちに落語協会の事務員になりました。研究会の前座時代からあたくしと一緒でしたが、どうも声が騒々しくて、おたきあげの時のお経という か御祈禱というか、あのがやがやという声に似てるというので〝おたきあげ〟というあだ名がありました。色気のない、かさかさした声で、噺もあんまりうまくなかった。

その次は、もと三語楼さんの弟子で、後に今の志ん生さんの弟子になった人です。今は小せんから甚語楼と改名しました。

その次が現在の小せん(四代目。本名・飯泉真寿男)で、五代目小さんの弟子です。

柳家つばめ

柳家つばめというのは柳派では大変いい名前なんでしょう。あたくしども、話に聞いて知ってるのは、都々逸扇歌からつばめになり、それからまた扇歌になったり、またつばめになったりした人があります。この人は大変に噺もうまかったそうですが、あたくしは聞いたことはありません。

その次は三代目小さん師の娘の亭主になった、本名・浦出《うらで》祭次郎《さいじろう》という人で、当時としてはインテリで、謡曲《うたい》なぞも素人時分にやったことがあるそうで、これは本物でした。小さんの養子になりまして、噺も小さんのものをよく演りましたが、なんというか、非常に調子の悪い人でして、先の言葉が出て、そのあとの言葉の出るまでに「……ぐウッ……」と息を引くのが、はっきり発音に出るので、聞いていてまことに騒々しいようで、聞き苦しいんです。噺は、まずいまずいと言われていたが決してまずいんじゃァない、相当に出来た人なんです。噺に対する理解もあり、それから噺に手を入れて自分流に直したりして研究もしていました。しかしどうも調子の悪いために、あまり用いられなかった。でも、ひところは中看板のいい所として相当に羽振りを利かしておりました。それに〝顔づけ〟なぞに行きまして、小さんがどこへ出演ということをきめるのは、この人がやったんです。それで大変に権力を持っていた。それが、かげでは憎まれるというような立場になったわけでしょう。小唄なぞをやっておりまして、ちょうど小唄の流行り始めた時分で、舞台でちょいちょいうたうんですが……まずい唄じゃないが、あんまり声がよくないんでね。旅で、お湯へはいって唄をうたってると、隣りへはいっていた小半治というやつが、これァ小さんの弟子ですから、つばめは若主人です。その人がうたってるのに「ちエッ、けちな声だな」って言やがる。まァ小半治ってのは、少し気がおかしいんじゃないかというようなやつですが、思い切ったことを言ったもんで。震災後このつばめという人は睦会へはいったが、非常に冷遇されて、晩年はさびしい終りをとげました。

その次のつばめは、三代目小さんの弟子で初めさん三《ざ》といって伊勢崎の人です。このつばめは音曲なぞを演りましたし、何か事件があると、それを〝大津絵〟なんぞの唄にこしらえてうたう。おかみさんが芸能社、つまり芸人を斡旋《あっせん》をしてやるブローカーですね、それをやっていましたが、晩年は中気《ちゅうき》になって亡くなりました。

その次のつばめは本名・深津龍太郎といって龍ちゃん龍ちゃんと呼んでいました。柳子太《りゅうこだ》夫という名で、義太夫で出ていたことがある。あたくしが豆仮名太夫でやっている時分に、柳派で柳子太夫で出ていました。子飼いからの噺家ですが、芸に色気がなくて、ぱさぱさしていた。これは性格もあるでしょうが、何かちょっと芸に対するはきちがえをしたんじゃないかとあたくしは思っています。さらッときれいに演ろうと、こういう心持だったんでしょうが……あたくしもやはり子飼いからの噺家で、小さい時からいろんな話を聞いて、芸というものはさらッと江戸前な芸でなければいけないという心持を持っていましたが、この〝さらッ〟ということをはきちがえると、なんかごつごつした色気のない味のない芸になる。あたくしも一度そういう所におちいったことがあります。そしてこれはいけないと気がついて、それから芸風を少々改めるようにしましたが。この竜ちゃんの方は、生涯、その、さらッ……でおしまいになっちゃった。噺なぞもいろいろよく覚えておりましたが、どこか色気のない芸でした。

その次が今の小さんの弟子のつばめ(五代目。本名・木村栄次郎)です。

柳家小三治

小三治の代々であたくしが知っておりますのは、まず三代目小さんが前名小三治でした。その次は、のちに二代目談洲楼燕枝になりました町田銀次郎。ですから、この小三治という名は、小さんの家としては大事な名前です。

その次の小三治が、のちにつばめになった浦出祭次郎。

その次がのちの四代目小さん。

その次が内田留次郎といい、三代目小さんの門弟で、小せんになった上原六三郎と、この人とあたくしと三人が、ひところ研究会の前座をしていたことはお話しいたしました。この〝留っこ〟は大変噺もうまくなり、有望な男でしたが、芸天狗になり、酒のために若死にをしました。あたくしが圓好になって間もなくの頃でした。
その次の小三治は、のちに林家正蔵(七代目)になった海老名竹三郎。
その次の小三治は、今、落語協会の事務員をしております高橋栄次郎。
その次が現・五代目小さんになった小林盛夫という順序であります。

三笑亭可楽

可楽という名前の人は、六代目に当たる翁家さん馬から可楽になった人から知っております。あたくしが子供の頃、柳・三遊の大寄《おおよせ》で『一つ家《や》』という妙な噺を聞いたということは前にも申し上げました。

その次が、本名を玉井長之助といった七代目の可楽。この人はもと時計屋の職人で、時計のことはよく判ったらしい。時々修繕なんぞしていました。もとは二代目の燕枝さんの弟子で柳亭小伝枝といったと思います。睦会が出来て間もなく、五代目左楽さんが引っぱって、柳亭小左楽にして売り出そうとしました。この時が玉井さんにとっては第一の出世のチャンスだったんでしょうが、あんまり芽が出ず、もごもごになっちゃった。のちに東宝へ出ましたのが第二の大きなチャンスでした。この時は寄席の和合会というものと東宝との間でいざこざがありまして、落語研究会も神田の立花でやっていたのができなくなって、東宝小劇場に会場を変えました。その前から先日亡くなった金馬(三代目)が東宝へ行き、四代目の小さんがしばらくして東宝へ抜かれました。

和合会というのは当時上野鈴本の番頭の島村というのが急先鋒で、これが大阪の吉本と手を組んで、四谷の喜よしとか、人形町の末広といったところを動かしていました。そしてほかへ引き抜かれないように大《おお》どこの噺家はみんな契約書に判を押さして、動けないようにしたんです。この時に三語楼さんて人はどうしても書類に判を押さなかったが、ほかの人は成り行きでしょうがないってんで押したんでしょう。大きい所を押さえたから大丈夫と思ってたら、可楽さんが東宝へ持ってかれたんですね。それで驚いたのか、今度は吉本が、今の正蔵さんやあたくしたちㇱとこへも判を押せといってきました。書類を見るとむこうの利益ばかりで、こっちの利益《ちょうえき》は一つもない。それで十五年間の契約というんで、あたくしは「冗談じゃアねえ、無期懲役じゃあるまいし、そんな永い契約は聞いたことがない」と言った。そしたらむこうは「お父ッつァんが押したから押せ」「先代《おやじ》とあたくしと立場が違う。同じ給金くれて同じ看板にしてくれるんなら、すぐにでも判を押します。そんなことは出来ないでしょ？」……そう言って断わりました。

第二次落語研究会は初めはずッと神田の立花でやっていまして、これは利益のためではなく本筋の落語を演るべく、やっている会なんですから、寄席の方では何等差し支えないはずなのに、どういうわけだか島村一派がこの研究会を大変に毛嫌いして、とうとう立花でやっていられなくなって東宝小劇場へ変わったわけなんです。

可楽さんは東宝へ行ってからは〝かくれたる名人あらわる〟なんて、ずいぶん大きな字で新聞に出たりしましたが、これがあの人の最後のチャンスだったんですね。だけどこの時も、もう一つぱッとしなかった。玉井さんの噺は、睦会《むつみかい》で一緒だったころからよく聞きました。当人は「あたしは三代目のまねをしてるわけじゃアない」と言ってましたが、やはり三代目小さんを摸したというようなところもあり『うどんや』とか、三代目の噺を多く演って、調子も似ていました。しかし三代目の地の陰気な所ばかりを伝えているような感じで、上へ爆発しない、下の方でもごもごしている。そこが好きな人は非常に惚れ込むが、どうしても一般的とはいえないんです。やはり芸というものはぱアッとはじける所がなくちゃいけないと思います。蕾ばかり並んでいるよりはどこかでぱッと花が咲かなくちゃいけません。この人にくらべれば味波《あじなみ》の市馬なぞ、ぐずぐず愚痴もいったが、ぱアッとはじける所があり、芸の冴《さ》えってものがありました。昔からうまいと言われた人はこの冴えがあったんです。圓喬はもちろん、圓右もうちの師匠も、それから先代《おやじ》も、ぱアッとしたはなやかな所がありました。どんなにうまくとも地味一方ではどうかと思います。

玉井さんはそういう芸風で、あたくしはそれほど名人とは思わなかった。もちろんうまい所がありましたから、小人《こびと》といってお客が四十人か五十人ぐらいの小人数で、昼席やなんかで、あの人にみっちり演られると、あとへあがるのはこわいなと思いました。しかし百人以上の客になると、あとへあがってもこわくはなかった。晩年は東宝との契約も切れていたでしょう。どっちかというと不遇でした。〝可楽を聞く会〟などがあって、そういう特殊な会で特殊な人が集まって聞く時はよかったでしょう。当人もそれを非常に徳として、そのために勉強もしたらしい。しかし野放しの形で、木戸銭を取ってお客を集められるようでなくては、やっぱり一部の愛好者だけに認められるだけで、世間一般に通用するとは言えないんじゃないでしょうか。可楽さんはあたくしの先代《おやじ》を芸としてあまりほめていなかった。つまり、ライバルとして、先代《おやじ》の芸風が自分と別だから認めないという気持だったんでしょう。しかし当時可楽さんは、失礼だが先代《おやじ》とはからだが違う、ライバルという立場じゃない。地位としては先代《おやじ》よりあたくしの方が近いくらいでしょう。しかし先代《おやじ》の芸さえけなしていたくらいですから、あたくしなんぞもちろん眼中にはない。だけどある限られた少数の人が非常にみとめただけで、一般に広く受けるというわけにいかなかったが、芸と清貧を楽しむ、禅僧のような人でした。

その次は、ごく最近亡くなった可楽さん(本名・麴地元吉)です。あの人は一番初め圓右の弟子、それから先代の文治(八代目。山路梅吉)の所へ行って、そのあと今の柳橋さんの所へ行って小柳枝を貰ったわけで、方々動いたんです。小柳枝から可楽になったんですが、可楽を襲いだのはどういう因縁かくわしくは知りません。自分では大変不遇だと思っていたようですが、前の玉井の可楽さんから思えば、決して不遇ではないと思います。時々騒動を起こしたこともあるようですが、人柄はよい人で、亡くなってみると惜しい人だと思いますね。

桂　文楽

文楽という名前の代々は、あたくしはくわしくは存じませんが、聞いて知っておりますのは、今の文楽さん(八代目。本名・並河益義)の前の文楽さんからです。この人は本名・金坂巳之助といいまして、のちに今の文楽さんに名前を譲って、自分は桂やまととなりましたので、俗に〝やまと〟の文楽ともいいます。この文楽さんを、玉井の可楽さんなぞが非常にうまいといって崇拝してました。あたくしも聞きましたが、そんなに感心しませんでした。回数はずいぶん聞いてますけど、本当にその人の力を十分に発揮した所を聞かなかったのかも知れませんから、確かなことは言えませんが……芸というものは余程の回数を聞いて、しかもその人のお得意のものを十分に演ったのを聞いてみなければ、本当の批評は出来ませんから、軽々《けいけい》に言うべきではないのですが、あたくしの聞いた限りでは、どうも上《う》わッつらの調子ばかりに重きを置いて、噺の芯というものがあまりないように聞こえました。うたい調子で、軽いといえばごく軽い、ぽんぽんぽんとはこんで行く、一種独特な所もあって変わっていました。しかし、いくら落し噺でもただ軽いだけじゃアどうも……やっぱり芯というものが必要なんじゃないかと思います。この人の芸は、当然重味の必要な所でも、軽く、すッと演ってしまう芸でした。『富士詣り』をお得意にして演っていましたが、玉井の可楽さんもこれをお得意にしていて、今の小圓朝さん(三代目)は、玉井さんから教わったんです。

柳派の噺家ですが、晩年は睦会に属しておりまして、二代目燕枝さんの所にいました。燕枝さんが下谷の西町《にしまち》にいて〝西町の御前〟といわれて大変勢力のあった時で、そこで大変ないい、いいこだったという話です。上の人にはいいが下の人には皮肉屋だという評判で、ちょっと師直《もろのお》的な所があったらしい。同じく燕枝さんの弟子だった死んだ柳好が、あの人にはずいぶんいじめられたと言っていました。

その次が、今の文楽さんです。

柳亭左楽

初代は〝歯ッかけ〟左楽といって、前歯がかけていたそうです。圓朝の若いころ、相当な年配だったらしく、大変噺のうまい人と言われております。初め猩々亭《しょうじょうてい》左楽といったとも聞きました。

二代、三代はよく存じません。

四代目は〝おっとせい〟左楽といわれ、明治時代大変に人気のあった人ですが、噺は大してうまくなかった。十二、三の噺を知っているだけで、十五日間の寄席を演るにはたりないわけですが、それで大看板だった。ある晩いたずら半分に、左楽の前へ出た者がみんなで左楽の噺を全部演ってしまったので、楽屋へはいって帳面を見た左楽が「俺の演るものァもうないや」と帰ってしまったという話が残っております。ずいぶん間違ったことを言った人で『芝居の穴』という噺の石川五右衛門のセリフで「絶景かな、春の眺めは秋の夕暮」と不思議なことを言った。名古屋へ興行に行った時、高座へ上がって「御当地は三府五港の地でございまして……」と言った。それにごくけちな人で、弟子を大勢そば屋へ連れて行き「さァみんな、好きなものを食いな、もりでもかけでも……」これは有名な話です。我々の方で給金のことをワリといい、千秋楽の日のワリをラクワリといいますが、これを左楽は払わない。そして催促をすると御機嫌が悪い。「あいつはしみったれな奴だ」って、どっちがしみったれだか判らない。洒落《しゃれ》の会というのがありまして、百人一首よみこみで「左楽でないにワリくれぬとは」……これは「からくれないに水くぐるとは」のもじりです。晩年は発狂してなくなりました。

その次が五代目左楽。本名を中山千太郎といい、初め伊藤痴遊の弟子で痴楽。それから左太郎、枝太郎、騎兵亭芝楽《きへいていしばらく》……日露戦役に騎兵で出征したので、こう名のったわけです。のちに柳亭左楽になり、一時、睦会の大御所として勢力をふるいました。

蝶花楼馬楽

二代目は加藤幸之助といい、マクラは実に上手な人で、一時間ぐらい平気でしゃべったという、この人の伜が人形町で森定《もりさだ》という親分で、強きをくじき弱きを助けるという、江戸っ子気質の、真の侠客だったそうです。

三代目が本名・本間弥太郎。俗に〝狂〟馬楽また〝弥太ッペ〟馬楽などといい、吉井勇先生が俳諧亭句楽と名づけて戯曲に書きました。噺は独特の味を持ち、奇行があって有名な人物ですが、晩年狂人になりました。

四代目は平山菊松、後の四代目小さんです。

五代目は岡本義、今の林家正蔵(八代目)。

六代目が現在の馬楽(本名・河原三郎)です。

三升家小勝

あたくしの知っているのは、本名を石井なにがしという人で、四十歳ぐらいで廃業し、のちに六十余歳で柳家三楽と名乗り、演芸会社に出演しましたが、三代目小さん門下で、あだ名を〝セルロイドの象〟……しわだらけの顔でこの名がついたそうで。

次は、本名・石井清兵衛。俗に〝たぬき〟の小勝。たぬきの噺を得意にしたからで、新派の伊志井寛氏のお父さんです。

次は本名・加藤金之助。八十余歳で死去。落語協会会長をつとめ、一流の毒舌をふるって、お客を喜ばせた人でした。

次が、現在の小勝(六代目。本名・吉田邦重)です。

立花家橘之助

あたくしが聞いた人の中で、噺家ではまず橘家圓喬を第一の名人として、色ものでもう一人名人と言えるのは、立花家橘之助。三味線を持ってこれほどうまい人はないと思います。舞台で三味線の絃《いと》を切ることがたまたまありましたが、その時に決して途中で唄を中絶しない。素《す》うたいでもってうたいながら、三の絃を出してつないで、絃巻《いとまき》へぐるぐる巻いて、おおよその見当をつけておいて、いきなり撥《ばち》をあてると、ほぼ調子が合っている。これァどうも実に見事なもんで、ずウッと唄を続けながら切れた絃をつなぐ、その早さというものはなかった。その唄がおしまいになると、今度は三味線をおろして、ずウッと絃をのばして、本当に調子を合わしてやります。

あたくしは永年聞いていましたが、その間に弾き違えというものを聞いたことがない。それに撥をはずしたということを記憶していません。どんなうまい人でも、たまに〝撥をはずす〟といいまして、絃へぽォんとぶつかったつもりだが、ぶつからないことがある。そういう弾き違えをしたということを、かつて聞いたことがありませんでした。清元をやるような棹《さお》の三味線で、二十匁ぐらいな太い絃で、はの高い駒で、大きな撥を持って、長唄の大薩摩《おおざつま》を弾く。音は大きいが少しもそれが耳ざわりにならないで、さわやかに聞こえる。長唄の、男の三味線弾きが、橘之助の三味線にはびっくりしてたそうで。前の杵屋佐吉という人は、お弟子に「まず寄席へ行って橘之助という人の三味線を一ぺん聞いてみろ」と言ったそうです。男でもなかなかあれだけの音色《ねいろ》は出ない。常陸山《ひたちやま》という横綱が、橘之助の三味線を聞いて「棹の中に金《きん》がはいってる」と言った。そんなものははいっているわけがないが「金でも入れなきゃア、あんなに響くわけがない」というので、橘之助師がとうとうその棹を折って見せたそうです。なるほど何もはいってやしない。

それだけの名手でいながら〝三味線がいうことを聞かない〟という日があるそうで、どうしても思うとおりに音《ね》が出ない。楽屋で調子を合わしていると思うと、これを納《しま》って「あたしゃ帰るよ」という。帰られちゃア大変だ、大看板ですから。楽屋の者が「どうしてです？」「どうしても三味線がいうことを聞かない」「ま、そんなことを言わずに、どうか師匠、あがって下さいまし」「困っちゃったねェ……」それから、お囃子を呼んで「お前の三味線、ちょいと貸してごらん」……下座《げざ》の三味線をとって弾いて「すまない、今夜これを借りるよ」「でもおッ師匠さん、そんな三味線で……」「いいよ、いいよ」と、その借りた三味線で弾くと、実にその、瀏喨《りゅうりょう》たる音が出る。「あたしの三味線は、こんなにいい音がするのかしら」って、持主がびっくりしてる。おりてきて「ありがとよ」って返してもらって、今度は持主が自分で弾いてみると、やっぱりそんな音は出ない。これは三味線が出すんじゃァなく、その人の腕が音色を出すんです。

非常にわがままな人で、淀君というあだ名がありました。圓右師が先に楽屋へはいって待ってると、橘之助師があとからはいって来て「沢木(圓右師の本名)お前どこへ行くんだい？」「どこそこへ行くんで……」「あたしァこれ(三味線のこと)があるんだから先へあげとくれ」「だめだよ、あたしァさっきから待ってるんだから」「いいよ、あたしだよ」と言うと、すッとあがってっちまう。もちろん圓喬・圓右よりも橘之助の方が先に真打になっています。だから楽屋へ来て、当時三遊派の筆頭である圓喬であっても、圓右であっても、みんな苗字を呼びつけです。圓喬師のことを「おい、柴田」それから圓右師には「あの、沢木」とこう言う。みんな呼びつけにして、自分がずばッと上座《かみざ》の方へ坐る。……この坐り方というものを、今の若い噺家は知りませんね。看板の上の者がはいって行っても、上座の席を譲るということをしない。それは、本当の方式というものを知らないんですよ。看板が一枚でも違ったら、その人を上座へ坐らせるべきものなんです。寄席によって、楽屋の構造によって一様には言えませんが、しかし、ここが一番上座、その次がここという坐り所がちゃんときまっているものです。昔はそこへ大真打が坐っていても、その人より一枚でも看板の上の人が来ると、スッとその脇へどいたもんです。そういう所は実に礼儀正しいもんでした。だんだんそういう慣例《しきたり》というものが失われていますが……。橘之助師は、それァ順序からいえば、なるほど上座へ坐ってもいいんです。しかし色物である三味線というものは、落語の席へ出て、落語より上へは出るわけにいかない。そこで看板は下になりますが、経歴としては一番古い。看板を上げたのが十三だとか十六だとか聞きました。それに橘之助師は色物でありながら、落語の席でちゃんとトリをとって、それでお客が承知をするというだけの芸を持っていたんですから、大したもんです。

あたくしはこの橘之助師から、二度祝儀を貰ったことがあります。子供の時にあたくしは噺のあとで、たいてい『都々逸』だとか『さのさ』みたいなものをうたっておりたんです。ところがあたくしのあとへ橘之助師があがるという出番の時があった。その時にあたくしが、噺だけですッとおりたんです。そしたら、にやッと笑ってね、「坊や、ここへおいで。お前は商売人だよ」って、昔の二十銭銀貨をくれました。前に子供が出て、唄をうたおうと何をしようと、むこうは大家なんですから、そんなことに驚くわけじゃアない。しかし商売の法としては、あとへ唄の専門の人があがる場合に、前の者は唄をうたわないで噺だけでおりる、これはその方が色どりがいい。つまり子供ながらそういう所をちゃんと見て、唄をうたわずにおりてきたんで「お前は商売人だよ」とほめてくれたわけなんです。それからもう一度は、前座が三味線を高座へ持って行くのに、慣れない者だと、いきなり棹を絃の上から鷲づかみにして持ったりして、せっかく調子を合わしてあるものが狂ってしまう。慣れない前座だなと思ったから「あたしが持って行くよ」といって、手拭を出して棹の所を押えて、直接《じか》にさわらないように袖で下の方を持って、舞台へ行って、板の間に直接に置かず、胴の方をふとんへ少ゥしかけるようにして、そウッと三味線を置いて来ましたら「どうもありがとうよ」てんで、その時もあたくしァ二十銭貰いました。そういう、道具の取扱いだとか、舞台に対する注意というものをば、若い者が気をつけると、大変喜んだ。

そのかわり『たぬき』なんぞ演ってる時、楽屋でちょいとでも太鼓の打ち方が悪かったりしたら大変です。「誰だ、太鼓打ったのは」「へえ……」「あんなことをして三味線が弾けるか」「へえッ」て、みんなふるえあがる。こわいのなんのって……。その橘之助師をあたくしの先代《おやじ》が前座時代におどかしたことがある。橘之助師になんか言われて、先代《おやじ》が「何いってやんでえ、べらぼうめ……」と巻舌でべらべらッとやったんで、むこうで気をのまれて黙っちゃった。それからあとで、何かの時に先代《おやじ》のことを「さわるんじゃアない、それァ気違いだから」なんて……それでいて、うちの先代《おやじ》は橘之助師にかわいがられた。先代《おやじ》は語呂《ごろ》の廻るいい声なので、「お前なんぞ、少し音曲をやるといいよ」「じゃ師匠、教えて下さい」「おいで」てんで、毎日稽古に行って『大津絵』かなんか一つ教えてもらったことがあります。その時にあたくしも一緒について行きました。帰りに「これで何かたべておいでよ」と、その時分二円だか三円だかくれましたが、稽古をしてやって金をくれて、むこうで損をする。しかし、これはと思う者には、やはり目をかけてくれていました。

三味線だけじゃアない、なんでも心得てるんですから、噺家の弟子もずいぶんありました。その筆頭が三代目の圓馬です。そのくらいですから噺もちゃアんと心得ていて「あの噺はいけないよ」なんて言う。師匠は三味線弾きなんだからてんで、いわれた噺家は少々馬鹿にして「じゃアどういうふうに演ったらよろしゅうございましょう」と聞くと「扇を持っといで」……扇を持ってぴたッと坐って噺をして「こういうふうに演るんだよ」……これじゃア頭をさげるよりほかに、どうにもしょうがない。いつかも前座が一番《いちばん》太鼓を打っていると、何かの用で橘之助師が早く来たんですね。それで「あんな一番太鼓をいれちゃアいけない」「どういうふうにいれたらよろしいんでございましょう」「明日《あした》の晩教えてやるよ」って、翌晩になると早くやって来て、長撥《ながばち》をとって、大太《おおど》鼓でちゃんと本式に一番太鼓をいれた。ところが音色が裏皮へ抜けるんですね。太鼓なんぞァ打てないだろうと思ったら、大太鼓を堂々と打つ。どうもみんな恐れ入って頭をさげました。口だけで小言をいうんじゃない、なんでも心得ているんですから。

大体が清元が地なんだそうですが、常磐津、長唄も相当やる。義太夫も知っているし、うた沢、端唄……今の小唄ですね。端唄はたいていなものは知ってました。藤本二三吉《ふみき》ッつァんなぞも橘之助師匠に稽古をしてもらったことがあります。古曲も、薗八《そのはち》節、荻江《おぎえ》節、一中節……たいていのものは心得ている。義太夫の三味線を弾いても本式にやりました。これァあたくしが義太夫語りであったから、聞いてみればよたな三味線か、本当に弾いてるかわかります。旅へ一緒に行ったこともありましたが、昼間しらべている時なぞに、細《ほそ》棹の三味線でちょっと義太夫を弾いたりなんかしてると、これがちゃアんと本式なので実に恐れ入ったもんです。

それからあたくしがもう一つ、驚いたことは、品川の師匠の七回忌の追善演芸会を二長町の市村座でやったことがあります。当時としては大演芸会で、朝の十時にあけて夜の十一時半までぶッ通してやりました。出演者もずいぶん多かったが、お客さまが、その間帰らないでずッと聞いている方もあって、途中で食堂が売り切れたくらい。その時に常磐津の松尾太夫さんを頼みに行きました。もちろん師匠圓蔵が生前交際していましたので「ぜひ出たいが、大阪へ芝居で行ってしまうので、残念ながら出られない、伜の三登勢《みとせ》を代理として出しますから、それで一つ勘弁していただきたい」という、非常に鄭重なあいさつで、「じゃアぜひお願いをいたします」……それで当日は三挺《ちょう》三枚で『式三番』を演りました。あたくしは先代《おやじ》と二人で市村座の入口の所へテーブルを置いて、お客さまにあいさつをして、お客さまのとぎれた時は、今、誰が演ってるだろうと思い、時々ドアをあけて場内を見る。なにか三味線を弾いてる……らしいなと思ったんですが、音はそうよく聞こえないのでドアをあけてみたら、ちょうど三登勢さんで、三挺三枚で演っている。それからドアをしめて、また受付であいさつをしてると、約一時間ほどたって、『たぬき』の前弾きが、ドアの外までびィんと響いてきたんです。あけてみたら橘之助師匠が一人で『たぬき』を弾いている……それァ撥のあて方も違うか知れませんが、男が三挺で弾いたものが全然聞こえないで、女が一人で弾いたその音が、ドアをぶちぬいてこっちまでちゃアんと聞こえてきた、この時はびっくりしましたねェ。なるほど師匠の三味線てえものは大したもんだなァと思いました。

しかしそんな名人でも、やはり女というものはお色気がなくなっちゃアいけないとみえまして、もう六十ということになってくるとだめなんですねェ。あれだけの結構な芸でありながら、お婆さんになってしまっては、どうも、昔日《せきじつ》のおもかげなしというわけで、看板は大したもんでも、芸は立派なもんでも……やっぱりいけない。とうとう晩年はやめてしまって、橘ノ圓《まどか》という、本名を五十嵐銀次郎、大阪の二代目圓馬の弟に当たる人と夫婦になりました。橘之助師匠の本名は石田美代《みよ》といいました。

夫婦になっても圓さんは、橘之助さんのことをば、あねさんあねさんと言ってましたがね、年齢が上だったのかもしれないが、それよりもやはりむこうの方が、芸が上だからということもあったんでしょう。両方とも六十をすぎて結婚をしたんですが、この時の結婚式に噺家連中もみんな呼ばれて行きました。お盃がすんで橘之助師が三味線をとって、圓という人は踊りはちゃんと修行して名取りの資格もあり、非常にうまかったが、ここで踊りを踊りました。演ったものが面白い。〽むかしむかし、お爺さんとお婆さんがあったとさ……という『桃太郎』を橘之助師が弾いて、お婿さんの圓さんが踊ったという、こういう結婚式はあまりないと言って、当時みんな話をしました。晩年、京都におりまして、昭和十年の大水のために、寝ているところを流されて亡くなりました。川の中へ突き出して建ててあるというような家で、ふだんは非常にいい所ですが……大水の時に流されて非業《ひごう》の死をとげたということは、まことにお気の毒なことと思っております。

本当に名人と呼んでふさわしいとあたくしが思っているのは、この橘之助師匠と、噺家では圓喬師匠です。

一柳斎柳一

奇人であり、また芸もうまかった人に、曲芸の一柳斎柳一《いちりゅうさいりゅういち》という人がありました。本名を渡辺国太郎といいまして、お父ッつァんは伊東凌潮《りょうちょう》という有名な講釈師でした。柳一は実に皿廻しの名人でした。大きな皿を前に置き、その中心へ小さいろうそくに火をつけて立てて、この皿の上でもう一枚の皿を手でぐるぐる廻すんです。ひどく廻すと真中の火が消えてしまう、それに廻しているうちに、その皿がどうしても中心に行きたがる、そうすればろうそくが倒れてしまいます。火を消さないように、中心へ行かないように廻すんですが、当人に聞いたら非常にむずかしい芸だそうです。それからもう一つ、左の手で皿を廻しながら右の手に棒を持ちまして、その棒の先へうまく旗を拾い上げて、だんだんそれを上へ上げて行きながら、ぐるぐる廻すんです。旗なんてやわらかいもんですから、ただ廻しにくい、それに右手と左手と一緒になりたがるのを、別々に神経を使ってやらなくちゃならない。これもなかなか出来にくい芸だそうです。

それからこの人は、下座が伴奏する、その曲一ぱいに芸を演ったんです。つまり『香《か》に迷う』なら『香に迷う』一曲の間に、いろいろな曲芸をちゃアんと織り込んで行って、唄の最後の〽…夜《よ》もすがァら、という時に、テツン、シャンで、きっちり芸が終っておじぎをするわけです。これが、どんなに早く弾こうと、またどんなにゆっくり弾こうとも、さながら踊りを踊っているのと同じように、ちゃアんと曲に合わして終らせました。これは出来そうで、なかなか出来ないんじゃないかと思います。

その時分に丸一《まるいち》の小仙という曲芸、もちろん柳一にくらべればずっと若いが、仲間で〝ごて六〟といいましてね、お囃子なんぞにはずいぶん小言をいってうるさい男でした。この小仙が長唄の『鶴亀』をお囃子にいいつけて、〝一つ毬《まり》〟の曲芸を演りましたところが、途中で毬を落ッことしたために、曲一ぱいに出来なくて、あとへ〝楽《がく》〟という鳴物をつけてやっとその曲芸が終った。おりてきたら柳一が「おい、六ちゃん、せっかく下座にあつらえても、鳴物一ぱいで曲芸が出来なかったら、なまじッか、何か言わない方がいい」と言われた時に、さすがの〝ごて六〟が何も言わない、黙ァってました。これは言われても仕方がない、片方《かたかた》は曲一ぱいにきちんと芸を演る……見ていたらなんでもないようだが、ひとの出来がたい所をば、楽々と演っている人なんですから。

いつか正月に、今の一徳斎美蝶という人も演りますが、小さなハシゴのようなものを組み合わせ、その上で皿を廻してみせる曲芸を演っていて、それをひょいと、袖口の明きどまりの所へ立ててみせました。ほんの一瞬ですが、あたくしは感心して「あれはむずかしいんでしょうね」と聞いたら「うん、あれァ正月しか演れねえんだ。三枚重ねを着て袖口が厚くなっているから、とめることが出来るんだ」と言っていました。

それから〝記憶術〟という芸も演りました。お客さまから題を貰って紙へ書きます。これは書記がいましてこれに書かせ、題の一つ一つに一番二番三番と番号をつけまして、一から十までをまず上に貼《は》る。その次の段に十一から二十まで、その次に二十一から三十まで、三段に紙をぶらさげて行くわけで。寄席では題をとる時間がかかるから三十ぐらいでしたが、五十でも六十でも出来たそうです。楽屋で、題をとっている間じイッと聞いています。全部の題をとり終って書いてしまうと、いよいよ舞台へ出て行き、お客さまの方へ向くと題の紙は背中の方にあるから当人には見えない。これを書記が「一番何々……」と読み上げます。一題を一ぺん聞いて覚えることもあるし、二、三回聞き直すこともありました。「ふン、ふン」と返事をしながら、三十番までちゃんと聞き終ると「お客さまの方で番号をおっしゃれば言葉で、言葉でいえばそれは何番と番号で当てます」という。そして「もしも何か通信機関があって、これを知らせるものがあるというお疑いがあってはならんから、種のない証拠にお客さまのお席の真中へまいります」と客席の中央へ進み、舞台に背中を向けたまま、さらに手拭で目かくしをさせまして、じッと立っている。お客さまから質問開始となって「何番」というと「何々」と答える。あるいは「何々」というと「何番」と答えるんですが……時々その、皮肉な答え方をすることがあるんですね。いつか神田の花月で、あの辺は学生さんが多いからむずかしい題が出る。兼好法師の『徒然草』の一節を出したお客がありました。で、「何番」とその題をいわれて「何々々々……」と文句を答えると、客が「いやそれは違う」と言うんです。すると「お客さまのお出しになったのは何々々々……であるが、あたくしの申し上げたのはその次の章でございます」……お客も唖然《あぜん》として暫時《ざんじ》わからなかったが、やがてわアッとわれるような拍手が起こりました。『徒然草』なんてそう誰でも知ってるもんじゃアない。それをちゃんと心得ておりまして、しかも出された題の次の章を答えたんです。それから大正天皇の御前で演りました時に「太公望秀吉《たいこうぼうひでよし》」という題が出たんだそうです。で、その題を「何番」と問われた時に柳一が「渭水《いすい》に鉤《はり》を垂れ、矢矧《やはぎ》の橋に眠る」と答えた。聞いた人たちが「それは違う」と言ったところが、陛下が「いや、それでよろしい」とおっしゃったそうです。渭水に鉤を垂れ、矢矧の橋に眠る……太公望・秀吉、つまりその意味はちゃんと当たってる。だから覚えるといっても、ただまる暗記をするだけでなく、その題の意味をちゃんと理解していて、当意即妙の答をする、これァなかなか出来ないことです。あたくしはこの〝記憶術〟もたびたび見ましたが、実に見事なもんでした。一番しまいには、一つ一つ間をぬいて偶数の項目をずウッといって、それから今度は奇数の項目でずウッと返って来るとか、あるいは三十番、二十九番、二十八番というようにお尻の方からよどみなく、一つもつかえずに「一番、何々」という所まで答える。これはやはり、記憶するための種《たね》というか、秘訣があって、その方法でちゃんとあてはめて頭の中へ記憶するんだそうですが、その記憶して答えるだけの芸ならとにかく、柳一のような凝ったやり方で〝記憶術〟を演れる人は少ないだろうと思います。

巌谷小波《さざなみ》さんたちのお伽噺の会によく出演しましたが、その時はお伽丸《とぎまる》柳一と名乗っていました。

変わった人で字を書きたがらない。はがき一本でも「おい、ちょっと書いてくれ」と言って、あたくしなぞに書かせる。「先日は……」なんて文をいうが、こっちは子供だし、よく字を知らないので「それはどういう字?」と聞くと、いちいち教えてくれる。そのくらいなら自分で書きゃアいいのに自分では書かない、つまり悪筆だったんです。俳句なんぞもちょいとひねりまして、震災の時、

秋暑し　飲まんとすれば毒の水

また有島武郎さんが亡くなった時、

首くくる別荘もなき暑さかな

これは『中央公論』に載りました。確か蕪村の句に

首くくる縄きれもなし年の暮

という句をもじったんだそうです。

実によく、ものを知っていて、お伽の会の会員の先生がたが感心してました。神田、本郷

あたりは学生さんが多くて〝記憶術〟にもむずかしいのが出る。「神田の川竹(後の花月)で、アラ、コンペラン、スドラペェ……というのが出た。何のことかと思ったら平和ってことなんだそうだ。あすこらは学生が多いから、むずかしい問題ばかり出しゃアがる」なんて言ってたのを覚えてます。のちに聞きましたら、ア・ラ・コンフェランス・ド・ラ・ペ……っていうのが本当で、フランス語で、なにか世界大戦後の平和会議のことなんだそうですね。物を知ってましたが〝やかん〟ではなく、判らないことは判らないとはっきり言い、「何のことか調べてやろう」と忘れずに調べてきて、あとでちゃんと教えてくれました。こっちがなまいきな時分に「共産主義の本てのァどんなんだろう、読んでみようかな」と言ったら「馬鹿、まだ頭のかたまらねえうちに、そんなもの読んじゃいけねえッ」と叱られましたが……自分は読んだことがあったのかもしれませんね。

この人にあたくしが一つ教わったことがあります。出囃子を使って舞台へ出る時に、三味線が鳴り始めるとすぐに舞台へ出て行って、かまわずおじぎをする噺家がありますが、柳一の言うには「あれはね、おじぎをすると鳴物を切るが、それが鳴物の途中だと、こっちは気がつかなくとも、お客さまの方で聞いていて、はなはだ不体裁《ふていさい》だ。だから曲一ぱいにおじぎをすべきもんで、ちょっと早いなと思ったら、楽屋で待って、曲に合わして出て、一ぱいにおじぎをすればいいんだ」……なるほどと思いまして、それから自分のあがりの時は三味線をよく聞いて、それ一ぱいにおじぎをするようにしております。

三十日会の時に花柳章太郎さんが新宿の末広に聞きにいらしたが、客席が満員でとてもはいる余地がないから、楽屋からお聞きなさいましということになり、花柳さんも大変喜ばれて、二、三人連れで来られましたが、ちょうどお囃子の脇の所へ坐って聞いておられたんです。その時分あたくしは〝つくま祭り〟(『浅妻』の一節)という三味線で出ていました。後になって正岡容さんの所へあたくしが遊びに行ったら、花柳さんから手紙が来ていまして「……此間《こないだ》あたしが楽屋で聞いていたら、圓生さんが舞台へ出るのに、ひょッと出ようとしてまた引込んで、しばらく立っているから、何をしてるのかと思ったら、舞台へ出て行っておじぎをした時に、ちょうど曲一ぱいに終った。なるほど楽屋で見なければこういうことは判らない。ちゃんと鳴物を聞いて、それ一ぱいにおじぎをするというようなことは、役者も気をつけておかなくちゃいけないことだ。楽屋から見て、あたくしは初めてそのことが判った」というおほめの言葉だったと、正岡さんから聞きました。しかしこれはあたくしの発明でもなんでもない、柳一に教えてもらったことなんです。柳一は若いころ橘之助師の隣りに住んでいたことがあって、しじゅうその三味線を聞いていましたから、曲一ぱいに芸を演るとか、出囃子一ぱいにおじぎをするとかいうことを自然に心得るようになったんでしょう。昭和四年二月七日六十四歳で亡くなりましたが、今、菊屋橋の近くの熊谷稲荷に柳一の碑が立っております。

西川たつ

柳《やなぎ》派・三遊《さんゆう》派の時代に、色物でまず記憶に残っておりますのは、三遊派では立花家歌子、柳派では岸沢式多津《しきたつ》、この二人が人気といい、両派の花といわれました。

歌子さんの方は岡鬼太郎先生の愛人になり、後に大倉喜七郎さんのもちものになって、大和楽《やまとがく》というものを始めて、岸上葵美子《きしがみきみこ》となりました。

式多津さんの方は戦災後、浮世節の西川たつとして舞台へ立つことになりました。あたくしが初めてこの人に会ったのは十八ぐらいの時で、むこうは二十二かそこいらで、あたくしとは五つぐらい違う。演芸会社が出来て、柳・三遊が合併した当時に楽屋で会いました。大変きれいな人だなァと思ったが、そんなに親しく口なんぞきかなかった。戦後に新宿末広で、以昔の古い芸人を出すという特殊の会があり、その時式多津つァんの三味線を聞きまして、以前は年齢が若いから判らなかったが、寄席へ出る人でこんな立派な三味線を弾く人があるのかと、実に感動しました。それから久しぶりに楽屋で会いまして、その後親しくしておりました。西川さんの旦那という人が、ちょっとほかの男と口をきいても嫉妬《やきもち》をやくという、大変な病的な嫉妬やきで、それがためにずいぶん苦しめられたという話で、常磐津は色ッぽい所があるからいけないってやらせないんだそうです。長唄ならいいというんで、吉住小三郎師に入門をして、本当に内弟子みたいに、掃除や何かをして修行をした……これァなかなか出来ることじゃアありませんよ。常磐津は子供のうちからやっていて、女でいながら一方の頭目《とうもく》と見なされるほどだったのに、それを捨てて、あらたに長唄の稽古を始め、吉住小ふみという名前がありました。

戦災後その旦那とも別れてしまい、やはり生活の道に困るというので、今まで余興程度にしかやらなかった浮世節で立つことになりました。三越名人会へ久保田万太郎先生の推薦で出まして『たぬき』を演りました。これは橘之助師から教わったものです。今は浮世節といってもなかなか判りませんが……橘之助師のものを多く演りました。もっとも当人は橘之助師のものをそんなに数多く知りませんでした。あたくしはずッと聞いていて記憶に残っておりますので、自分で三味線はそんなに弾けませんが、ここの所はこう弾くんだとか、ああ弾くんだとか言って、口三味線でいうと、たつさんが三味線で弾く。「いやァ、そこはそうじゃない、もう少し下へさがった」とか「もう少し、それは上の調子だった」とか言って、そんなことで西川さんが橘之助師のものを復活してかなり演りました。あの人の演った半分ぐらいは、あたくしが西川さんへ伝えたものなんです。それは、腕がなきゃア口三味線でいったり話をしたぐらいじゃア判らないでしょうが、あれだけの腕の人ですから、それを聞いて立派に活かして舞台へ使いました。

橘之助師に、西川さんが『たぬき』を教えてもらったそうですが、その時に「これは早く弾くのが目的じゃアない。たいていの人は、ああいうものはただどんどん早く弾きさえすりゃアそれでいいもんだと思ってるが、決してそういうもんじゃアなく、弾き間違いをしないこと、それが肝心なんだ」と言われたということです。なるほど、いくら早く弾いても、撥をはずしたり、間《ま》が転《こ》けたりしてはいけないもんでしょう。やはり名人の言葉というものは尊いものです。たつさんの『たぬき』なぞ、橘之助師とはまた別の味がありましたが、とにかく終生、橘之助師を非常に崇拝しておりました。もちろんあれほどには、とてもそれァ弾けない。でも、西川さんもまことにいい三味線を弾きました。

あたくしの独演会によく出てもらいましたが、その独演会で倒れて亡くなったというのも、やはり因縁でございましょう。「どうも体の調子が悪い」というので、うちの家内が「体のぐあいが悪きゃア、今度はほかの人に頼むから、お休みなさい」と電話をかけたら「でも、芸人は舞台で死ねれば本望だから出ますよ」……。「なんだか、たっちゃんもいやなことを言う、舞台で死ぬなんて、いやだねェ」なんて家内が言ってましたが……案のごとく、その昭和三十四年五月三十一日、人形町末広の独演会で、お座附《ざつき》をつけて、三下りへかかった時に絃《いと》が切れて、これを直している間に舞台で倒れました。脳溢血で……緞帳《どんちょう》をおろして楽屋へ運び、お医者さんを迎えにやるやら、伜さんを電話で呼ぶやらという騒ぎで、発病後六時間か七時間後に亡くなりました。楽屋に運んだ時、うわごとのように「あァもう三味線が弾けない、くやしい……」と言ってました。終生、三味線に徹して亡くなったという、本当のこれが芸人根性というものでしょう、まことに尊いことだとあたくしは思っております。

三遊亭圓生年譜

（年齢は数え年。ローマ数字は代数。＊は年月不詳。(＊)は月日不詳のもの）

西暦	年号	V圓生年齢	VI圓生年齢	圓生身辺	落語界
一八八四	明治一七	一		(10)(先代)(村田源治)出生。	＊この頃より柳・三遊両派分立す。
八七	二〇	四			(6)Ⅳ橘家〔品川〕圓蔵(松本栄吉)、Ⅳ圓生に入門、さん生となる。
八九	二二	六			(5)立川〔釜掘り〕談志(中森定吉)歿。 (11)Ⅱ古今亭〔お相撲〕志ん生(福原常蔵)歿。58
九〇	二三	七			＊品川、橘家圓蔵で二つ目となる。
九四	二七	一一			(6)Ⅲ麗々亭〔柳桜〕柳橋(斎藤文吉)歿。69
九七	三〇	一四		(＊)(先代)日本橋小網町尾張屋足袋店に奉公。	(＊)品川、圓蔵のまま真打となる。
九八	三一	一五			(7)Ⅱ柳家〔禽語楼〕小さん(大藤楽三郎)歿。50 (10)Ⅱ古今亭〔目ッかち〕今輔(名見崎栄次郎)歿。40 (11)Ⅳ橘家〔ラッパ〕圓太郎(石井菊松)歿。54
一九〇〇	三三	一七	一	(9)(山崎松尾)出生。	(2)Ⅰ柳亭〔談洲楼〕燕枝(長島伝次郎)歿。

					63 (8)Ⅰ三遊亭圓朝〔出淵次郎吉〕歿。62 (8)Ⅳ麗々亭柳橋〔斎藤亀吉〕歿。41 (11)Ⅲ春風亭〔蔵前〕柳枝〔鈴木文吉〕歿。49
一九〇二	明治三五	一九	三	(*)先代尾張屋出奔。小石川・日比野雷風の門に入る。	
〇三	三六	二〇	四	(*)先代諸国武者修業に出る。	
〇四	三七	二一	五	*この頃、上京、新宿角筈に落着く。	(1)Ⅳ三遊亭圓生〔立岩勝次郎〕歿。59
〇五	三八	二二	六	(*)寄席出演、豊竹豆仮名太夫と名乗る。(*)先代Ⅳ圓蔵に入門、橘家二三蔵となる。	(3)第1次落語研究会初回。
〇六	三九	二三	七	(*)先代三遊亭桃生の養子となる。	(4)Ⅳ三升亭〔狸〕小勝〔石井清兵衛〕歿。51
〇七	四〇	二四	八	*先代この頃、さだと結婚。	(11)Ⅰ三遊亭〔鼻〕圓遊〔竹内金太郎〕歿。58
〇八	四一	二五	九	*先代この頃、研究会前座に上がる。	
〇九	四二	二六	一〇	*この頃、噺家に転向、橘家圓童となる。	(3)Ⅵ柳橋、柳童で初高座。(5)Ⅰ三遊亭〔たぬき〕圓左〔小泉熊山〕歿。57
一〇	四三	二七	一一	(*)先代橘家小圓蔵となり、二つ目昇進。	
一一	四四	二八	一二		(2)Ⅵ桂〔噺家〕文治歿。69 (11)Ⅳ柳亭〔おっとせい〕左楽〔福田太郎吉〕歿。56

一二	四五	二九	一三	(5)(先代)三遊亭圓窓となり、真打昇進。	(11)Ⅳ橘家〔住吉町〕圓喬（柴田清五郎）歿。48
一三	大正二	三〇	一四	＊この頃、圓童、落語研究会見習として出勤。 ＊この頃、新宿三丁目、末広亭の近所に転居。	
一四	三	三一	一五	(10)圓童、落語研究会前座に初出演。 (＊)圓童改め橘家小圓蔵となる。	(1)Ⅲ蝶花楼〔狂〕馬楽（本間弥太郎）歿。51 (7)Ⅰ三遊亭遊三（小島長重）歿。75
一五	四	三二	一六	(3)(先代)静岡丸にてアメリカへ渡る。	
一六	五	三三	一七	(9)(先代)天洋丸にて帰国。	(10)Ⅲ三遊亭〔柳橋〕圓橋（塚本伊勢吉）歿。49
一七	六	三四	一八		(8)東京寄席演芸株式会社創立。 (8)東京落語睦会分立。
一八	七	三五	一九	(＊)新宿二丁目七十二番地へ転居。	(5)Ⅲ古今亭〔しゃも〕志ん生（和田岩松）歿。56 (12)Ⅱ三遊亭〔空堀〕圓馬（竹沢斧太郎）歿。65
一九	八	三六	二〇		(3)中立派（のちの東西会）分離。 (5)Ⅰ柳家〔盲〕小せん（鈴木万次郎）歿。37
二〇	九	三七	二一	(3)小圓蔵改め橘家圓好となり、真打昇進。 (5)高橋はなと結婚。	

一九二一	大正一〇	三八	二二	(3)新宿大火にて、二丁目七十二番地の家類焼、四谷須賀町二十五番地へ転居。	(9)Ⅲ柳亭〔赤坂〕燕路（中村政吉）歿。76
二二	一一	三九	二三	(2)(先代)圓窓改めⅤ橘家圓蔵となる。 (3)圓好改め三遊亭圓窓となる。 (6)圓蔵一門、演芸会社脱退、独立興行。 (10)圓蔵一門、東西会へ加入。	(2)Ⅳ橘家〔品川〕圓蔵（松本栄吉）歿。59
二三	一二	四〇	二四	(1)芝宇田川町川桝亭買収、圓窓同亭へ転居。 (2)川桝亭営業開始。三月より三光亭と称す。 (8)圓蔵一門、東西会脱退、再び独立興行。 (9)大震災にて三光亭焼失。 (10)圓蔵一門、落語協会に加入。 (12)三光亭、バラック建築にて興行再開。	100 (3)Ⅴ林家〔沼津〕正蔵（吉本庄三郎）歿。 (5)十五日興行を十日興行に改める。 (8)Ⅱ三遊亭小圓朝（芳村忠次郎）歿。67 (9)Ⅴ麗々亭柳橋（斎藤久吉）歿。53 (10)落語協会創立。
二四	一三	四一	二五	(1)三光亭、本興行開始。 (4)四谷須賀町の家売却、三光亭へ引移る。 (5)落語協会、睦会と二派に分かれる。圓蔵一門、睦会に属す。	(5)Ⅱ三遊亭圓遊（吉田由之助）歿。58 (8)Ⅲ古今亭今輔（村田政次郎）歿。56 (11)Ⅰ三遊亭圓右（沢木勘次郎）歿。65
二五	一四	四二	二六	(1)(先代)圓蔵改めⅤ三遊亭圓生となる。 (1)圓窓改めⅥ橘家圓蔵となる。 (2)芝いけすにて襲名披露。	

二六	一五	四三	二七	(9)青山・新富岳座を借り、青山三光亭として営業。	(1)Ⅳ古今亭志ん生(鶴本勝太郎)歿。50 (5)Ⅱ三遊亭〔お盆屋〕金馬(碓井米吉)歿。59
二七	昭和二	四四	二八	(2)圓生一門、睦会脱退。三語楼一派と提携、落語協会と称す。	(4)Ⅳ春風亭〔牛込・華柳〕柳枝(飯森和平)歿。60 (5)Ⅱ柳家つばめ(浦出祭次郎)歿。52 (10)Ⅰ三遊亭圓歌(泉清太郎)歿。52
二八	三	四五	二九	(8)宇田川町三光亭、区画整理のため一時閉鎖。圓生一家、青山三光亭に同居。 (11)青山三光亭、経営不振につき明渡し。圓生一家、愛宕下の借家へ移転。圓蔵一家、青山原宿の借家へ移転。	(3)第2次落語研究会初回。 (4)Ⅱ三遊亭圓左(小泉巳之助)歿。48
二九	四	四六	三〇	(3)芝三光亭、新築再開。圓生一家移転。 (*)圓蔵一家は、赤坂田町、代田橋、笹塚左門町等を転々。	(4)Ⅵ林家正蔵(今西久吉)歿。42
三〇	五	四七	三一	(2)芝三光亭不振につき明渡し。圓生一家、四谷左門町一一六番地へ転居。圓蔵一家、同居。 (7)圓生一門、睦会へ再加入。	(6)落語協会、事実上解散。三語楼は九月に東京落語協会へ復帰。 (10)柳家金語楼・Ⅵ春風亭柳橋により日本芸術協会創立。 (11)三遊亭一朝(倉片省吾)歿。84 (11)Ⅲ柳家小さん(豊島銀之助)歿。74
三一	六	四八	三二		(11)神田立花演芸場より初めてのラジオ中継放送。

一九三二	昭和七	四九	三三	*この頃から芸の行きづまりについて悩む。	(3)Ⅵ春風亭〔ごみ六〕柳枝(松田幸太郎)歿。52
三三	八	五〇	三四	(1)異父弟・橘家圓晃(柴田啓三郎)左門町宅にて死去。29歳 (1)先代四谷大番町二番地へ転居。圓蔵一家、同居。 (*)圓蔵一家、牛込通寺町に別居。	
三四	九	五一	三五	(2)先代睦会会長となる。 (9)圓生一門、睦会脱退、東京落語協会へ加入。	(5)Ⅵ雷門助六(青木鏡太郎)歿。52 (7)睦会、芸術協会と提携。 (10)寄席席主による和合会出来る。
三五	一〇	五二	三六		(6)立花家橘之助(石田美代)歿。68 (7)Ⅱ柳亭〔談洲楼〕燕枝(町田銀次郎)歿。67
三六	一一	五三	三七		(7)Ⅳ古今亭今輔(中島市太郎)歿。50 (11)Ⅳ小さん・Ⅲ金馬等、東宝第一会を組織。
三七	一二	五四	三八		(11)睦会、解散。
三八	一三	五五	三九	(3)中支皇軍慰問。 (*)四谷大番町へ移り先代一家と同居。	(6)Ⅰ柳家三語楼(山口慶二)歿。64
三九	一四	五六	四〇	(11)北支皇軍慰問。	(5)Ⅴ三升家小勝(加藤金之助)歿。82
四〇	一五	五七	四一	(1)先代死去。57歳	
四一	一六		四二	(1)日本橋倶楽部にて先代一周忌の追善興行。 (5)六代目圓生を襲名。	(1)Ⅶ春風亭〔えへへ〕柳枝(渡辺金太郎)歿。49 (10)浅草本法寺にはなし塚を建立。禁演

四二	一七	四三	(*)神田花月にて独演会を開始。	落語五十三種を葬る。
四三	一八	四四	(4)母さだ歿。73歳 (11)『新作落語名人三人集』に新作九編を発表。	(2)Ⅲ柳家つばめ(宮尾正造)歿。59 (11)Ⅷ金原亭馬生(小西万之助)歿。48
四四	一九	四五	(*)花月独演会中止。	(3)第2次落語研究会最終回。 (4)Ⅶ三笑亭可楽(玉井長之助)歿。59
四五	二〇	四六	(5)新潟を発って満洲へ。 (8)大連にて終戦。	(1)Ⅲ三遊亭圓馬(橋本卯三郎)歿。64 (3)Ⅲ三遊亭圓遊(伊藤金三)歿。68
四六	二一	四七		(2)第3次落語研究会初回。 (4)金原亭〔おもちゃ屋〕馬生(宮島市太郎)歿。83
四七	二二	四八	(3)満洲から帰国。三田豊岡町に落着く。 (4)落語協会に復籍して寄席復帰。 (12)「妾馬」(下)により芸に一転機を画す。	(4)落語「三十日会」初回。 (9)Ⅳ柳家小さん(平山菊松)歿。60 (11)Ⅰ桂小南(若田秀吉)歿。68
四八	二三	四九	(10)第4次落語研究会で「百川」を演じ好評。	(10)第4次落語研究会初回。
四九	二四	五〇		(1)Ⅸ金原亭馬生(小林捨吉)歿。63 (10)Ⅶ林家正蔵(海老名竹三郎)歿。56
五〇	二五	五一	(5)神田立花にて独演会。	(5)Ⅲ三遊亭歌笑(高水治男)歿。34
五一	二六	五二		(6)ラジオ民間放送発足。
五二	二七	五三	(8)神田立花演芸場下席トリで「怪談牡丹燈籠」を六日間続きで初演。	(2)立川談志(竹内栄次郎)歿。65
五三	二八	五四	(7)ラジオ東京(KR)専属となる。 (12)麻布十番倶楽部にて独演会。	(2)テレビジョン本放送開始。 (3)Ⅴ柳亭左楽(中山千太郎)歿。82

一九五四	昭和二九		五五	(3)KRより放送の「鼠穴」によりKR局長賞を受賞。	(4)三越劇場「三越落語会」初回。 (11)神田立花演芸場廃業。落語研究会は有楽町ヴィデオホールに移る。
五五	三〇		五六	(12)上野本牧亭にて独演会。 (12)上野本牧亭・人形町末広にて独演会。	(5)Ⅷ桂文治(山路梅吉)歿。73 (11)「若手落語会」初回。
五六	三一		五七	(3)上野本牧亭にて独演会。「らくだ」好評。 (5)人形町末広にて独演会。以後定例的に上野本牧亭・人形町末広にて独演会。	(3)春風亭柳好(松本亀太郎)歿。69 (5)東横ホール「東横落語会」初回。
五七	三二		五八	(3)新宿柏木一丁目一二五番地に転居。 (12)人形町末広にて独演会。「梅若礼三郎」好評。	
五八	三三		五九	(5)人形町末広にて独演会。「真景累ガ淵」始める。	(4)第4次落語研究会中絶。
五九	三四		六〇	(2)KRより放送の「お富の貞操」により民放賞を受賞。 (12)人形町末広にて独演会。「累ガ淵」完結。	(6)東宝演芸場にて若手育成の「落語勉強会」初回。 (7)NHK「東京落語会」初回。 (10)Ⅷ春風亭柳枝(島田勝巳)歿。55
六〇	三五		六一	(1)KRより放送の「妾馬」により民放賞を受賞。 (3)東京落語会特別公演の噺家芝居「仮名手本忠臣蔵」で七段目の由良助を	

				勤める。 ⑽有楽町芸術座「がしんたれ」出演。 ⑾東横落語会における「首提灯」により芸術祭文部大臣賞を受賞。 ⑿『圓生全集』(青蛙房)刊行開始。	
六一	三六		六二	(5)人形町末広にて独演会。「髪結新三」好評。 ⑽渋谷東横ホールにて先代圓生追善公演会。	(1)Ⅲ桂三木助(小林七郎)殁。60 ⑽Ⅳ柳家つばめ(深津龍太郎)殁。70
六二	三七		六三	(7)芸術座「寿限無の青春」出演。 (7)『圓生全集』全十巻完結。 (8)キングレコードLP・二席一枚発売。 ⑽芸術座「悲しき玩具」出演。十二月まで。	(4)内幸町イイノホール「精選落語会」初回。 ⑽門人・全生(吉河寛海)、三遊亭圓楽を襲名、真打昇進。 ⑿先代の弟・三遊亭圓窓(村田仙司)殁。74
六三	三八		六四	(1)TBSテレビ「箱根山」番頭小金井、六月まで。 (3)芸術座「浅草瓢箪池」出演。四月まで。 (5)ビクターレコード『圓生十八番集』発売。 (5)人形町末広にて独演会。「緑林門松竹」初演。 (7)TBSテレビ「大学生諸君」出演。	(3)Ⅱ三遊亭遊三(渡辺吉寿)殁。83

一九六四	昭和三九		六五	十二月まで。 (2)内幸町イイノホールにて独演会。 (5)人形町末広にて独演会。「傾城瀬川」初演。 (9)落語協会副会長に就任(会長はⅧ桂文楽)。 (10)人形町末広にて独演会。「吉住万蔵」初演。	(3)門人・三遊亭百生(小河真之助)歿。70 (8)Ⅷ三笑亭可楽(麴地元吉)歿。67 (8)Ⅱ三遊亭圓歌(田中利助)歿。74 (11)Ⅲ三遊亭金馬(加藤専太郎)歿。71 (11)新宿紀伊国屋ホール「紀伊国屋寄席」初回。
六五	四〇		六六	(3)『寄席育ち』(青蛙房)発行。 (8)落語協会会長に就任。 (8)東横ホール圓朝祭に「塩原多助」初演。 (10)二十一日、内幸町イイノホールにて父五代圓生追善独演会。最後に「三勝半七酒屋」のさわり、竹本土佐広の三味線にて圓生語る。 (11)TBSラジオ「ベストセラーを聞こう」にて『寄席育ち』を八分ずつ六回放送。	
六六	四一		六七	(1)東京落語会に池波正太郎作「白浪看板」。 (1)三十一日、東宝名人会にて独演会。 (7)柏木一丁目より新宿マンションへ転居。	(11)Ⅷ桂文楽(並河益義)勲四等瑞宝章叙勲。 (12)講談Ⅶ一龍斎貞山(佐藤貞之助)歿。60

六八	四三	六八	(8)NHK連続テレビ小説「おはなはん」出演。 (11)東京落語会にて長谷川幸延作「お多賀さん」。 (2)『圓生全集』二冊合本五巻で再刊。 (5)名古屋大須演芸場出演中、自動車事故にて軽傷。 (8)東京落語会圓朝祭にて圓朝作「孝女お里の伝」初演。 (11)新宿朝日生命ホール芸術祭参加公演にて宇野信夫作「江戸の夢」初演。 (11)東横劇場にて独演会。「盃の殿様」「髪結新三」「死神」。 (12)人形町末広にて独演会。「子別れ」三席。	(3)故金馬門人・小金馬(松本龍典)、Ⅳ金馬を襲名。 (11)Ⅴ古今亭志ん生(美濃部孝蔵)勲四等瑞宝章叙勲。
六九	四四	六九	(2)『圓生全集・別巻』三冊(青蛙房)刊行開始。七月完結。 (4)芸術選奨文部大臣賞を受賞。 (6)TBS専属契約解除、フリーとなる。 (12)人形町末広にて独演会。「湯屋番」「塩原多助」「城木屋」。	(3)国立小劇場「落語研究会」(TBS主催)初回。 (7)講談Ⅴ一龍斎貞丈(柳下政雄)歿。63 (12)内幸町イイノホール「精選落語会」最終回。
七〇	四五	七〇	(4)麻布プリンスホテルにて金婚式。 (11)三越落語会芸術祭参加「中村仲蔵」初演。	(3)門人・吉生(橋本八郎)、三遊亭圓窓を襲名、真打昇進。 (9)安藤鶴夫氏歿。

				(12)人形町末広にて独演会。「ちきり伊勢屋」上下。下は初演。ほかに「庖丁」。	
一九七〇	昭和四五		七一	(3)池袋演芸場を落語協会単独興行として存続に尽力。 (7)名鉄ホール「花ごよみ縁切寺」出演。 (10)大阪SABホールにて独演会。 (11)中野中央、美野マンションへ転居。 (11)東京落語会(内幸町イイノホール)圓生独演会。「三十石」「文七元結」「芝居風呂」。	(1)人形町末広、中席限りで廃業。 (3)向島木母寺三遊塚供養(落語協会主催)。 (7)上野鈴本演芸場、改築のため休業。 (10)故圓歌門人・歌奴(中沢信夫)、Ⅲ圓歌を襲名。
七一	四六		七二	(2)Ⅳ橘家圓蔵の五十回忌を営む。 (2)(3)名古屋・福岡にて独演会。 (5)葛飾公会堂にて独演会。 (10)大阪・京都にて独演会。 (10)NHK連続テレビドラマ「天下御免」出演。 (11)『明治の寄席芸人』(青蛙房)刊行。	(6)中席より上野鈴本演芸場、改築再開。 (6)立川談志(松岡克由)・一竜斎貞鳳(今泉正二)、参議院議員に当選。 (12)Ⅷ桂(黒門町)文楽(並河益義)歿。80 (12)Ⅵ三升家小勝(吉田邦重)歿。64
七二	四七		七三	(3)落語協会会長を柳家小さんに譲り、落語協会最高顧問となる。 (12)芸術祭大賞を受賞。	(9)門人・圓弥(林光男)、同名のまま真打昇進。 (10)柳家金語楼(山下敬太郎)歿。72
七三	四八		七四	(3)皇后陛下古希のお祝いに、皇居春秋の間で「お神酒徳利」御前口演。 (5)勲四等瑞宝章叙勲。	(3)門人・さん生(加藤利男)、同名のまま真打昇進。 (9)門人・好生(長坂静樹)、同・生之助

				⑾CBSソニー・レコード『人情噺集成』十三枚組発売開始。	(布施吉英)、いずれも同名のまま真打昇進。
七四	四九		七五	(3)日本演芸家連合会長に就任。	(9)Ⅴ古今亭志ん生(美濃部孝蔵)歿。84 (2)雑誌『落語界』創刊(昭和五十九年まで)。
七五	五〇		七六	(5)CBSソニー・レコード『圓生百席』発売開始。	
七六	五一		七七	(1)都市センターホールにて先代追善独演会。 (6)『寄席楽屋帳』(青蛙房)刊行。 (6)いんなぁとりっぷ社等共催でサンパウロ、パリ巡業。	
七七	五二		七八	(5)京王プラザホテルにて喜寿祝賀パーティー。 (9)ハワイ夏の夜噺の催しで、圓生一門ハワイ巡業。 ⑽『寄席切絵図』(青蛙房)刊行。	⑿落語芸術協会、社団法人化。
七八	五三		七九	(1)『圓生江戸散歩』(集英社)刊行。 (6)落語三遊協会旗揚げ。	(3)門人・ぬう生(大角弘)、三遊亭圓丈と改名して真打昇進。
七九	五四		八〇	(3)東京銀座・歌舞伎座にて独演会。 (9)習志野市の圓生後援会発会式で「桜鯛」を演じた直後、心筋梗塞のため死去。	(3)国立演芸場、開場。 (5)Ⅵ春風亭柳橋(渡辺金太郎)歿。81

三遊亭圓生代々（初代〜四代）

〔初代〕　一七六八(明和五)〜一八三八(天保九)。初め東亭八ツ子の門にて多子。のち初代可楽に従って東生亭世楽。独立して山遊亭猿松。更に焉馬の門に転じて立川焉笑。寛政九年再び独立して三遊亭圓生となる。「身振り声色芝居掛り鳴物入り」の元祖。三遊派の祖。天保四年『東都噺者師弟系図』を完成。天保九年三月二十一日歿。七十一歳。門下に初代圓蔵(のち二代目圓生)、初代圓太(のち初代志ん生)を始め多くの逸材を出した。

〔二代〕　一八〇六(文化三)〜一八六二(文久二)。本名・尾形清次郎。初め三升屋しげ次。のち初代圓生の門に入って竹林亭虎生。更に三遊亭花生から橘屋圓蔵となり、初代歿後二代目圓生を襲名。四谷に住み、木魚頭のところから〝よつもく〟とあだ名された。極めて芸熱心で滑稽噺に長じたが、芝居噺・人情噺にも創作あり。文久二年八月十二日歿。五十七歳。門下に圓朝が出た。

〔三代〕　一八三九(天保一〇)〜一八八一(明治一四)。本名・野本新兵衛。歌舞伎役者から転じて四代目桂文治の門に入り、桂萬治。のち圓朝の門に転じ圓楽。明治五年両国立花家こけら落しに際して三代目圓生を襲ぎ、師圓朝から道具一切を譲られて「道具入り芝居噺」を演じた。役者時代「のしん」と名乗ったところから〝のしん圓生〟と呼ばれる。明治十四年八月十六日歿。四十三歳。

〔四代〕　一八四六(弘化三)〜一九〇四(明治三七)。本名・立岩勝次郎。圓朝門下で初め鯉朝から師圓朝の前名小圓太を襲ぐ。一時高座を引いて芝居茶屋を経営。のち再び圓朝の許に戻り、やがて三代目圓喬となる。明治十五年四代目圓生を襲ぎ、圓喬の名を圓好のちの名人四代目圓喬に譲った。すっきりとした江戸前の芸風で人情噺・廓噺にすぐれ、三遊派の頭取として一門を統率した。明治三十七年一月二十七日歿。五十九歳。門下から四代目圓蔵が出た。

あとがき

『寄席育ち』という題名のとおり、当代圓生は、正真正銘子飼いの芸人である。

その一代記編集という仕事は、私のように落語におぼれている者にとっては、この上なく魅力のあるものだった。『圓生全集』全十巻の編集をお手伝いした頃から、なんとなく話があって、もちろんやりたいのは山々だけれども、サラリーマン稼業の片手間で、果してどれだけのことができるかと不安でたまらなかった。

噺家さんの自伝は、今までにも何人かの方がお出しになっていて、それぞれ立派な方々が、見事な編集をしていらっしゃる。

圓生師の場合、素材としたら、そのどれにも決して見劣りのしない、豊かな内容に恵まれているだけに、そういう結構な材料を、下手な味つけで食べられないようなものにしてしまっては、いずれも様に申訳がない。

だから、この本を出す話が決まったとき、あまり手を加えずに、なるべくネタの生《き》の良さを味わって頂くようにしようと考えた。

それと、もうひとつ、今までの噺家さんの伝記や芸談は、読みものとして大そう面白いけれども、資料的には、私たちにとってやや物足りないものがあった。

明治中期から大正のごく初めの頃へかけての落語界については、先賢関根黙庵氏の名著『講談落語今昔譚』を始め、『百花園』などの速記雑誌も残っていて、信頼できる資料がかなり揃っているのに、大正から昭和へかけては、落語界が不振であったせいもあってか、意外に資料的価値のある文献が少ない。

そこへ行くと、圓生師は、明治・大正・昭和三代を寄席で生き抜いて来た数少ない生証人《いきじょうにん》の一人なのだから、この本は、資料としても内容のあるものにしたかった。

といって、読みものとしてまるっきり面白くないというのでも困る。テレビで言えば、ドラマではなく、さりとて生のニュースでもなく、近頃はやりのドキュメンタリーというところが丁度いいのではないかと思った。

それで、まず生い立ちから順を追って、師匠に話して貰ったのを録音テープにとって、その口調のまま原稿にした。これがつまりラッシュのフィルムである。それを時代が前後しているところはつなぎかえたり、ところどころに、師匠所蔵の昔のパンフレットからの抜すいなどを、いわば実写フィルムとして挿入したりして、脈絡をつけた。初めは編集者の注釈も入れたらどうかという圓生師の話だったけれども、フィルムのつなぎ方もぎごちないところへ、下手くそなナレーションをつけたら、それこそぶちこわしになると思って、これは勘弁して頂いた。

去年の夏のはじめから、ついつい半年以上かかってしまったが、なにしろ材料が多くて、しかも、どこも捨てたくないので、ずいぶん大部のものになった。青蛙房さんで、巻頭に写真をたくさん入れたり、造本も豪華なものにして下さるそうだから、噺家さんの伝記としたら、破天荒のものになりそうである。生きのいい刺身を最上の器に盛りつけるようなもので、ただひとつ、板前の庖丁さばきだけが至って心許ないが、アルバイトの板前の身にとってみれば、この材料にこの器、まことに冥利につきた話というものである。

なお、原稿の整理や、資料の調査には、山鹿智恵子さんの、並々ならぬご尽力を頂いた。附記してお礼に代えます。

昭和四十年二月

山本　進

岩波現代文庫版あとがき

「あなた……、小説のようなものをお書きになりませんか」

いつもよりもずっと丁寧な口調で、圓生師匠からこう言われたのが事の始まりだった。この言葉から、『寄席育ち』『明治の寄席芸人』『寄席楽屋帳』『寄席切絵図』と圓生四部作と呼ばれる一連の本に関わっていくことになった。圓生師匠が亡くなって四十年以上がたつ。『寄席育ち』が出版されたのはもう半世紀以上前のことだ。

六代目三遊亭圓生。この本を読まれた方には不要かと思うが、私の目から見た圓生師匠について説明したい。そもそも師匠との出会いは、私がまだ学生の時分だ。私が落語というものを面白いと思ったのは、三代目三遊亭金馬の『居酒屋』だったと思う。横浜育ちであったが、直に寄席の雰囲気に触れるのは後のことで、初めての『居酒屋』体験はラジオであったに違いない。それが戦中の「前線へ送る夕べ」か、戦後の番組かはあやふやだが……。ちなみに戦後再び落語が電波に乗ったのは終戦直後の一九四五年の九月一日。演じたのは金馬の『佃祭』と記録に残っている。

私が東京大学に入学したのは一九五〇(昭和二十五)年のことで、半年ほどして日本文化研究会落語部という学生の集まりがあるのを知った。まだ各大学にいわゆる「オチケン」が出来る前の草創期で、面白半分に首を突っ込んだのが今日に至るまでの落語人生の始まりだった。私の大学では自ら扇子を持って一席演ずるのではなく、鑑賞をもっぱらにしていた。

当時通っていた寄席は、なくなった人形町の末広に、上野の鈴本演芸場、新宿の末広亭というところが相場で、神田の立花亭で開かれていた第四次の落語研究会にも行っていた。

私が圓生師匠の噺を初めて聞いた経験は、はっきりと覚えてはいないが、いずれかの寄席で聞いたのだろうとは思う。そのころは、ベテランでは文楽、志ん生、若手では小さん、三木助と、その間に入り、競うように圓生師匠が活躍をしていた。芸の上での競争は見ている側とすればワクワクする気分だった。圓生師匠はその中でも、カチッとした噺をキッチリと聞かせてくれる。持ちネタも多く、マクラで私たちの知らない話をしてくれる、そういう噺家として注目をしていた。

東大日文研落語部では当時、「落語大学」という落語会をしていた。圓生師匠と高座以外で初めて会ったのは、第三回の落語大学に出演してもらうために、当時住んでいた三田豊岡町のお宅にうかがわせていただいた時だった。その後、私たちを指導してくれた飯島友治先生(一八九八〜一九九七年)とともに、青蛙房という出版社で『圓生全集』十巻をつくることとなり、学生と師匠とのご縁は深くなっていった。その中でも私は可愛がっていただいた。私も師匠の独演会には欠かさず通っていた。

話を戻すが、「小説のようなものを書きませんか」と、師匠が言われたのは、一代記のようなものをまとめて欲しい――、という依頼だった。その当時、文楽さんの『あばらかべっそん』、志ん生さんの『びんぼう自慢』という本が出ていた。文楽さんのは作家・寄席文化研究家の正岡容さん(一九〇四～一九五八年)が執筆、志ん生さんのは演芸評論家の小島貞二さん(一九一九～二〇〇三年)が編集。圓生さんの本も初めは、直木賞作家の安藤鶴夫さん(一九〇八～一九六九年)から話があったそうだ。

圓生師匠は、アンツルさんに書いてもらうのはいいけれど、それではあの人の色が出すぎるんじゃないか――、と。それで、私のところに話が来たというわけで。「小説……、というものは不得手ですが」と言いながらも、やってみたいのはやまやま。師匠の一代記を書けるなんて、それこそよだれの垂れるような仕事だ。

そこで「師匠、ご自分で喋って下さいよ。僕がまとめて一代記にしますから」と言うと、「ああ、そうですか。じゃあ私がテープに入れておきますから、それを料理して下さい」。師匠も忙しいので面と向かった取材はなかなか難しい。こうして、『寄席育ち』の仕事は始まった。

さて、そのやり方だが、こちらの方では初めに、喋ってほしいことを箇条書きにまとめて渡しておく。そうすると師匠の方では、話の起承転結やつながりを考えてまとめやすいように吹き込んでくれる。やはりしゃべることに関してはプロだと思った。普通の人ならば、だらだらしゃべってしまい、どこで切っていいのかわからないということがある。師匠の場合は、話の切れる部分がはっきりしている。そして次の話に進んでゆく。これだけの本をまとめる側とすれば、非常に助かったものだった。当時のテープは今思えば貴重な音源だったが、何度も重ねて録音してしまい、残ってはいない。

『寄席育ち』というタイトルは私のアイデアで決まった。その当時、作家の川野彰子さん(一九二八〜一九六四年)の『廓育ち』という小説が映画化もされて評判になっていた。それをヒントに、歌舞伎の『江戸育 お祭り佐七』のように『寄席育ち・三遊亭圓生』というタイトルを提案した。すると、青蛙房の岡本経一社長(一九〇九〜二〇一〇年)から「三遊亭圓生」の部分が著者名と重なることから、結局は『寄席育ち』に落ち着いた。

『寄席育ち』が世に出た価値を一言で言えば、明治から大正、戦前戦後と一人の落語家が、その目で見た演芸界を語っていることだろう。確かに、江戸明治とボツボツとそういう風にまとめたものはあった。しかし、時代を連ねてきたというものはこれまでもないし、今のところもない。まさしく落語界の集大成だ。芸の世界には、時代が変わっても変わらないものがあると思っている。この本は、そんな時代を超えた証言を残しているのだろう。

特に「圓生」は三遊派の総帥の名だ。師匠の話によって、三遊派のことは詳しくわかるようになった。一方、柳派のことに関してはまだわからないことも多い。この本が残らなければ明らかにならないことも多かったと思う。

この本で語られている通り、圓生師匠は大阪生まれということも、当時の私たちは知らなかった。私が師匠の落語を聞き始めたのは、満洲から帰って師匠の噺が良くなったと言われたころ。評判の悪かった戦前のことなどは知らない。ましてや子どものころのことに関しては初めて聞くものだった。様々な苦労をして戦後、花開いた芸というものをこの本で表現できていれば幸いである。

今思えば私も若かったために、聞き足りないところもあった。一つは満洲のことだ。ギリギリの経験、この時代ここにいた人々に共通することだろうが、一番聞きにくいところでもあった。実はこの本の中でも語られている師匠が向こうで娶ったお千代さんとは、師匠が亡くなった後におかみさんの紹介で一度お会いしたことがあった。その時に、満洲のことをお聞かせ下さいとお願いしたら、快諾をいただいたのだが、お互いに忙しくそのままになってしまったことが心残りだ。

もう一点は、師匠のお弟子さんの話だ。五代目の圓楽さんをはじめ、お弟子さんは数多く、今でも活躍している人もいる。これに関しては、後に師匠にお聞きしたものがあるので、いつの日か出版ができれば幸いだ。

圓生師匠の生涯は、まさしく寄席で育ち、寄席に生きたといっても過言ではないだろう。ただ人生の最後に寄席から離れてしまったことは非常に残念ではあったが、あのころの師匠にとっては日本全国が寄席になっていたのかもしれない。歌舞伎座や昭和天皇の前でも噺をした落語家で、それだけスケールの大きい芸になっていた。

この本は、前述のように圓生師匠のしゃべったものをまとめたので、師匠の口調がそのまま残っている。それがいいと、いろいろな人に褒めてもらった。それで味をしめて二作目の『明治の寄席芸人』の仕事となるわけだが、それは次回のお楽しみということで……。

令和三年五月

山本　進

解　説

延広真治

刊行以来半世紀、精確な記述、平易な行文による自伝として、声価は既に定まった感があります。その原因は話し手の圓生師と聞き手の山本進氏(以下いつものように山本さんと呼ばせて頂きます)、お二人の本書に掛ける意気込みがぶつかって相乗効果を生んだためです。今回刊行の四部作の最終巻、『寄席切絵図』の「あとがき」に、「語り手と聞き手の意気ごみはぴったりと合って」とありますが、本書にも打って付けです。「あとがき」に、「圓生師は、明治・大正・昭和三代を寄席で生き抜いて来た数少ない生証人《いきじょうにん》の一人なのだから、この本は、資料としても内容のあるものにしたかった」と決意の程を記しています(四九四頁。以下、心の中で手を合せながら敬語は使いません)。このような聞き手の意気込みの源泉は、偉大な芸の師と仰ぐ傾倒にあり、その思いは凝って追悼集『えぴたふ六代目圓生』(一九九〇年、平凡社。以下『えぴたふ』と記します)となりました。この『えぴたふ』と本書を併読しますと、思いがけぬ発見があります。一例を挙げますと本書に(三六四頁)、『三年目』のサゲについて、「「サゲの言葉が長すぎる」という御注意をいただいたことがあります」と話すが、何と御注意の主は山本さんで、青二才の言にも「実によく耳を傾けてくれた」と、貪欲ぶりを偲んでいます。

この『えぴたふ』には圓生師を最後の巨匠と位置づけていますが、その理由は三遊派という芸統、七十四年に及ぶ芸歴、人情咄から落し咄に及ぶ広い芸域を持ち、高い芸格で演じ得たからと、まことに明確に示しています。偉大なる芸の師と仰ぐ聞き手に触発されて、いよいよ冴えわたるのが最後の巨匠、圓生師の強記です。『圓生全集』、同別巻、同追悼編、合わせて百八十席ほどの落語速記、『人情噺集成』などの音声記録が悉皆、脳裏に刻まれている上に本書のような回顧談等が加わりますから、人の能力の極限を体現した生涯と明言できます。なお「ずッと聞いていて記憶に残っております」立花家橘之助の浮世節を、西川たつが復活する際には(四七四頁)、口三味線などに依って伝えたそうです。

このように記憶力絶倫の上に、誤りを畏れて丹念に調べ、文献を収集保存し、趣味は読書と答える程の博覧を誇った圓生師に対し、聞き手の山本さんも強記で知られ資料整理の手際には学生時代から今日まで幾度となく感嘆させられて来ました。「あとがき」の「この本は、資料としても内容のあるものに」との願いは、見事に成就しました。その山本さんの業績の一つに『古今落語系図一覧表』(平成十六年、日本芸術文化振興会)の校注があります。江戸落語の祖・鹿野武左衛門から大正中頃までの江戸・東京の落語家を網羅し、生没年や菩提寺、改名襲名の年時などを極力明らかにした重宝この上ない一冊です。元来は大正十一年に没した四代目桂文之助が草したよしで、写しも重なり増補もされ幾種かが伝わっていることが、山本さん等の探索で判明しています。その内、文之助自筆本(明治四十二年成立)は縁有って圓生師の愛蔵となりましたが、永逝されるや山本さんが、おかみさん(圓生師夫人)に乞い、形身として書架に収まりました。つまり御両人は情報交換相手でもあり、探索入手の先陣争いを演じてもいたのです。芸好きの話し手と聞き手が共に精確な記述を念じて成った本書の資料的価値の高さは、喋々するまでもありません。

加えて、出来る限り平明な表現で芸の秘奥を伝えようとの姿勢が見られますのも、本書の魅力となっています。何しろ六歳から寄席に出、「芸の中で育って生涯を終る」人間と見定めた圓生師ながら(三二二頁)、順調に名人への道を歩んだわけではなく、「永い間売れなかった」と認めざるを得ない状態が続きます(三五一頁)。ところが満洲から帰還して「噺がうまくなった」との評判が立ち(二九八頁)、人間的な苦労が実を結んだことに気付き、「本当に芸が沸騰《にあが》ってきたのは、昭和三十年すぎてから」と回顧し(三二二頁)、若くして売り出すのは、「当人にとって不幸なことじゃないか」との感慨にふけっています(三五一頁)。このように心に残る言説を抄録して行きますと果てしがありませんが、暫く続けさせて下さい。「間は人によってみな違います」(三六八頁)、練習すると「噺が箱にはいる」といった落語家誰しも体験する悩みや壁を指摘し(三七一頁)、「噺をこわすのに」五、六年かかったとか、「太鼓の間を覚えることは、噺のリズムを覚えて行く方便《ほうべん》」など(三六八頁)、懇切に説いて励ます一方、「師匠の芸から離れておのれの芸に移る、その時期を見定めるのが非常にむずかしい(略)教えて教えられるものではない、当人の勘にまかせるより仕方のないもんだろう」と突き放します(三四三頁)。薄情に似て真の親切と評すべきでしょう。このような困難の末に体感できるのが、「芸人でなければ味わえない愉快さ」で、「本当にお客様が聞いて下さって、自分でも本当にやれたという時」に訪れるよしです。しかし、その客は寄席育ちの圓生師にしても怖いそうで、「舞台へあがって、お辞儀をして頭を上げるまでがとてもいや」で、殊に「みィちゃんはァちゃんが、あたくしァもう一番こわい、いつあくびをされるかと思ってね」(三二三〜三二四頁)。

満洲から帰国して評判が良くなったことは先に記しましたが、圓生師の志ん生に対する評価も変わり、「真剣勝負の場合、実にすぐれた力を持っていると」悟ったと話すように(三〇五頁)、他人を見る目も進んだことを明らかにしています。若い時分に「あの人と俺と大して違わねえ」と思ったのは、星を見上げているような按配で、「肉眼で見ると僅かな違いのように見えるけれども、本当に天文学から行きゃア何万光年《こうねん》、何億光年てほど離れている。芸ってものはそういうもんじゃないかと思います」と、美しい結論を得ています(三四四頁)。人柄について、とかくの評のある名人圓喬を、「いい人間でなければいい芸は出来るもんじゃないんですから」と弁護し(九八頁)、禅を学んだ圓朝に触れては、「芸の極致は禅」と断言しています(三二三頁)。こういう境地に達した圓生師の願いが籠められているのが「芸の行儀」の章で(三四四頁)、殊に後進各位には銘記して頂きたいものです。このように本書には教養小説の趣きがあり、寄席に足が向かない人々の読書欲にも応えられることと確信しています。

また更には時代の証言者としての圓生師も見逃せません。例えば四、五歳から縁のある新宿には詳しく(一六頁)、都庁や歌舞伎町に代表される現在とは今昔の感があります。江戸時代には甲州街道親宿《おやじゅく》の内藤新宿で、馬糞《まぐそ》が多く、「四ツ谷新宿馬糞の中に菖蒲《あやめ》が咲くとはしほらしや」と歌われるほどでしたが(佐藤要人『川柳江戸四宿考』昭和五十八年、太平書屋)、大阪から出京した際、頼ったのが博労の親方、博労目当ての宿《やど》もあり、新宿三越(現、ビックカメラ新宿東口店)の裏には小さな山(一六頁)、新宿御苑に流れ込む玉川上水の分水には川獺《かわうそ》が棲《す》み(二一頁)、狸囃子《たぬきばやし》も聞こえたとあります(一三〇頁)。田も多く蝗《いなご》の甘辛煮が好物の母親を喜ばせようと捕りに行ったそうです(二一頁)。明治四十二年に橘家圓蔵に入門しますが、住居が品川で、「品川駅で下りの汽車が止まると、下が崖で海が見える」と偲んでいますが(一七一頁)、このような例は枚挙に暇《いとま》がありません。昭和二十年八月十五日前後の大連での体験は、こまつ座上演、井上ひさし作『円生と志ん生』(二〇〇五年、集英社)の素材の一つと思われますが、圓生師が出演した連鎖街の常磐座は(二七七頁)、『井上ひさしの大連』(二〇〇一年、小学館)所収、「井上ひさし自筆大連地図」で位置が確認できます。地名や人名に懇切に仮名を振って下さったのは、圓生師を時代の証言者と見極めた山本さんの思いが込められています。二、三例示しますと、須賀町《まち》(一三二頁)、富山町《とみやまちょう》(一四三頁)、七昇亭花山《しちしょうていかざ》文《ぶん》(一四四頁)。

こういった細やかな心遣いは、「影《かげ》ッ法《ぽ》師《し》」(三四三頁)、「二ッつ目」(四〇〇頁)のように圓生師の話しぶりを活写しますのに必須でしょう。なお「演目《やりもの》」(一七一頁)、「演目《やりもん》」(三三五頁)は恐らく両方とも正しく、その際の圓生師の発音に従ったと推します。それにつけましても残念に思いますのは、「あとがき」に、「注釈も入れたらどうか」と圓生師より推められたが、

「ぶちこわしになると思って、これは勘弁して頂いた」と記すことです(四九四頁)。本書には今日では耳遠い表現が見受けられ、貴重な用例となっています。例えば、「正法《せいほう》」(二〇八頁)、「雑用物《ぞうようもん》」(三三五頁)、「語呂《ごろ》の廻るいい声」(四六三頁)等。『圓生語彙』の必要性を痛感します。

本書刊行後、圓生師に起った最大の出来事は、言うまでもなく昭和五十三年五月の、落語協会脱退、落語三遊協会設立。現在もその余波はあると言い得ます。真打濫造への不満が要因で、寄席出演は不可となり、東奔西走、各所の会場で高座を勤めたための過労でしょうか、翌年九月三日、習志野市で急逝。寄席育ちの圓生師が寄席に出られないまま壮絶な最期を遂げましたが、本書からもそう言った行動原理は垣間見えます。例えば第四次落語研究会発足の際(三一五頁)、名称の継承について一考を煩わしたいと要望、その理由として師事した四代目圓蔵が、いかに研究会を大切にしていたかを挙げ、他の名称への変更を提案したものの結局は押し切られ、「神聖なものとしてもりたてて行こう」と覚悟を促して発足。ところが「お銭《あし》が取れないから」と発起人も休み勝ちとなり遂に休会(三一九頁)。独立すればどうなるかは、父五代目圓生が演芸会社を飛び出して独立した際の体験があり、橘家圓喬、三代目柳家小さんの例を挙げ、「いかに名人でもなんでも独立するとうまく行かない」と(一八二頁)、結末も承知していた感があります。それだけに一層悲劇的でした。

今回の新装文庫本化を機に、寄席芸に生涯をかけた寄席育ちの圓生師の言に耳を傾けて下さる方が増えることを願っています。

(のぶひろしんじ　東京大学名誉教授)

●本書は一九六五年三月、青蛙房より刊行された。
●明らかな誤記と認められるもの以外は、原則として底本のままとした。
●本文中、今日の人権意識に照らして適切とはいいがたい語句・表現がみられるが、描かれた時代や著作の歴史性などに鑑み、そのままとした。

六代目圓生コレクション 寄席育ち

2021年6月15日 第1刷発行

著 者 三遊亭《さんゆうてい》 圓生《えんしょう》

発行者 坂本政謙

発行所 株式会社 岩波書店
〒101-8002 東京都千代田区一ツ橋 2-5-5

案内 03-5210-4000 営業部 03-5210-4111
https://www.iwanami.co.jp/

印刷・精興社 製本・中永製本

ISBN 978-4-00-602333-1 Printed in Japan

岩波現代文庫創刊二〇年に際して

二一世紀が始まってからすでに二〇年が経とうとしています。この間のグローバル化の急激な進行は世界のあり方を大きく変えました。世界規模で経済や情報の結びつきが強まるとともに、国境を越えた人の移動は日常の光景となり、今やどこに住んでいても、私たちの暮らしは世界中の様々な出来事と無関係ではいられません。しかし、グローバル化の中で否応なくもたらされる「他者」との出会いや交流は、新たな文化や価値観だけではなく、摩擦や衝突、そしてしばしば憎悪までをも生み出しています。グローバル化にともなう副作用は、その恩恵を遥かにこえていると言わざるを得ません。

今私たちに求められているのは、国内、国外にかかわらず、異なる歴史や経験、文化を持つ「他者」と向き合い、よりよい関係を結び直してゆくための想像力、構想力ではないでしょうか。

新世紀の到来を目前にした二〇〇〇年一月に創刊された岩波現代文庫は、この二〇年を通して、哲学や歴史、経済、自然科学から、小説やエッセイ、ルポルタージュにいたるまで幅広いジャンルの書目を刊行してきました。一〇〇〇点を超える書目には、人類が直面してきた様々な課題と、試行錯誤の営みが刻まれています。読書を通した過去の「他者」との出会いから得られる知識や経験は、私たちがよりよい社会を作り上げてゆくために大きな示唆を与えてくれるはずです。

一冊の本が世界を変える大きな力を持つことを信じ、岩波現代文庫はこれからもさらなるラインナップの充実をめざしてゆきます。

（二〇二〇年一月）